Kelly Brogan

y Kristin Loberg

Tu mente es tuya

LA VERDAD SOBRE LA DEPRESIÓN FEMENINA. ¿ENFERMEDAD O SÍNTOMA?

URANO

Argentina – Chile – Colombia – España
Estados Unidos – México – Perú – Uruguay – Venezuela

Título original: *A Mind of Your Own – The Truth About Depression and How Women Can Heal Their Bodies to Reclaim Their Lives*
Editor original: Harper Wave – An Imprint of HarperCollins*Publishers*, New York
Traducción: Victoria E. Horrillo Ledesma

1.ª edición Noviembre 2016

La presente obra contiene consejos e información relacionados con el cuidado de la salud. La información contenida en este libro en modo alguno puede sustituir el consejo de un profesional de la medicina. Siempre se debe acudir a un facultativo antes de poner en práctica cualquier programa o tratamiento. El uso que los lectores hagan de la información contenida en este libro es responsabilidad de los mismos. Ni la autora ni la editorial asumen ninguna responsabilidad de las consecuencias médicas por los actos emprendidos por los lectores.

ISBN: 978-84-7953-959-7
E-ISBN: 978-84-16715-24-4
Depósito legal: B-21.462-2016

33614080913386

Fotocomposición: Ediciones Urano, S.A.U.
Impreso por: Rodesa, S.A. – Polígono Industrial San Miguel – Parcelas E7-E8
31132 Villatuerta (Navarra)

Impreso en España – *Printed in Spain*

Tu mente es tuya

En homenaje al doctor Nicholas Gonzalez,
y a todos los trabajadores de la luz que alumbran
el camino de mis hijas, y de todas las hijas.

Índice

UNAS PALABRAS FINALES

Introducción
Psico: no todo está en tu cabeza

A lo largo de la historia de la Medicina, los grandes
médicos se han singularizado por escapar
a la esclavitud de los fármacos.

SIR WILLIAM OSLER (1849-1919)

Si has escogido este libro, cabe la posibilidad de que te identifiques con alguno de estos estados de ánimo: angustia persistente, malestar, ansiedad, agitación interna, cansancio, baja libido, mala memoria, irritabilidad, insomnio, desaliento y sensación de estar abrumada o atrapada, pero emocionalmente apática. Puede que muchas mañanas te despiertes desmotivada y sin ánimos y que te pases todo el día a rastras, esperando a que llegue la noche (o anhelando una copa). Puede que sientas miedo o angustia sin saber por qué. Que no seas capaz de acallar los pensamientos negativos que te sacan de quicio. Que a veces tengas la impresión de que podrías soltar un chorro infinito de lágrimas, o que no recuerdes cuándo fue la última vez que algo te importó lo suficiente para moverte al llanto. Son todos ellos síntomas que suelen encuadrarse en un diagnóstico de depresión clínica. Y si recurres a la medicina convencional para ponerle remedio, aunque no te consideres «deprimida» es muy posible que te receten un antidepresivo, sumándote así a los más de treinta millones de personas que consumen este tipo de fármacos sólo en Estados Unidos. Puede que ya formes parte de esa comunidad y que tengas la sensación de que tu destino está sellado.

No tiene por qué ser así.

Durante los últimos veinticinco años, desde que la FDA —la Agencia Federal del Medicamento de Estados Unidos—, aprobó los fármacos tipo Prozac, nos han inculcado que los medicamentos pueden aliviar los síntomas o incluso curar la enfermedad mental, y especialmente la depresión y los trastornos de ansiedad. Hoy en día estos fármacos se encuentran entre los más vendidos[1], lo que ha ocasionado una de las tragedias más subestimadas y silenciosas en la historia de la medicina moderna.

Soy psiquiatra en activo, licenciada en neurociencias cognitivas por el MIT, doctorada en Medicina por el Weill Cornell Medical College y formada clínicamente en la Facultad de Medicina de la Universidad de Nueva York, y me preocupa profundamente la lucha de las mujeres por alcanzar el bienestar. Me siento impelida a compartir lo que he aprendido como testigo de la corrupción de la psiquiatría moderna y su sórdida historia en el curso de mis investigaciones sobre métodos holísticos centrados en la nutrición, la meditación y la actividad física: lo que algunos profesionales de la sanidad denominan «medicina del estilo de vida», porque su enfoque implica cambios sustanciales en las prácticas cotidianas y descarta el empleo de productos farmacológicos. Aunque estos métodos libres de fármacos se basan enteramente en pruebas científicas, son prácticamente desconocidos en esta época de alivio rápido.

Dejemos algunas cosas claras desde el principio. No soy una teórica de la conspiración. La política no influye hasta ese punto en mi forma de ver las cosas. Me gusta, eso sí, pensar por mí misma. Soy escéptica y pragmática por naturaleza. Desde hace un tiempo existen en mi campo de estudio un par de asuntos que hacen que me hierva la sangre, y estoy intentando establecer el vínculo entre ellos para ayudar a crear un marco para la «detección» de la verdad científica. En primer lugar, los síntomas de la enfermedad mental no son del todo un problema psicológico ni tampoco una cuestión puramente neuroquímica (y, como veremos más adelante, no hay *ni un solo estudio* que demuestre que la depresión esté causada por un

---

1. Troy Brown, «100 Best-Selling, Most Prescribed Branded Drugs Through March [2015],» *Medscape Medical News*, 6 de mayo, 2015, www.medscape.com/viewarticle/844317. Consultado el 21 de septiembre, 2015.

desequilibrio químico del cerebro). La depresión es meramente un síntoma, una señal de que existe algún desequilibrio o alguna afección física que requiere tratamiento.

Y en segundo lugar, la depresión es una dolencia que actualmente, en líneas generales, se diagnostica y se trata mal, sobre todo en el caso de las mujeres, de entre las cuales una de cada siete se medica. (Por motivos que veremos más adelante, las mujeres presentan una tasa de depresión que supera en más del doble a la de los hombres, con independencia de su origen racial o étnico. Una de cada cuatro mujeres de entre cuarenta y sesenta años consume fármacos psiquiátricos.)[2] A pesar de que durante mi formación me enseñaron que los antidepresivos son para las personas deprimidas (y para las que sufren ansiedad, ataques de pánico, TOC, síndrome de intestino irritable, síndrome de estrés postraumático, bulimia, anorexia, etcétera, etcétera) lo que las gafas para los miopes, ya no me dejo estafar de ese modo. Y después de leer este libro, puede que tú también te replantees lo que crees saber sobre las causas de la depresión.

La mayoría de nuestras enfermedades mentales —incluidas sus primas hermanas: la preocupación, la confusión y la irritabilidad crónicas— se deben a factores relacionados con nuestro estilo de vida y a afecciones psicológicas no diagnosticadas que se desarrollan en lugares muy alejados del cerebro, tales como el aparato digestivo y la glándula tiroides. Así es: tal vez el desánimo y la preocupación constante que experimentas se deban a un desequilibrio que sólo de manera indirecta está relacionado con la química interna de tu cerebro. En efecto, lo que comes para desayunar (pongamos por caso tostadas de pan integral, zumo de naranja natural, leche y cereales variados) o tu forma de tratar el colesterol alto o esas jaquecas vespertinas (con medicamentos como las estatinas y el Vibuprofeno) puede tener mucho que ver con las causas y los síntomas de tu depresión. Y si piensas que un

---

2. Roni Caryn Rabin, «A Glut of Antidepressants,» *New York Times*, 12 de agosto, 2013, http://well.blogs.nytimes.com/2013/08/12/a-glut-of-antidepressants/. Consultado el 21 de septiembre, 2015.

comprimido químico puede salvarte, curarte o «corregirte», te equivocas por completo. Es tan absurdo como tomarse una aspirina porque tienes un clavo clavado en el pie.

Aunque numerosas investigaciones han demostrado que existen múltiples causas —tales como un acontecimiento trágico o un descenso de los niveles hormonales— que pueden desencadenar síntomas clasificados (y tratados) como depresión, nadie ha explicado aún la capacidad potencial que tienen los antidepresivos para desactivar de manera irreversible los mecanismos de curación natural del cuerpo humano. Pese a lo que nos han hecho creer, los estudios científicos a largo plazo han demostrado repetidamente que los antidepresivos empeoran la evolución de la enfermedad mental, por no hablar de los riesgos de daño hepático, sangrado anormal, aumento de peso, disfunción sexual y merma de las funciones cognitivas que entraña su uso. Pero el secretillo más sucio de todos es el hecho de que los antidepresivos se encuentran entre las drogas más adictivas, más aún que el alcohol o los opiáceos. Aunque podría llamársele simplemente «mono» o «síndrome de abstinencia», las grandes farmacéuticas han aleccionado a los profesionales de la Medicina para que lo llamemos «síndrome de descontinuación», un estado caracterizado por reacciones físicas y psicológicas extremadamente debilitantes para el organismo.

De modo que, a diferencia de la mayoría de los psiquiatras, yo no soy de las que diagnostican una enfermedad «permanente», extienden una receta y mandan al paciente a su casa (la práctica habitual en mi campo hoy en día). Tampoco hago que mis pacientes se sienten en el sofá y me hablen de sus problemas interminablemente. Muy al contrario: mi primera medida es hablar de manera muy concreta de su historial médico y personal, incluyendo preguntas que me permiten hacerme una idea de los riesgos para la salud a los que han estado sometidas desde su nacimiento, preguntas tales como si han estado en contacto con agentes químicos nocivos o si nacieron a través del canal del parto y fueron amamantadas de pequeñas. También pido análisis de laboratorio que me ayudan a hacerme una idea más general de su estado biológico integral, pruebas no invasivas que a la mayoría de los psiquiatras y médicos de familia ni siquiera se les ocurre hacer (más adelante hablaremos de algunas pruebas muy sencillas de obtener que pueden servirte de herramienta para personalizar tu camino hacia la curación).

Aunque tengo muy en cuenta las experiencias pasadas de mis pacientes, también me centro en su situación actual desde un punto de vista celular y en el posible desequilibrio (o «desregulación») de su sistema inmune. La bibliografía médica lleva más de veinte años haciendo hincapié en el papel que desempeña la inflamación en las enfermedades mentales. Escucho atentamente y pregunto a mis pacientes por su estilo de vida actual, una variable que la medicina convencional suele desdeñar y omitir. Reflexiono sobre su ser integral, tomando en cuenta factores como cuánta azúcar consume y otros hábitos alimenticios, qué tal funcionan su intestino y su flora microbiana, sus niveles de hormonas como la tiroidea y el cortisol, y variantes genéticas de su ADN que pueden hacerles más proclives a los síntomas de depresión, sus convicciones acerca de la salud y sus intenciones respecto al trabajo que vamos a realizar juntas. (Y sí, esto nos lleva horas.)

Todas mis pacientes comparten metas parecidas: quieren sentirse físicamente llenas de energía y emocionalmente equilibradas (lo que a mi modo de ver es un derecho común a todo el género humano), no perpetuamente agotadas, inquietas, mentalmente confusas e incapaces de disfrutar de la vida. Siguiendo mis indicaciones, consiguen estos objetivos mediante estrategias muy sencillas y claras: cambios dietéticos (más grasas saludables y menos azúcares, lácteos y gluten); suplementos naturales como vitaminas B y probióticos que no necesitan receta médica e incluso pueden obtenerse a través de ciertos alimentos; disminuir en la medida de lo posible la exposición a tóxicos interruptores biológicos[3] como el flúor del agua del grifo y los perfumes de los cosméticos; aprovechar las ventajas del movimiento físico y el

---

3. Un tóxico es cualquier sustancia nociva para la salud, aunque con frecuencia se emplea este término para referirse a sustancias fabricadas por el hombre o introducidas en el medioambiente a través de la actividad humana. El término «toxina», por otro lado, se refiere a tóxicos producidos de manera natural por un organismo vivo.

descanso; y practicar técnicas conductuales dirigidas a mejorar la relajación.

Estos cambios de hábitos cotidianos elementales facilitan el funcionamiento de los poderosos mecanismos de autocuración del cuerpo humano, como lo demuestran múltiples estudios científicos. No se trata de medicina *New Age*. Me propongo demostrar mis argumentos y respaldar mis recomendaciones con estudios actuales contrastados por profesionales de la medicina y extraídos de las publicaciones más prestigiosas del mundo.

No niego que en los últimos años he desarrollado una relación a veces beligerante con gran parte de la medicina convencional. Tras comprobar de primera mano las consecuencias devastadoras que este paradigma ha tenido sobre la vida de cientos de pacientes a los que he tratado, estoy convencida de que la industria farmacéutica y sus adláteres, ocultos tras denominaciones oficiales como las de ciertas sociedades y asociaciones médicas, ha creado una ciencia ilusoria en la que nada es real, puesta al servicio del beneficio por encima de la responsabilidad profesional. Me propongo echar abajo todo cuanto la lectora cree que sabe acerca del papel de los fármacos en el tratamiento de la depresión y la ansiedad. Es hora de dar la luz en esta habitación a oscuras. Abramos este debate y contemplemos la depresión desde una perspectiva que cuestiona radicalmente las teorías y suposiciones dominantes. Si hago bien mi trabajo, no volverás a ver un anuncio de antidepresivos de la misma manera.

Admito que no siempre he comulgado con mi actual creencia, inamovible y apasionada, en la efectividad de la medicina holística y libre de fármacos para sanar la mente y mejorar el estado anímico y la memoria de las mujeres. En muchos aspectos, vengo del otro lado y he sido una doctora alopática convencida y militante. Procedo de una familia para la que la medicina convencional es como un faro rector. Siempre me han interesado la neurociencia y la posibilidad de entender la conducta y la patología humanas, de ahí que me volcara en la psiquiatría. La feminista que llevo dentro no se dio del todo por satisfecha, sin embargo, hasta que empecé a especializarme en la salud de la mujer. Dentro de la psiquiatría existe un campo que en la actualidad está ganando terreno: el de la psiquiatría perinatal o reproductiva, centrado en el análisis de los riesgos y beneficios de tratar a mujeres durante sus años reproductivos. Se trata de una etapa extremadamente vulnerable, en especial si la mujer en cuestión contempla la posibilidad de medicarse al tiempo que planea un embarazo o está ya embarazada. Pronto empecé a sentirme constreñida por el modelo que prescribe la receta de fármacos o la psicoterapia para tratar la depresión, y comencé a investigar en busca de alternativas más beneficiosas no sólo para mujeres en etapa reproductiva, sino para cualquier otro momento del ciclo vital femenino.

Al ir alejándome de la psiquiatría tradicional, empecé a hacerme cuestionamientos que muy pocos especialistas en mi campo se planteaban. Principalmente, ¿por qué? ¿Por qué se han vuelto disfuncionales el cuerpo y la mente de tantos millones de mujeres? ¿Existe en nosotras algún fallo intrínseco? ¿Por qué hemos enfermado mucho más en el último siglo si nuestro ADN —el mismo que tenemos desde hace millones de años— no ha cambiado? ¿O acaso los médicos son cada vez más proclives a emitir diagnósticos recurriendo a ese cajón de sastre que es la depresión?

Éstas son algunas de las cuestiones que aborda este libro. Las respuestas a esos interrogantes allanan el camino hacia un nuevo enfoque del bienestar, revolucionario y, por tanto, extremadamente liberador.

He sido testigo de vuelcos extraordinarios en cuanto al estado de salud de una persona se refiere. Pensemos, por ejemplo, en el caso de una mujer de cincuenta y seis años que entró en mi consulta quejándose de falta de energía, dolores generalizados, piel seca, constipado, aumento de peso y pérdida de memoria. Estaba tomando un antidepresivo y una estatina para bajar el colesterol, pero se sentía cada vez peor y ansiaba hallar una respuesta. En cuestión de meses abandonó todos los fármacos, su colesterol alcanzó un nivel óptimo y su «depresión» desapareció. O en el caso de una mujer de treinta y dos años con un historial de síndrome premenstrual (SPM) para el que había estado tomando píldoras anticonceptivas hasta que quiso quedarse embarazada. Cuando vino a verme, tomaba un antidepresivo para tratar la apatía y el cansancio y, después de dos años intentándolo, seguía sin quedarse embarazada. Lo que sucedió a continuación no fue un milagro, sino más bien algo a lo que asisto a diario en mi consulta. Con unos sencillos cambios nutricionales y de estilo de vida —los mismos que expongo en este libro—, pronto se halló libre de fármacos y embarazada. Y exenta de síntomas por primera vez en su vida.

En este libro vas a conocer a muchas mujeres cuyas elocuentes historias ejemplifican el caso de millones de mujeres que conviven a diario con una depresión innecesaria y agotadora. Confío en que te identifiques con alguna de ellas, o con varias. Al margen de que estés tomando antidepresivos o no, este libro aporta algo a cualquier mujer que luche por sentirse tan radiante como merece. Veo a muchas pacientes que lo han «intentado todo» y han visitado a los mejores médicos del país. De hecho, gran parte de mi labor clínica consiste en tratar a *otros médicos y psiquiatras*.

Muchas mujeres me atribuyen el haberlas iniciado en una transformación vital drástica. Dado que creo apasionadamente en el poder de la medicina del estilo de vida para producir cambios que superan la suma de sus partes —cambios radicales en cuanto a cómo nos relacionamos con la vida, con la espiritualidad, con el entorno y hasta con las autoridades—, me veo a mí misma como la embajadora de una nueva forma de experimentar la salud y el bienestar. Puede que esta forma de ser se construya sobre las cenizas del sufrimiento, pero quizá sea también la manera de renacer, cual ave fénix, más audaz y más fuerte que nunca. Esa fortaleza y esa resiliencia son tuyas, y te siguen allá donde las lleves.

He dividido el libro en dos partes. En la primera, «La verdad sobre la depresión», repasaremos cuáles son los amigos y los enemigos de tu salud mental, desde las comidas cotidianas a los fármacos más comunes y los medicamentos sin receta. Pronto empezarás a consumir más grasas saturadas y colesterol y a comprar de manera distinta en el supermercado. Expondré, detalladamente y respaldada por la ciencia, la asombrosa relación entre salud intestinal y salud mental. Y lo haré dentro del contexto de la inflamación, una expresión muy en boga hoy en día y que sin embargo la mayoría de la gente sigue sin comprender, especialmente en lo relativo al papel fundamental que desempeña en la depresión. Demostraré que la depresión es a menudo resultado de la inflamación crónica, así de sencillo. Y explicaré la responsabilidad subyacente del sistema inmune en todo lo tocante a la salud mental.

La primera parte incluye un panorama general de las últimas investigaciones acerca de cómo podemos alterar drásticamente nuestro destino genético —el modo en que se expresan nuestros genes, incluidos los que atañen directamente a nuestro estado anímico— a través de las decisiones que tomamos respecto a nuestra alimentación y nuestras actividades cotidianas. El objetivo de esta primera parte es prepararte para el programa en el que te embarcarás en la segunda mitad del libro, «Tratamientos naturales para un bienestar integral». A lo largo de sus páginas, te guiaré a través de mi programa de bienestar, diseñado tanto para mujeres que no se medican como para las que sí toman fármacos y sueñan, quizá, con poder prescindir de ellos. Este programa incluye un plan de acción de cuatro semanas, acompañado por menús y estrategias para incorporar nuevos hábitos de vida a nuestra cotidianidad.

En mi página web, www.kellybroganmd.com, encontrarás actualizaciones e información útil, y podrás leer mi blog, ver mis tutoriales, acceder a los últimos estudios científicos y descargarte materiales que te ayudarán a adaptar la información contenida en este libro a tus necesidades personales.

Tan pronto empieces a aplicar cotidianamente lo que aprendas en estas páginas, obtendrás una recompensa mayor aún que la estabilidad mental. Mis pacientes enumeran a menudo los siguientes «beneficios colaterales» de mi programa: sentir que controlan sus vidas y sus cuerpos (incluido un control del peso que no supone esfuerzo); claridad mental y espiritual; aumento de la vitalidad; y una mayor tolerancia a la aflicción. ¿Quién no querría estos resultados? Ha llegado el momento de que tu mente sea tuya.

Empecemos.

Primera parte
LA VERDAD
SOBRE LA DEPRESIÓN

—

1
Descodificar la depresión

No es una enfermedad: lo que no sabes sobre este
síndrome y cómo se manifiesta

La depresión puede ser resultado de un desequilibrio
físico, más que de un desequilibrio químico cerebral.

La medicalización del sufrimiento anula el significado
y genera ganancias materiales.

Cuando hablo de medicina y salud mental ante un público amplio, suelo comenzar con la siguiente imagen: pensad en una mujer de la que sepáis que goza de una salud radiante. Apuesto a que vuestra intuición os dice que duerme y come bien, que halla sentido a su vida, que es activa y está en forma, y que encuentra tiempo para relajarse y disfrutar de la compañía de otras personas. Dudo que os la imaginéis tomando un medicamento de buena mañana y pasando el día a base de cafeína y azúcar, sintiéndose aislada y ansiosa, y teniendo que beber por las noches para poder dormir. Todos nosotros tenemos una noción intuitiva de lo que es la salud, pero muchos hemos perdido el mapa de carreteras que conduce a la salud óptima, sobre todo a ese tipo de salud que aparece cuando sencillamente despejamos el camino para que pueda darse. El hecho de que en Estados Unidos una de cada cuatro mujeres en la flor de la vida consuma medicamentos para tratar una dolencia mental supone una crisis de alcance nacional.[1]

Los seres humanos se sirven de sustancias psicoactivas para tratar de embotar o anular el dolor, la aflicción, la pena y el sufrimiento desde tiempo inmemorial, pero sólo en las últimas décadas se ha persuadido a la gente de que la depresión es una enfermedad y de que los antidepresivos químicos son la solución. Ello dista mucho de ser verdad. Muchas de mis pacientes han visitado a múltiples doctores y se han estrellado contra el duro techo de lo que la medicina convencional puede ofrecer. Algunas incluso han probado la medicina integrativa, que combina la medicina tradicional (es decir, la prescripción de fármacos) con tratamientos alternativos (por ejemplo, la acupuntura). A fin de cuentas, les dicen, existen estupendos complementos naturales que mejoran los efectos de los productos farmacéuticos, ya de por sí prodigiosos. Pero si estas mujeres no encuentran solución a su problema es porque nadie se ha preguntado *por qué*. ¿Por qué se encuentran mal? ¿Por qué sus cuerpos generan síntomas que se manifiestan en forma de depresión? ¿Por qué no se paran a hacerse esta pregunta fundamental y obvia la primera vez que sienten apatía, ansiedad, insomnio y cansancio crónico?

Antes de llegar a las respuestas a estos interrogantes, permíteme ser la primera en decir que el único camino para una solución efectiva es dejar atrás el mundo médico que ya conoces. Este viaje en el que voy a servirte de guía no tiene como fin la supresión de los síntomas, sino la libertad de la salud. Primero, déjame decirte que yo también fui la doctora típica. Es más, fui la típica doctora estadounidense a la que le encantaba la pizza, los refrescos, los anticonceptivos y el ibuprofeno. Mi mensaje es el resultado de un periplo personal y de miles de horas de investigación que me han impelido a compartir la verdad acerca de la atención médica basada en la receta de medicamentos. Y es ésta: que nos han embaucado.

---

1. Katherine Bindley, «Women and Prescription Drugs: One in Four Takes Mental Health Meds,» *Huffington Post*, 16 de noviembre, 2011, www.huffingtonpost.com/2011/11/16/women-and-prescription-drug-use_n_1098023.html. Consultado el 21 de septiembre, 2015.

Sí, toda mi formación médica se basó en un modelo de atención a la enfermedad que ofrece a los pacientes una única herramienta —los fármacos— y que nunca apunta al verdadero bienestar. Hemos dejado nuestra salud en manos de quienes buscan sacar de ella un beneficio económico, y asumido un paradigma basado en las siguientes nociones:

- Que estamos «averiados».
- Que el miedo es una respuesta adecuada a los síntomas.
- Que necesitamos productos químicos para sentirnos mejor.
- Que los médicos saben lo que se hacen.
- Que el cuerpo es una máquina que requiere calibrado (a través de los fármacos). Un poquito más de esto, un poquito menos de aquello.

Yo llamo a este conjunto de nociones colectivas «el Espejismo Médico Occidental». Se halla en la base de un sistema nocivo que te convierte en un consumidor de por vida, dependiente y falto de recursos propios.

Como seguramente ya habrás deducido, me encanta despotricar. Pero lo hago armada con las mejores pruebas científicas, y hoy en día sabemos mucho acerca de la verdadera raíz de la depresión, y acerca de cómo tratarla eficazmente y sin riesgos prescindiendo del talonario de recetas. Si hay una idea que deseo transmitirte es ésta: deshazte del miedo, recupera tu brújula interna y comprométete a alcanzar el bienestar óptimo, libre de medicación. Aunque no te mediques en la actualidad, apuesto a que dudas de que puedas vivir el resto de tu vida sin fármacos, confiando en tu propia intuición para saber qué es lo que más te conviene. La idea de confiar en la sabiduría innata del cuerpo puede sonar singular en el mejor de los casos y, en el peor, puede parecer una peligrosa quimera *hippie*. De aquí en adelante quiero que hagas tuyas estas nuevas ideas:

- Que la prevención es posible.
- Que los tratamientos farmacológicos tienen un coste muy elevado.

- Que no es posible alcanzar una salud óptima a través de la medicación.
- Que tu salud la controlas tú.
- Y que emplear la medicina del estilo de vida —sencillos hábitos cotidianos, prescindiendo de medicamentos— es una manera segura y eficaz de que el cuerpo se sienta seguro.

¿Cómo puedo hacer estas afirmaciones y a qué me refiero al hablar de «medicina del estilo de vida»? Vas a averiguarlo en este libro, en el que expondré las pruebas científicas necesarias para dar respuesta a los interrogantes que puedas tener y daré satisfacción a los incrédulos. Cuando conozco a una mujer y a su familia, les hablo de cómo revertir su ansiedad, su depresión, sus fobias, incluso su psicosis. Trazamos el eje cronológico que la ha conducido a su situación actual e identificamos desencadenantes que con frecuencia pueden encuadrarse en una o varias de las siguientes categorías: intolerancia o sensibilidad a ciertos alimentos, desequilibrios glucémicos, exposición a agentes químicos, disfunción tiroidea y deficiencias nutricionales. Forjo una alianza con mi paciente y asisto como testigo al alivio drástico de los síntomas en el plazo de un mes. Consigo este objetivo enseñando a mis pacientes a introducir cambios sencillos en sus hábitos cotidianos, empezando por la dieta, mediante el aumento de la densidad de los nutrientes, la eliminación de alimentos inflamatorios, el equilibrio del nivel de azúcar en sangre y un acercamiento a la comida en su estado más ancestral. Es la forma más efectiva de dar un vuelco a la situación, porque la comida no es sólo combustible. Es *información* (literalmente: «le da *forma* a tu organismo») y su potencial para curar no deja de asombrarme, día tras día.

Para alcanzar el bienestar radical es necesario enviar al cuerpo la información adecuada y protegerlo de las agresiones. No se trata únicamente de la salud mental: se trata de que la salud mental es una manifestación de todo aquello que experimenta nuestro organismo y de cómo interpreta nuestra mente su propia seguridad y su capacidad de actuación. Se trata de comprender que los síntomas son únicamente la punta visible, abrupta e irregular de un gigantesco iceberg sumergido.

Fíjate en que ninguno de estos conceptos está relacionado con la posible «carencia» o «descenso» de sustancias neuronales. Si tuvieras que definir la depresión ahora mismo, antes de seguir leyendo, es probable que la describieras como un «desorden anímico» o una «enfermedad mental» desencadenada por un desequilibrio químico cerebral que posiblemente requiere tratamiento mediante fármacos como el Prozac o el Zoloft, que elevan los niveles de las sustancias químicas cerebrales asociadas al buen humor. Pero estarías cometiendo un error.

La inmensa mayoría de los pacientes a los que hoy en día se hace entrar por el aro de la medicación psiquiátrica están sobrediagnosticados, mal diagnosticados o reciben tratamientos erróneos. Sufren, en efecto, obnubilación o «niebla cerebral», cambios en el metabolismo, insomnio, nerviosismo y ansiedad, pero por motivos que sólo de manera muy laxa se relacionan con su química cerebral. Presentan todos los síntomas que se mencionan en un anuncio de Cymbalta en el que se les aconseja hablar con su médico para cerciorarse de que dicho medicamento es el más adecuado para ellos. Pero es como poner un vendaje sobre una astilla clavada en la piel que sigue produciendo inflamación y dolor. Si vendamos la herida, perdemos la oportunidad de extraer la astilla y resolver el problema desde su raíz. Y es un ejemplo paradigmático de cómo la medicina convencional puede cometer graves errores, alentada con entusiasmo por la industria farmacéutica.

En la medicina holística no hay especialidades. Todo está relacionado. He aquí un caso típico y muy revelador en este sentido: Eva llevaba dos años tomando un antidepresivo, pero quería dejarlo porque estaba pensando en quedarse embarazada. Su médico le aconsejó que no dejara de tomar el fármaco, lo que indujo a Eva a venir a mi consulta. Me explicó que su periplo psiquiátrico había dado comienzo con el SPM, que se manifestaba una vez al mes, durante una semana en la que se mostraba muy irritable y proclive a los accesos de llanto. Su médico le recetó una píldora anticonceptiva (un tratamiento muy común) y al poco tiempo se sintió aún peor: padecía insomnio, fatiga, desgana sexual y una apatía generalizada que le duraba todo el mes. Fue entonces cuando el médico le recetó también Wellbu-trin [bupropión] para «levantarle el ánimo», según dijo, y tratar su presunta depresión. Eva, por su parte, sentía que el antidepresivo la ayudaba a recuperar el nivel de energía, pero que tenía efectos muy limitados en términos de mejora de su estado anímico y de su libido. Y, si lo tomaba después de las doce de la noche, su insomnio se exacerbaba. Pronto se acostumbró a sentirse estable pero decaída, y se convenció de que era la medicación lo que la mantenía a flote.

La buena noticia es que, gracias a una preparación cuidadosa, Eva pudo dejar la medicación y recuperar su energía, su equilibrio y el dominio de sus emociones. El primer paso consistió en introducir cambios elementales en sus hábitos dietéticos y de ejercicio, así como mejores estrategias de respuesta al estrés. El segundo consistió en retirarle los anticonceptivos y analizar sus niveles hormonales. Justo antes de tener la regla presentaba niveles bajos de cortisol y progesterona, lo que posiblemente causaba el SPM que originó todo el problema. Pruebas posteriores revelaron una función tiroidea casi deficiente que muy bien podía estar ocasionada por el consumo de anticonceptivos orales y ser la causa de sus síntomas crecientes de depresión.

Cuando Eva estuvo lista para dejar la medicación, lo hizo siguiendo mis instrucciones. A medida que el cerebro y el cuerpo en general se acostumbraban a que no hubiera un antidepresivo circulando por su organismo, sus niveles energéticos mejoraron, sus problemas de sueño se resolvieron y su ansiedad disminuyó. Al cabo de un año estaba curada, había dejado de medicarse, se sentía bien… y se quedó embarazada.

Pido a mis pacientes e imploro a mis posibles lectoras que se replanteen sus nociones acerca de la atención a la salud y el consumo de fármacos. En parte, si escribí este libro fue para ayudarte a desarrollar una nueva mirada vigilante e inquisitiva que puedas aplicar a cualquier experiencia vital. Sé que, para que mis pacientes estén bien, necesitan enfocar su salud asumiendo la integridad entre cuerpo y mente y comprometiéndose radicalmente con el respeto a esa integridad. Personalmente, no tengo intención de retornar a un estilo de vida que incluya productos farmacéuticos del tipo que sea, bajo ninguna circunstancia.

¿Por qué?

Porque considero el cuerpo como una telaraña de intrincado tejido: si tiras de uno de sus lados, toda ella se mueve. Y porque hay una forma más eficaz de sanar.

Es tan sencilla que podría considerarse un acto de rebelión.

Tal vez te consideres alérgica al conflicto: una persona que desea mantener la paz, que agacha la cabeza y hace lo que le recomiendan. Pero para estar sana en el mundo actual, tienes que establecer y cultivar una *dependencia* de ti misma. Y lo primero que tienes que hacer para conseguirlo es cambiar para siempre de perspectiva: mirar detrás de la cortina y darte cuenta de que la medicina no es lo que tú creías. La medicina basada en los fármacos te hace enfermar. Afirmo incluso que la atención hospitalaria te hace enfermar. Aunque las estimaciones varían, entra dentro de lo razonable afirmar que anualmente se cobra decenas, cuando no cientos de miles de vidas, debido a errores médicos prevenibles, tales como diagnósticos equivocados, negligencias quirúrgicas o farmacológicas, infecciones o simplemente por poner mal una vía.[2] La organización Cochrane Collaboration de Londres, una red formada por más 31.000 investigadores de más de 130 países, lleva a cabo un análisis independiente y extremadamente minucioso acerca de la investigación sanitaria y el cuidado de la salud en el mundo actual. Basándose en datos del *British Medical Journal,* el *Journal of the American Medical Association* y los Centros para el Control de Enfermedades, ha descubierto que la prescripción de medicamentos es la tercera causa de muerte, por detrás de

---

2. James Warren, «When Health Care Kills,» *New York Daily News*, 20 de julio, 2014, www.nydailynews.com/opinion/health-care-kills-article-1.1872544. Consultado el 21 de septiembre, 2015. Véase también: J. T. James, «A New, Evidence-based Estimate of Patient Harms Associated with Hospital Care,» *J Patient Saf* 9, n.º 3 (Septiembre, 2013): 122-128, doi: 10.1097/ PTS.0b013e3182948a69. Este último estudio revela que, según estimaciones del Instituto de Medicina de Estados Unidos, anualmente fallecen cerca de 98.000 estadounidenses como consecuencia de errores médicos.

las enfermedades cardiovasculares y el cáncer.[3] Y en lo tocante a fármacos psicotrópicos, las conclusiones de sus estudios resultan sumamente inquietantes. En palabras de su fundador, el doctor Peter Gøtzsche: «Nuestros ciudadanos estarían mucho mejor si retiráramos del mercado todos los fármacos psicotrópicos, dado que los médicos son incapaces de manejarlos. Es innegable que su disponibilidad genera más daños que beneficios».[4]

Los médicos, en general, no son malas personas. Son personas inteligentes que trabajan mucho e invierten dinero, sangre, sudor y lágrimas en su formación. Pero ¿de dónde obtienen los médicos la información que manejan? ¿En quién les dicen que confíen? ¿Te has preguntado alguna vez quién mueve los hilos? Algunos miembros de la comunidad médica estamos empezando a alzar la voz y a denunciar el hecho de que nuestra educación y nuestra formación práctica están, en buena medida, compradas.

«Por desgracia, si nos atenemos al balance de riesgos y beneficios, hemos de reconocer, por incómoda que resulte la verdad, que la mayoría de los fármacos no funcionan en la mayoría de los pacientes.»[5] Antes de leer esta cita en el prestigioso *British Medical Journal* en 2013, yo ya había empezado a indagar en mi sospecha de que en realidad no hay muchas pruebas científicas que refrenden la eficacia de la mayoría de los medicamentos y las

---

3. «The Third Leading Cause of Death after Heart Disease and Cancer? Experts Debate the Harmful Effects of Psychiatric Medications,» Council for Evidence-Based Psychiatry, 13 de mayo, 2015, http://cepuk. org/2015/05/13/third-leading-cause-death-heart-disease-cancer-experts-debate-harmful-eects-psychiatric-medications/. Consultado el 21 de septiembre, 2015.

4. «Psychiatry Gone Astray,» publicado por Dr. David Healy el 21 de enero, 2014, http://davidhealy.org/psychiatry-gone-astray/. Consultado el 21 de septiembre, 2015. Véase también: Peter Gøtzsche, *Deadly Medicines and Organised Crime: How Big Pharma Has Corrupted Healthcare* (Nueva York, Radcliffe Publishing, 2013). Para más información sobre el doctor Gøtzsche y su obra, consúltese www.deadlymedicines. dk. Y para saber más sobre el Informe Cochrane, véase www.cochrane.org.

5. Fiona Godlee, «Balancing Benefits and Harms,» *British Medical Journal* 346 (2013): f3666.

intervenciones médicas, especialmente en psiquiatría, un campo en el que la supresión de datos y la generación de artículos de autoría dudosa sufragados por la industria farmacéutica tienden a ocultar la verdad. Otro estudio aparecido en 2013 en la también prestigiosa publicación *Mayo Clinic Proceedings* constataba que nada menos que el 40 por ciento de las prácticas médicas actuales deberían desecharse.[6] Lamentablemente, hacen falta diecisiete años de media para que los datos que ponen de manifiesto la ineficacia o el perjuicio (o ambas cosas) de una práctica médica se traduzcan en cambios en la rutina sanitaria cotidiana, un lapso de tiempo que hace que los protocolos de cuidado de la salud basados en pruebas científicas sólo existan en la teoría y no en la práctica.[7] El doctor Richard Horton, editor jefe de la afamada revista *Lancet* en el momento de escribirse este libro, ha roto filas al exponer públicamente lo que piensa sobre la investigación científica traducida en forma de publicaciones: que es, como mínimo, poco fiable, cuando no del todo falsa. En un manifiesto publicado en 2015 escribía: «La imputación contra la ciencia es muy clara: gran parte de la literatura científica, tal vez la mitad, puede sencillamente ser falsa. Afectada por estudios que emplean muestras reducidísimas, por resultados irrisorios, por análisis exploratorios inválidos y conflictos de intereses flagrantes, a lo que hay que sumar la obsesión por seguir tendencias en boga de dudosa importancia, la ciencia ha dado un giro hacia el oscurantismo».[8]

En el 2011 el *British Medical Journal* realizó un análisis general de unos 2.500 tratamientos médicos de uso común. El objetivo del

---

6. V. Prasad *et al.*, «A Decade of Reversal: An Analysis of 146 Contradicted Medical Practices, *Mayo Clinic Proceedings* 88, n.º 8 (Agosto, 2013): 790-798, doi: 10.1016/j. mayocp.2013.05.012. Epub: 10 de julio, 2013.

7. Z. S. Morris, S. Wooding y J. Grant, «The Answer Is 17 Years, What Is the Question: Understanding Time Lags in Translational Research,» *Journal of the Royal Society of Medicine* 104, n.º 12 (Diciembre, 2011): 510-520, doi:10.1258/jrsm.2011.110180.

8. Richard Horton, «Offline: What Is Medicine's 5 Sigma?» *Lancet* 385 (Abril, 2015).

estudio era determinar cuáles de ellos estaban respaldados por pruebas científicas fiables y suficientes.[9]

Éstos fueron los resultados:

• Un 13 por ciento demostraron ser beneficiosos.
• Un 23 por ciento, posiblemente beneficiosos.
• Un 8 por ciento, posiblemente tan perjudiciales como benefi-
  ciosos.
• Un 6 por ciento, posiblemente no beneficiosos.
• Un 4 por ciento, posiblemente dañinos o ineficaces.

Del 46 por ciento restante —la categoría más amplia— sólo podía
afirmarse que se desconocía su eficacia. Dicho de otra manera: cuando
vas al médico o al hospital sólo tienes un 36 por ciento de probabilidades de recibir un tratamiento cuyos beneficios o posibles beneficios estén demostrados científicamente. Estos resultados son
sorprendentemente similares a los del doctor Brian Berman, que
analizó los chequeos de prácticas médicas convencionales realizados por Cochrane, concluyendo que el 38 por ciento de los tratamientos eran positivos y el 62 por ciento negativos o «sin resultados
comprobables».[10]

¿Hay excepciones? En mi opinión, no. Ello se debe a que el
enfoque farmacéutico parte de presupuestos erróneos. Los productos farmacéuticos tal y como los conocemos hoy día no han sido
desarrollados ni estudiados tomando en cuenta los principios
más relevantes de la ciencia moderna, tales como la complejidad
y potencia de la flora microbiana, el impacto de la exposición a
tóxicos en dosis bajas, los desórdenes autoinmunes como síntoma de sobreestimulación ambiental y la importancia fundamental de la bioquímica propia de cada individuo. Dado que la
medicina convencional opera según la premisa, ya obsoleta, «un

---

9. J. S. Garrow, «What to Do about CAM: How Much of Orthodox Medicine Is
Evidence Based?,» *British Medical Journal* 335, n.º 7627 (Noviembre, 2007): 951.

10. Brian Berman *et al.*, Reviewing the Reviews, *International Journal of Technology
Assessment in Health Care*, 17 (2001): 457-466.

gen, una enfermedad, una pastilla», su eficacia se mide conforme a un baremo sesgado, y la seguridad de los tratamientos no puede valorarse con precisión ni debatirse con los pacientes concretos.

Muchas de nosotras nos movemos por la vida con un miedo insidioso a perder la salud en cualquier momento. Caemos fácilmente presa de la creencia de que nuestros pechos son bombas de relojería con el temporizador en marcha, de que no hace falta más que un estornudo o un apretón de manos para contagiarnos de algo, de que la vida es un proceso que consiste en ir sumando medicamentos y drogas con los que apagar pequeños fuegos a medida que envejecemos. Hasta que dejé de recetar fármacos, nunca había curado a un paciente. Ahora, todas las semanas se cura gente en mi consulta. Como decía más arriba, mis pacientes son mis socias, mis aliadas. Colaboramos, y ellas trabajan con ahínco. Trabajan duro en un momento de sus vidas en que sienten que no pueden ni levantar un dedo: cuando la perspectiva de ir a la farmacia con una hojita de papel titila como la Estrella del Norte en medio de su negro firmamento. Siguen mis indicaciones porque se sienten estimuladas por mi convicción y mi esperanza en este nuevo modelo: el que pregunta «¿Por qué?» y tiene como meta no sólo el alivio de los síntomas, sino un aumento radical de la vitalidad.

Soy consciente de que muchas posibles lectoras de este libro pueden temer el cambio que supondrá tomarse mis consejos en serio. Pero ninguna situación se resuelve más fácilmente, ni se gestiona o se soporta mejor recurriendo al miedo. Reaccionar con miedo nos conduce a tomar decisiones miopes. Algunas de estas decisiones pueden borrar nuestra sensación de desorden, pero al mismo tiempo generan problemas nuevos y más complejos. Por el contrario, cuando tengas un síntoma —cuando te sientas aturdida, triste, dolorida, ofuscada, llorosa, cansada o innecesariamente ansiosa— empieza a cuestionarte cosas. Pregúntate por qué e intenta extraer conclusiones. Tus síntomas físicos te están diciendo algo acerca de tu equilibrio. Tu cuerpo trata de decirte que ha perdido estabilidad. Da un paso atrás y contempla la infinita complejidad de tu organismo. Toma conciencia de que el miedo sólo puede conducirte a tratar tu cuerpo como una máquina robótica que requiere aceite y cambio de marchas. Pero somos mucho más que botones y palancas.

De modo que ya es hora de cambiar de lente y empezar a estudiar tu cuerpo. Empieza a pensar de manera crítica sobre lo que compras, sobre los consejos médicos que recibes y sobre lo que los medios de comunicación afirman que debe preocuparte. Arrojemos luz sobre todos los rincones oscuros de tus creencias y suposiciones sobre la salud. Este pensamiento crítico te permitirá liberarte y cobrar conciencia de todo tu potencial como madre, pareja o amiga, dentro de tu propia esfera de existencia. Como afirma una de mis citas de cabecera: «Todo lo que siempre has deseado está al otro lado del miedo».

Vamos a dedicar el resto de este capítulo a revisar qué es la depresión, desde su verdadera definición y su biología a sus múltiples causas, pasando por el fracaso colosal de la industria farmacéutica para tratar esta dolencia que se ha convertido rápidamente en la principal causa de incapacidad laboral en Estados Unidos y el resto del mundo.[11] Ello ayudará a disipar tus temores respecto al cambio que estás a punto de acometer y a preparar el terreno para la exposición de las conclusiones de este libro. Empezaré por exponer uno de los mitos más generalizados y dañinos sobre la depresión.

LA DEPRESIÓN NO ES UNA ENFERMEDAD[12]

La psiquiatría, a diferencia de otros campos de la medicina, se basa en un sistema de diagnóstico extremadamente subjetivo.

---

11. Para consultar los datos sobre la depresión en el mundo, véase la página web de la Organización Mundial de la Salud sobre este tema: www.who.int/mediacentre/factsheets/fs369/en/.

12. Este apartado está adaptado a partir de los contenidos de mi blog personal, www.kellybroganmd.com. Véase en particular: «Have You Been Told It's All In Your Head? The New Biology of Mental Illness,» 25 de septiembre, 2014.

Básicamente, te sientas en la consulta con el médico y éste te etiqueta conforme a su valoración de los síntomas que describes. No hay pruebas diagnósticas. No puedes hacer pis en un vasito, ni dar una gotita de sangre para que la analicen en busca de una sustancia que indique taxativamente que «tienes depresión» del mismo modo que un análisis de sangre puede revelar si tienes diabetes o anemia.

La psiquiatría es tristemente famosa por sus meteduras de pata. Tiene a sus espaldas un largo historial de maltrato a pacientes mediante la utilización de tratamientos pseudocientíficos y ha quedado mancillada en numerosas ocasiones por su vergonzosa falta de rigor diagnóstico. Pensemos, por ejemplo, en el ganador del Premio Nobel de 1949, Egas Moniz, un neurólogo portugués que introdujo técnicas de cirugía invasiva para el tratamiento de personas con esquizofrenia, seccionando conexiones entre la región prefrontal y otras parte del cerebro: es decir, la lobotomía prefrontal. O en el experimento Rosenhan de la década de 1970, que dejó al descubierto lo difícil que es para un médico distinguir entre un «paciente loco» y un paciente cuerdo que se hace pasar por loco. La prescripción de fármacos psicotrópicos tan común hoy en día es, a mi modo de ver, igual de nociva y absurda que la destrucción física de tejido cerebral crítico o la etiquetación de las personas como «enfermos psiquiátricos» cuando de hecho no lo son.

Tras acabar mis estudios universitarios, me especialicé en psiquiatría de enlace o «medicina psicosomática». Si me decanté por esta especialidad fue porque parecía la única que tomaba en cuenta las patologías y procesos físicos que podían traducirse en alteraciones del comportamiento. Me había fijado en que los psiquiatras de este campo valoraban el papel de los hechos biológicos, tales como la inflamación y la respuesta al estrés. Me fijé en que los psiquiatras, cuando pasaban consulta a los pacientes ingresados en el hospital, hablaban de estos procesos de manera muy distinta a como cuando visitaban a sus pacientes en sus lujosos despachos de Park Avenue. Hablaban del delirio causado por el desequilibrio electrolítico, de los síntomas de demencia ocasionados por el déficit de vitamina B_{12} y de la aparición de psicosis en personas a las que se les habían recetado recientemente fármacos antieméticos. Estas causas, que se hallan en la raíz de numerosas afecciones mentales, están muy lejos de esa cháchara —tan común cuando se habla de enfermedad mental— que afirma que «todo está en la cabeza».

El término *psicosomático* está tan manido y estigmatizado que implica de manera automática que, en efecto, «todo está dentro de tu cabeza». La psiquiatría sigue siendo el cajón de sastre al que recurre la medicina convencional cuando falla a la hora de emitir un diagnóstico o recetar un tratamiento. Si los doctores no encuentran explicación para tus síntomas o si el tratamiento prescrito no resuelve el problema y las pruebas posteriores no se traducen en un diagnóstico concreto, es muy probable que tu médico de cabecera acabe mandándote al psiquiatra o, mejor aún, recentándote un antidepresivo. Si te pones *muy pesada* e insistes en que necesitas ayuda real, puede que además te recete un antipsicótico. La mayoría de las recetas de antidepresivos las extienden los médicos de familia, no los psiquiatras: un 7 por ciento de las consultas a médicos de atención primaria acaban con la prescripción de antidepresivos.[13] Y casi tres cuartas partes de estas recetas se extienden sin un diagnóstico específico previo.[14] Es más, cuando el Departamento de Salud Mental de la Johns Hopkins Bloomberg School of Public Health analizó por su cuenta la prevalencia de desórdenes mentales, descubrió que «muchos sujetos a los que se receta y que consumen medicamentos antidepresivos pueden no presentar ningún síntoma de desorden mental. Nuestros datos in-

---

13. R. Mojtabai y M. Olfson, «Proportion of Antidepressants Prescribed without a Psychiatric Diagnosis Is Growing,» *Health Affairs* (Millwood) 30, n.º 8 (agosto, 2011): 1434-1442. doi: 10.1377/hltha.2010.1024. Véase también: Nancy Shute, «Antidepressant Use Climbs, as Primary Care Doctors Do the Prescribing,» National Public Radio, 4 de agosto, 2011, www.npr.org/sections/health-shots/2011/08/06/138987152/antidepressant-use-climbs-as-primary-care-doctors-do-the-prescribing. Consultado el 22 de septiembre, 2015.

14. Véase la entrada de mi blog, www.kellybroganmd.com, «Antidepressants: No Diagnosis Needed,» 21 de abril, 2014.

dican que se recurre comúnmente a los antidepresivos en ausencia de diagnósticos basados en pruebas concluyentes».[15]

Nunca olvidaré un caso que atendí hace unos años: el de una mujer con prurito facial «psicosomático». Su historia es muy reveladora. Se quejaba de una sensación de intensa comezón en la cara para la que no había explicación, salvo la típica: que todo estaba «en su cabeza». Sus síntomas eran tan incapacitantes que apenas podía desenvolverse en la vida cotidiana. Yo en aquella época todavía recetaba psicotrópicos, pero una vocecilla dentro de mí me decía que allí estaba pasando algo real, que no todo estaba dentro de su cabeza. Pero, lamentablemente, el modelo médico occidental ya la había etiquetado como un caso psicosomático que, por tanto, requería medicación psiquiátrica. Lo cierto era que este modelo no podía valorar, ni empezar siquiera a entender la complejidad de su dolencia. Los antidepresivos y las benzodiacepinas (tranquilizantes como el Valium o el Xanax) no le servían de ayuda. Lo que finalmente consiguió sacarla de su estado fue el cambio de dieta, los suplementos alimenticios y el reequilibrado de su flora bacteriana. ¿Fue un efecto placebo? Evidentemente, tenía tantas ganas de sentirse mejor que habría hecho cualquier cosa. Pero la medicina convencional no la curó. En el origen de su dolor y su aflicción había un proceso inmune e inflamatorio que no podía solventarse mediante antidepresivos y fármacos inhibidores de la ansiedad, sino mediante estrategias que atacaran la raíz del problema: que arrancaran la esquirla que llevaba clavada en el pie y permitieran que se restañara la herida.

La idea de que la depresión y las dolencias asociadas a ella son manifestaciones de fallos en el sistema inmune y en las respuestas inflamatorias —no desórdenes causados por deficiencias neuroquímicas— es un tema que expondremos por extenso a lo largo de

---

15. Y. Takayanagi *et al.*, «Antidepressant Use and Lifetime History of Mental Disorders in a Community Sample: Results from the Baltimore Epidemiologic Catchment Area Study,» *Journal of Clinical Psychiatry* 76, n.º 1 (Enero, 2015): 40-44, doi: 10.4088/JCP.13m08824.

este libro. No es un concepto tan nuevo como podría pensarse, aunque probablemente ni tu médico de cabecera ni tu psiquiatra hablarán de ello cuando te quejes de algún síntoma y te despachen a toda prisa con una receta de antidepresivos. Hace casi un siglo, los científicos ya estaban explorando las relaciones entre las afecciones tóxicas del intestino, la función cerebral y el estado anímico. Este fenómeno recibió el nombre de *autointoxicación*. Pero estudiar una idea tan descabellada pasó de moda. A mediados del siglo XX, ya nadie pensaba que la salud gástrica pudiera afectar a la salud mental. Al contrario, se generalizó rápidamente la idea contraria: que la depresión y la ansiedad influían en los procesos gástricos. Y con el despegue de la industria farmacéutica en la segunda mitad del siglo XX, las teorías gastrointestinales fueron ignoradas y los brillantes investigadores que se hallaban tras ellas cayeron en el olvido. El sistema digestivo se consideró durante siglos, en la antigua praxis médica, la sede de la salud. Ahora por fin podemos apreciar la validez de una sabiduría tan antigua. Hipócrates, el padre de la medicina, que vivió en el siglo III a.C., fue de los primeros en afirmar que «toda enfermedad comienza en el vientre».

Son muchos los estudios actuales que demuestran un nexo irrefutable entre la disfunción gastrointestinal y el cerebro, principalmente al poner de manifiesto la relación entre el volumen de marcadores inflamatorios en sangre (es decir, los síntomas de inflamación) y el riesgo de depresión.[16] Un nivel elevado de marcadores inflamatorios —lo que a menudo indica que el sistema inmune está en alerta máxima— aumenta significativamente el riesgo de desarrollar una depresión. Estos niveles también indican la gravedad de la depresión: cuanto más elevados sean, más severa será la depresión. Lo que en último término significa que

---

16. Para una visión general de la relación entre inflamación y depresión, véase: A. H. Miller *et al.*, «Inflammation and Its Discontents: The Role of Cytokines in the Pathophysiology of Major Depression,» *Biol Psychiatry* 65, n.º 9 (1 de mayo, 2009): 732-741, doi: 10.1016/j.biopsych.2008.11.029. Véase también: E. Haroon *et al.*, «Psychoneuroimmunology Meets Neuropsychopharmacology: Translational Implications of the Impact of Inflammation on Behavior,» *Neuropsychopharmacology* 37, n.º 1 (Enero, 2012): 137-162, doi: 10.1038/ npp.2011.205.

la depresión debería categorizarse junto a otros desórdenes inflamatorios como las enfermedades cardiovasculares, la artritis, la esclerosis múltiple, la diabetes, el cáncer y la demencia. Y no es ninguna sorpresa, al menos para mí, que la depresión sea mucho más frecuente en personas que presentan además otras afecciones inflamatorias o autoinmunes, como síndrome del colón irritable, síndrome de fatiga crónica, fibromialgia, resistencia a la insulina u obesidad. Todas estas dolencias se caracterizan por niveles elevados de inflamación, un tema que abordaremos en el capítulo 3.

Para entender que la depresión no es un desorden cuyo germen primigenio se halle en el cerebro, no hay más que echar un vistazo a algunos estudios sumamente reveladores. Cuando los científicos desencadenan premeditadamente procesos inflamatorios en el organismo de personas sanas que no muestran síntomas de depresión inyectándoles una sustancia concreta (de este tema hablaremos más adelante), esas personas desarrollan rápidamente los síntomas típicos de la depresión.[17] Y cuando se trata a enfermos de hepatitis C con interferón, una sustancia proinflamatoria, un 45 por ciento de esos pacientes desarrollan depresión severa.[18]

Así pues, cuando me preguntan por qué sufrimos lo que tiene todos los visos de ser una epidemia de depresión pese a la cantidad de gente que toma antidepresivos, no pienso en la química cerebral. Pienso en el impacto de nuestro estilo sedentario de vida, en una dieta basada en alimentos procesados y en el estrés constante. Pienso en la bibliografía médica que afirma que la típica dieta occidental —rica en carbohidratos refinados, grasas

---

17. R. Dantzer *et al.*, «From Inflammation to Sickness and Depression: When the Immune System Subjugates the Brain,» *Nat Rev Neurosci*, 9, n.º 1 (Enero, 2008): 46-56.

18. M. Udina *et al.*, «Interferon-induced Depression in Chronic Hepatitis C: A Systematic Review and Meta-analysis,» *J Clin Psychiatry* 73, n.º 8 (Agosto, 2012): 1128-1138, doi: 10.4088/JCP.12r07694. Véase también: M. Alavi *et al.*, «Effect of Pegylated Interferon – 2a Treatment on Mental Health During Recent Hepatitis C Virus Infection,» *J Gastroenterol Hepatol* 27, n.º 5 (Mayo, 2012): 957-965, doi: 10.1111/j.1440-1746.2011.07035.x.

artificiales y alimentos que generan el caos en nuestro equilibrio glucémico— contribuye a elevar los niveles de inflamación.[19] Contrariamente a lo que pueda pensarse, uno de los principales factores de riesgo para sufrir depresión es presentar un nivel elevado de azúcar en sangre. La mayoría de la gente considera la diabetes y la depresión dos afecciones distintas, pero nuevos hallazgo científicos están dando un vuelco a esta creencia tan extendida. Un estudio innovador publicado en 2010, que siguió la evolución de más de 65.000 mujeres a lo largo de una década, demostró que las que padecían diabetes eran casi un 30 por ciento más proclives a padecer depresión.[20] Este riesgo tan elevado se mantenía incluso después de que los investigadores eliminaran otros factores de riesgo tales como la falta de ejercicio físico o el sobrepeso. Es más, las mujeres diabéticas que tomaban insulina tenían un 53 por ciento más de probabilidades de desarrollar depresión.

De ello puede extraerse, indudablemente, la misma conclusión que extraje yo: que la tasa de diabetes se ha disparado en paralelo a la de depresión en las últimas dos décadas. Y lo mismo puede decirse de la tasa de obesidad, una dolencia que también va unida a la presencia de marcadores inflamatorios elevados. Los estudios demuestran que la obesidad va acompañada de un 55 por ciento más de riesgo de desarrollar depresión, y viceversa: la depresión se asocia con un 58 por ciento más de riesgo de padecer obesidad.[21] Según las contundentes conclusiones de un grupo de investigadores australianos publicadas en 2013: «Son numerosos los factores que parecen incrementar el riesgo de desarrollar depresión, todos ellos asociados

---

19. C. Andre *et al.*, «Diet-induced Obesity Progressively Alters Cognition, Anxiety-like Behavior and Lipopolysaccharide-induced Depressive-like Behavior: Focus on Brain Indoleamine 2,3-dioxygenase Activation,» *Brain Behav Immun* 41 (Octubre, 2014): 10-21, doi: 10.1016/j.bbi.2014.03.012.

20. A. Pan *et al.*, «Bidirectional Association between Depression and Type 2 Diabetes Mellitus in Women,» *Arch Intern Med* 170, n.º 21 (22 de noviembre, 2010): 1884-1891. doi: 10.1001/archinternmed.2010.356.

21. F. S. Luppino *et al.*, «Overweight, Obesity, and Depression: A Systematic Review and Meta-analysis of Longitudinal Studies,» *JAMA Psychiatry* 67, n.º 3 (Marzo, 2010).

con la inflamación sistémica. Estos factores incluyen estresores psi-cosociales, dieta poco saludable, inactividad física, obesidad, taba-quismo, disfunciones digestivas, alergias, caries dental, falta de sueño y déficit de vitamina D».[22]

En 2014 un equipo de investigadores escoceses estudió las dis-crepancias entre lo que afirma la ciencia sobre las causas de la depresión y lo que experimentan los pacientes cuando se encuen-tran atrapados en la red de la atención psiquiátrica por defecto. Su artículo incidía en la importancia de lo que yo practico: la psico-neuroinmunología.[23] Este trabalenguas hace referencia simple-mente al examen (y consideración) de las complejas relaciones entre los diversos sistemas y órganos del cuerpo, y especialmente de aquellos que conjugan y armonizan los sistemas nervioso, gas-trointestinal e inmune dando lugar a una espléndida danza que, a su vez, afecta al bienestar mental. Dichos investigadores señala-ban que numerosos pacientes a los que se les diagnostica una afec-ción psiquiátrica de origen mental o relacionada con alguna deficiencia química cerebral (ficticia) comparten, en realidad, desequilibrios biológicos fehacientes asociados con sus respuestas inmuno-inflamatorias. Estos pacientes presentan niveles elevados de marcadores inflamatorios en sangre, señal de que su organismo está a la defensiva, activando procesos que pueden traducirse en síntomas físicos inexplicables y que se diagnostican como psiquiá-tricos y no como biológicos. Y en lugar de tratar los procesos biológicos subyacentes, éstos quedan relegados en favor de tera-pias y medicaciones que se prolongan durante años y años sin resultado alguno.

Las enfermedades analizadas por este grupo de investigación eran la depresión, la fatiga crónica y la «somatización» (es decir, la

---

22. M. Berk *et al.*, «So Depression Is an Inflammatory Disease, but Where Does the Infflammation Come From? *BMC Med* 11 (12 de septiembre, 2013): 200, doi: 10.1186/1741-7015-11-200.

23. G. Anderson *et al.*, «Biological Phenotypes Underpin the Physio-somatic Symp-toms of Somatization, Depression, and Chronic Fatigue Syndrome,» *Acta Psychiatr Scand* 129, n.º 2 (Febrero, 2014): 83-97, doi: 10.1111/ acps.12182.

producción de síntomas sin causa orgánica aparente). Dichas dolencias tienen mucho en común en cuanto a síntomas: cansancio, sensibilidad al dolor, incapacidad para concentrarse, malestar general semejante al producido por la gripe y problemas cognitivos. ¿Verdad que es interesante que todas estas afecciones se diagnostiquen a menudo como afecciones separadas y que sin embargo tengan tanto en común desde un punto de vista biológico? Como afirman los autores del estudio: «Si la psiquiatría quiere estar a la altura del reto que supone ser una ciencia, ha de responder a los datos [fehacientes] y replantearse sus límites. De ahí que los datos examinados en este estudio cuestionen las estructuras organizativas y de poder existentes dentro de la psiquiatría».[24]

La medicina del estilo de vida personalizada que tiene en cuenta el papel del entorno en el desencadenamiento de la inflamación y la manipulación de los sistemas inmune y endocrino es el modo más sensato de tratar a pacientes que de otro modo se verían abocados a consumir multitud de fármacos. Resulta que quizá no esté todo en tu cabeza, sino más bien en la interconexión entre tus sistemas digestivo, inmune y endocrino.

En los capítulos siguientes, vamos a abordar todas estas relaciones: los vínculos indelebles entre tu intestino y sus pobladores microbianos, entre tu sistema inmune y la orquesta de hormonas que circula por tu cuerpo al compás de un ciclo regido por la noche y el día. Estos nexos de unión influyen en tu estado psicológico general y, por tanto, en tu salud mental y tu sentimiento de bienestar. Aunque puede resultar chocante hablar del sistema inmune y de sus vínculos con el sistema digestivo en términos de salud mental, los últimos estudios científicos apuntan a que es precisamente en esas interrelaciones donde puede hallarse el centro de gravedad del cuerpo y la mente. Mientras escribía estas líneas ha aparecido un nuevo estudio que da un vuelco a varias décadas de enseñanzas universitarias acerca del cerebro y el sistema inmune. Un equipo de investigación de la Facultad de Medicina de la Universidad de Virginia ha determinado que el cerebro está conectado directamente

---

24. *Ibid.*

con el sistema inmune mediante vasos linfáticos desconocidos hasta ahora.[25] El hecho de que ignoráramos la existencia de estos vasos resulta asombroso en sí mismo si se tiene en cuenta que el sistema linfático ha sido estudiado y cartografiado minuciosamente. Pero además este descubrimiento tendrá efectos muy significativos en el estudio y tratamiento de enfermedades neurológicas tales como el autismo, la esclerosis múltiple, el mal de Alzheimer o la depresión. Va siendo hora de reescribir los libros de texto. Y de tratar la depresión como lo que realmente es.

De modo que, si no es una enfermedad, ¿qué es la depresión? Como mencionaba brevemente en la introducción, la depresión es un *síntoma*, una señal difusa y superficial —en el mejor de los casos— que no nos informa acerca de sus causas profundas. Piensa por un momento que te duele un dedo del pie. Hay muchas cosas que pueden causar dolor en los dedos del pie: una herida, un juanete, una ampolla o un tumor interno, por ejemplo. El dolor es señal de que algo le pasa al dedo, así de sencillo. La depresión es equiparable a ese dolor: es una respuesta adaptativa, un mensaje inteligente del cuerpo alertándonos de que algo no va bien en nuestro interior, con frecuencia debido a que también hay algo que no va bien en nuestro entorno.

La depresión no siempre se manifiesta en sentimientos de profunda melancolía y tristeza, o en el deseo de pasarse todo el día sentada en el sillón, sin hacer otra cosa que darle vueltas a la cabeza. Ni siquiera recuerdo cuándo fue la última vez que vi a una paciente que presentara los síntomas típicos que aparecen en los anuncios de antidepresivos que emiten las televisiones estadounidenses. Todas mis pacientes experimentan ansiedad: malestar cinético interno, nerviosismo, intranquilidad y mucho insomnio. De hecho, la mayor parte de los casos de depresión afecta a mujeres extremadamente dinámicas y productivas, pero también ansiosas, despistadas, estresadas en extremo, irritables, olvidadizas, siempre preocupadas,

25. A. Louveau *et al.*, «Structural and Functional Features of Central Nervous System Lymphatic Vessels,» *Nature* 523, n.º 7560 (16 de julio, 2015): 337-341, doi: 10.1038/nature14432.

incapaces de concentrarse y que se sienten al mismo tiempo «llenas de energía nerviosa y agotadas». Muchas de estas mujeres, sin embargo, han sido despachadas por el sistema médico pese a que sus problemas psiquiátricos tuvieron su origen en tratamientos erróneos, cuando se vieron inmersas en la vorágine de la prescripción continua de medicamentos.

Sirva como ejemplo una paciente mía de cuarenta y dos años a la que llamaremos Jane, que cayó en este agujero negro después de recibir tratamiento farmacológico contra el síndrome de colon irritable y el acné, incluyendo una temporada de consumo de Accutane (isotretinoína). Jane experimentaba desánimo, un efecto secundario típico del Accutane, por lo que le recetaron un antidepresivo al concluir el tratamiento (la isotretinoína es un retinoide, un fármaco muy potente empleado en el tratamiento del acné severo. Causa malformaciones congénitas en bebés nacidos de madres que lo tomaron durante el embarazo, de modo que su empleo está estrictamente regulado y sólo está disponible como genérico en casos muy concretos). Tras la muerte de sus padres, que desencadenó nuevos síntomas de depresión, le diagnosticaron un problema de tiroides y en aquel momento su médico le prescribió terapia de radioablación, un tratamiento que destruye el tejido tiroideo mediante el uso de yodo radioactivo. A partir de entonces empezó a padecer ataques de ansiedad agudos, y al poco tiempo comenzó a consumir alprazolam. Nuevos problemas con el tiroides —incluyendo síntomas como aturdimiento, fatiga extrema y dolor físico— culminaron en un diagnóstico de fibromialgia. La trataron entonces con píldoras anticonceptivas y un antibiótico, y al poco tiempo desarrolló hongos, hinchazón y dolores abdominales crónicos. En la época en que vino a verme, tenía una enfermera en casa para que la asistiera veinticuatro horas al día.

La vivencia de Jane ejemplifica la de muchas personas diagnosticadas como depresivas y despachadas a casa con otra receta. El sistema crea pacientes que por lo demás están sanos y que sólo necesitan recalibrar sus cuerpos mediante sencillas intervenciones en su estilo de vida, principalmente de carácter nutricional, prescindiendo de fármacos. A fin de cuentas, es a través de la dieta como nos comunicamos con nuestro entorno. Pero es un dialecto que hemos olvidado: ya no sabemos hablarlo.

UN DESFASE EVOLUTIVO

Echa un vistazo a tu alrededor y contempla el mundo en el que vivimos, con todas sus comodidades y avances tecnológicos: ordenadores, automóviles, teléfonos móviles y supermercados. Pero párate a pensar también en la disparidad existente entre este panorama y los tiempos en que teníamos que buscarnos el alimento y dormir bajo las estrellas. Nuestra etapa de cavernícolas sigue formando parte integrante de nuestro ADN porque la evolución es un proceso extremadamente lento: lo que en términos culturales parece una eternidad (20.000 años) no es más que un parpadeo en términos de tiempo biológico. Ello me lleva a preguntarme si esta epidemia de depresión no será simplemente señal de un *desfase evolutivo*.

Cabe hacer extensivo este planteamiento al origen de las enfermedades más modernas. Estamos inmersos en un estilo de vida que es incompatible con las expectativas de nuestro genoma, que son el resultado de millones de años de evolución. Tenemos una dieta muy pobre, abrigamos demasiado estrés, nos privamos de actividad física y de luz natural, nos exponemos a tóxicos ambientales y consumimos demasiados medicamentos. Este cambio de trayectoria vino marcado por dos revoluciones concretas en la historia de la humanidad: el Neolítico o revolución agrícola, y la Revolución Industrial. Durante el 99 por ciento de nuestra existencia como especie seguimos la llamada dieta paleolítica, desprovista de alimentos inflamatorios e «insulinotrópicos» como el azúcar, los cereales y los lácteos. Una de las principales víctimas de esta alteración ha sido la ecología microbiana de nuestro organismo: el 90 por ciento de nuestras células, que no son específicamente humanas por su naturaleza y que contribuyen a la mayor parte de nuestras funciones corporales, lo que a su vez afecta a la expresión de nuestros genes. Hablaré por extenso del microbioma humano en el capítulo 3, pero quiero ofrecerte aquí un pequeño adelanto dado que este tema es de suma importancia y constituye uno de los hilos conductores del libro.

Aunque estamos acostumbrados a pensar en las bacterias como en agentes potencialmente mortíferos debido a que ciertas cepas pueden ocasionar infecciones letales en organismos debilitados, los nuevos hallazgos científicos inducen a pensar que algunos de estos bichitos microscópicos son esenciales para la vida y para la salud mental. Mientras lees esto, unos cien billones de microbios colonizan tu intestino.[26] Superan en número a tus células en una proporción de diez a uno, recubriéndote por dentro y por fuera. Y se calcula que contienen más de ocho millones de genes propios, lo que significa que un *99 por ciento del material genético de tu organismo no te pertenece. Pertenece a tus socios microbianos.* Estos microbios no sólo influyen en la expresión de tu ADN, sino que, según demuestran los estudios científicos, a lo largo de nuestra evolución el ADN microbiano ha pasado a formar parte de nuestro ADN. Dicho de otra manera: los genes de los microbios se han insertado en nuestro código genético (el principal ejemplo es el ADN mitocondrial) para ayudarnos a evolucionar y a prosperar como especie.

Gran parte de estos seres invisibles vive dentro de tu tracto digestivo, y aunque incluyen hongos, parásitos y virus, son las bacterias las que parecen poseer la clave de tu biología puesto que participan de todas las funciones imaginables relacionadas con tu salud. Es muy probable que en el futuro se demuestre que otros microbios contribuyen también a la salud de nuestro organismo al menos en la misma medida que las bacterias. El microbioma es tan crucial para la salud humana que podría considerarse un órgano por sí mismo. De hecho, se ha sugerido que, dado que sin él no podríamos vivir, deberíamos considerarnos un «metaorganismo» inseparable de la flora microbiana. Esta ecología interna te ayuda a digerir los alimentos y a absorber los nutrientes, refuerza el sistema inmune y los mecanismos de desintoxicación del cuerpo, produce y libera enzimas y sustancias cruciales para el funcionamiento de tu

---

26. Para más información sobre el microbioma humano, consúltese la página del Human Microbiome Project: http://hmpdacc.org/overview/about.php.

biología (incluidas sustancias químicas esenciales para el cerebro como vitaminas y neurotransmisores), te ayuda a controlar el estrés y sus efectos sobre tu sistema endocrino (es decir, hormonal) e incluso te permite dormir bien por las noches. Dicho de manera sencilla, tu microbioma influye prácticamente en todo lo relacionado con tu salud, incluyendo cómo te sientes emocional, física y mentalmente.

¿Qué pone en peligro o debilita un microbioma sano? Como es lógico, tu flora microbiana es vulnerable a tres factores nocivos: la exposición a sustancias que matan o alteran negativamente la composición de las colonias bacterianas (estas sustancias incluyen todo tipo de productos artificiales, desde químicos ambientales y fármacos como los antibióticos, hasta alimentos procesados que contienen gluten y aditivos como los azúcares artificiales); el déficit de nutrientes que coadyuvan al mantenimiento de una flora microbiana saludable, diversa y beneficiosa; y el estrés crónico.

He dedicado todo un apartado del libro a las fascinantes características del microbioma para que conozcas en profundidad cómo funciona y el papel que desempeña en tu bienestar físico y mental y cómo puedes mantener una colonia óptima de tribus microbianas. Hemos coevolucionado con estos microorganismos a lo largo de nuestro periplo por el planeta Tierra, y hemos de respetarlos y valorarlos como lo que son: los mejores amigos de nuestro cuerpo y de nuestro cerebro. Son, de hecho, tan esenciales para nuestra supervivencia y nuestro bienestar como nuestras propias células.

DISEÑADOS PARA LA DEPRESIÓN

¿Alguna vez te has parado a pensar que la depresión puede ser beneficiosa? Sé que suena un poco descabellado sugerirlo siquiera, pero es una pregunta muy interesante, con una respuesta aún más interesante. Conviene formularla, sin embargo, dentro del marco general del estudio del estrés. Y de eso precisamente vamos a hablar ahora.

Prácticamente cualquier persona puede reconocer los síntomas del estrés, tanto internos como externos. Nos volvemos irritables, se nos acelera el corazón, puede que nos arda la cara, notamos un dolor de cabeza o un malestar de estómago que nos resultan familiares, nuestra mente parlotea sin ton ni son, incansablemente, presentimos una catástrofe inminente y nos exasperan las cosas más nimias. En algunos individuos, el estrés apenas presenta manifestaciones externas. En estos casos, lo que se siente a flor de piel se interioriza y a veces se manifiesta en forma de enfermedad. De hecho, muchas de estas personas no creen experimentar estrés alguno, pero se equivocan: lo que sucede es que no cobran conciencia de su estrés hasta que alcanza cierto grado y se traduce en otros síntomas.

El término «estrés» tal y como se emplea en la actualidad fue acuñado por uno de los fundadores de la investigación de este fenómeno, Hans Selye, quien en 1936 lo definió como «la respuesta inespecífica del cuerpo a cualquier exigencia de cambio».[27] Selye afirmaba que, cuando se hallan sometidos a estrés persistente, tanto los humanos como los animales son susceptibles de desarrollar ciertas afecciones que ponen en peligro sus vidas, tales como infartos o accidentes cerebrales que previamente se atribuían a agentes patógenos específicos. Es éste un punto crucial, puesto que ejemplifica el impacto que la vida y las experiencias cotidianas tienen no sólo sobre nuestro bienestar emocional, sino también sobre nuestra salud física.

La palabra «estrés» —en su sentido emocional— pasó a formar parte del acervo colectivo en la década de 1950. Su empleo se volvió corriente coincidiendo con el inicio de la Guerra Fría, un periodo histórico dominado por el miedo. Teníamos miedo a la guerra atómica y por tanto construíamos refugios nucleares, pero socialmente era impensable afirmar que teníamos miedo, de ahí que se generalizara el uso del término «estrés». Hoy en día seguimos utilizando esa palabra para referirnos a cualquier cosa que nos altere emocionalmente: estamos estresados, algo nos provoca estrés, nos estresa o es estresante, etcétera. El estrés puede definirse asimismo como los pensamientos, sensaciones, comportamientos y

---

27. Para saber más acerca de Hans Selye y de la historia del «nacimiento del estrés», consúltese la página del American Institute of Stress: www.stress.org.

alteraciones psicológicas que se producen cuando reaccionamos a exigencias externas y percepciones internas. Si las exigencias que se nos imponen superan o abruman nuestra capacidad de afrontar una situación tal y como la percibimos, experimentamos «estrés». Ofuscados mentalmente, empezamos a jadear en silencio, como animales, y a buscar una salida.

Desde tiempos de Selye, los investigadores han dividido el estrés en varias subcategorías. La fisiología del estrés en particular ha avanzado mucho en los últimos cincuenta años, así como el estudio de los estresores. Un concepto clave que se ha incorporado recientemente a la jerga médica es lo que se conoce como «carga alostática»: los retos ambientales —el «tira y afloja» fisiológico— que hacen que el organismo se esfuerce por mantener la estabilidad (alostasis, también conocida como homeostasis). La carga alostática abarca asimismo los efectos fisiológicos de la adaptación al estrés crónico que produce la activación repetida de mecanismos de respuesta al estrés en los que participan diversos sistemas: inmune, endocrino y neuronal. Los investigadores Bruce McEwen y Eliot Stellar acuñaron este término en 1993 como alternativa más específica al término «estrés».[28] Las sustancias clave en la respuesta al estrés —el cortisol y la epinefrina (adrenalina)— tienen efectos al mismo tiempo beneficiosos y adversos sobre el organismo, dependiendo de cuándo y en qué cantidad se den. Por una parte, estas hormonas son esenciales para que el organismo pueda adaptarse a las exigencias ambientales y mantener su equilibrio (homeostasis), pero si se generan durante un periodo prolongado o se necesitan con relativa frecuencia, pueden acelerar procesos patológicos. Es entonces cuando la llamada carga alostática se vuelve más nociva que beneficiosa. Esta carga puede manifestarse fisiológicamente en forma de desajustes químicos en la actividad de los sistemas nervioso, hormonal e inmune. Asimismo, puede traducirse en perturbaciones en el ciclo día-noche (o ritmo circa-

---

28. Bruce S. McEwen y Eliot Stellar, «Stress and the Individual: Mechanisms Leading to Disease,» *Arch Intern Med* 153, n.º 18 (1993): 2093-2101, doi:10.1001/archinte.1993.00410180039004.

diano, otro concepto del que hablaremos más adelante) y, en algunos casos, en alteraciones en la estructura física del cerebro.

En realidad el estrés es bueno, al menos desde el punto de vista de la evolución y la supervivencia. Cumple una función importante: nos protege del peligro fehaciente equipándonos con mejores medios para encarar o escapar de situaciones que ponen en peligro nuestra vida. Pero nuestra respuesta física no cambia conforme al tipo o magnitud de un acontecimiento que percibimos como una amenaza. La respuesta fisiológica es la misma ya se trate de un estresor verdaderamente peligroso, o solo de una lista de cosas que tenemos pendientes o de una discusión con un compañero de trabajo. Permíteme explicar brevemente lo que sucede cuando tu cuerpo experimenta estrés para que podamos cerrar el círculo y regresar al —si se me permite expresarlo así— valor intrínseco de la depresión.

En primer lugar, el cerebro envía un mensaje a las glándulas adrenales que se traduce en la liberación de adrenalina, también llamada epinefrina. Ello hace que aumente tu frecuencia cardíaca para enviar sangre a tus músculos por si necesitas huir. Cuando el peligro desaparece, tu organismo vuelve a normalizarse. Pero si el peligro no desaparece y el estrés se intensifica, tienen lugar una serie de acontecimientos a lo largo de lo que se conoce como eje HPA («eje hipotalámico-hipofisiario-adrenal», por sus siglas en inglés), con la intervención de numerosas hormonas del estrés. El hipotálamo es una región cerebral pequeña pero fundamental que desempeña un papel clave en la regulación de numerosas funciones fisiológicas, entre ellas la secreción de hormonas de la hipófisis o glándula pituitaria, conectada con el hipotálamo. A menudo se afirma que es la sede de nuestras emociones porque gobierna gran parte de nuestras respuestas emocionales. En el momento en que te sientes nerviosa, ansiosa, extremadamente agobiada o sólo preocupada por no poder afrontar tus circunstancias vitales, el hipotálamo secreta CRH (hormona liberadora de corticotropina), una sustancia que desencadena una serie de reacciones que liberan cortisol en tu torrente sanguíneo. Aunque este proceso se conoce bien desde hace tiempo, estudios recientes han revelado que la percepción del estrés desencadena señales inflamatorias que viajan desde el cuerpo al cerebro preparándolo para una hiperrespuesta.[29]

Probablemente habrás oído hablar del cortisol, la principal hormona del estrés, generadora del célebre impulso de lucha o huida. Esta hormona controla también la forma en que tu organismo metaboliza los hidratos de carbono, las grasas y las proteínas. Dado que es la hormona que se encarga de protegerte durante los momentos de estrés, sus efectos se traducen en un aumento del apetito, en una mayor acumulación de grasas y en la destrucción de tejidos y moléculas complejas (tejido muscular, por ejemplo) que el organismo puede utilizar para conseguir energía rápidamente. Por este motivo, la exposición continua a un exceso de cortisol puede producir con el paso del tiempo un aumento de la grasa abdominal, pérdida de masa ósea, debilitamiento del sistema inmune, cansancio, riesgo elevado de resistencia a la insulina, diabetes, enfermedades cardiovasculares y depresión severa. El cortisol, sin embargo, desempeña una función positiva. Dirige y protege el sistema inmune y prepara al organismo para un posible ataque. Todo ello sería fantástico si el ataque durara poco y se resolviera fácilmente. Pero el ataque al que nos somete nuestro actual estilo de vida es sostenido e incesante.

El estudio científico de los efectos del estrés en el organismo (tanto de dentro afuera como al revés) hizo enormes progresos en los quince años posteriores a 1998, año en el que un equipo de investigadores de la Universidad de Harvard llevó a cabo un estudio conjunto con varios hospitales de la zona de Boston ideado para examinar las interacciones entre la mente y el cuerpo, y más concretamente entre la mente y la piel. Dichos investigadores llamaron a su descubrimiento «red NICE» (neuro-inmuno-cutánea-endocrina).[30] Expresado de

---

29. E. S. Wohleb *et al.*, «Monocyte Tracking to the Brain with Stress and Inflammation: a Novel Axis of Immune-to-brain Communication that Influences Mood and Behavior,» *Front Neurosci* 8 (21 de enero, 2015): 447, doi: 10.3389/fnins.2014.00447.

30. R. L. O'Sullivan *et al.*, «The Neuro-immuno-cutaneous-endocrine Network: Relationship of Mind and Skin,» *Arch Dermatol* 134, n.º 11 (Noviembre, 1998): 1431-1435.

manera sencilla, se trata de una gigantesca red interactiva formada por tus sistemas nerviosos, inmune, dérmico y endocrino u hormonal. Todos estos sistemas se relacionan estrechamente mediante el intercambio de una compleja variedad de sustancias bioquímicas.

Los investigadores de Boston estudiaron cómo diversos factores externos (desde el masaje y la aromaterapia a la depresión y el aislamiento) influyen en nuestro estado mental. Lo que descubrieron confirma lo que gran parte de la comunidad científica sabe de manera intuitiva desde hace siglos: que nuestro estado mental surte un efecto concreto y definido en nuestra salud e incluso en nuestra apariencia física. Las personas que padecen depresión, por ejemplo, a menudo aparentan más edad de la que tienen. No presentan un aspecto saludable y vital porque el estrés de afrontar la depresión ha acelerado el proceso de envejecimiento y mermado su salud.

Desde que incorporamos la red NICE a nuestro vocabulario, se han hecho decenas de nuevos estudios que constatan la poderosa interacción entre psicología y biología o, dicho más sencillamente, el poder de la mente sobre la materia. En mi consulta suelo emplear esta analogía: si una noche caminas por un callejón oscuro y oyes pasos a tu espalda, te alarmas, empiezas a experimentar sensaciones incómodas y tu cuerpo se prepara para luchar o huir. Pero si en ese momento oyes la voz de un amigo, tu fisiología se transforma por completo en un instante. Y, sin embargo, lo único que ha cambiado ha sido tu percepción de las circunstancias.

De modo que, volviendo a la cuestión de si la depresión puede ser beneficiosa, hemos de preguntarnos si en algún momento fue una respuesta adaptativa al entorno. Suscribo la idea de que el cuerpo no comete errores tras millones de años de evolución. Un artículo publicado en 2014 en el *Journal of Affective Disorders* trataba de responder a la cuestión de por qué nos deprimimos, en lugar de observar los síntomas y buscar posibles alivios. A menudo, la mejor manera de abordar la resolución de los síntomas es comprender los motivos por los que el organismo está respondiendo de determinada manera. Hablando del concepto de desfase evolutivo, los autores del artículo afirmaban: «[...] el ser humano moderno vive en entornos radicalmente distintos a aquellos en los que evolucionó, y la interacción de dichos entornos con nuestro genoma ancestral conduce al desequilibrio».[31]

Estos investigadores explicaban cómo la depresión puede haber cumplido un propósito en cierta fase evolutiva, pero la índole y la intensidad de sus desencadenantes actuales pueden estar deprimiendo a mayor cantidad de individuos (¡hasta un 41 por ciento del total de la población!) durante más tiempo del que parece razonable. Este planteamiento incorpora el enfoque inflamatorio de la depresión, que viene a decir que tanto el estrés psicológico como la inflamación fisiológica son resultado de alteraciones de base neuronal que serían beneficiosas si fueran breves, pero que pueden conducirnos a la muerte si se cronifican.

Los autores de dicho artículo continuaban explicando por qué los antidepresivos no son eficaces y por qué debería reconsiderarse su utilización, citando efectos secundarios tales como:

«[...] cefaleas, náuseas, insomnio, disfunción sexual, nerviosismo, aturdimiento, hiponatremia, accidentes cerebrales, trastornos en la conducción intraventricular y mayor riesgo de muerte. El uso prolongado de antidepresivos puede estar asociado con otros efectos adversos. Así, por ejemplo, algunos antidepresivos pueden ser débilmente carcinogénicos o causar osteoporosis. Los antidepresivos también se han asociado con un riesgo agudo de suicidio en pacientes jóvenes. En cambio, pueden disminuir el riesgo de suicidio en pacientes de más edad o que hacen un uso prolongado de ellos. Además, las principales clases de antidepresivos se han asociado en su totalidad con síntomas incómodos (y a menudo peligrosos) cuando se interrumpe bruscamente su administración. La interrupción en el uso de antidepresivos está asociada con la recidiva y la recurrencia del trastorno depresivo mayor (MDD, por sus siglas en inglés). Un metaanálisis demostró que este

---

31. Z. Durisko *et al.*, «An Adaptationist Perspective on the Etiology of Depression,» *J Affect Disord* 172C (28 de septiembre, 2014): 315-323, doi: 10.1016/j.jad.2014.09.032.

riesgo aumenta en el caso de los antidepresivos que causan mayores alteraciones de los sistemas neurotransmisores [...] Y existe un creciente corpus científico que sugiere que, cuando se emplean durante un periodo prolongado como tratamiento base, los antidepresivos pueden perder eficacia e incluso ocasionar depresión crónica y resistente al tratamiento. Tales efectos pueden deberse al intento del cerebro de mantener la homeostasis y a su adaptación funcional a pesar de la medicación».

A mi modo de ver, este párrafo resume magistralmente el enfoque que defiendo desde que abandoné la práctica de la psiquiatría convencional. Lo esencial es contemplar la depresión como lo que es: un término descriptivo muy impreciso. Dicho de manera sencilla: la depresión es una señal de que debemos pararnos a reflexionar para descubrir qué es lo que ocasiona nuestro desequilibrio. Otro modo de apreciar el valor de este enfoque consiste en afirmar que *la depresión es una oportunidad.*

Muchas de mis pacientes se sorprenden al principio cuando me indigno ante la alegría con la que se recetan antidepresivos en la actualidad. No creo que Nueva York sea un lugar muy distinto a cualquier otra ciudad de Estados Unidos en cuanto a la liberalidad con la que el médico medio —ya sea un médico de familia, un internista o un psiquiatra— receta antidepresivos. En mi opinión, es una temeridad. Los pacientes de estos médicos nunca conocen y aceptan voluntariamente y de manera consciente los efectos a largo plazo de estos fármacos porque la investigación farmacéutica opera siempre, por definición, a corto plazo.[32] Las compañías farmacéuticas no promueven el examen riguroso de lo que le sucede a un sujeto medio cuando toma una medicación durante diez años o más. Dicho esto, en años recientes han surgido numerosos estudios que vinculan los antidepresivos con el aumento de riesgo de agresión, homicidio y suicidio, y que seña-

---

32. Véase mi artículo en www.kellybroganmd.com, «A Model Consent Form for Psychiatric Drug Treatment», 2 de junio, 2015.

lan la influencia de estos fármacos en sucesos tales como tiroteos en colegios, accidentes de avión y otros sucesos luctuosos que con frecuencia se achacan al terrorismo, el libre acceso a las armas o la *falta* de tratamiento.[33]

En un artículo particularmente alarmante publicado en 2015 en una fuente tan autorizada como el *British Medical Journal,* investigadores del Nordic Cochrane Centre —un grupo de análisis independiente con sede en Dinamarca dedicado al estudio de la seguridad de los medicamentos— afirmaban que en Occidente mueren todos los años más de medio millón de personas de más de sesenta y cinco años como consecuencia del consumo sostenido de fármacos psiquiátricos.[34] Sirviéndose de un impresionante metaanálisis de ensayos clínicos controlados con placebo, dichos investigadores descubrieron que mueren más pacientes como consecuencia del uso de antidepresivos aprobados por la FDA, que pacientes que no toman dichos fármacos o que emplean otros tratamientos no convencionales. Igualmente, la tasa de mortalidad bruta (es decir, el porcentaje de gente que muere por cualquier causa) es un 3,6 por ciento más alta entre pacientes que toman antidepresivos aprobados recientemente que la de pacientes que no toman antidepresivos. Los autores de la investigación hacían hincapié en que la mayoría de los estudios financiados por la industria farmacéutica favorables al consumo de fármacos psicotrópicos tienden a sesgar los grupos de muestra y los ensayos clínicos hasta tal punto que los resultados acaban careciendo de todo valor. Según los autores del estudio, otro gran problema de los ensayos clínicos es el falseamiento a la baja del número de muertes. Los investigadores escandinavos calculan que la tasa de suicidio entre los usuarios de antidepresivos es unas quince veces mayor que la publicada por la FDA, la Agencia Federal del Medicamento de Estados Unidos.

---

33. J. Tiihonen *et al.*, «Psychotropic Drugs and Homicide: a Prospective Cohort Study from Finland,» *World Psychiatry* (2015), doi: 10.1002/ wps.20220.

34. P. C. Gøtzsche *et al.*, «Does Long Term Use of Psychiatric Drugs Cause More Harm than Good?» *BMJ* 350 (12 de mayo, 2015): h2435, doi: 10.1136/ bmj.h2435.

Estudios como éste ponen de manifiesto que el asalto al que la medicina moderna somete a la humanidad es solamente, como suele decirse, la punta del iceberg. Podría escribir todo un libro sobre las investigaciones más señeras que demuestran que los pacientes son rehenes de los medicamentos psiquiátricos, que no sólo les hacen enfermar, sino que les convencen de que ninguna de las premisas anteriores es cierta. Es más probable que estos pacientes experimenten un empeoramiento de su depresión, dado que estudios rigurosos han demostrado que los antidepresivos desestabilizan el estado anímico, al contrario de lo que afirma el saber convencional.[35] Debería añadir, además, que desde hace algún tiempo se considera carcinógenos a estos fármacos.[36] En un importante artículo publicado por el *Australian and New Zealand Journal of Psychiatry*, un equipo de investigadores de diversas instituciones académicas, entre ellas la Universidad Tufts, la Universidad de Harvard y la de Parma (Italia) informaron de que la inmensa mayoría de los fármacos psicotrópicos pueden causar cáncer en animales.[37]

Aunque los resultados de los ensayos en animales no bastan para extraer conclusiones categóricas en humanos, esos mismos ensayos se emplean a menudo como garantía de la seguridad de medicamentos y productos químicos, lo que justifica por si solo la necesidad de recomendar cautela y promover el consentimiento informado. Lamentablemente, eso no sucede en la actualidad.

No te asustes si en estos momentos estás tomando un antidepresivo. La información que contiene este libro te ayudará a controlar tus síntomas de una vez por todas y, si estás decidida a dejar la medica-

---

35. A. Amerio *et al.*, «Are Antidepressants Mood Destabilizers?» *Psychiatry Res* 227, n.º 2-3 (30 de junio, 2015): 374-375, doi: 10.1016/j. psychres.2015.03.028.

36. Véase mi artículo en www.kellybroganmd.com, «Psych Meds Put 49 Million Americans at Risk for Cancer,» 5 de mayo, 2015.

37. A. Amerio *et al.*, «Carcinogenicity of Psychotropic Drugs: A Systematic Review of US Food and Drug Administration-required Preclinical in Vivo Studies,» *Australian and New Zealand Journal of Psychiatry* 49, n.º 8 (Agosto, 2015): 686-696, doi: 10.1177/0004867415582231.

ción, en el capítulo 10 encontrarás mi guía personal para hacerlo con garantías. De momento asume que, como seres humanos, estamos diseñados para la depresión. Puede ser una señal de alarma que nos avisa de que algo no va bien en nuestro interior. Pero, del mismo modo que estamos diseñados para experimentar melancolía, estamos diseñados para sanar por nuestros propios medios y para sentirnos maravillosamente bien.

LA DEPRESIÓN NO ES GENÉTICA, ES EPIGENÉTICA

Uno de los artículos que me sirvieron de revulsivo para cambiar mi práctica clínica fue un informe publicado en 2003 acerca del caso de una mujer vegetariana que durante un mes y medio sufrió una depresión que fue empeorando paulatinamente.[38] Pasado un tiempo, la paciente comenzó a oír voces y a experimentar paranoia. Se trataba de una mujer de cincuenta y dos años, posmenopáusica, que finalmente quedó catatónica, es decir, consciente y viva, pero inerme a los estímulos externos y en estado vegetativo. Podría asumirse automáticamente que ello fue consecuencia de una patología severa. La paciente recibió tratamiento electroconvulsivo y antipsicóticos, sin resultados positivos. Posteriormente, fue trasladada a otro hospital donde analizaron sus niveles de vitamina B_{12}. Descubrieron que los tenía tirando a bajos y, tras recibir una inyección de esta vitamina, se recuperó por completo. ¿Coincidencia? Yo creo que no. Aunque este puede ser un caso muy extremo, ejemplifica cómo un sencillo déficit de una vitamina esencial puede ser el causante de diversas afecciones psiquiátricas. Más adelante veremos cómo el déficit de vitamina B_{12} se relaciona desde hace tiempo con la depresión. Es un ejemplo clásico de que no somos simples marionetas a merced de nuestro código genético, sino más bien el pro-

---

38. N. Berry *et al.*, «Catatonia and Other Psychiatric Symptoms with Vitamin B_{12} Defficiency,» *Acta Psychiatr Scand* 108, n.º 2 (Agosto, 2003): 156-159.

ducto de complejas interacciones entre nuestros genes y nuestro entorno. En la actualidad se sabe que nuestro estado de salud está más determinado por nuestro entorno que por nuestra herencia genética. De ahí que me guste recordarles a mis pacientes que la depresión es *epigenética*, no genética.

A pesar de que los genes codificados en nuestro ADN son más o menos estáticos (siempre y cuando no se produzcan mutaciones), la expresión de esos genes puede ser extremadamente dinámica dependiendo de las influencias ambientales. Este campo de estudio, llamado epigenética, es una de las áreas de investigación más destacadas de la ciencia actual. La epigenética, definida de manera más técnica, es el estudio de secciones del ADN (llamadas «marcas» o «marcadores») que, básicamente, informan a nuestros genes de cuándo deben expresarse y en qué grado. Al igual que directores de orquesta, estas marcas epigenéticas determinan no sólo tu salud y tu longevidad, sino también cómo transmites tus genes a futuras generaciones. De hecho, las fuerzas que actúan hoy en la expresión de tu ADN pueden transmitirse a tus futuros descendientes biológicos, afectando al comportamiento de sus genes a lo largo de sus vidas y a la posibilidad de que sus descendientes afronten un mayor o menor riesgo de desarrollar ciertas enfermedades y trastornos, entre ellos la depresión. Pero, por el mismo razonamiento, estas marcas pueden cambiarse y actuar de manera distinta, lo que hace plenamente posible *revertir* ciertas enfermedades.

La comunidad científica cree actualmente que las fuerzas epigenéticas nos afectan desde nuestra etapa intrauterina hasta el día de nuestra muerte. Es probable que haya muchas etapas a lo largo de nuestra vida en las que somos sensibles a impactos ambientales que pueden alterar nuestra biología y tener importantes efectos futuros, entre ellos los síntomas de depresión. Al mismo tiempo, las acciones neuronales, inmunes y hormonales que vienen determinadas por el microbioma y que a su vez determinan toda nuestra fisiología son susceptibles de disrupción y adaptación, especialmente como consecuencia de cambios en el entorno.

Una de las conclusiones más importantes de este primer capítulo es que la depresión no es una dolencia cerebral per se. Naturalmente, hay fenómenos neuronales y reacciones bioquímicas que tienen lugar cuando una persona está deprimida, pero ningún estudio científico ha demostrado que un estado neuronal concreto cause o incluso esté relacionado con la depresión. Existen multitud de afecciones físicas que generan síntomas psiquiátricos y que sin embargo no son psiquiátricas de por sí. Creemos (porque así lo creen nuestros médicos) que tenemos que «curar» el cerebro, cuando lo que en realidad debemos hacer es tener en cuenta el ecosistema orgánico en su conjunto: la salud intestinal, las interacciones hormonales, el sistema inmune y los trastornos autoinmunes, el equilibrio glucémico y la exposición a tóxicos. Y necesitamos alternativas a los medicamentos psiquiátricos, alternativas que sean naturales y que al mismo tiempo estén refrendadas científicamente: es decir, tratamientos cuyo objetivo sea la resolución de lo que de verdad marcha mal en nuestro organismo. Ello implica la suplementación dietética estratégica y el uso de remedios no invasivos como la terapia lumínica y la estimulación craneal, pero también protocolos alimenticios y hábitos de ejercicio y descanso inteligentes (es decir, biológicamente compatibles), así como un entorno libre de tóxicos y la adopción de prácticas de meditación y relajación. El mejor modo de sanar nuestro cerebro es sanar el cuerpo en el que reside. O, como también suelo decir, liberar la mente sanando el organismo en su conjunto. Ése es el propósito de este libro. El potencial curativo de las intervenciones basadas en el estilo de vida es inmenso.

Cuando me preguntan por los principales desencadenantes de la depresión, suelo pensar en los tres tipos de pacientes que por lo general acuden a mi consulta: la mujer con problemas glucémicos y deficiencias nutricionales debidas a la dieta norteamericana estándar (pobre en grasas saludables y rica en azúcares); la que presenta problemas de tiroides, lo que provoca desajustes hormonales de todo tipo que a su vez afectan a la salud mental; y la que sufre una depresión inducida por la medicación (pensemos en las estatinas, las píldoras anticonceptivas, los inhibidores de la bomba de protones como el Nexium o el Prilosec, y hasta las vacunas). En los siguientes capítulos hablaremos con detalle de todos estos posibles disparadores.

Aunque los científicos tratan en la actualidad de identificar qué desencadena los distintos tipos de síndromes depresivos, la industria médica sigue ofreciendo un remedio estandarizado que sirve para todo. Es decir, una droga para un modelo de trastorno. Esto es comparable a estudiar las distintas causas de, pongamos por caso, el dolor de espalda (desde una torsión muscular a una hernia discal pasando por un cáncer o una infección de riñón) y aplicar sin embargo el mismo tratamiento protocolizado en todos los casos. Es ilógico, y puede tener consecuencias inesperadas si el tratamiento en cuestión incluye intervenciones quirúrgicas o fármacos peligrosos. Como demuestra el siguiente capítulo, al recetar antidepresivos para cualquier síntoma de depresión nos adentramos en un territorio muy traicionero.

2

El suero de la verdad: desmontando el mito de la serotonina

Acerca de cómo te han embaucado, diagnosticado equivocadamente y aplicado un tratamiento erróneo.

Los antidepresivos no existen.

La teoría de la depresión como desequilibrio químico, pese a estar muy extendida, sigue sin tener fundamentos científicos sólidos.

¿Tomas antidepresivos? ¿Conoces a alguien que los tome? Puede que incluso tengas amigos o familiares que aseguren que son su tabla de salvación. Los antidepresivos pueden parecer una opción razonable, sobre todo si te encuentras en una situación difícil. Pero ¿dispones de información suficiente sobre estos fármacos?

Aun a riesgo de parecer radical, permíteme ponerte un ejemplo procedente de mis propios archivos clínicos que marcará el tono de este capítulo. Kate, una mujer que nunca había tomado antidepresivos ni sufrido depresión, se sentía muy agobiada y exhausta tras el nacimiento de su primer hijo. En una revisión posparto, a las seis semanas de dar a luz, su obstetra le recetó Zoloft, un antidepresivo perteneciente al grupo de los inhibidores selectivos de la recaptación de serotonina (ISRS). Al cabo de una semana de empezar a tomarlo, escribió una nota de suicidio y estaba pensando en tirarse desde su terraza del decimoquinto piso de un edificio de Manhattan. Me dijo: «En aquel momento me parecía lo más lógico. Y lo pensaba con total desapasionamiento, como si no fuera nada».

El de Kate no es un caso único: hay millones de mujeres a las que se les recetan de manera automática fármacos para tratar síntomas de angustia. Y son muchas las que, al igual que Kate, experimentan efectos secundarios graves que pueden parecer manifestaciones de la depresión y no fruto de los propios fármacos. En lugar de analizar el origen de la depresión posparto, Kate se halló de pronto en un terreno peligroso y completamente desconocido para ella, gracias al tratamiento que le recetó su médico. Hubiera sido deseable que estuviera plenamente informada antes de decidirse a tomar ese fármaco.

La facilidad con la que se dispensan estos medicamentos es en parte el motivo de que los consuman tantas personas: un 11 por ciento de los estadounidenses, un 25 por ciento de los cuales son mujeres de entre cuarenta y sesenta años. El empleo de antidepresivos ha aumentado casi en un 400 por ciento entre 1998 y 2008, lo que los convierte en el tercer grupo de fármacos más comúnmente recetados de todos los tiempos. Este aumento vertiginoso no equivale necesariamente a una epidemia de depresión. En los primeros años de la década de 2000 las empresas farmacéuticas testaron agresivamente fármacos antidepresivos, lo que condujo, con la aprobación de la FDA, a una explosión de sus usos terapéuticos para multitud de trastornos, desde la depresión a la eyaculación precoz.[1] Lo creas o no, el gasto de los estadounidenses en antidepresivos supera el producto nacional bruto de más de la mitad de los países del mundo. El 60 por ciento de la gente que

---

1. Julia Calderone, «The Rise of All-Purpose Antidepressants,» *Scientific American* 24, n.º 6 (16 de octubre, 2014), www.scienticamerican.com/article/the-rise-of-all-purpose-antidepressants/.

toma antidepresivos los consume durante más de dos años, y el 14 por ciento durante más de una década. Según un cálculo muy prudente, en la actualidad el 15 por ciento de las mujeres *embarazadas* toma alguna medicación psiquiátrica, un porcentaje que se ha triplicado en sólo un par de años.

La industria médica no está vendiendo curación. Está vendiendo enfermedad.

VENDER ENFERMEDAD[2]

¿Hay alguna relación entre el uso indiscriminado de los antidepresivos y el aumento de las tasas de incapacidad laboral? Antes de que se generalizara la prescripción de antidepresivos, el Instituto Nacional de Salud Mental de Estados Unidos (NIMH) aseguraba que recuperarse de un episodio depresivo era muy común y que en cambio era poco frecuente sufrir una recaída.[3] Así pues, ¿cómo explicar las tasas desorbitadas de incapacidad laboral por depresión y el aumento del consumo de estos fármacos?

Robert Whitaker, un conocido crítico de la psiquiatría moderna, autor de *Anatomía de una epidemia* y *Mad in America* [Loco en América], ha compilado y analizado datos que demuestran que el tratamiento medicamentoso no disminuye los días de baja laboral por depresión.[4] Muy al contrario, éstos aumentan debido a los tratamientos con fármacos, al igual que la incapacidad laboral prolongada. Menciona además estudios que demuestran que las personas

---

2. Varios pasajes de este apartado son una adaptación de mi artículo en Mercola.com «A Psychiatrist's Perspective on Using Drugs,» 16 de enero, 2014, http://articles.mercola.com/sites/articles/archive/2014/01/16/dr-brogan-on-depression.aspx. Consultado el 21 de septiembre, 2015.

3. Para una bien documentada historia del uso de los antidepresivos véase Whitaker, Robert, Anatomía de una epidemia. Medicamentos psiquiátricos y el asombroso aumento de las enfermedades mentales. (Capitán Swing. Madrid, 2015). Consúltese también su página web: www.MadinAmerica.com.

4. *Ibid*

que reciben tratamiento contra la depresión tienen tres veces más probabilidades que los sujetos no tratados de padecer el «cese» de su «rol social principal», es decir, que el consumo de antidepresivos merma su capacidad de desenvolvimiento social. Y tienen casi siete veces más probabilidades de llegar a la «incapacitación». Es más, el 85 por ciento de los pacientes no medicados se recupera en el plazo de un año, y un 67 por ciento lo hace en unos seis meses.[5] Desde mi punto de vista, son estadísticas envidiables.

¿Qué está pasando? En el último medio siglo, el DSM, el *Manual diagnóstico y estadístico de los trastornos mentales*, la biblia de los trastornos psiquiátricos diagnosticables, ha ido engrosándose hasta incluir más de trescientos diagnósticos en su quinta edición. En 1952 tenía apenas 130 páginas y describía 106 enfermedades. La versión actual es un mamotreto de 886 páginas que incluye 374 diagnósticos. Se trata de una obra de consenso a cargo de un comité formado por profesionales de la psiquiatría vinculados a la industria farmacéutica, lo que ya de partida entraña un profundo conflicto de intereses.[6] Como afirma el doctor Allen Frances, de la Universidad de Columbia y autor de *¿Somos todos enfermos mentales?*: «La medicalización indiscriminada de la normalidad, que trivializa el trastorno mental, conduce a una avalancha de tratamientos médicos innecesarios y hace el agosto de la industria farmacéutica, con un coste inmenso para esos nuevos pacientes "falsos positivos" que quedan atrapados en la extensísima red del DSM-V».[7] El doctor Frances, que presidió el grupo de estudio conjunto responsable de la cuarta edición del DSM, ha sido extre-

---

5. M. A. Posternak *et al.*, «The Naturalistic Course of Unipolar Major Depression in the Absence of Somatic Therapy,» *J Nerv Ment Dis* 194, n.º 5 (Mayo, 2006): 324-29.

6. L. Cosgrove *et al.*, «Financial Ties between DSM-IV Panel Members and the Pharmaceutical Industry,» *Psychother Psychosom* 75, n.º 3 (2006): 154–60.

7. Para profundizar en la obra del doctor Allen Frances, véanse sus entradas en *Psychiatric Times*, www.psychiatrictimes.com/authors/allen-frances-md, así como su libro *¿Somos todos enfermos mentales? Manifiesto contra los abusos de la psiquiatría* (Ariel, Barcelona, 2014). Véase también: www.psychiatrictimes.com/authors/allen-frances-md#sthash. NJ03o7jI.dpuf.

madamente crítico con la última versión de la obra. En 2013 declaró sin ambages que «el diagnóstico psiquiátrico sigue fundamentándose exclusivamente en juicios subjetivos falibles y no en pruebas biológicas objetivas».[8]

El listado de trastornos y síntomas para los que pueden recetarse antidepresivos es tan largo que resulta casi ridículo. Estos fármacos están indicados para síntomas clásicos de depresión, pero también, por ejemplo, para las siguientes dolencias: síndrome premenstrual, ansiedad, trastorno obsesivo compulsivo (TOC), trastorno bipolar, anorexia y apetito desenfrenado, dolores, colon irritable y trastornos explosivos susceptibles de tratamiento mediante clases de control de la ira. El hecho de que puedan recetarse antidepresivos para tratar la artritis, una enfermedad inflamatoria de las articulaciones, mina cualquier confianza en su capacidad para corregir de manera certera un posible desequilibrio químico presente en el origen de trastornos tan diversos como las fobias, la bulimia o la depresión melancólica. El artículo condenatorio publicado en 2015 por investigadores de la Johns Hopkins Bloomberg School of Public Health del que hablé en el capítulo anterior afirma claramente que los antidepresivos se emplean sin orden ni concierto.[9] Los autores de dicho estudio concluyen que la mayoría de las personas que consumen antidepresivos no reúne los síntomas que justificarían un diagnóstico acertado de depresión mayor, y que muchos de los pacientes a los que se les recetan antidepresivos para tratar afecciones como el TOC, el trastorno de pánico, la fobia social y la ansiedad no sufren en realidad tales dolencias.

A todo ello hay que añadir el empleo de estos medicamentos en niños de corta edad. Y se recetan no sólo para la depresión, sino para problemas de conducta tales como la falta de atención,

---

8. Allen Frances, «The New Crisis of Confidence in Psychiatric Diagnosis,» *Annals of Internal Medicine* 159, n.º 3 (6 de agosto, 2013): 221-22. Véase también: Allen Frances, «The Past, Present and Future of Psychiatric Diagnosis,» *World Psychiatry* 12, n.º 2 (Junio, 2013): 111-12.

9. Y. Takayanagi *et al.*, «Antidepressant Use and Lifetime History of Mental Disorders in a Community Sample: Results from the Baltimore Epidemiologic Catchment Area Study,» *Journal of Clinical Psychiatry* 76, n.º 1 (Enero, 2015): 40-44, doi: 10.4088/JCP.13m08824

las rabietas, los tics nerviosos, el autismo y las dificultades para pensar. ¿A qué obedece que hayamos llegado a creer que los antidepresivos pueden ser un tratamiento seguro y eficaz para niños de dos años que todavía llevan pañales y aún no son capaces de articular frases completas? Por de pronto, tengamos en cuenta el Estudio 329, que costó a la empresa GlaxoSmithKlein tres mil millones de dólares en concepto de multa por sus esfuerzos para promover el consumo de antidepresivos entre los más jóvenes.[10] Dicho laboratorio farmacéutico falseó datos para ocultar las pruebas que indicaban un aumento del riesgo de suicidio y afirmó, también mendazmente, que el Paxil (paroxetina) obtenía mejores resultados que el placebo.[11]

Entre los teóricos más respetados e influyentes de mi campo de estudio se encuentra Joanna Moncrieff, profesora de psiquiatría del University College de Londres y copresidenta de la Critical Psychiatry Network, un grupo de psiquiatras que pone en cuestión el modelo generalmente aceptado de depresión y busca enfoques alternativos a la psiquiatría. En un artículo rompedor publicado en 2006, «Do Antidepressants Cure or Create Abnormal Brain States?» [¿Los antidepresivos curan o generan estados cerebrales anormales?], Moncrieff y el coautor del artículo afirmaban: «Nuestro análisis indica que no existen los antidepresivos específicos, que la inmensa mayoría de los efectos a corto plazo de los antidepresivos son comunes a muchos otros fármacos y que no está demostrado que el tratamiento medicamentoso a largo plazo con antidepresivos o con cualquier otro fármaco conduzca a una mejora prolongada del estado anímico. Postulamos que debería abandonarse el término "antidepresivo"».[12]

---

10. Peter Doshi, «No Correction, No Retraction, No Apology, No Comment: Paroxetine Trial Reanalysis Raises Questions about Institutional Responsibility,» *BMJ* 351 (2015): h4629.

11. Para acceder al escrito de demanda, véase www.justice.gov/sites/default/files/opa/legacy/2012/07/02/us-complaint.pdf.

12. J. Moncrieff y D. Cohen, «Do Antidepressants Cure or Create Abnormal Brain States?» *PLoS Med 3*, n.° 7 (Julio, 2006): e240.

Supongo que, llegados a este punto, te estarás preguntando de dónde vienen los antidepresivos y cómo es que su uso se ha vuelto tan corriente.

NACIMIENTO DE UN MEME[13]

La teoría que sirve como fundamento a los modernos antidepresivos (fármacos ISRS o inhibidores selectivos de la recaptación de serotonina) afirma que éstos funcionan aumentando la disponibilidad de serotonina —un neurotransmisor que, como es bien sabido, se asocia con el estado anímico— en los intersticios entre células cerebrales. De hecho, si preguntas a cualquier ciudadano de a pie por la biología de la depresión, es probable que su respuesta contenga las expresiones «desequilibrio químico cerebral» o incluso «déficit de serotonina». Esta teoría, conocida como «hipótesis monoaminérgica de la depresión», parte de dos fenómenos observados en las décadas de 1950 y 1960.[14] Uno de ellos se daba en pacientes de tuberculosis que experimentaban efectos secundarios relacionados con el estado anímico debido a la administración de iproniazida, un fármaco antituberculoso que puede alterar los niveles de serotonina en el cerebro. El otro eran los efectos de la reserpina, un medicamento para el tratamiento de la hipertensión y las convulsiones epilépticas que, según se afirmaba, disminuía la cantidad de serotonina y provocaba depresión, hasta que un estudio de 54 casos demostró que, de hecho, *remediaba* sus síntomas.[15]

---

13. Algunos pasajes de este apartado adaptan mi artículo en Mercola.com titulado «A Psychiatrist's Perspective on Using Drugs,» 16 de enero, 2014, http://articles. mercola.com/sites/articles/archive/2014/01/16/dr-brogan-on-depression.aspx. Consultado el 21 de septiembre, 2015.

14. Véanse las partes I y II de F. Lopez-Munoz *et al.*, «Half a Century of Antidepressant Drugs: On the Clinical Introduction of Monoamine Oxidase Inhibitors, Tricyclics, and Tetracyclics. Monoamine Oxidase Inhibitors,» *J Clin Psychopharmacol* 27, n.º 6 (Diciembre, 2007): 555-559. Así como: D. L. Davies y M. Shepherd, «Reserpine in the Treatment of Anxious and Depressed Patients,» *Lancet* 269, n.º 6881 (16 de julio, 1955): 117-120.

15. D. L. Davies y M. Shepherd, «Reserpine in the Treatment of Anxious and Depressed Patients,» *Lancet* 269, n.º 6881 (16 de julio, 1955): 117-120

A partir de estas observaciones preliminares e inconsistentes, surgió una teoría que cristalizó en la obra y los escritos del difunto doctor Joseph Schildkraut, quien en 1965 revolucionó el campo de la psiquiatría con su manifiesto especulativo «La hipótesis de la catecolamina en los trastornos afectivos».[16] El doctor Schildkraut era un prominente psiquiatra de Harvard que estudiaba las catecolaminas, un grupo de compuestos naturales que actúan como mensajeros químicos —es decir, como neurotransmisores— dentro del cerebro. Schildkraut estudió los efectos de un neuroquímico en particular, la norepinefrina, antes y durante el tratamiento con antidepresivos en pacientes humanos y descubrió que la depresión suprimía la eficacia de dicha sustancia como mensajero químico. Basándose en estos hallazgos, teorizó ampliamente acerca del origen bioquímico de las enfermedades mentales. La psiquiatría, un campo de estudio que luchaba por demostrar su legitimidad como disciplina científica más allá de la lobotomía terapéutica, estaba ansiosa por mejorar su imagen, y la industria farmacéutica se mostró encantada de ayudarla en ese empeño.

La idea de que estos medicamentos corrigen un desequilibrio ocasionado por un químico neuronal ha tenido una aceptación tan amplia, que nadie se molesta en cuestionarla ni en investigarla sirviéndose de criterios científicos modernos. Según la doctora Joanna Moncrieff, nos han inducido a pensar que estos fármacos tienen efectos *con base patológica*: es decir, que alivian, corrigen y curan una afección real de la fisiología humana. Seis décadas de estudio, sin embargo, han sacado a la luz numerosos datos que contradicen esta premisa o que, como mínimo, resultan confusos e inconcluyentes.[17] En efecto, *no hay* ningún estudio en humanos que vincule de manera concluyente los niveles bajos de serotonina con la depresión. Ni los estudios por imagen,

16. J. J. Schildkraut, «The Catecholamine Hypothesis of Affective Disorders: A review of Supporting Evidence. 1965,» *J Neuropsychiatry Clin Neurosci* 7, n.º 4 (Otoño, 1995): 524-533; discusión, 523-524.

17. E. Castrén, «Is Mood Chemistry?» *Nat Rev Neurosci* 6, n.º 3 (Marzo, 2005): 241-246.

ni los análisis de orina y de sangre, ni los análisis *post mortem* de suicidas, ni siquiera la investigación en animales han validado nunca el vínculo causal entre los niveles de neurotransmisores y la depresión.[18] Dicho de otra manera: que la teoría de la depresión basada en el nivel de serotonina es, de principio a fin, un mito sustentado falazmente en datos manipulados. Muy al contrario, los niveles elevados de serotonina se han relacionado con diversos problemas mentales graves como la esquizofrenia y el autismo.[19]

Paul Andrews, profesor auxiliar de psicología, neurociencia y comportamiento en la Universidad McMaster de Canadá, se encuentra entre los principales expertos que cuestionan públicamente el modelo tradicional de la depresión. En un artículo publicado en 2015 afirmaba que la premisa en la que se basan los medicamentos antidepresivos está absolutamente equivocada: es decir, que la serotonina es un tranquilizante, no un estimulante.[20] Según Andrews, la serotonina no sería más que una primera respuesta fisiológica al estrés. Cuando nuestros cuerpos se hallan sometidos a tensión, la serotonina contribuye a la redistribución de los recursos a nivel celular. Esto demuestra que en realidad ignoramos cómo actúan estas sustancias. En un artículo reciente, Andrews exponía un punto interesante: aún no disponemos de los medios para medir la serotonina en un cerebro humano vivo, de modo que es imposible saber exactamente cómo libera y emplea el cerebro esta sustancia química. Lo que han de hacer los

18. R. H. Belmaker y G. Agam, «Major Depressive Disorder,» *N Engl J Med* 358, n.º 1 (enero, 2008): 55-68, doi: 10.1056/NEJMra073096.

19. K. S. Lam *et al.*, «Neurochemical Correlates of Autistic Disorder: A Review of the Literature,» Res Dev Disabil 27 (2006): 254-289. Véase también: A. Abi-Dargham *et al.*, «The Role of Serotonin in the Pathophysiology and Treatment of Schizophrenia,» *J Neuropsychiatry Clin Neurosci* 9 (1997): 1-17.

20. Paul W. Andrews *et al.*, «Is Serotonin an Upper or a Downer? The Evolution of the Serotonergic System and Its Role in Depression and the Antidepressant Response,» *Neuroscience & Behavioral Reviews* 51 (Abril, 2015): 164-188. Para saber más sobre los estudios de Paul Andrews y consultar un listado escogido de sus publicaciones, véase su página web, www.science.mcmaster.ca/pnb/andrews.

científicos es basarse en pruebas fehacientes acerca de los niveles de serotonina ya metabolizados por el cerebro y en los datos arrojados por los estudios en modelos animales. Hasta la fecha, las pruebas disponibles más fiables indican que durante los episodios depresivos se libera *mayor cantidad* de serotonina y no al revés. Esta efusión natural de serotonina ayuda al cerebro a adaptarse a la depresión: obliga al organismo a gastar menos energía en el pensamiento consciente que en áreas tales como el crecimiento, el desarrollo, la reproducción, la función inmune y la respuesta al estrés.[21]

Andrews —que también es psicólogo evolutivo— había afirmado en estudios anteriores que los antidepresivos dejan a los pacientes en peor estado cuando se interrumpe la administración de estos fármacos. Está de acuerdo en que, aunque la depresión puede ser una experiencia dolorosa y perturbadora, es en casi todas sus manifestaciones una adaptación normal al estrés. Según él, cuando los pacientes que toman fármacos ISRS experimentan mejoría, todo indica que ello no se debe a que dichos fármacos contribuyan a mejorar su estado, sino a que sus cerebros están *superando los efectos de los antidepresivos*. Los fármacos dificultan los mecanismos de recuperación cerebrales. Es éste un punto crucial, porque la gente me pregunta una y otra vez la razón por la que los antidepresivos parecen ser útiles a corto plazo. Quizás, en los raros casos en que sus efectos son adaptativos, ello se deba a la propia capacidad del cerebro para combatir la agresión de los antidepresivos, y no al contrario. Con el paso del tiempo, sin embargo, al prolongarse esta agresión, las funciones cerebrales se ven comprometidas por el constante bombardeo farmacológico.

Un estudio crítico de la hipótesis de la serotonina concluye que «no hay pruebas directas del déficit de serotonina o norepinefrina, pese a los miles de estudios que han intentado validar

---

21. McMaster University. «Science behind commonly used anti-depressants appears to be backwards, researchers say.» ScienceDaily. www.sciencedaily.com/releases/2015/02/150217114119.htm. Consultado el 22 de septiembre, 2015.

esta idea».[22] Y los autores de un polémico artículo sobre la depresión mayor publicado en 2008 en el *New England Journal of Medicine* afirmaban que pese a los «numerosos estudios de los metabolitos de la norepinefrina y la serotonina en plasma, orina y fluido cerebroespinal y los estudios *post mortem* del cerebro de pacientes con depresión, aún no se ha identificado de manera fiable dicho déficit».[23]

El doctor Daniel Carlat, autor de *Unhinged* [Trastornado], lo ha expresado con contundencia: «Estamos persuadidos de que hemos desarrollado curas para las enfermedades mentales [...] cuando en realidad sabemos tan poco sobre sus causas neurobiológicas que nuestros tratamientos son a menudo una mera sucesión de ensayos y errores».[24] En efecto, el cerebro actúa como organizador de un sutil entramado formado por cerca de un centenar de neurotransmisores, entre ellos catorce tipos distintos de receptores de serotonina. Pensar que manipulando un solo químico cerebral podemos curar todos los trastornos del comportamiento es una burda simplificación, cuando no un disparate.

El cerebro es mucho más complejo de lo que pretende el modelo de la serotonina. Para aclararnos, los fármacos ISRS bloquean la eliminación de serotonina de los nexos o sinapsis entre las células nerviosas del cerebro, de modo que se acelera el funcionamiento de los nervios serotoninérgicos. Pero cuando estos nervios están sobrestimulados, se vuelven menos sensibles en su esfuerzo por restablecer el equilibrio. En jerga científica, este fenómeno se conoce como «depleción». Y tal depleción no disminuye para volver a la normalidad cuando cesa la administración del fármaco. La comunidad científica desconoce aún si la depleción puede hacerse permanente, pero tanto yo como otros

---

22. E. Castrén, «Is Mood Chemistry?» *Nat Rev Neurosci* 6, n.º 3 (Marzo, 2005): 241-246.

23. R. H. Belmaker y G. Agam, «Major Depressive Disorder,» *N Engl J Med* 358, n.º 1 (Enero, 2008): 55-68, doi: 10.1056/NEJMra073096.

24. Daniel Carlat, *Unhinged: The Trouble with Psychiatry-A Doctor's Revelations about a Profession in Crisis* (Nueva York, Free Press, 2010).

psiquiatras consideramos que esto supone un grave riesgo para el cerebro. En mi opinión, no es de extrañar que en los primeros doce años de su publicitación masiva el Prozac apareciera mencionado en más de 40.000 informes de efectos adversos presentados ante la FDA.[25] Ningún otro fármaco tiene un historial semejante.

Aunque aceptemos que estos medicamentos pueden ser útiles en ciertos casos, articular toda una teoría médica a partir de esta observación sería comparable a afirmar que la timidez viene causada por un déficit de alcohol o que las neuralgias tienen su origen en una falta de codeína. ¿Y qué decir de la vulnerabilidad genética? ¿Existe el gen de la depresión? Un estudio publicado en *Science* en 2003 sugería que los sujetos que presentaban alteraciones genéticas en los transmisores de serotonina tenían tres veces más probabilidades de sufrir depresión.[26] Seis años después, sin embargo, esta hipótesis se vino abajo gracias a un metaanálisis de 14.000 pacientes publicado en el *Journal of the American Medical Association* que negaba tal vinculación.[27] El doctor Thomas Insel, director del Instituto Nacional de Salud Mental de Estados Unidos, ha declarado lo siguiente: «Pese a las elevadas expectativas, ni las pruebas genómicas ni las técnicas de imagen han influido sobre el diagnóstico o el tratamiento de los 45 millones de estadounidenses que cada año sufren enfermedades mentales graves o moderadas».[28] El doctor Carlat expone la verdad con sus propias palabras: «Y donde hay un vacío científico, los laboratorios farmacéuticos se lanzan alegremente a insertar un mensaje publicitario y lo llaman

25. Peter Breggin y David Cohen, *Your Drug May Be Your Problem: How and Why to Stop Taking Psychiatric Medications* (Nueva York, Da Capo Press, 1999).

26. Avshalom Caspi *et al.*, «Influence of Life Stress on Depression: Moderation by a Polymorphism in the 5-HTT Gene,» *Science* (18 de julio, 2003): 386-389.

27. N. Risch *et al.*, «Interaction between the Serotonin Transporter Gene (5-HTTLPR), Stressful Life Events, and Risk of Depression: A Meta-analysis,» *JAMA* 301, n.º 23 (17 de junio, 2009): 2462–2471, doi: 10.1001/ jama.2009.878.

28. Véase mi entrada en www.kellybroganmd.com, «Depression: It's Not Your Serotonin,» 4 de enero, 2015, http://kellybroganmd.com/article/depression-serotonin/.

"ciencia". Como resultado de ello, la psiquiatría se ha convertido en un campo de pruebas para manipulaciones escandalosas de la ciencia al servicio del beneficio económico».[29]

Baste decir que los datos han abierto tantos agujeros en la teoría de la serotonina que la propia disciplina psiquiátrica empieza a darse por vencida. En un trabajo de 2005 para *PLOS Medicine*, los doctores Jeffrey R. Lacasse y Jonathan Leo recabaron la opinión de influyentes pensadores del campo de la psiquiatría —entre ellos investigadores y clínicos de la práctica médica más ortodoxa— que expresaban dudas radicales acerca de lo que postula la moderna psiquiatría respecto a los antidepresivos (véanse las tablas de las páginas siguientes).[30]

El emporio médico-farmacéutico ha construido imponentes castillos de naipes, y muchos de sus tratamientos —sumamente rentables, por cierto— se ofrecen sin pruebas científicas sólidas que los avalen. De hecho, la FDA sólo exige dos estudios para autorizar la mayoría de los productos farmacéuticos, lo que aboca a la población a participar en un experimento colectivo de post-márketing en el que los efectos adversos —es decir, las víctimas— se monitorizan pasivamente. Es una entelequia científica pensar que estos fármacos tienen cabida en la medicina, que es, o debería ser, el arte de la curación. Podría alegarse que los antidepresivos son el nuevo tabaco y que, al igual que la industria tabaquera, las grandes farmacéuticas tienen un enorme poder, gracias a la publicidad, para seducirnos e influirnos de manera subliminal pero en absoluto benigna, pese a lo que pueda parecer.

---

29. Para saber más sobre la obra y las publicaciones de Daniel Carlat consúltese su página web, www.danielcarlat.com.

30. Jeffrey R. Lacasse y Jonathan Leo, «Serotonin and Depression: A Disconnect between the Advertisements and the Scientiffic Literature,» *PLoS Med* 2, n.º 12 (8 de noviembre, 2005): e392, doi:10.1371/ journal.pmed.0020392. Véase asimismo su reciente actualización de este artículo en «Antidepressants and the Chemical Imbalance Theory of Depression: A Refflection and Update on the Discourse,» *Behavior Therapist* 38, n.º 7 (Octubre, 2015): 206. Se trata de una publicación de la Asociación de Terapias Cognitivas y Conductuales.

PUBLICIDAD DIRECTA AL CONSUMIDOR

Lamentablemente, la publicidad directa al consumidor ha permitido a las compañías farmacéuticas «aleccionar» al público estadounidense acerca de los desequilibrios químicos y el déficit de serotonina mediante cuñas publicitarias y astutos eslóganes que escapan a la normativa de la FDA. Tengo pacientes que llegan a mi consulta convencidas de que las pastillas son la solución para todo: ni más ni menos que lo que les han enseñado los anuncios. Se calcula que la publicidad directa al consumidor es la responsable de cerca de la mitad (un 49 por ciento) de las solicitudes de medicamentos por parte de pacientes.[31] Siete de cada diez veces, los médicos recetan basándose en las peticiones de los pacientes, a los que Internet y la televisión han convencido de que padecen un «desequilibrio» al que hay que poner remedio mediante una pastilla.[32]

En la década transcurrida entre 1999 y 2008, la publicidad directa al consumidor en Estados Unidos triplicó (de 1.300 millones de dólares a 4.800 millones) sus esfuerzos por «educar» a los pacientes acerca de su necesidad de medicación psiquiátrica. El moderno negocio de los fármacos está edificado sobre los medicamentos «cerebrales». Su primer gran éxito de ventas fue el Valium, que vendió 2.000 millones de comprimidos en 1978. Más tarde, en la década de 1990, llegó el Prozac, que definió el nuevo modelo de negocio. La industria farmacéutica gastó 4.530 millones de dólares en publicidad directa al consumidor en Estados Unidos sólo en 2014, un 18 por ciento más que el año anterior.[33]

---

31. E. Murray *et al.*, «Direct-to-consumer Advertising: Physicians' Views of Its Effects on Quality of Care and the Doctor-patient Relationship,» *J Am Board Fam Pract* 16, n.º 6 (Noviembre – diciembre, 2003): 513-524.

32. R. J. Avery *et al.*, «The Impact of Direct-to-consumer Television and Magazine Advertising on Antidepressant Use,» *J Health Econ* 31, n.º 5 (Septiembre, 2012): 705-718, doi: 10.1016/j.jhealeco.2012.05.002.

33. Tracy Staton, «Pharma's Ad Spend Vaults to $4.5B, with Big Spender Pfizer Leading the Way,» 25 de marzo, 2015, http://www.fiercepharma.com/dtc-advertising/pharma-s-ad-spend-vaults-to-4-5b-big-spender-pfizer-leading-way.

TABLA 1.
DEMOSTRACIÓN DE LA INVALIDEZ DE LA TEORÍA
DE LA DEPRESIÓN COMO DESEQUILIBRIO QUÍMICO:
CITAS ESCOGIDAS

Cita	Fuente
«Ya en 1970 [...] [el bioquímico y Premio Nobel Julius] Axelrod había concluido que, fueran cuales fuesen las causas de la depresión, ésta no estaba relacionada con un nivel bajo de serotonina.»	Healy, 2004, p. 12
«Pasé los primeros años de mi carrera dedicado por completo a investigar el metabolismo de la serotonina cerebral y nunca vi pruebas científicas convincentes de que ningún trastorno psiquiátrico, incluida la depresión, se derivara de un déficit de serotonina cerebral.» (David Burns, psiquiatra responsable de una premiada investigación sobre la serotonina en la década de 1970.)	Lacasse y Gomory, 2003, p. 393
«La tianeptina es un compuesto interesante con propiedades antidepresivas que se cree están relacionadas con la captación aumentada, que no disminuida, de 5-HT [serotonina].» [Es decir, que en 1989 ya se sabía que era un antidepresivo que no aumenta, sino que disminuye la serotonina.]	Ives y Heym, 1989, p. 22
«La idea simplista de que la neurona "5-HT" [serotonina] no guarda ninguna relación con la realidad.» (John Evenden, investigador de la empresa farmacéutica Astra, 1990)	Shorter, 2009, p. 204
«En la década de 1990 [...] nadie sabía si los ISRS subían o bajaban los niveles de serotonina. Siguen sin saberlo [...]. No hay evidencias de que el tratamiento corrigiera nada.»	Healy, 2015
«[...] Se diagnostican "desequilibrios químicos" a pesar de que no existen pruebas clínicas que avalen tal afirmación, ni sabemos en qué consistiría exactamente tal desequilibrio químico. [...] Conclusiones como la que afirma que "la depresión es un desequilibrio químico" se crean de la nada, de la pura semántica y de los castillos en el aire que construyen científicos y psiquiatras y un público que se cree cualquier cosa con tal de que lleve el marchamo de la ciencia médica.» (David Kaiser, psiquiatra del Hospital de la Universidad del Noroeste, 1996.)	Kaiser, 1996; Lynch, 2015, pp. 31-32.

«Aunque a menudo se diga con gran aplomo que las personas deprimidas tienen un déficit de serotonina o norepinefrina, las pruebas científicas contradicen de hecho esa afirmación.» (Elliot Valenstein, neurocientífico.)	Valenstein, 1998, p. 100
«La hipótesis monoaminérgica [...] sostiene que las monoaminas [...] tales como [la serotonina] son deficitarias en la depresión y que los antidepresivos actúan aumentando la disponibilidad sináptica de estas monoaminas [...]. Sin embargo, deducir la fisiopatología de los neurotransmisores a partir de [los ISRS] equivale a concluir que, porque la aspirina provoca hemorragia gastrointestinal, las neuralgias son producto de un exceso de sangre. [...] Ninguna experiencia adicional ha confirmado la hipótesis del déficit de monoaminas.» (*Manual de psiquiatría* de la American Psyquiatric Association, 1999.)	Dubvosky y Buzan, 1999, p.516
«No se ha hallado ninguna deficiencia de serotonina asociada a la depresión.» (Joseph Glenmullen, profesor de Psiquiatría Clínica, Facultad de Medicina de Harvard.)	Glenmullen, 2000, p. 197
«[...] escribí que el Prozac no era más eficaz (quizá lo sea menos) en el tratamiento de la depresión mayor que medicamentos anteriores. [...] Argumenté que las teorías del funcionamiento cerebral que condujeron al desarrollo del Prozac han de ser erróneas o incompletas.» (Peter Kramer, psiquiatra de la Universidad Brown, autor de *Escuchando al Prozac*.)	Kramer, 2002
«[Hemos de] abandonar las hipótesis simplistas acerca de que existe una función anormalmente alta o baja de un neurotransmisor concreto.» (Avrid Carlson, Premio Nobel de Medicina por sus investigaciones acerca de la dopamina, 2002.)	Encuentro del CINP con los Premios Nobel, 2003. Shorter, 2009, p. 204
«En efecto, nunca se ha demostrado la existencia de anormalidad alguna de la serotonina en la depresión.»	Healy, 2004, p. 12

Fuente: «Antidepressants and the Chemical Imbalance Theory of Depression: A Reflection and Update on the Discourse», *Behaviour Therapist* 38, n.º 7 (Octubre, 2015): 206-213. Reproducido con autorización.

TABLA 2.
FOMENTO DE LA VALIDEZ DE LA TEORÍA
DEL DESEQUILIBRIO QUÍMICO DE LA DEPRESIÓN:
CITAS ESCOGIDAS

Cita	Fuente original	Extraída de:
«Celexa ayuda a restablecer el equilibrio químico cerebral al incrementar la producción de un mensajero químico del cerebro llamado serotonina.»	Página web de Celexa, 2005	Lacasse y Leo, 2005
«Pueden recetarse antidepresivos para corregir desequilibrios en los niveles de las sustancias químicas del cerebro.»	*Hablemos de la depresión con los datos en la mano,* folleto de información al paciente distribuido por la American Psychiatric Association	American Psychiatric Association, 2005, p. 2
«Los antidepresivos [...] no afectan al estado anímico normal. Restauran la normalidad de la química cerebral.»	Nada Stotland, presidenta de la American Psychiatric Association, 2007-2008	Stotland, 2001, p. 65
«[Los antidepresivos actúan] únicamente si existe un desequilibrio químico en el cerebro que requiera solución.»	Donald Klein, psiquiatra y psicofarmacólogo	Talan, 1997
«Aunque puede que el paciente requiera terapia somática para corregir el desequilibrio químico subyacente, también puede necesitar psicoterapia.»	Nancy Andreason, psiquiatra y autora de *Un cerebro feliz*	Andreason, 1985, p. 258
«[...] algunos pacientes deprimidos que presentan niveles anormalmente bajos de serotonina responden a los ISRS.»	Richard Friedman, psiquiatra, en *The New York Times*	Friedman, 2007
«Existe un déficit real de serotonina en los pacientes deprimidos.»	Charles Nemeroff, psiquiatra	Nemeroff, 2007

«El médico debe hacer hincapié en que la depresión es una enfermedad médica plenamente tratable causada por un desequilibrio químico.»	Programa Formativo para Médicos de Atención Primaria de la Fundación MacArthur para la Depresión.	Cole, Raju, Barrett, Gerrity y Dietrich, 2000, p. 340
«Los pacientes con un desajuste de los neurotransmisores cerebrales pueden presentar un desequilibrio de serotonina y norepinefrina. [...] La duloxetina [Cymbalta] puede ayudar a corregir el desequilibrio en la neurotransmisión de serotonina y norepinefrina en el cerebro.»	Madkur Trivedi, psiquiatra de la Facultad de Medicina de la Universidad del Suroeste de Texas, en The Primary Care Companion (*Journal of Clinical Psychiatry*)	Trivedi, 2004, p. 13
«Corregir los desequilibrios de serotonina no sólo ayuda a mejorar el estado anímico y a restablecer las pautas normales de sueño y apetito, sino que también fomenta un sentimiento de bienestar.»	Michael Thase, psiquiatra y psicofarmacólogo, investigador de la Universidad de Pennsilvania, y Susan Lang, escritora científica	Thase y Lang, 2004, p. 106
«Sólo sabemos que las enfermedades mentales, como la depresión o la esquizofrenia, no son "debilidades morales" o dolencias imaginarias, sino enfermedades reales ocasionadas por anomalías en la estructura cerebral y desequilibrios químicos neuronales. [...] Los fármacos y otros tratamientos pueden corregir estos desequilibrios. La psicoterapia puede mejorar de manera inmediata el funcionamiento cerebral.»	Richard Harding, presidente de la American Psychiatric Association, 2000-2001	Harding, 2001, p. 66
«En algún momento en el curso de su enfermedad, la mayoría de los pacientes y sus familiares necesitan alguna explicación de lo que ocurre y por qué. A veces esa explicación es tan sencilla como un "desequilibrio químico".»	Robert Freedman, psiquiatra de la Universidad de Colorado	Freedman, 2003, citado en Hickey, 2014

Ya hace más de una década que viene escribiéndose acerca de la desconexión flagrante entre los anuncios y la literatura científica, aunque probablemente no hayas oído hablar de este fenómeno. Los doctores Lacasse y Leo lo expusieron con toda claridad en su artículo de 2005: «Estos anuncios ofrecen un concepto apetecible y seductor, y el hecho de que los pacientes se presenten ahora ante sus médicos con un "desequilibrio químico" autodiagnosticado demuestra que [la publicidad] está surtiendo el efecto deseado: el mercado médico se está moldeando conforme a los intereses de las compañías farmacéuticas».[34] En 1998, en los albores de la publicidad directa de fármacos ISRS, el catedrático emérito de psicología y neurociencia Elliot Valenstein, de la Universidad de Míchigan, ya resumía la situación afirmando que «lo que los médicos y el público en general están interpretando sobre la enfermedad mental no responde en modo alguno a una lectura objetiva de la información disponible».[35]

Estados Unidos y Nueva Zelanda son los únicos países del mundo en los que está permitida la publicidad televisiva de fármacos con receta médica. En 1997, un cambio en la normativa de la FDA abrió las puertas a la publicidad directa al consumidor, permitiendo que los fabricantes de medicamentos anunciaran sus productos en la televisión. A partir de entonces se produjo una avalancha de anuncios protagonizados por celebridades, deportistas y modelos, así como por personas maduras nacidas durante el *baby boom* de la posguerra.

Si a ello se añade la larga lista de síntomas para los que están indicados los antidepresivos, no es de extrañar que gastemos más de once mil millones de dólares al año en estos medicamentos.[36]

---

34. Jeffrey R. Lacasse y Jonathan Leo, «Serotonin and Depression: A Disconnect between the Advertisements and the Scienti c Literature,» PLoS Med 2, n.º 12 (8 de noviembre, 2005): e392, doi:10.1371/journal. pmed.0020392.

35. E. S. Valenstein, *Blaming the Brain: The Truth about Drugs and Mental Health* (Nueva York, Free Press, 1998), p. 292.

36. Brendan L. Smith, «Inappropriate Prescribing,» *Monitor on Psychology*, publicación de la Asociación Americana de Psicología, vol. 43, n.º 6 (Junio, 2012): 36, www.apa.org/monitor/2012/06/prescribing.aspx. Véase también el artículo de Carolyn C. Ross, «Do Antidepressants Really Work?» Psychology Today, 20 de febrero, 2012, www.psychologytoday.com/blog/real-healing/201202/do-anti-depressants-really-work.

Las empresas farmacéuticas tienen a su servicio un *lobby* formado por más de seiscientas personalidades y financian más del 70 por ciento de los ensayos clínicos de la FDA.[37] Cortejan a los médicos, ponen a su disposición grandes cantidades de muestras gratuitas, pagan a consultores para que hablen en reuniones científicas, se anuncian en publicaciones médicas, financian la educación médico-sanitaria y se sirven de testaferros literarios, expurgando datos y presentando resultados redundantes para su publicación. Los estudios psiquiátricos sufragados por las grandes farmacéuticas tienen cuatro veces más probabilidades de llegar a publicarse si arrojan resultados positivos. Y sólo un 18 por ciento de los psiquiatras hacen públicos sus posibles conflictos de intereses cuando publican resultados.[38] Estas circunstancias favorecen toda clase de manipulaciones, como por ejemplo descartar antes del ensayo clínico a los sujetos más susceptibles de responder al placebo para fortalecer las ventajas percibidas del fármaco, o acompañar con tranquilizantes el fármaco objeto del estudio, sesgando de ese modo los resultados en favor del medicamento en cuestión (sobre este punto volveremos en breve).

Un estudio ya famoso dirigido por el doctor Erik Turner en los centros médicos para veteranos de Pórtland y publicado en 2008 en el *New England Journal of Medicine* se propuso denunciar el alcance de esta manipulación.[39] Gracias a sus valerosos esfuerzos por desenterrar datos no publicados, el doctor Turner y su equipo determinó que entre 1987 y 2004 se aprobaron doce antidepresivos basados en 74 estudios. De estos 74 estudios, 38 eran positivos, 37 de los cuales

---

37. «The Other Drug War: Big Pharma's 625 Washington Lobbysits,» en Citizen. org, 23 de julio, 2001, www.citizen.org/documents/pharmadrugwar.PDF. Para una visión general de la corrupción imperante en la industria farmacéutica en lo relativo a la manipulación de resultados, véase el reportaje de portada de Ben Wolford para la revista *Newsweek*, «Big Pharma Plays Hide-the-Ball With Data,» 13 de noviembre, 2014.

38. *Ibid.*

39. E. H. Turner *et al.*, «Selective Publication of Antidepressant Trials and Its Inffluence on Apparent Efficacy,» *N Engl J Med* 358, n.º 3 (17 de enero, 2008): 252-260, doi: 10.1056/NEJMsa065779.

llegaron a publicarse; 36 eran negativos (no mostraban beneficio alguno para la salud), de los cuales se publicaron tres en su forma original, otros once se publicaron con un sesgo más positivo (¡conviene leer siempre los datos, no la conclusión del autor!), y 22 no llegaron a publicarse.

La FDA exige únicamente dos estudios para la aprobación de un medicamento, de modo que es fácil ver cómo estas compañías lanzan la moneda al aire una y otra vez hasta que sale cara, confiando en que nadie se fije cuando sale cruz. Para hacerse una idea de lo engañosa que puede ser la industria farmacéutica no hay más que echar un vistazo al mayor estudio financiado hasta la fecha por el Instituto Nacional de Salud Mental de Estados Unidos, realizado en la Universidad de Texas en 2006.[40] La administración pública invirtió 35 millones de dólares para que el equipo responsable del estudio siguiera la evolución de más de cuatro mil pacientes que recibieron tratamiento con Celexa durante un periodo de doce meses. No se trataba de un ensayo a doble ciego con placebo, de modo que los participantes en el estudio sabían perfectamente lo que estaban tomando. Según consta, la mitad de ellos mejoró a las ocho semanas. Los que no mejoraron, cambiaron a Wellbutrin, Effexor o Zoloft, o comenzaron a tomar también Buspar o Wellbutrin. ¿Y sabes qué pasó? Daba igual lo que tomara cada cual, porque el mismo porcentaje (entre un 10 y un 30 por ciento) manifestó mejoría, con independencia del fármaco que tomara. Sólo un 3 por ciento de los pacientes entraron supuestamente en remisión a los doce meses. Y aquí es donde la cosa se pone interesante.

En febrero de 2012 se presentó una demanda contra Forest Pharmaceuticals, el laboratorio fabricante de Celexa (citalopram), en la que se acusaba a la empresa de haber sobornado al investigador principal de dicho estudio para que falseara los resultados a

---

40. M. Fava *et al.*, «A Comparison of Mirtazapine and Nortriptyline Following Two Consecutive Failed Medication Treatments for Depressed Outpatients: A STAR*D Report,» *Am J Psychiatry* 163, n.º 7 (Julio, 2006): 1161-172.

favor de su producto.[41] La demanda se solventó por vía extrajudicial poco después de que la compañía tuviera que pagar una multa de 150 millones de dólares y una sanción adicional de 14 millones por suprimir y falsear datos acerca de los efectos negativos de su fármaco en adolescentes. El medicamento sólo estaba aprobado para el tratamiento de adultos, pero en su afán por vender más fármacos y aumentar sus beneficios, la compañía lo publicitaba entre profesionales de la medicina que trataban a niños y adolescentes.[42]

De ello cabe concluir, inevitablemente, que estas prácticas sabotean la precisión de los resultados y trasladan información que degrada la atención médica y pone en peligro a los pacientes. El falseamiento de resultados tiene un coste trágico: la pérdida del verdadero consentimiento informado. Los médicos no pueden explicar adecuadamente a sus pacientes los riesgos y las ventajas de un fármaco si dichas ventajas son inventadas y si los riesgos no se hacen explícitos ni pasan a conocimiento público. Es más, estos medicamentos no son más eficaces que un placebo. Ya en 1984 el Instituto Nacional de Salud Mental de Estados Unidos afirmaba textualmente: «No es probable que el aumento o la disminución en el funcionamiento de los sistemas serotonérgicos esté asociado per se con la depresión». Es muy posible que cualquier efecto de los antidepresivos percibido a corto plazo sea producto del famoso efecto placebo.

EFICACIA A CORTO PLAZO: EL PODER DEL EFECTO PLACEBO

Pese al empeño de las grandes farmacéuticas, la verdad acerca de estas bombas cerebrales comienza a salir a la luz. En 1998, año en que despegó la publicidad directa al consumidor, el psicólogo e in-

---

41. John T. Aquino, «Whistleblower Claims Forest Bribed Study's Investigator to Favor Celexa,» Bloomberg Bureau of National Affairs, 1 de febrero, 2012, www.bna.com/whistleblower-claims-forest-n12884907568/.

42. Véase www.fda.gov/ICECI/CriminalInvestigations/ucm245543.htm

vestigador de Harvard Irving Kirsch, un reputado especialista en el efecto placebo, publicó un emblemático metaanálisis de casi tres mil casos de pacientes tratados con antidepresivos, psicoterapia o placebo, o sin tratamiento.[43] Los resultados de su estudio se convirtieron en noticia de primera plana y suscitaron gran interés, así como críticas virulentas. Kirsch descubrió que el placebo surtía el mismo efecto que los fármacos en un 75 por ciento de los casos, que los medicamentos no antidepresivos obtenían los mismos resultados que los antidepresivos, y que el 25 por ciento restante del efecto aparente de los fármacos era atribuible al llamado «efecto placebo activo».

Kirsch emplea este término para referirse al efecto de la mera creencia en la eficacia de los antidepresivos: una creencia basada en la aparición de efectos secundarios tales como náuseas, dolores de cabeza y sequedad de boca. En un ensayo clínico, a los sujetos se les distribuye bien en el grupo de placebo, bien en el grupo de medicación sin que sepan a qué grupo se les ha asignado. Dado que el placebo no tiene efectos secundarios (es un placebo *inactivo*), cuando los sujetos de este grupo desarrollan efectos secundarios es porque entran en acción todas esas creencias inspiradas por la publicidad acerca de la regulación química del cerebro. De ahí que al menos una cuarta parte de esas personas empiece a sentirse mejor.

Así pues, cuando mejoran nuestros síntomas al tomar un antidepresivo, ¿hasta qué punto hemos de agradecérselo al efecto placebo? Los ataques que recibió su estudio animaron a Kirsch a seguir indagando en el efecto placebo. En 2008 publicó otro interesantísimo metaanálisis que suscitó la respuesta inmediata de sus detractores.[44] Esta vez, Kirsch se sirvió de la Ley de Libertad de Información para acceder a ensayos clínicos no publicados y descubrió que, cuando se

---

43. Irving Kirsch y Guy Sapirstein, «Listening to Prozac but Hearing Placebo: A Meta-analysis of Antidepressant Medication,» *Prevention & Treatment* 1, n.º 2 (Junio, 1998).

44. Irving Kirsch *et al.*, «Initial Severity and Antidepressant Benefits: A Meta-Analysis of Data Submitted to the Food and Drug Administration,» *PLoS Med* 5, n.º 2 (2008): e45, doi: 10.1371/journal.pmed.0050045.

tenían en cuenta los resultados de estos estudios, los antidepresivos conseguían mejores resultados que el placebo sólo en veinte ensayos clínicos de un total de cuarenta y seis. Es decir, menos de la mitad. Es más: la diferencia total entre fármacos y placebos era de 1,7 puntos sobre 52 en la escala de Hamilton, utilizada en investigación clínica para evaluar el grado de depresión. Esta cantidad es tan pequeña que resulta clínicamente insignificante, y posiblemente explica los pequeños efectos secundarios tales como la activación y la sedación.

La reacción que suscitó su estudio llevó a Kirsch a publicar otro artículo en el que exponía claramente los resultados de sus análisis, rebatía los argumentos de sus detractores y demostraba nuevamente el poder del efecto placebo.[45] En sus conclusiones finales escribía: «Sin un conocimiento preciso, los pacientes y los médicos no pueden tomar decisiones informadas relativas a tratamientos, los investigadores no pueden formular los interrogantes pertinentes y los políticos no pueden implementar medidas adecuadas basadas en información fidedigna. Si el efecto antidepresivo es en gran medida un efecto placebo, es importante que lo sepamos. De ello cabría deducir que pueden obtenerse buenos resultados sin la intervención de fármacos adictivos que provocan efectos secundarios potencialmente graves».

Cuando en 2010 Kirsch publicó su libro *The Emperor's New Drugs: Exploding the Antidepressants Myth* [*Los nuevos fármacos del emperador: desmontando el mito de los antidepresivos*], en el que demostraba que los antidepresivos no tienen ninguna ventaja clínicamente significativa en comparación con el placebo, su análisis fue acogido por los investigadores como una contribución válida, aunque polémica, a la bibliografía médica. Ello no produjo, sin embargo, cambios en la práctica psiquiátrica ni en el número de antidepresivos que se recetaban. Por el contrario, los estudios de Kirsch siguieron despertando las críticas e incluso las iras de psiquiatras ansiosos por desacreditar sus hallazgos para defender prácticas carentes de fundamento científico. No es de extrañar que muchos adoptaran esta actitud: a

---

45. Irving Kirsch, «Challenging Received Wisdom: Antidepressants and the Placebo Effect,» *Mcgill J Med* 11, n.º 2 (Noviembre, 2008): 219-222.

fin de cuentas, invierten mucho tiempo, dinero y esfuerzo en asimilar falacias acerca de los antidepresivos. Lo irónico del caso es que los hallazgos de Kirsch se basan en ensayos clínicos ideados y financiados *por las propias empresas farmacéuticas.* Dichos ensayos fueron implementados de tal modo que dieran ventaja a los fármacos, y ni aun así mejoraron éstos sus resultados respecto al placebo.[46]

Para que un medicamento sea aprobado debe demostrar que obtiene mejores resultados que el placebo. Como es fácil suponer, los laboratorios farmacéuticos desprecian el efecto placebo. Hacen todo lo que esté en su poder para restar importancia al impacto del placebo en sus investigaciones. El hecho de que la FDA les permita utilizar estas tácticas es un grave error, además de otro ejemplo de la falta de ética y de la desfachatez de la gran industria farmacéutica.

Dado que la base de datos de la FDA contiene los resultados de todos los ensayos clínicos originales, tanto publicados como no publicados, su análisis resulta extremadamente útil. Hay que tener en cuenta que los laboratorios farmacéuticos no suelen publicar sus resultados negativos. Prefieren archivar esos estudios y guardarlos a buen recaudo en un cajón donde nadie pueda verlos. De ahí que se dé el fenómeno conocido como «efecto archivador».

Un estudio fascinante aparecido en 2014 en el *Journal of Clinical Psychiatry,* una de las publicaciones más reputadas de mi campo de estudio, analizaba y ponía de relieve el verdadero poder de la creencia en el tratamiento psiquiátrico. Un equipo de investigadores de la Universidad de Columbia analizó los datos de dos grandes ensayos multicentro de discontinuación que englobaban a 673 pacientes diagnosticados con trastorno depresivo mayor a los que se administró fluoxetina (el genérico del Prozac) durante doce semanas.[47] Transcu-

---

46. Para saber más sobre el trabajo y las publicaciones del doctor Kirsch, consúltese su página en el Program in Placebo Studies & Therapeutic Encounter (PiPS), integrada en la de la Harvard Medical School, http://programinplacebostudies.org/about/people/irving-kirsch/.

47. B. R. Rutherford *et al.,* «The Role of Patient Expectancy in Placebo and Nocebo Effects in Antidepressant Trials,» *J Clin Psychiatry* 75, n.º 10 (Octubre, 2014): 1040-1046, doi: 10.4088/JCP.13m08797.

rridos esos tres meses, se informó a los pacientes de que iban a ser aleatorizados para administrarles bien un placebo, bien fluoxetina. De modo que, mientras que durante los tres primeros meses todos ellos sabían que estaban tomando el antidepresivo, posteriormente ignoraban si lo que se les daba era un antidepresivo activo o un comprimido de azúcar. Los resultados hablan por sí solos: ambos grupos —los que seguían tomando fluoxetina y los que tomaban el placebo— experimentaron un *empeoramiento* de los síntomas depresivos. Estos resultados dan pie a dos interpretaciones significativas: 1) que el efecto inicial, durante los tres primeros meses, era atribuible al placebo, dado que todos los pacientes sabían que estaban recibiendo tratamiento; y 2) que el empeoramiento de los síntomas ante la mera posibilidad de recibir sólo un placebo indica la *anulación total del efecto placebo*, lo que a veces se denomina «efecto *nocebo*».

Otros análisis sistemáticos de resultados han puesto de manifiesto la existencia de un efecto placebo de dimensiones colosales. No puede desdeñarse el poder de la creencia y de la esperanza de curación cuando los tratamientos médicos parecen funcionar. En mi opinión, el uso de medicamentos que surten principalmente un efecto placebo y que sin embargo tienen efectos secundarios graves a corto y largo plazo es una práctica éticamente muy cuestionable.

Trabajo a diario con el efecto placebo en mi consulta porque mi meta es inculcar a mis pacientes una mentalidad distinta. Incluso las personas que aseguran hallarse al borde del suicidio pueden experimentar el efecto placebo estando a mi cuidado. La decisión de quitarse la vida no es un rasgo favorecido por la evolución humana a lo largo de miles de años. Es más lógico asumir que hunde sus raíces en desequilibrios fisiológicos, y es en ese empeño —el de buscar junto a mis pacientes soluciones para dichos desequilibrios— en lo que me gusta invertir el tiempo. Busco problemas como deficiencias nutricionales, desajustes endocrinos o desarreglos de autoinmunidad. La primera idea que trato de trasladar a mis pacientes —y la más importante— es que son ellas las que están al mando. Tienen autonomía y capacidad de acción. Esto es muy importante, porque la mayoría acude a mí pensando que tengo algo de lo que ellas carecen: una solución rápida. La idea del alivio rápido es maravillosa, y sería fantástico que existiera tal cosa.

Pero por desgracia los datos indican claramente que no existe y que podemos estar haciendo más daño que bien al fingir colectivamente lo contrario. El reto está en comprender que es natural que nos sintamos mejor después de hacer algo que *creemos* que va a hacernos sentir mejor. Pero a veces la inacción es la mejor medicina.

EFECTOS SECUNDARIOS A LARGO PLAZO: MÁS MEDICINAS, MÁS DEPRESIÓN, MÁS INCAPACIDAD... ¿Y MÁS MUERTES?

Podrías preguntarte, no obstante, «¿Y si estas drogas funcionan de hecho algunas veces, en algunos pacientes?» aun así, no valdría la pena emplearlas teniendo en cuenta su efecto placebo mayoritario y, especialmente, sus efectos secundarios, que las empresas farmacéuticas procuran ocultar a ojos de los legos. Me parece indignante que los laboratorios puedan servirse de ciertas tácticas (incluida la supresión de resultados negativos) tanto para validar la eficacia de sus productos como para legitimar su prescripción continuada sin prestar atención a los verdaderos efectos que surte su uso prolongado.

Cuando hablo en público sobre la ineficacia y los peligros de los antidepresivos, me gusta emplear la siguiente analogía tomada del doctor David Healy, un psiquiatra de fama internacional afincado en el Reino Unido: pongamos que eres una persona que padece ansiedad social aguda. Te tomas un par de copas de vino en una fiesta, a modo de ataque preventivo. Te invade una sensación de calma y tus síntomas se evaporan. Aplicando el razonamiento deductivo, podrías decir: «Bien, debo de tener un déficit de alcohol, así que debería seguir consumiendo alcohol cada vez que tenga estos síntomas, y quizás incluso me convenga beber con regularidad para impedir por completo su aparición». Este símil ejemplifica la práctica de recetar antidepresivos sin tener en consideración sus consecuencias a largo plazo.[48]

---

48. Para saber más sobre la obra del doctor David Healy, visítese su página web: http://davidhealy.org/.

La psiquiatría ha llevado hasta tal punto el abuso de los antidepresivos que actualmente nos enfrentamos a un vacío científico construido en torno a una teoría insostenible, un vacío que la industria farmacéutica se ha apresurado a llenar. Nos hacemos la ilusión de que estos fármacos tienen eficacia a corto plazo y damos por sentado que son seguros a largo plazo. Sus posibles efectos secundarios son, sin embargo, poco menos que escalofriantes: desde supresión de la libido y disfunción sexual, sangrado anormal, insomnio, migrañas, aumento de peso y desajustes glucémicos a riesgo de comportamiento violento o irracional y suicidio. Antes de abordar sus consecuencias más espantosas y las complicaciones que presenta su retirada, vamos a centrarnos en cómo tu capacidad para desenvolverte a largo plazo conviviendo con la depresión se ve notablemente saboteada al tratar ese primer episodio depresivo con medicación. Se trata de un tema explorado en profundidad por Robert Whitaker, cuya página web (www.madinamerica.com) es una biblioteca virtual de datos publicados y certeros análisis de estudios a largo plazo que han seguido la evolución de numerosos grupos de pacientes que tomaban antidepresivos. Estos estudios demuestran una y otra vez lo pobres que son los resultados funcionales en pacientes tratados con antidepresivos en comparación con los de pacientes que no han recibido tratamiento farmacológico o lo han recibido muy escaso.[49] Los primeros corren un riesgo mucho mayor de padecer los efectos secundarios agudos que ya he mencionado y tienen una mayor probabilidad de recaída, de merma cognitiva, de sufrir trastornos secundarios y de recibir, por tanto, otros tratamientos farmacológicos (primero un diagnóstico de depresión seguido por uno de trastorno bipolar) y de necesitar hospitalización recurrente.

Nada menos que un 60 por ciento de los pacientes siguen siendo diagnosticados como depresivos al año de empezar el tratamiento, pese a la mejoría transitoria que experimentan durante los

---

49. Véase www.MadinAmerica.com.

primeros tres meses.[50] Dos estudios prospectivos demuestran un *empeoramiento* de los pacientes tratados con fármacos. En un estudio británico, un grupo no medicado experimentó una mejoría de un 62 por ciento a los seis meses, mientras que sólo un 33 por ciento de los pacientes tratados con fármacos experimentó una reducción de los síntomas.[51] Y en otro estudio sobre pacientes deprimidos dirigido por la Organización Mundial de la Salud (OMS) en quince ciudades del Reino Unido se descubrió que, transcurrido un año, quienes no habían estado expuestos a medicación psicotrópica disfrutaban de un «estado de salud general» mucho mejor, que sus síntomas de depresión eran mucho más «moderados» y que tenían menos probabilidad de seguir «mentalmente enfermos».[52]

Detengámonos ahora en los efectos secundarios más graves, tales como el comportamiento violento, la recidiva y el síndrome de abstinencia incapacitante entre quienes intentan escapar de las garras de estos fármacos. Está demostrado desde hace tiempo que los antidepresivos pueden dar lugar a conductas violentas, entre ellas el suicidio y el homicidio. De hecho, cinco de los diez medicamentos más susceptibles de inducir a la violencia son antidepresivos.[53] A lo largo de las tres últimas décadas ha habido centenares de tiroteos, asesinatos y otros episodios violentos cometidos por sujetos tratados con drogas psiquiátricas. Las grandes compañías farmacéuticas gastan en torno a 2.400 millones de dólares al año en publicidad directa al consumidor para anunciar fármacos como el Zoloft, el Prozac y el

---

50. Para un listado de estudios que refrendan los datos del uso de antidepresivos tanto a corto como a largo plazo, véase la sección «Antidepressants/ Depression» de la página web de Whitaker: www.madinamerica.com/mia-manual/antidepressantsdepression/.

51. C. Ronalds *et al.*, «Outcome of Anxiety and Depressive Disorders in Primary Care,» *Br J Psychiatry* 171 (Noviembre, 1997): 427-33.

52. D. Goldberg *et al.*, «The Effects of Detection and Treatment on the Outcome of Major Depression in Primary Care: A Naturalistic Study in 15 Cities,» *Br J Gen Pract* 48, n.º 437 (Diciembre, 1998): 1840-1844.

53. Thomas J. Moore *et al.*, «Prescription Drugs Associated with Reports of Violence Towards Others,» *PLoS One* 5, n.º 12 (15 de diciembre, 2010): e15337.

Paxil. Las cadenas de televisión no pueden permitirse informar sobre los efectos negativos de estos medicamentos puesto que perderían decenas de millones de dólares en ingresos publicitarios. No es de extrañar, por tanto, que los medios de comunicación resten importancia o ignoren por completo la relación entre fármacos psicotrópicos y violencia. Actualmente está empezando a conocerse esta ruleta rusa que aboca a pacientes especialmente vulnerables a sufrir estos «efectos secundarios», relacionados quizá con cómo metaboliza cada organismo estos compuestos químicos y con la carga alostática preexistente de cada individuo (es decir, con su estrés), así como con las particularidades de su código genético. El doctor Healy ha trabajado incansablemente para sacar a la luz datos que señalan la influencia de los antidepresivos en el riesgo de suicidio y los comportamientos violentos y, además de su labor como escritor y divulgador, mantiene una base de datos dedicada al estudio de los casos de muerte inducidos por la medicación cuyo contenido pone los pelos de punta. ¿Y qué decir de nuestros sujetos más frágiles: las madres primerizas de niños indefensos? Tengo incontables pacientes como Kate que afirman no haber abrigado nunca ideas de suicidio hasta pocas semanas después de empezar a tomar antidepresivos para la depresión posparto.

Hay muy pocos estudios aleatorizados que hayan analizado el uso de antidepresivos para el tratamiento de la depresión posparto, y me preocupa enormemente la suerte que corren las mujeres a las que se trata con drogas antes de emplear métodos más benignos y eficaces, como cambios nutricionales, tratamientos tiroideos y mejora de los hábitos de sueño durante una fase en la que el cansancio físico hace estragos. Como ya hemos visto, este estado de «bajón anímico» suele resolverse por sí solo en un plazo de unos tres meses sin necesidad de tratamiento alguno, y cerca del 70 por ciento de los pacientes consiguen librarse de la depresión en el plazo de un año sin necesidad de tomar medicación.[54] Y, sin embargo, recurrimos automáticamente a estos fármacos de efectos impredecibles que pueden despojarnos de la capacidad de encontrar alivio permanente

---

54. Véase: www.madinamerica.com/mia-manual/antidepressantsdepression/.

haciendo uso de los poderosos resortes curativos del propio organismo, a pesar de que, como afirman sus prospectos, estos medicamentos tardan entre seis y ocho semanas en «hacer efecto».

En 2004 la Agencia Federal del Medicamento de Estados Unidos (FDA) revisó las exigencias de etiquetado de los fármacos antidepresivos obligando a incluir la advertencia de que «los antidepresivos aumentan, en comparación con el placebo, el riesgo de ideaciones de suicidio y las conductas suicidas en niños, adolescentes y jóvenes según estudios a corto plazo del trastorno depresivo mayor y otras afecciones psiquiátricas».[55] Dicho organismo se vio obligado a revisar la normativa de etiquetado después de que una serie de procesos judiciales obligaran a las compañías farmacéuticas a revelar datos relativos a estos fármacos que hasta entonces habían permanecido ocultos.

Lo lógico sería que estas advertencias dieran que pensar a la gente, y en especial a los padres. Pero desde 2004 el uso de antidepresivos no ha hecho más que aumentar tanto en adultos como en niños. En mi consulta suelo ayudar a mujeres que quieren ser madres a evitar bien el consumo de antidepresivos, bien a abandonarlo, a pesar de haber sido «adiestrada específicamente» para recetar fármacos psicotrópicos a ese segmento concreto de la población. En muchos casos, el primer paso de ese proceso consiste sencillamente en aceptar que les han mentido respecto al valor de los antidepresivos y a sus presuntos beneficios. Y que, mientras tanto, se restaba importancia a sus efectos adversos, cuando no eran ocultados sistemáticamente.

No hay más que echar un vistazo a páginas web como SurvivingAntidepressants.org, BeyondMeds.com o SSRIstories.org para darse cuenta de que hemos creado un monstruo. Millones de hombres, mujeres y niños en todo el mundo están sufriendo los efectos secundarios de los antidepresivos, entre ellos un complejo síndrome de abstinencia que los mismos médicos que les prescriben antidepresivos tienen la mala costumbre de desdeñar como insignificante. Contrariamente a lo que creían las grandes farma-

---

55. Véase: www.ncbi.nlm.nih.gov/books/NBK54348/.

céuticas, desengancharse de los antidepresivos es extremadamente difícil, de modo que decidir tomarlos equivale a condenarse a una vida entera de medicación que crea y sostiene estados anormales del cerebro y del sistema nervioso en su conjunto. Como médico que antaño creía en estos medicamentos, sus estragos no dejan de asombrarme. Incluso cuando consigo desenganchar a mujeres del Celexa reduciendo la dosis en cantidades tan mínimas como un miligramo al mes, cuesta imaginar que haya otras sustancias más difíciles de abandonar.

Cobré conciencia por vez primera de la naturaleza adictiva de estas drogas cuando traté a una paciente que quería quedarse embarazada y consumía Zoloft. Unos dos meses después de tomar la última dosis del fármaco comenzó a sufrir un síndrome de abstinencia retardado que duró cerca de seis meses. Mi formación médica no me había preparado para tratar semejante problema.

Lo cierto es que sabemos muy poco acerca de los efectos de estos medicamentos. Hay que reconocer, sin embargo, que la complejidad de la neurofisiología resulta abrumadora. Aunque sea tentador pensar que hemos descifrado el código de la conducta humana y de su intrincada fisiología, estamos muy lejos de conseguirlo. Hace diez años, por ejemplo, ni siquiera sabíamos que el cerebro tiene un sistema inmune, y hasta hace dos ignorábamos que tuviera vasos linfáticos: simples cuestiones de anatomía básica. Hasta hace poco pensábamos que la actividad inmunitaria del cerebro sólo se daba en determinadas circunstancias patológicas. Ahora, en cambio, hemos descubierto las microglías: miles de millones de células que desempeñan un papel específico en las respuestas inflamatorias del cerebro, respondiendo a las amenazas percibidas por el resto del organismo.[56] La solución no está, en cualquier caso, en manipular los niveles químicos del cerebro o del organismo en su conjunto.

Nos gusta agarrarnos a explicaciones sencillas, pero el propio nombre genérico de los antidepresivos (inhibidores selectivos de la

---

56. A. Louveau *et al.*, «Structural and Functional Features of Central Nervous System Lymphatic Vessels,» *Nature* 523, n.º 7560 (16 de julio, 2015): 337-341, doi: 10.1038/nature14432.

recaptación de serotonina) resulta ya engañoso. Estos inhibidores están muy lejos de ser selectivos. En septiembre de 2014 apareció un alarmante estudio llevado a cabo por el Instituto Max Planck de Leipzig (Alemania), que demostraba que *una sola dosis* de un antidepresivo puede alterar la arquitectura cerebral *en el plazo de tres horas,* trastornando su conectividad funcional.[57] Dicho estudio, publicado en la revista *Current Biology,* impresionó no sólo a los periodistas especializados en temas de salud que informaron sobre él, sino también a los médicos que recetan estas drogas.

Un importante análisis realizado por el exdirector del Instituto Nacional de Salud Mental de Estados Unidos y publicado en el *American Journal of Psychiatry* demuestra que los antidepresivos «crean perturbaciones en el funcionamiento de los neurotransmisores», obligando al organismo a adaptarse mediante una serie de mecanismos biológicos desencadenados por su «administración crónica», lo que hace que, transcurridas unas pocas semanas, el cerebro funcione de un modo que «difiere cuantitativa y cualitativamente de su estado normal».[58] Es decir, que la medicación altera hasta tal punto el funcionamiento natural del cerebro que esas alteraciones se vuelven permanentes. Este libro incide, no obstante, en la tremenda y casi indestructible resiliencia que demuestra el cuerpo humano cuando recibe el apoyo necesario.

El doctor Paul Andrews, del Instituto de Psiquiatría y Genética Conductual de Virginia, demostró mediante un cuidadoso metaanálisis de 46 ensayos clínicos que el riesgo de recidiva es directamente proporcional a lo disruptiva que sea la medicación para el cerebro.[59]

---

57. Alexander Schaefer, *et al.*, «Serotonergic Modulation of Intrinsic Functional Connectivity,» *Current Biology* 24, n.º 19 (Septiembre, 2014): 2314-2318, doi: 10.1016/j.cub.2014.08.024

58. S. E. Hyman y E. J. Nestler, «Initiation and Adaptation: A Paradigm for Understanding Psychotropic Drug Action,» *Am J Psychiatry* 153, n.º 2 (Febrero, 1996): 151-162

59. P. W. Andrews *et al.*, «Blue Again: Perturbational Effects of Antidepressants Suggest Monoaminergic Homeostasis in Major Depression,» *Front Psychol* 2 (7 de julio, 2011): 159, doi: 10.3389/ fpsyg.2011.00159.

Cuanto más disruptiva la medicación, mayor el riesgo de recidiva tras la interrupción del tratamiento. Sus colegas y él cuestionan radicalmente la noción de recidiva alegando que, cuando te sientes fatal al dejar de tomar un antidepresivo, lo que experimentas no es una recaída en tu enfermedad mental, sino un *síndrome de abstinencia*. Y cuando eliges la vía de la medicación, estás en realidad alargando tu depresión. Andrews afirma que «los pacientes no medicados presentan episodios mucho más breves y mejores perspectivas de recuperación a largo plazo que los pacientes medicados [...] La duración media de un episodio de depresión mayor no tratado farmacológicamente es de doce a trece semanas».[60]

Según demostraba un estudio retrospectivo de una década realizado en los Países Bajos, el 76 por ciento de los pacientes que sufrieron una depresión y no se medicaron se recuperaron sin recaídas, frente a un 50 por ciento de aquellos que recibieron tratamiento farmacológico.[61] Hay una verdadera maraña de estudios contradictorios acerca de los efectos a corto plazo de los antidepresivos. En cambio, no hay estudios comparables que demuestren un mejor resultado de estos fármacos a largo plazo.

Investigadores de Harvard han concluido asimismo que al menos un 50 por ciento de los pacientes a los que se retira la medicación recaen en un plazo de catorce meses.[62] En palabras de un equipo de investigadores encabezado por el doctor Rif El-Mallakh, de la Universidad de Louisville: «El uso a largo plazo de antidepresivos puede ser depresógeno [...] es posible que los agentes antidepresivos modifiquen la conexión de las sinapsis neuronales [lo que] no sólo vuelve ineficaces los antidepresivos, sino que produce un estado depresivo persistente y refractario al tratamiento». El doctor El-Mallakh y sus colaboradores hicieron estas polémicas afirmaciones en una carta al

---

60. *Ibid.*

61. E. M. van Weel-Baumgarten *et al.*, «Treatment of Depression Related to Recurrence: 10-Year Follow-up in General Practice,» *J Clin Pharm Ther* 25, n.º 1 (Febrero, 2000): 61-66.

62. A. C. Viguera *et al.*, «Discontinuing Antidepressant Treatment in Major Depression,» *Harv Rev Psychiatry* 5, n.º 6 (Marzo-abril, 1998): 293-306.

director del *Journal of Clinical Psychiatry* en 1999.[63] Años después, en 2011, publicaron un nuevo artículo que incluía 85 citas que demostraban que los antidepresivos empeoran la situación a largo plazo.[64] (Así pues, cuando tu médico te diga: «¿Ves lo mal que te encuentras? No deberías haber dejado la medicación», conviene que sepas que todos los datos apuntan a que los síntomas que experimentas son señal de un síndrome de abstinencia, no de una recaída.)

Como explica contundentemente Robert Whitaker en *Anatomía de una epidemia*:

Ahora vemos cómo encaja la historia de los antidepresivos y por qué el uso generalizado de estas drogas contribuye a aumentar el número de personas incapacitadas por enfermedad mental en Estados Unidos. A corto plazo, es probable que quienes toman antidepresivos vean disminuir sus síntomas. Lo considerarán, al igual que sus médicos, una prueba de que los fármacos funcionan. Sin embargo, esa mejoría sintomática a corto plazo no es notablemente mayor de la que se da en pacientes tratados con un placebo, y este uso inicial de los antidepresivos les aboca a seguir un rumbo muy problemático a largo plazo. Si dejan de tomar la medicación, corren un riesgo elevado de recaer. Pero si siguen tomándola, es probable que sufran episodios recurrentes de depresión, y esta cronificación de la enfermedad aumenta el riesgo de incapacidad total. Los fármacos ISRS actúan, en cierta medida, como una trampa en el mismo sentido que los neurolépticos [tranquilizantes].[65]

63. Véase: www.madinamerica.com/wp-content/uploads/2011/11/Can-long-term-treatment-with-antidepressant-drugs-worsen-the-course-of-depression.pdf.

64. Phil Hickey, «Antidepressants Make Things Worse in the Long Term,» artículo del blog Behaviorism and Mental Health blog, 8 de abril, 2014, www.behaviorismandmentalhealth.com/2014/04/08/antidepressants-make-things-worse-in-the-long-term/.

65. Robert Whitaker, *Anatomía de una epidemia. Medicamentos psiquiátricos y el asombroso aumento de las enfermedades mentales.* (Capitán Swing, Madrid, 2015).

Han pasado más de veinte años desde que médicos e investigadores empezaron a recabar pruebas en contra de los antidepresivos. Aunque estas drogas pueden ofrecer alivio a corto plazo gracias al efecto placebo, conducen a una depresión crónica y resistente al tratamiento cuando se consumen durante un periodo prolongado. En ciertos individuos, el abandono de la medicación puede causar una mejoría lenta y paulatina del estado anímico, pero esto no se da en todos los casos, y la depresión puede volverse más o menos permanente. Recordemos el efecto alcohol.

A nadie puede sorprenderle que los poderes fácticos del campo de la psiquiatría no hayan indagado en esta cuestión ni promovido una investigación seria. Y, sin embargo, no dejan de aparecer estudios. A principios de 2015 apareció en la prensa otro titular que daba a entender que las grandes farmacéuticas estaban haciendo la vista gorda. Decía: «Dejar los antidepresivos ISRS puede causar problemas de abstinencia agudos y prolongados», y mencionaba el primer estudio sistemático de los problemas de abstinencia que experimentan los pacientes cuando tratan de dejar los fármacos ISRS.[66] Un equipo de investigadores estadounidenses e italianos descubrió que la retirada de los ISRS era en muchos sentidos comparable a tratar de dejar fármacos tan adictivos como los barbitúricos y los sedantes a base de benzodiacepinas[67] y que los síntomas de abstinencia no son pasajeros: pueden durar meses o incluso años. Es más, la discontinuación de los fármacos ISRS puede provocar trastornos psiquiátricos completamente nuevos y persistentes.

Los autores de dicha investigación analizaron quince ensayos controlados aleatorizados, cuatro ensayos clínicos abiertos, cuatro investigaciones retrospectivas y 38 informes de casos de síndrome de abstinencia de medicamentos ISRS. La paroxetina (Paxil) arrojaba los peores resultados, pero en todos los antidepresivos ISRS estaba documentada la aparición de un amplio abanico de síntomas

66. Véase: www.madinamerica.com/2015/02/stopping-ssri-antidepressants-can-cause-long-intense-withdrawal-problems/.

67. G. Chouinard y V. A. Chouinard, «New Classification of Selective Serotonin Reuptake Inhibitor Withdrawal,» *Psychother Psychosom* 84, n.º 2 (21 de febrero, 2015): 63-71

de síndrome de abstinencia, desde mareos, hormigueos y diarrea a ansiedad, pánico, nerviosismo, insomnio y depresión severa. Los autores afirmaban: «Estos síntomas se dan típicamente a los pocos días de interrumpirse la administración del fármaco y duran varias semanas, incluso si la discontinuación es gradual. Caben sin embargo muchas variaciones, entre ellas la aparición tardía de trastornos y/o su persistencia prolongada. Los síntomas pueden confundirse fácilmente con indicios de recidiva inminente».

En sus conclusiones afirmaban lo que debería ser evidente: «Los profesionales de la medicina deben añadir los ISRS al listado de drogas potencialmente inductoras de síntomas de síndrome de abstinencia tras su discontinuación, al mismo nivel que las benzodiacepinas, los barbitúricos y otros fármacos psicotrópicos». Un editorial que acompañaba el artículo comentaba que «este tipo de síndrome de abstinencia implica: 1) la recaída en la enfermedad original con mayor intensidad y/o con manifestaciones adicionales de la enfermedad, y/o 2) síntomas asociados con nuevos trastornos emergentes. Estos síntomas persisten como mínimo seis semanas tras la retirada del fármaco y son lo bastante severos e incapacitantes para que los pacientes retomen su tratamiento farmacológico anterior. Cuando dicho tratamiento no se reinicia, los trastornos posteriores a la discontinuación pueden prolongarse de varios meses a años».

Dicho editorial afirmaba asimismo que «la discontinuación de los ISRS puede provocar trastornos de post-abstinencia aguda en forma de nuevas dolencias psiquiátricas, en particular trastornos de pueden tratarse con éxito mediante ISRS y IRSN [inhibidores de la recaptación de serotonina y norepinefrina]. Entre las enfermedades post-abstinencia asociadas al consumo de ISRS destacan los trastornos de ansiedad, el insomnio tardío, la depresión mayor y el trastorno bipolar».

Este dato resulta extremadamente inquietante si pensamos en las prácticas actuales de la psiquiatría. Según las directrices en vigor de la Asociación Americana de Psicología para el tratamiento del trastorno depresivo mayor, «durante la fase de mantenimiento, un fármaco antidepresivo que produce remisión de los síntomas en la fase aguda y remisión sostenida en la fase de continuación debe seguir administrándose en su dosis terapéutica completa». Tal directriz sólo fomenta la venta de fármacos y, por tanto, la multiplicación de sus efectos secundarios incapacitantes.

NO CAIGAS POR LA MADRIGUERA DEL CONEJO

Tenemos que romper el hechizo que ha lanzado sobre nosotros la industria farmacéutica. La psiquiatría ha entonado su canto del cisne: escuchemos su lamento. Debemos rechazar el *meme* de la serotonina y empezar a mirar la depresión (y la ansiedad, y el trastorno bipolar, y la esquizofrenia, y el TOC) como lo que son: expresiones dispares de un cuerpo que lucha por adaptarse a un estresor. Hay momentos en nuestra evolución como especie cultural en que necesitamos desaprender lo que sabemos y cambiar lo que damos por cierto. Debemos abandonar el confort de la certeza para adentrarnos en la luz liberadora de la incertidumbre. Es en ese espacio de ignorancia asumida y reconocida desde donde de veras podemos empezar a crecer.[68]

Desde el privilegiado punto de observación en el que me hallo, este crecimiento produce una sensación de maravillosa perplejidad. No sólo invita a indagar en lo que pueden estar diciéndonos los síntomas de enfermedad mental acerca de nuestra fisiología y nuestro espíritu, sino que suscita un humilde asombro ante todo lo que todavía no podemos medir y valorar por no disponer de las herramientas adecuadas. De ahí que nuestro resorte más elemental y poderoso para curar sea una actitud que respete y aprecie la importancia de nuestra coevolución con el mundo natural y envíe al cuerpo un mensaje de seguridad a través del movimiento, la dieta, la meditación y la desintoxicación ambiental. Necesitamos, además, identificar puntos débiles y ries-

---

68. Esta frase está sacada de mi aportación a MadinAmerica.com, «Depression: It's Not Your Serotonin,» 30 de diciembre, 2014, www.madinamerica.com/2014/12/depression-serotonin/.

gos químicos, y reforzar la función celular básica y los mecanismos de desintoxicación y respuesta inmune. Se trata, en definitiva, de una medicina personalizada.

Para mí, lo peor del embrollo en que hemos convertido el cuidado de la salud mental es que estamos desperdiciando nuestro potencial de resiliencia y nuestra capacidad de autocuración. Existen, en efecto, alternativas seguras y efectivas para ayudarnos a superar esos momentos de crisis y transición. Quizá lo que más pueda alarmar a un médico holístico sean los datos que indican que el tratamiento prolongado con antidepresivos contrarresta los beneficios del ejercicio físico.[69] Está demostrado que el ejercicio surte efectos comparables a los del Zoloft y que dichos efectos pueden verse disminuidos si se combinan con el consumo de dicho fármaco: la tasa de recaída es mayor en pacientes que toman este antidepresivo que en los que sólo practican ejercicio. Hablaré con más detalle acerca de la importancia del ejercicio físico en el capítulo 7, donde explicaré por qué creo que es así. El ejercicio, como antídoto para la depresión, surte mejor efecto sin antidepresivos.

La salud mental tiene siempre su fundamento en la salud general del cuerpo. Cuando descubres los verdaderos desequilibrios que se hallan en la base de tus síntomas —físicos y mentales— y tomas medidas para ponerles remedio, puedes restablecer tu salud sin recurrir a problemáticos tratamientos farmacológicos e infinitas sesiones de psicoterapia.

El siguiente interrogante al que debemos responder es: ¿Qué clase de «desequilibrios» se esconden bajo el velo de la depresión? Vamos a averiguarlo en el siguiente capítulo.

---

69. M. Babyak *et al.*, «Exercise Treatment for Major Depression: Maintenance of Therapeutic Beneffit at 10 Months,» *Psychosom Med* 62, n.º 5 (Septiembre-octubre, 2000): 633-638.

3

La nueva biología
de la depresión

*Qué tienen que ver la flora intestinal
y la inflamación silenciosa
con la salud mental*

La depresión es con frecuencia una afección de origen
inflamatorio, no una enfermedad provocada por un déficit
neuroquímico.

El camino más directo y eficaz hacia nuestro cerebro
—y hacia nuestra tranquilidad mental—
pasa por nuestro intestino.

Si consultas cualquier libro sobre salud o nutrición publicado recientemente, es muy probable que en sus páginas se mencionen las enfermedades de inflamación crónica y los beneficios del microbioma humano. Son dos expresiones muy de moda en el mundo científico en los últimos tiempos, y con razón. Estos conceptos reflejan el espíritu de los tiempos que corren, porque hemos llegado a un punto en nuestra evolución colectiva en el que nuestra salud se ve superada y relegada por estilos de vida que no concuerdan con nuestro diseño biológico. Somos sedentarios cuando lo que ansían nuestros cuerpos es movimiento, comemos alimentos irreconocibles para nuestros sistemas y nos exponemos a factores ambientales que suponen una agresión para nuestras células. Esta incompatibilidad está generando un conflicto interno muy grave y disparando de manera incontrolada, como una alarma que no cesa, la inflamación crónica.

La inflamación se describe a menudo como un fenómeno subyacente a prácticamente cualquier enfermedad o dolencia crónica, desde la obesidad, los problemas cardiovasculares y la diabetes, a enfermedades degenerativas como la demencia o el cáncer. Si ya he mencionado el término «inflamación» decenas de veces a lo largo de este libro, se debe a que la ciencia nos dice que la depresión es también una afección inflamatoria. Según este modelo, la depresión es una fiebre generalizada que nos indica hasta cierto punto qué es lo que está haciendo que el organismo reaccione y se defienda. El organismo está «caliente», y tenemos que entender el porqué. Los síntomas depresivos son una mera manifestación de numerosas alteraciones de las hormonas y los neurotransmisores, pero si quisiéramos llegar hasta sus fuentes tendríamos que remontar la corriente incesante de un río de marcadores inflamatorios. La fuente puede ser una sola (un ingrediente dietético, por ejemplo, al que el cuerpo reacciona adversamente) o un conjunto de causas que afectan de manera indirecta el funcionamiento cerebral debido a su impacto sobre el sistema inmune y la respuesta al estrés. De hecho, la relación entre depresión e inflamación es tan fascinante que los investigadores están estudiando actualmente el uso de medicamentos alteradores de la función inmune para tratar la depresión.[1]

Los científicos buscan ansiosamente una nueva frontera porque el modelo actual está en crisis. Como hemos visto, la psiquiatría moderna ha servido como repositorio de las limitaciones diagnós-

---

1. O. Köhler *et al.*, «Effect of Anti-inflammatory Treatment on Depression, Depressive Symptoms, and Adverse Effects: A Systematic Review and Meta-analysis of Randomized Clinical Trials,» *JAMA Psychiatry* 71, n.º 12 (1 de diciembre, 2014): 1381-1391, doi: 10.1001/jamapsychiatry.2014.1611.

ticas y terapéuticas de la medicina convencional. Cuando los síntomas de malestar de una paciente («niebla cerebral», letargia, falta de atención, insomnio, nerviosismo y apatía) se cuelan por las rendijas de los límites bien acotados de una especialidad médica, se la deriva a tratamiento psiquiátrico. Cuando se la trata con fármacos antiinflamatorios no asteroideos (AINE), estatinas, bloqueadores de ácido, antibióticos y píldoras anticonceptivas, los médicos, que no alcanzan a entender los efectos de estos medicamentos, desdeñan las quejas de la paciente, que de nuevo es derivada a atención psiquiátrica. Pero ¿qué sucede cuando la propia atención psiquiátrica se basa en terapias farmacológicas con efectos a corto plazo semejantes a los del placebo y peores resultados funcionales a largo plazo? Puede que haya llegado la hora de reconocer los fallos de este paradigma.

Ahora que la literatura científica ha minado los fundamentos del modelo de la serotonina para explicar la depresión, éste ya no se sostiene, y seguir arrojando medicamentos contra un falso objetivo sólo puede empeorar las cosas. Sería deseable que la investigación psiquiátrica siguiera la senda marcada por el estudio de otras enfermedades crónicas como la artritis, el asma, ciertos cánceres, la diabetes, los trastornos autoinmunes, el mal de Alzheimer y las dolencias cardiovasculares. Todas estas enfermedades pueden ser resultado de un estilo de vida que provoca inflamación.

Hoy en día el concepto de psiconeuroinmunología ha sustituido a la premisa de la serotonina en la literatura científica de referencia.[2, 3] Este nuevo modelo pone de relieve la interconexión de múltiples sistemas —el digestivo, el cerebral y el inmunológico— y nos saca de la estrecha perspectiva que parte del lema «un gen, una enfermedad, una pastilla». El campo de la psiquiatría

2. E. Haroon *et al.*, «Psychoneuroimmunology Meets Neuropsychopharmacology: Translational Implications of the Impact of Inflammation on Behavior,» *Neuropsychopharmacology* 37, n.º 1 (Enero, 2012): 137-62, doi: 10.1038/npp.2011.205.

3. Norbert Müller, «Immunology of Major Depression,» *Neuroimmunomodulation* 21, n.º 2-3 (2014): 123-130. doi: 10.1159/000356540.

conoce desde hace casi cien años el papel del sistema inmune en el origen de la depresión. Pero sólo recientemente, gracias a ciertos avances tecnológicos y a los estudios a largo plazo que demuestran la estrechísima relación entre inmunidad, inflamación, flora intestinal y salud mental, hemos empezado a comprender de verdad estos nexos fundamentales.[4]

Dada nuestra nueva comprensión de la complejidad de estas conexiones —incluida la importancia del microbioma—, la biología tal y como la conocemos debe someterse a revisión, especialmente en lo relativo a su aplicación directa en intervenciones médicas en humanos. Ya no podemos decir que «nació con ello», ese *meme* desdeñoso que ha dominado gran parte de la medicina del siglo xx, ni podemos afirmar que idénticas circunstancias generan las mismas afecciones en todos los individuos. Según la medicina convencional, diferentes problemas genéticos o agentes infecciosos causan enfermedades distintas para las que hay soluciones claras, en un solo comprimido. De esa teoría del «cuerpo roto y vulnerable» surgió la mentalidad del «yo contra el mundo microbiano». René Dubos, el célebre microbiólogo pionero del estudio de los orígenes evolutivos de la salud y la enfermedad (y el primero en desarrollar un antibiótico clínicamente probado), ya nos advirtió de los peligros de la teoría clásica de los gérmenes hace medio siglo:

El propio hombre procede de una línea evolutiva que comenzó con la vida microbiana, una línea común a todas las especies animales y vegetales [...] [El ser humano] depende no sólo de otros seres humanos y del mundo físico, sino también de otros seres vivos —animales, plantas y microbios— que han evolucionado a la par que él. El hombre acabará destruyéndose a sí mismo si elimina irreflexivamente organismos que constituyen nexos esenciales

---

4. S. M. Gibney y H. A. Drexhage, «Evidence for a Dysregulated Immune System in the Etiology of Psychiatric Disorders,» *J Neuroimmune Pharmacol* 8, n.º 4 (Septiembre, 2013): 900-920, doi: 10.1007/s11481-013-9462-8.

de la compleja y delicada red de la vida de la que forma parte.[5]

El conocimiento del papel que desempeñan los microbios en nuestra vida cotidiana nos ha llevado a una comprensión radicalmente nueva de la indeleble simbiosis entre las funciones del aparato digestivo y el cerebro. De hecho, el papel del sistema inmune de base cerebral ha empezado a conocerse en los últimos diez años y, aunque siguen sin despejarse numerosas incógnitas, no dejan de acumularse pruebas en contra de los fármacos y a favor de un enfoque más natural del bienestar y la salud. En palabras de las doctoras Paula Garay y A. Kimberly McAllister, de la Universidad de California-Davis, que estudian las llamadas moléculas inmunes (las células y sustancias celulares que actúan contra las amenazas internas y externas):

> Resulta asombroso el número de moléculas inmunes que podrían desempeñar un papel relevante en el desarrollo y funcionamiento del sistema nervioso. Aunque en los últimos diez años hemos avanzado mucho en el conocimiento y valoración de las moléculas inmunes y de su papel fundamental en la salud cerebral, siguen sin estudiarse la presencia y las funciones de la inmensa mayoría de las moléculas inmunes en el cerebro. Sabemos que las moléculas inmunes son importantes, pero lo ignoramos casi todo acerca de sus mecanismos de actuación.[6]

¿Por qué no ha calado este mensaje en quienes siguen creyendo que podemos manipular sin peligro el comportamiento

---

5. A. C. Logan *et al.*, «Natural Environments, Ancestral Diets, and Microbial Ecology: Is There a Modern «Paleo-defficit Disorder? Part I» *J Physiol Anthropol* 35, n.º 1 (2015): 1. Publicado *online* el 31 de enero, 2015, doi: 10.1186/s40101-015-0041-y.

6. Paula A. Garay y A. Kimberley McAllister, «Novel Roles for Immune Molecules in Neural Development: Implications for Neurodevelopmental Disorders,» *Front Synaptic Neurosci* 2 (2010): 136, doi: 10.3389/ fnsyn.2010.00136.

humano mediante drogas psicotrópicas o que no deberían preocuparnos los efectos de sustancias alteradoras del sistema inmune presentes en nuestro entorno como los aditivos alimenticios o las vacunas? Los productos farmacéuticos fueron desarrollados sin un conocimiento básico de esta fisiología crucial, y mucho menos de sus consecuencias para el sistema inmune del cerebro. Hace muy poco tiempo que los científicos empezaron a estudiar cómo ciertos antipsicóticos —entre ellos los antidepresivos— alteran las tribus nativas de bacterias del organismo y debilitan a los pacientes haciéndoles vulnerables a otras dolencias. Está demostrado, por ejemplo, que la desipramina trastorna la composición de los microbios de la boca provocando sequedad bucal y gingivitis. Otro ejemplo: la olanzapina altera el equilibrio microbiano hasta el punto de provocar daños metabólicos y aumento de peso, especialmente en mujeres. Recordemos que hasta 2015 ni siquiera sabíamos que el cerebro posee un sistema linfático cuyo fin principal es conectarlo con el sistema inmune. Como afirmaban los autores del artículo aparecido en *Nature* en 2015: «El descubrimiento del sistema linfático del sistema nervioso central exige el replanteamiento de las premisas básicas de la neuroinmunología y arroja nueva luz sobre la etiología de las enfermedades neuroinflamatorias y neurodegenerativas asociadas con disfunciones del sistema inmune».[7]

Es hora de hacer ese replanteamiento. Es hora de que disciplinas como la psiconeuroinmunología tomen cuerpo y nos brinden un contexto más preciso para la comprensión de estos mecanismos, reconociendo y respetando las complejidades conocidas e ignotas del organismo humano en su entorno.

De modo que, con todo eso en mente, pasemos ahora a deconstruir lo que se sabe sobre la depresión en lo relativo a los mecanismos inflamatorios y a la imbricación cerebro-intestino. Empezaré exponiendo algunos datos básicos sobre la inflamación.

---

7. A. Louveau *et al.*, «Structural and Functional Features of Central Nervous System Lymphatic Vessels,» *Nature* 523, n.º 7560 (16 de julio, 2015): 337-341, doi: 10.1038/nature14432.

EL MODELO INFLAMATORIO
DE LA DEPRESIÓN

Como todos sabemos, el sistema inmune es esencial para la salud y el bienestar humanos. Ayuda a coordinar la respuesta del organismo a las agresiones del entorno, desde los agentes químicos y los medicamentos a las lesiones físicas y las infecciones, manteniendo esa separación crítica entre el «propio ser» y «lo otro». En un sistema inmune sano ocupa un lugar central la capacidad del organismo para generar formas de inflamación con las que doy por hecho que estás familiarizada, al menos rudimentariamente: la inflamación que acompaña, por ejemplo, a un corte producido por un papel o un esguince de tobillo. Estas respuestas inflamatorias reflejas podemos sentirlas de manera concreta y a veces incluso verlas en forma de rojeces, hinchazón y hematomas. En estos casos, la inflamación forma parte de una reacción biológica en cadena que permite al cuerpo defenderse contra algo que considera potencialmente dañino, y recalibrarse posteriormente. Cuando el desencadenante de la inflamación se cronifica, los efectos pueden ser directamente tóxicos para nuestras células. A diferencia de la inflamación que acompaña a un golpe en el brazo o a una rozadura en la rodilla, esta inflamación que se da de manera más silenciosa en el interior del organismo está muy relacionada con tu salud mental.

El cerebro carece de receptores del dolor. Por eso, cuando mostramos síntomas de depresión, no podemos sentir la inflamación de nuestro cerebro como sucede con una herida o una cadera artrítica. No obstante, la investigación científica ha demostrado claramente en repetidas ocasiones que la inflamación se hallan en el origen de la depresión (y de la mayoría de las enfermedades crónicas).

Son varios los mensajeros que trasladan información sobre procesos inflamatorios entre el cerebro y el resto del cuerpo. Las personas que sufren depresión presentan un índice elevado de una serie de marcadores inflamatorios, mensajeros químicos llamados citoquinas que nos informan de que está teniendo lugar un pro-

ceso inflamatorio. Estos marcadores incluyen la proteína C reactiva y citoquinas tales como las interleuquinas 1 y 6 (IL-1 y IL-6)
y el factor de necrosis tumoral alfa (TNF-a). No sólo se ha demostrado que un nivel elevado de citoquinas en sangre está asociado
directamente con el diagnóstico de depresión, sino que es *predictivo*
de depresión. Dicho de otra manera: que la inflamación puede ser
el desencadenante de la depresión, más que su respuesta fisiológica.[8, 9, 10] Como señalaba brevemente en el capítulo 1, uno de los
efectos secundarios más previsibles de la terapia con interferón
para la hepatitis C es la depresión. De hecho, el 45 por ciento de
los pacientes tratados con este fármaco desarrollan depresión, lo
que parece estar relacionado con la presencia de niveles elevados
de las citoquinas inflamatorias IL-6 y el TNF.[11] Pero también hay
estudios sumamente interesantes que sugieren que el estrés conti-
nuado, y más concretamente el estrés psicosocial, puede causar
esta inflamación al movilizar células inmunes inmaduras llamadas
macrófagos desde la médula espinal para que inicien el proceso
inflamatorio.[12] De modo que, como ves, la inflamación se encuentra en el centro de este círculo vicioso: el proceso inflamatorio

---

8. C. Martin *et al.*, «The Inflammatory Cytokines: Molecular Biomarkers for Major
Depressive Disorder?» *Biomark Med* 9, n.º 2 (2015): 169-180, doi: 10.2217/bmm.14.29.

9. J. Dahl *et al.*, «The Plasma Levels of Various Cytokines Are Increased During
Ongoing Depression and Are Reduced to Normal Levels After Recovery,» *Psycho-
neuroendocrinology* 45 (Julio, 2014): 77-86, doi: 10.1016/j. psyneuen.2014.03.019.
Véase también: S. Alesci *et al.*, «Major Depression Is Associated with Significant
Diurnal Elevations in Plasma Interleukin-6 Levels, a Shift of Its Circadian Rhythm,
and Loss of Physiological Complexity in Its Secretion: Clinical Implications,» *J Clin
Endocrinol Metab* 90, n.º 5 (Mayo, 2005): 2522-2530.

10. J. A. Pasco *et al.*, «Association of High-sensitivity C-reactive Protein with de
novo Major Depression,» *Br J Psychiatry* 197, n.º 5 (Noviembre, 2010): 372-377, doi:
10.1192/bjp.bp.109.076430.

11. C. Hoyo-Becerra *et al.*, «Insights from Interferon-related Depression for the
Pathogenesis of Depression Associated with Inflammation,» *Brain Behav Immun* 42
(Noviembre, 2014): 222-231, doi: 10.1016/j.bbi.2014.06.200.

12. S. C. Segerstrom y G. E. Miller, «Psychological Stress and the Human Immune
System: a Meta-analytic Study of 30 Years of Inquiry,» *Psychol Bull* 130, n.º 4 (Julio,
2004): 601-630.

puede desencadenar la depresión en la misma medida que puede verse agravado por ésta.

Los investigadores han descubierto asimismo que, en los casos de depresión melancólica, trastorno bipolar y depresión posparto, los glóbulos blancos llamados monocitos activan genes pro-inflamatorios que producen la liberación de citoquinas y disminuyen la sensibilidad al cortisol.[13] El cortisol, como se recordará, es la principal hormona del estrés, pero también actúa como amortiguador contra la inflamación. Cuando tus células pierden su sensibilidad al cortisol, se vuelven resistentes al mensaje de esta hormona, lo que genera estados inflamatorios prolongados. Así pues, conviene tener en cuenta que, hablando en términos generales, la respuesta al estrés condiciona enormemente los mecanismos inflamatorios y su perpetuación.

Una vez liberados en el organismo, los agentes inflamatorios transfieren información al sistema nervioso central, normalmente a través de la estimulación de grandes nervios como el vago, que conecta el sistema digestivo y el cerebro (en breve hablaremos de esto con más detenimiento). Las microglías, células especializadas del cerebro que constituyen nodos inmunitarios, se activan dando lugar a estados inflamatorios. En las microglías activadas, una enzima llamada IDO (indoleamina 2, 3 dioxigenasa) estimula la producción de biomoléculas que pueden provocar síntomas tales como ansiedad y nerviosismo. Éstas son algunas de las alteraciones que pueden contribuir a que tu cerebro reaccione ante aquello que el resto de tu organismo percibe como anómalo o dañino.

Los investigadores han observado asimismo que las personas que presentan índices más elevados de estos marcadores inflamatorios son más propensas a responder positivamente a los antiinflamatorios que a los antidepresivos. Ello contribuye a explicar

---

13. L. A. Carvalho *et al.*, «Inflammatory Activation Is Associated with a Reduced Glucocorticoid Receptor alpha/beta Expression Ratio in Monocytes of Inpatients with Melancholic Major Depressive Disorder,» *Transl Psychiatry* 4 (14 de enero, 2014): e344, doi: 10.1038/tp.2013.118.

por qué la curcumina (el antioxidante de color dorado presente en la cúrcuma), un potente antiinflamatorio natural, arroja mejores resultados que el Prozac y resulta especialmente efectiva cuando falla la medicación.[14,15]

Una de las lecciones más importantes que se derivan de los nuevos hallazgos sobre el papel que desempeña la inflamación (y en especial un estado constante de inflamación leve y las señales de estrés asociadas a ella) en los trastornos depresivos es que en muchos casos dicha inflamación tiene su origen en una parte del organismo que a priori parece poco probable: el aparato digestivo. Hoy en día, millones de personas sufren trastornos digestivos debido a un fenómeno conocido como disbiosis intestinal. Permíteme explicarme.

LAS FUGAS INTESTINALES AVIVAN LAS LLAMAS DE LA INFLAMACIÓN Y LA DEPRESIÓN

En primer lugar, un poco de anatomía básica. Tu tracto gastrointestinal (el tubo que va desde el esófago al ano) está recubierto por una sola capa de células epiteliales. Este recubrimiento intestinal —la mucosa más extensa del organismo— cumple tres funciones principales. Es el medio a través del cual extraes los nutrientes de los alimentos que comes. Impide que partículas, sustancias químicas y organismos potencialmente dañinos penetren en tu torrente sanguíneo. Y es el hábitat de células especializadas que se encargan de patrullar y conducir ante tu sistema inmune a los invasores sospe-

---

14. O. Köhler *et al.*, «Effect of Anti-inflammatory Treatment on Depression, Depressive Symptoms, and Adverse Effects: A Systematic Review and Meta-analysis of Randomized Clinical Trials,» *JAMA Psychiatry* 71, n.º 12 (1 de diciembre, 2014): 1381-1391, doi: 10.1001/jamapsychiatry.2014.1611.

15. J. J. Yu *et al.*, «Chronic Supplementation of Curcumin Enhances the Efficacy of Antidepressants in Major Depressive Disorder: A Randomized, Double-Blind, Placebo-Controlled Pilot Study,» *J Clin Psychopharmacol* 35, n.º 4 (Agosto, 2015): 406-410, doi: 10.1097/JCP.0000000000000352.

chosos. El sistema inmune produce sustancias químicas llamadas inmunoglobulinas que se pegan a las proteínas foráneas para proteger al organismo de su posible agresión.

El cuerpo utiliza dos vías para absorber los nutrientes del intestino. Una de ellas, la transcelular, traslada los nutrientes *a través* de las células epiteliales. La otra, la paracelular, traslada los nutrientes *entre* las células epiteliales. A los puntos de contacto entre células se los denomina «uniones estrechas» y, como puedes imaginar, cada una de estas microscópicas y complejas intersecciones está convenientemente regulada. Si sufren algún tipo de daño o se vuelven permeables, aparece una dolencia llamada «síndrome del intestino permeable». Y dado que estas uniones actúan como guardianes, impidiendo el paso de posibles amenazas que activan el sistema inmune, influyen enormemente en los niveles de inflamación. Los profesionales de la medicina sabemos ahora que, cuando tu barrera intestinal está dañada, de ello se deriva todo un espectro de riesgos para la salud, entre ellos la depresión.

Lo que ocurre es que, cuando estas uniones celulares se ven comprometidas, pueden dejar pasar partículas de comida sin digerir, desechos celulares y componentes bacterianos que causan problemas en el torrente sanguíneo y producen alteraciones que se manifiestan en forma de síntomas depresivos. Citando a un equipo de investigadores belgas: «Actualmente existen pruebas de que el trastorno depresivo mayor va acompañado por una activación del sistema de respuesta inflamatoria y de que las citoquinas pro-inflamatorias y los lipopolisacáridos (LPS) pueden inducir síntomas depresivos».[16] Más adelante veremos cómo ingredientes alimentarios como el gluten, el azúcar y los edulcorantes artificiales, las caseínas (lácteos) y los aceites vegetales procesados pueden activar el sistema inmunitario e inundar el organismo con citoquinas pro-inflamatorias. Pero primero echemos un vistazo a lo que pueden hacer los

---

16. M. Maes *et al.*, «The Gut-brain Barrier in Major Depression: Intestinal Mucosal Dysfunction with an Increased Translocation of LPS from Gram Negative Enterobacteria (Leaky Gut) Plays a Role in the Inflammatory Pathophysiology of Depression,» *Neuro Endocrinol Lett* 29, n.º 1 (Febrero, 2008): 117-124.

LPS por sí solos. Se trata de un tema de estudio muy interesante que acaba de salir a la luz.

LA BOMBA LPS

Los lipopolisacáridos (LPS), aparte de tener un nombre impronunciable, se cuentan entre los mayores villanos de la biología molecular. Encienden los mecanismos inflamatorios del organismo como un interruptor. Están formados por una combinación de lípidos (grasas) y azúcares, y residen en la membrana exterior de ciertas bacterias que se encuentran de manera natural en el aparato digestivo y que representan entre un 50 y un 70 por ciento de la flora intestinal. Los LPS defienden a dichas bacterias de las sales biliosas de la vesícula biliar, que podrían digerirlas. Los LPS no deberían ir más allá del interior del intestino, pero pueden traspasarlo si la membrana intestinal se encuentra dañada.

Los LPS inducen una violenta respuesta inflamatoria en humanos, tan violenta que también se los denomina *endotoxinas*, es decir, toxinas procedentes del interior.[17] Se utilizan en experimentación para crear inflamaciones instantáneas en modelos animales a fin de estudiar todo un abanico de enfermedades de origen inflamatorio, desde trastornos digestivos, diabetes, lupus, artritis reumatoide y esclerosis múltiple a depresión, Parkinson, Alzheimer e incluso autismo. En un individuo sano cuya membrana intestinal está intacta, los LPS no pueden acceder al torrente sanguíneo a través de las uniones intercelulares. Pero cuando las células que recubren el intestino (y recordemos que la pared intestinal sólo tiene una célula de grosor) está dañada y esas uniones se ven comprometidas, los LPS pueden pasar a la circulación sistémica, donde desencadenan una señal de alarma y generan

---

17. M. Berk *et al.*, «So Depression Is an Inflammatory Disease, but Where Does the Inflammation Come From?,» *BMC Med* 11 (12 de septiembre, 2013): 200, doi: 10.1186/1741-7015-11-200.

inflamación. De hecho, la presencia de LPS en sangre es indicativa tanto de síndrome de intestino permeable como de inflamación en general.

Investigadores de todo el mundo están estudiando por fin el papel fundamental que desempeñan los lipopolisacáridos en la depresión. A fin de cuentas, los marcadores inflamatorios se asocian con la depresión, y los LPS aumentan la producción de estas sustancias inflamatorias. Y es aquí donde las evidencias científicas parecen gritar a voz en cuello que los LPS no comprometen únicamente el intestino haciéndolo más permeable, sino que también pueden traspasar la barrera hematoencefálica, llevando el mensaje pro-inflamatorio hasta el cerebro.[18]

En 2008, el mismo equipo de investigadores belgas que citaba más arriba documentó un aumento significativo del nivel de anticuerpos en sangre para combatir los LPS en individuos con depresión mayor. Resulta interesante que dichos investigadores comentaran que el trastorno de depresión mayor va acompañado a menudo por síntomas gastrointestinales. Una de las explicaciones más lógicas, teniendo en cuenta los últimos hallazgos, es que ello se deba a alteraciones en la flora intestinal. Por ese motivo hemos de centrarnos en la permeabilidad intestinal y en las tribus bacterianas que habitan dentro del tracto digestivo y cuya labor consiste en proteger la mucosa intestinal.

ECOLOGÍA INTESTINAL

Desde que tras la publicación de los resultados del Proyecto Genoma Humano en 2002 descubrimos que estamos hechos a partir de una

18. Y. Gao *et al.*, «Depression as a Risk Factor for Dementia and Mild Cognitive Impairment: a Meta-analysis of Longitudinal Studies,» *Int J Geriatr Psychiatry* 28, n.º 5 (Mayo, 2013): 441-449, doi: 10.1002/gps.3845. Epub July 19, 2012. Véase también: A. C. Bested *et al.*, «Intestinal Microbiota, Probiotics and Mental Health: from Metchnikoff to Modern Advances: Part II-Contemporary Contextual Research,» *Gut Pathog* 5, n.º 1 (14 de marzo, 2013): 3, doi: 10.1186/1757-4749-5-3.

plantilla de unos 23.000 genes que no nos determinan por completo, los científicos comenzaron a investigar de dónde surgen muchos de nuestros procesos fisiológicos. Si tenemos la misma cantidad de genes que una lombriz, ¿cómo llegamos a singularizarnos como especie?

En los últimos años el estudio del microbioma humano ha revolucionado la medicina y nuestra comprensión de la salud. Eso significa básicamente que la medicina «moderna» debe someterse a una revisión exhaustiva. Actualmente, se calcula que hay trescientos billones de bacterias en nuestro intestino grueso y cien billones en nuestra piel.[19] El cuerpo humano contiene cinco mil billones de células, con una media de cien mitocondrias por célula. Las mitocondrias son minúsculas estructuras presentes en el interior de las células (con excepción de los glóbulos rojos de la sangre) que generan energía química en forma de ATP (adenosín trifosfato). Cuentan con su propio ADN, que según se cree tiene su origen en antiquísimas proteobacterias. Es decir, que antaño fueron organismos unicelulares que vivían autónomamente en el planeta Tierra y que con el tiempo encontraron un hábitat permanente en el interior de nuestras células, brindándonos a cambio una nueva fuente de energía química. Las mitocondrias se consideran una tercera dimensión de nuestro microbioma y mantienen una relación única con la flora de nuestro aparato digestivo. Teniendo en cuenta su origen bacteriano, hay unos 5.400 billones de «bacterias» intracelulares, cuyo número supera el de las bacterias de la flora intestinal y cutánea en proporción de diez a una. Los dos millones de genes bacterianos únicos presentes en cada microbioma humano superan abrumadoramente en número a los 23.000 genes de nuestro ADN. De ahí que se halla acuñado el concepto de «holobionte», según el cual somos un colectivo vivo de microbios que al mismo tiempo nos constituyen y nos envuelven, un «metaorganismo» que difumina los límites de nuestra humanidad tal y como la concebimos actualmente.

Estos microbios intestinales intervienen en multitud de funciones fisiológicas, desde sintetizar nutrientes y vitaminas a ayudarnos

19. T. C. Theoharis, «On the Gut Microbiome-Brain Axis and Altruism,» editorial para *Clinical Therapeutics*, 37, n.º 5 (2015).

a digerir la comida y a controlar nuestro peso. Las bacterias beneficiosas también contribuyen a mantener la armonía fisiológica al cerrar el grifo del cortisol y la adrenalina, las dos hormonas asociadas con el estrés que pueden sembrar el caos en el organismo cuando fluyen de manera continuada.[20] El Proyecto Microbioma Humano, lanzado en 2008 para catalogar los microorganismos que habitan en nuestro cuerpo, ha cambiado nuestra concepción del lugar donde reside nuestro sistema inmune y, por tanto, la fuente de nuestra salud mental. Gran parte de nuestro sistema inmune —de hecho, su inmensa mayoría— se encuentra localizado en torno a nuestro tracto digestivo. El llamado tejido linfoide asociado al tubo digestivo (GALT, por sus siglas en inglés) desempeña un papel esencial: constituye más del 80 por ciento del total de nuestro sistema inmune. ¿Por qué éste se encuentra alojado en su mayor parte en el aparato digestivo? Muy sencillo: porque la pared intestinal constituye la frontera con el mundo exterior y es en ella, por tanto —además de en la piel—, donde más posibilidades hay de encontrar material y organismos foráneos. Esta parte de nuestro sistema inmune no opera en el vacío. Muy al contrario: está en comunicación constante con todas las células inmunitarias del organismo. Cuando nuestro sistema inmune encuentra una sustancia potencialmente nociva en el tubo digestivo, da la voz de alarma, notificando al resto del sistema inmune que debe ponerse en guardia. De ahí que nuestra dieta sea fundamental para mantener la salud inmunitaria y, por ende, la salud mental: comer lo que no te conviene puede ser catastrófico para el sistema inmune de base intestinal, mientras que comer las cosas adecuadas puede literalmente actuar como una póliza de seguros que protege tu salud.[21]

---

20. T. G. Dinan y J. F. Cryan, «Regulation of the Stress Response by the Gut Microbiota: Implications for Psychoneuroendocrinology,» *Psychoneuroendocrinology* 37, n.º 9 (Septiembre, 2012): 1369-1378, doi: 10.1016/j.psyneuen.2012.03.007.

21. Para una estupenda visión general del microbioma humano, véase el artículo de Peter Andrey Smith «Can the Bacteria in Your Gut Explain Your Mood?» en la revista del *New York Times*, 23 de junio, 2105, www.nytimes.com/2015/06/28/magazine/can-the-bacteria-in-your-gut-explain-your-mood.html?smid=fb-nytimes&smtyp=cur&r=1.

La flora intestinal cumple numerosas funciones, que he resumido en el siguiente listado:

- Crea una barrera física contra posibles invasores tales como bacterias nocivas (flora patogénica), virus y parásitos perjudiciales.

- Echa una mano en la digestión y la absorción de nutrientes, algunos de los cuales sólo son asimilables para el organismo gracias a la acción de las bacterias.

- Actúa como mecanismo de desintoxicación. Los microbios del aparato digestivo sirven como frente defensivo contra numerosas toxinas que llegan hasta el intestino, reduciendo así la carga de trabajo que soporta el hígado.

- Produce y libera enzimas y sustancias importantes, como vitaminas y neurotransmisores, ácidos grasos y aminoácidos que influyen positivamente en nuestra biología.

- Nos ayuda a controlar el estrés a través de sus efectos sobre nuestro sistema hormonal (endocrino).

- Dicta la actividad y las respuestas del sistema inmune. Como ya he dicho, el tubo digestivo es nuestro mayor órgano inmunitario. Sus microbios apoyan el funcionamiento del sistema inmune controlando ciertas células inmunitarias e impidiendo la autoinmunidad para que el cuerpo no ataque a sus propios tejidos. Secretan, además, potentes sustancias antibióticas como las bacteriocinas.

- Ayuda a regular los mecanismos inflamatorios del cuerpo, lo que a su vez influye en un mayor o menor riesgo de desarrollar toda clase de enfermedades crónicas.

La complejidad de estas relaciones fisiológicas puede explicar por qué normalmente pasan desapercibidas tanto a ojos de los médicos como de las personas que sufren las consecuencias de un microbioma enfermo o disfuncional. Para comprender qué ocurre exactamente entre tu aparato digestivo y tu cerebro es necesario entender el papel que desempeña el primero en el funcionamiento de tu sistema inmune y cómo afecta a tus hormonas, y más concretamente al cortisol. Cuando una de estas áreas (o ambas) no funciona como debe, el cerebro se ve afectado, y el estado anímico y la memoria sufren hasta el punto de que puede darse un diagnóstico de depresión.

La pregunta lógica que habría que formular es cómo se relacionan el cerebro y el aparato digestivo. Todos tenemos conocimiento de esta conexión a través de experiencias perturbadoras que nos han hecho sentir un hormigueo en el estómago o (peor) salir corriendo al cuarto de baño. El nervio vago, conocido también como décimo par craneal, es el más largo de los doce nervios craneales y el principal canal de información entre las células nerviosas (cuya cantidad varía entre 200 y 600 millones) de nuestro sistema nervioso central y nuestro sistema nervioso intestinal. Así es: tu sistema nervioso no está constituido únicamente por el cerebro físico y la médula espinal. Además del sistema nervioso central, tienes un sistema nervioso intestinal o entérico alojado en el tracto gastrointestinal. Tanto el sistema nervioso central como el entérico se forman a partir de los mismos tejidos durante el desarrollo fetal y están conectados a través del nervio vago, que se extiende desde el tronco cerebral al abdomen. El sistema entérico forma parte del sistema nervioso involuntario (autónomo), que dirige numerosos procesos fisiológicos que no requieren pensamiento consciente, como el mantenimiento del ritmo cardíaco y la digestión.

El doctor Nicholas Gonzalez, ya fallecido, pasó tres décadas estudiando el sistema nervioso autónomo sirviéndose para ello de nutrientes concretos, técnicas de desintoxicación y dietas diseñadas específicamente para restablecer el equilibrio personal. Sus resultados clínicos en pacientes de cáncer y otras enfermedades crónicas no tienen parangón. Llegó a la conclusión de que, dentro de la jerarquía de sistemas de nuestro cuerpo, es muy posible que el sistema nervioso estudiado por la psiquiatría tradicional ocupe un lugar rector, pero no como se venía creyendo hasta ahora. El sistema nervioso autónomo funciona en un estado de equilibrio sutilmente calibrado entre sus dos ramas, la simpática y la parasimpática.

El sistema nervioso simpático es el que controla el impulso de luchar o huir, es decir, el que te acelera el pulso y la presión sanguínea para llevar sangre al cerebro y a los músculos, desviándola de la digestión, y el que te mantiene alerta y mentalmente despierta. El sistema nervioso parasimpático, en cambio, es tu sistema de descanso y digestión, el que te permite reponer fuerzas, recuperarte y dormir. La relación entre estas dos partes del sistema nervioso viene determinada en gran medida por nuestra herencia ancestral, además de por la dieta y los niveles de estrés físico, psicológico y espiritual. Cuando hablamos de depresión, nos referimos con frecuencia a un estado de predominio parasimpático: lentitud de reflejos, aturdimiento, fatiga, desequilibrio hormonal y tristeza. A menudo, sin embargo, el sistema que controla el impulso de luchar o huir puede intervenir si se da una situación de estrés crónico, creando un cuadro que puede definirse como de «cansancio enervante» que te hace oscilar como un péndulo entre los estados parasimpático y simpático. Según las investigaciones de Weston A. Price, Francis Pottenger, William Donald Kelley y Nicholas Gonzalez, nuestra dieta puede servir como complemento a un sistema nervioso desequilibrado. Por eso las recomendaciones dietéticas contenidas en la segunda parte del libro sirven para estimular el sistema simpático en la medida justa para resolver al mismo tiempo los síntomas digestivos, hormonales y neuronales. Tenlo en cuenta cuando, en la segunda parte, hablemos de los múltiples y variados efectos que surten los cambios en los hábitos de vida. De momento, vamos a tratar la siguiente cuestión: de qué forma comunica el aparato digestivo —y su contenido— mensajes inflamatorios al cerebro.

DE LIBRE DE GÉRMENES A REPLETO DE GÉRMENES

Los posibles efectos estresantes de los microbios del aparato digestivo —o de su ausencia— se estudiaron por primera vez en ratones denominados «libres de gérmenes patógenos específicos», es decir, ratones de laboratorio desprovistos de flora intestinal normal, lo que permite a los científicos estudiar los efectos de los microbios de los que carecen y, al contrario, exponerlos a ciertas cepas y documentar cambios en su comportamiento. Un estudio pionero publicado en 2004 reveló las primeras claves de la interacción bidireccional entre el cerebro y las bacterias del tracto digestivo al demostrar que los ratones de laboratorio libres de gérmenes respondían al estrés de una manera drástica, que se manifestaba en cambios mensurables de la química cerebral y en un aumento de las hormonas del estrés. Este estado podía revertirse a posteriori administrándoles una cepa de bacterias llamada *Bifidobacterium infantis*. Desde entonces se han hecho múltiples estudios en animales que han indagado en la relación entre el modelo inflamatorio de la depresión y las bacterias del aparato digestivo.

En 2010, el gastroenterólogo Stephen Collins y sus colaboradores de la Universidad McMaster de Canadá descubrieron que otra cepa bacteriana, la *Bifidobacterium longum*, podía administrarse como probiótico para el tratamiento de la ansiedad asociada a la colitis crónica en un modelo animal (en ratones) de la enfermedad inflamatoria intestinal.[22] Los cambios conductuales de los ratones eran tan agudos que indujeron a Collins y a su equipo a seguir investigando cómo influyen las bacterias intestinales en el cerebro y el comportamiento. Sus experimentos posteriores con animales confirmaron los resultados iniciales: al manipular la microbiota intestinal de los ratones, Collins demostró que las bacterias digestivas pueden influir en las conductas ansiosas. Algunos de los hallazgos más notables se hicieron gracias al trasplante fecal, una técnica en la que se traslada la microbiota de un ratón a otro mediante muestras de heces que contienen un perfil bacteriano concreto y que puede trasplantarse de un ratón a otro del mismo modo que se trasplantaría un corazón. Los investigadores observaron un cambio de conducta tras el trasplante: un ratón que antes mostraba signos de ansiedad,

22. P. Bercik *et al.*, «Chronic Gastrointestinal Inflammation Induces Anxiety- like Behavior and Alters Central Nervous System Biochemistry in Mice,» *Gastroenterology* 139, n.º 6 (Diciembre, 2010): 2102–2112.e1, doi: 10.1053/j. gastro.2010.06.063.

adoptaba la conducta menos ansiosa del ratón donante y viceversa. Cada vez son más los ensayos preclínicos de este tipo que confirman la relación entre la microbiota intestinal, el estrés y las conductas asociadas a la ansiedad.[23] Actualmente, los investigadores se esfuerzan por entender cómo funciona esta relación en humanos.

El doctor Emeran Mayer, gastroenterólogo, profesor de medicina de la Universidad de California-Los Ángeles y director del Centro para la Neurobiología del Estrés, ha dedicado buena parte de sus recientes investigaciones a estudiar la comunicación entre cerebro y aparato digestivo. Señala que, aunque estudiar ratones libres de gérmenes puede ayudarnos a resolver interrogantes específicos y muy básicos —como, por ejemplo, si los microbios intestinales intervienen en la respuesta al estrés—, la relevancia clínica de estos estudios es limitada. A fin de cuentas, estos animales presentan anormalidades de la función cerebral, inmune y gastrointestinal. «El alcance de estos efectos puede estar condicionado por el desarrollo, dado que los estudios sugieren que hay momentos evolutivos críticos en los que la microbiota desempeña un papel clave a la hora de modelar el comportamiento», afirmaba en un artículo publicado en 2015 en el *Journal of the American Medical Association*.[24]

Éste es un punto clave. Como también afirmaba el doctor Collins en el artículo mencionado más arriba, «cualquier acontecimiento que interfiera en el proceso de colonización microbiana temprana puede dar lugar a problemas ulteriores, y es probable que la merma de robustez del microbioma a medida que uno envejece sea un condicionante fundamental para gozar o no de una vejez saludable».[25] Esta afirmación corrobora el hallazgo según el cual el estrés de la madre, las infecciones y el uso de antibióticos pueden dañar el microbioma durante las fases prenatal y neonatal, dos pe-

23. P. Bercik *et al.*, «The Intestinal Microbiota Affect Central Levels of Brain-derived Neurotropic Factor and Behavior in Mice,» *Gastroenterology* 141, n.º 2 (14 de agosto, 2011): 599-609, 609.e1-3, doi: 10.1053/j. gastro.2011.04.052.

24. M. J. Friedrich, «Unraveling the Influence of Gut Microbes on the Mind,» *JAMA* 313, n.º 17 (2015): 1699-1701, doi:10.1001/jama.2015.2159.

25. *Ibid.*

riodos cruciales y muy delicados del desarrollo, en los que el aparato digestivo está siendo colonizado por primera vez por el microbioma de la madre. Estas alteraciones afectan ulteriormente al desarrollo neuronal normal e incluso pueden incrementar el riesgo de trastornos neuropsiquiátricos —entre ellos la depresión— en fases posteriores de la vida de una persona.[26]

Mis pacientes se sorprenden a veces cuando les pregunto dónde nacieron y si el canal del parto de sus madres o las paredes de un hospital desempeñaron un papel clave en su alumbramiento, pero lo cierto es que el modo en que nacemos sienta las bases de nuestro microbioma. Éste empieza a formarse en el útero mediante la transferencia al feto de las bacterias digestivas de la madre. Después, cuando descendemos por el canal del parto y empezamos a mamar, se añaden nuevos microbios a la mezcla. De este modo, la naturaleza nos prepara para el mundo en el que habita la madre. Numerosos estudios han demostrado que niños que no disfrutan de este bautismo microbiano porque nacen por cesárea o reciben antibióticos durante el proceso de nacimiento (en la fase de intraparto) y se van a casa colonizados por la flora cutánea de otros adultos tienen un mayor riesgo de sufrir alergias, eccemas, asma y algunos tipos de cáncer. Incluso los que nacen por vía vaginal en un hospital tienen mayores probabilidades de sufrir alergias debido a la colonización temprana de flora bacteriana hospitalaria como el *Clostridium difficile*.

En 2013 el *Canadian Medical Association Journal* expuso claramente la cuestión cuando un grupo de investigadores definió la microbiota intestinal como un «superórgano» con «diversas funciones en la salud y la enfermedad».[27] En un comentario a este estudio,

---

26. Daniel Erny *et al.*, «Host Microbiota Constantly Control Maturation and Function of Microglia in the CNS,» *Nature Neuroscience* 18 (2015): 965-77, doi:10.1038/nn.4030. Véase también: Y. E. Borre *et al.*, «Microbiota and Neurodevelopmental Windows: Implications for Brain Disorders,» *Trends Mol Med* 20, n.° 9 (Septiembre, 2014): 509-18. doi: 10.1016/j. molmed.2014.05.002.

27. M. B. Azad *et al.*, «Gut Microbiota of Healthy Canadian Infants: Profiles by Mode of Delivery and Infant Diet at 4 Months,» *CMAJ* 185, n.° 5 (19 de marzo, 2013): 385-394, doi: 10.1503/cmaj.121189.

el doctor Rob Knight, uno de los pioneros mundiales en el estudio del microbioma y profesor de la Facultad de Medicina de la Universidad de California-San Diego, afirmaba que «los niños nacidos por cesárea o alimentados con leche de fórmula pueden presentar mayor riesgo de contraer diversas afecciones en fases posteriores de su vida. Ambos procesos alteran la microbiota intestinal en bebés sanos, lo que podría explicar este aumento de las tasas de riesgo».[28]

Dicho sea de paso, las cesáreas sólo son clínicamente necesarias en circunstancias muy concretas, y últimamente existe la tendencia a restar importancia a las desventajas de esta intervención, tanto a los riesgos agudos que supone para la madre como a los riesgos a largo plazo que entraña para el bebé. El doctor Martin Blaser, responsable del Programa Microbioma Humano en la Universidad de Nueva York y autor de *Missing Microbes* [Los microbios desaparecidos] anota que una tercera parte de los bebés que nacen hoy día en Estados Unidos vienen al mundo por cesárea, lo que supone un incremento de un 50 por ciento respecto a 1996.[29] Además, todas las mujeres a las que se les practica una cesárea son tratadas con antibióticos, lo que supone un grave atentado contra el microbioma en ciernes de los bebés nacidos de esta manera.[30] Más adelante hablaremos con detalle de cómo prevenir y superar una cesárea así como de las madres, tanto de las gestantes como de las que ya han dado a luz. Como podrás imaginar, soy una gran defensora de la lactancia materna y más adelante explico lo que pueden hacer las madres lactantes para que su leche sea abundante y saludable.

---

28. *Canadian Medical Association Journal*. «Infant gut microbiota influenced by cesarean section and breastfeeding practices; may impact long-term health.» Science-Daily. www.sciencedaily.com/releases/2013/02/130211134842.htm. Consultado el 23 de septiembre, 2015.

29. Martin J. Blaser, *Missing Microbes: How the Overuse of Antibiotics Is Fueling Our Modern Plagues* (Nueva York, Henry Holt and Co., 2014).

30. M. G. Dominguez-Bello, *et al.*, «Delivery Mode Shapes the Acquisition and Structure of the Initial Microbiota Across Multiple Body Habitats in Newborns,» *Proc Natl Acad Sci USA* 107, n.º 26 (29 de junio, 2010): 11971-11975.

EL SÍNDROME DEL PALEO-DÉFICIT[31]

La concepción, el embarazo y el parto tienen una importancia funda-mental en el desarrollo humano, y rebajar su importancia es una forma más de minar nuestra salud adulta. Nos hemos desviado tanto del camino que quizá sea ya demasiado tarde para aprender cómo sería un aparato digestivo verdaderamente saludable. Al contrario de lo que podría pensarse, la línea divisoria entre bacterias «buenas» y «malas» —es decir, entre tribus que son beneficiosas y tribus que pueden ser perjudiciales— no está aún muy clara. Se trata más bien de una cuestión de diversidad general y de proporción entre cepas distin-tas. Ciertas cepas que probablemente tienen efectos positivos sobre la salud pueden convertirse, dependiendo de su cantidad, en agentes nocivos. Así, por ejemplo, la famosa bacteria *Escherichia coli* produce vitamina K, pero también puede ocasionar enfermedades graves.

En 2014 un grupo internacional de investigadores publicó sus hallazgos en *Nature,* comparando la microbiota intestinal de una comunidad de cazadores recolectores, los hadza de Tanzania, con individuos urbanos afincados en Italia.[32] Los hadza mostra-ban una biodiversidad y unos niveles de riqueza microbiana mucho más elevados, así como notables diferencias por género relacionadas con la disparidad de hábitos dietéticos entre hom-bres y mujeres. Y a medida que van llegando a los laboratorios muestras de microbiomas de grupos de cazadores-recolectores (perfiles de los microbios hallados en los intestinos de sociedades tradicionales como los yanomami de Venezuela y los matsé de Perú), nos estamos viendo obligados a reconocer que no existe

---

31. A. C. Logan *et al.*, «Natural Environments, Ancestral Diets, and Microbial Eco-logy: Is There a Modern "Paleo-de cit Disorder? Part I,"» *J Physiol Anthropol* 35, n.º 1 (2015): 1. Publicado *online* el 31 de enero, 2015, doi: 10.1186/s40101-015-0041-y. Véase también Part ii: www.ncbi.nlm.nih.gov/pmc/articles/PMC4353476/.

32. S. L. Schnorr *et al.*, «Gut Microbiome of the Hadza Hunter-gatherers,» *Nat Commun* 5 (15 de abril, 2014): 3654, doi: 10.1038/ncomms4654. Véase también: «Some Indigenous People from the Amazon Have the Richest and Most Diverse Microbiota Ever Recorded in Humans,» artículo publicado el 20 de mayo, 2015 por la Gut Microbiota Watch Organization en www.gutmicrobiotawatch.org.

un único microbioma universal que pueda considerarse modélicamente «sano».

Para consternación de quienes gustan de etiquetar ciertas cepas de bacterias como «buenas» o «malas», el aparato digestivo de los hadza, por ejemplo, apenas contiene bifidobacterias, un grupo microbiano que la ciencia occidental suele considerar beneficioso y que comprende hasta un 10 por ciento del microbioma intestinal de las poblaciones occidentales. Los hadza, los yanomami y los matsé también albergan muchas más espiroquetas, un grupo de bacterias a las que les encanta la fibra y que incluye a las especies responsables de la sífilis y el pian (una infección bacteriana común en regiones tropicales). Es evidente que estas variaciones no afectan negativamente a la salud, dado que la escasez de enfermedades crónicas en estas sociedades resulta de todo punto envidiable. Su microbiota refleja las condiciones ambientales de esos lugares concretos del mundo: sus alimentos, sus aguas, su clima, etcétera. Quiero decir con ello que no sabemos qué es lo óptimo universal, de modo que sólo podemos afirmar que una dieta óptima es aquella que se ajusta a nuestra ecología interna. La dieta determina la microbiota en mayor medida que otros condicionantes (incluida la ingestión frecuente de probióticos), razón por la cual los modernos cazadores-recolectores presentan microbiomas similares aunque habiten en continentes distintos.

El doctor William Parker, de la Universidad Duke, lleva tiempo investigando el microbioma desde otro enfoque fascinante: la ausencia actual de helmintos, es decir, de parásitos eucariotas como los tricocéfalos y los cestodos, que influyeron positivamente en nuestra inmunidad durante nuestra evolución como especie, pero a los que la industrialización borró hace tiempo de nuestra flora intestinal.[33]

Sabemos que hemos coevolucionado con el mundo microbiano a lo largo de millones de años, y que esta imbricación está condicionada por prácticas culturales regionales y tradiciones dietéticas, así como por la inmensa red de flora y fauna que conforma nuestro

---

33. Para saber más sobre la obra y las publicaciones del doctor William Parker consúltese http://surgery.duke.edu/faculty/details/0115196.

entorno inmediato. Como urbanitas, sin embargo, sufrimos un «síndrome de paleo-déficit», término que acuñaron el doctor Alan C. Logan y sus colaboradores en su fascinante tratado en dos partes acerca de cómo nos hemos desviado de los estímulos para los que están diseñados nuestros genes. Escriben:

> Nos preguntamos si esta carencia colectiva puede manifestarse en un «trastorno», en una suerte de síndrome de paleo-déficit que, aunque no sea patológico per se, se traduce en una calidad de vida insatisfactoria, en falta de empatía y de perspectiva, en niveles de ansiedad leves, en desasosiego psicológico y en una resiliencia y una actitud mental negativas. ¿Podría este déficit acelerar la evolución de un individuo hacia el diagnóstico medicalizado, con todos sus requisitos clínicos? ¿Podría esta carencia colectiva de «experiencias paleolíticas» comprometer la capacidad del sujeto para mantener una salud emocional óptima y, por extensión, impedir la salud óptima de barrios, ciudades, sociedades y naciones enteras, y especialmente de las que sufren una urbanización acelerada?[34]

Como he dicho más arriba, empezamos a darnos cuenta de que no somos plantas que puedan prosperar con luz fluorescente, aire recirculado y fertilizantes. Nuestra vitalidad está inextricablemente unida al ecosistema en el que vivimos, y depende de él. Este ecosistema abarca nuestras fuentes de alimento y sus ecosistemas, pero también el movimiento en espacios verdes, la exposición a la luz de la mañana, el contacto con la tierra y la socialización (de todas estas estrategias hablaremos en la segunda parte del libro). Las conclusiones de Logan parten de los principios establecidos por el biólogo René Dubos:

---

34. A. C. Logan *et al.*, «Natural Environments, Ancestral Diets, and Microbial Ecology: Is There a Modern "Paleo-deficit Disorder? Part I,"» *J Physiol Anthropol* 35, n.º 1 (2015): 1. Publicado *online* el 31 de enero, 2015 doi: 10.1186/s40101-015-0041-y.

[…] la desconexión actual con influencias ancestrales —entornos naturales, prácticas dietéticas tradicionales y exposición fortuita a microbios no patógenos— se manifestaría en las estadísticas de salud y bienestar (o en resultados relacionados con cualidades humanas como la empatía) […] Dubos argumentaba que, dado que los humanos somos muy adaptables, la relación entre un desajuste evolutivo y la erosión de la salud sería silenciosa: la conciencia de esa relación sería mínima, sobre todo al principio de la era de la sofisticación tecnológica y la urbanización.[35]

Promovamos en lo posible la conciencia de esa relación y hagamos todo lo que esté en nuestra mano por resolver nuestros paleo-déficits. De lo contrario, seguiremos sufriendo un desajuste evolutivo que alimenta trastornos anímicos debilitantes, por no hablar de toda clase de enfermedades crónicas originadas por una inflamación desbocada.

PRINCIPALES BOMBAS DIGESTIVAS DE LA DIETA OCCIDENTAL QUE PROVOCAN INFLAMACIÓN

Me preguntan continuamente qué hábitos cotidianos pueden afectar negativamente al microbioma y cómo podemos reequilibrar nuestra ecología intestinal. Para ambas preguntas hay una sola respuesta: a través de la dieta. La dieta condiciona de manera fundamental qué bichitos están más activos en nuestro aparato digestivo y cómo responden a los agentes causantes de inflamación.

Actualmente son muchas las investigaciones que estudian la influencia de nuestra dieta tanto en el aumento de la permeabilidad intestinal como en la pérdida de diversidad bacteriana, fenómenos

---

35. *Ibid.*

ambos relacionados con el riesgo de padecer depresión.[36] Estas investigaciones revelan que las personas que siguen una dieta rica en grasas y proteínas saludables y antiinflamatorias presentan tasas de depresión significativamente más bajas. Contrariamente, una dieta rica en hidratos de carbono y azúcar aviva las llamas de la inflamación. Podemos examinar, además, los efectos de ingredientes como el gluten y la fructosa en los mecanismos inflamatorios del organismo. Está demostrado, por ejemplo, que la fructosa aumenta en un 40 por ciento los LPS presentes en el torrente sanguíneo.[37] Esta situación puede revertirse si se varía el equilibrio microbiano intestinal, lo que demuestra que el índice elevado de LPS asociado a la fructosa tiene su origen en cambios en las bacterias del aparato digestivo. La fructosa se encuentra de manera natural en la fruta, pero la mayoría de la fructosa que consumimos actualmente proviene de alimentos manufacturados. Nuestros ancestros cavernícolas comían fructosa en forma de piezas de fruta, pero sólo durante las épocas del año en las que estaban disponibles. Nuestro organismo no ha evolucionado aún para asimilar eficazmente las ingentes cantidades de fructosa que consumimos hoy en día. El jarabe de maíz de alta fructosa representa actualmente un 42 por ciento de todos los edulcorantes calóricos. Ello relaciona incuestionablemente la dieta occidental, tan rica en fructosa procesada, con las crecientes tasas de depresión. Y contribuye a explicar el nexo entre obesidad y depresión.

Restablecer la flora intestinal óptima es un proceso que requiere diversas medidas, pero que comienza sencillamente con la adopción de una dieta libre de cereales y lácteos que elimina el azúcar y los alimentos modificados genéticamente, contaminados invariablemente con glifosato, un herbicida de amplio espectro. Siguiendo

---

36. Peter J. Turnbaugh *et al.*, «A Core Gut Microbiome in Obese and Lean Twins,» *Nature* 457 (22 de enero, 2009): 480–484, doi:10.1038/nature07540. Véase también: Peter J. Turnbaugh *et al.*, «The Effect of Diet on the Human Gut Microbiome: A Metagenomic Analysis in Humanized Gnotobiotic Mice,» *Sci Transl Med* 1, n.º 6 (11 de noviembre, 2009): 6ra14, doi: 10.1126/scitranslmed.3000322.

37. A. C. Bested *et al.*, «Intestinal Microbiota, Probiotics and Mental Health: from Metchnikoff to Modern Advances: Part II-Contemporary Contextual Research,» *Gut Pathog* 5, n.º 1 (14 de marzo, 2013): 3, doi: 10.1186/1757-4749-5-3.

el protocolo que expongo en la segunda parte, podrás ajustar tu dieta y aprender otras estrategias nutricionales y de estilo de vida que pueden ayudarte a optimizar tu salud microbiana intestinal. Mis pacientes saben que soy un poco fanática de la comida y que me niego a verlas por segunda vez si no han seguido mi protocolo alimenticio (el mismo que aparece en este libro), sin excepciones. El cambio dietético es el primer paso, porque el predominio microbiótico puede alterarse en un plazo de setenta y dos horas haciendo sencillos ajustes que eliminan posibles disparadores del sistema inmune y reequilibran la flora intestinal.

A continuación expongo resumidamente cuáles son las principales «bombas digestivas» de la dieta occidental. En capítulos posteriores hablaremos con más detalle de estos productos y de otros que se encuentra habitualmente en los armarios de nuestras cocinas y cuartos de baño, pero primero quería ofrecerte un pequeño adelanto para que empieces a conocer a estos grandes villanos de la vida cotidiana.

Gluten

El gluten —palabra latina que significa «pegamento»— es una proteína que se encuentra de manera natural en el trigo. Existen además otras proteínas semejantes al gluten conocidas como prolaminas presentes en la cebada (hordeína), el centeno (secalina) y el maíz (zeína). Estas proteínas se cuentan entre los ingredientes alimentarios más inflamatorios de la era moderna. Aunque un pequeño porcentaje de la población es celíaca (es decir, altamente sensible a la acción del gluten), cualquier persona puede tener una reacción adversa a estas proteínas que sin embargo pase desapercibida. El gluten del trigo está compuesto por dos grupos principales de proteínas: las gluteninas y las gliadinas. Se puede ser intolerante a cualquiera de ellas o a una de las doce unidades menores que componen la gliadina. Y una reacción a cualquiera de ellas puede producir inflamación con consecuencias tanto biológicas como psicológicas.

Procesado a menudo con aceites manipulados en los alimentos refinados, el gluten puede ser un veneno para el cuerpo y para el cerebro. Sus estragos comienzan en el aparato digestivo, donde favorece la permeabilidad intestinal al desregular un compuesto llamado zonulina. Las cualidades «pegajosas» del gluten interfieren con la descomposición y absorción de los nutrientes, lo que produce una mala digestión de los alimentos que puede disparar las alarmas en el sistema inmune y desencadenar una agresión contra la mucosa del intestino delgado, lo que a su vez genera más inflamación. Quienes presentan síntomas de intolerancia al gluten se quejan de dolor abdominal, náuseas, diarrea, estreñimiento y malestar intestinal. No obstante, muchas personas que no presentan estos síntomas gastrointestinales tan evidentes podrían estar sufriendo una agresión silenciosa. Según el doctor Marios Hadjivassiliou, un conocido investigador del gluten, «la sensibilidad al gluten puede ser principalmente —y en ocasiones exclusivamente— una enfermedad neurológica».[38]

Los efectos neurológicos de la intolerancia al gluten incluyen depresión, convulsiones epilépticas, cefaleas, esclerosis múltiple/ desmielinización, ansiedad, síntomas asociados con diagnósticos de THDA, ataxia (pérdida de control de los movimientos corporales) y daños neurológicos.[39] De hecho, la página de recursos de investigación GreenMedInfo.com ha catalogado más de doscientas afecciones asociadas con el consumo de gluten de trigo, y de sus veintidós modos de toxicidad, la neurotoxicidad encabezaba la lista. Cuando recomiendo una dieta libre de gluten a mis pacientes a menudo me contestan que ya les han hecho las pruebas para descubrir si tienen la enfermedad celíaca —el desorden autoinmune asociado con la sensibilidad al gluten— y no la tienen. Ten presente que las pruebas convencionales disponibles actual-

---

38. M. Hadjivassiliou *et al.*, «Gluten Sensitivity as a Neurological Illness,» *J Neurol Neurosurg Psychiatry* 72, n.º 5 (Mayo, 2002): 560-563.

39. Para una exposición exhaustiva del papel del gluten en las patologías neurológicas y una síntesis de las últimas investigaciones relativas a este tema, véase el libro del doctor David Perlmutter, *Cerebro de pan. La devastadora verdad sobre los efectos del trigo, el azúcar y los carbohidratos* (Grijalbo, Barcelona, 2014). Véase también: D. B. Shor *et al.*, «Gluten Sensitivity in Multiple Sclerosis: Experimental Myth or Clinical Truth?» *Ann N Y Acad Sci* 1173 (Septiembre, 2009): 343-349.

mente para detectar esta intolerancia tienen sus limitaciones. La mayoría de los médicos solicitan análisis que sólo testean un pequeño número de posibles respuestas inmunes a este alimento. Pero el gluten está compuesto por seis grupos de cromosomas capaces de producir más de 23.000 proteínas, de modo que estas pruebas pueden ser tan limitadas que al final resultan inútiles. Un estudio observó una respuesta inflamatoria en las células intestinales de voluntarios sanos, lo que sugiere que el gluten puede provocar reacciones en *todo el mundo*.[40]

Lácteos

Yo antes era adicta a los lácteos. Cuando hace seis años mi naturópata me pidió que abandonara el gluten y los lácteos, tardé dos años en dejar de fantasear con el queso, la leche, los helados, la *ricotta* (sí, soy italiana) y el yogur. Resulta que hay una razón que explica el profundo placer asociado al consumo de los productos lácteos y de su mejor amigo, el trigo. Son las exorfinas, compuestos semejantes a la morfina presentes en estos alimentos, que interactúan con los receptores opiáceos del cerebro y otros tejidos corporales.

Actualmente son muchos los estudios psiquiátricos que vinculan las respuestas inmunes a la caseína —una proteína presente en la leche, principalmente en la de vaca— con dolencias que van desde la depresión a la esquizofrenia.

No quiero decir con ello que los lácteos sean problemáticos para todo el mundo, ni que todos los lácteos sean perjudiciales para algunas personas. He llegado a la conclusión de que reintroducir los lácteos en la dieta tras un mes de eliminación basta para saber con qué carta quedarte. De hecho, he tenido pacientes que vomitaban tras reintroducir los lácteos en su dieta, ¡después de llevar décadas consumiéndolos a diario! Así que, para empezar, voy a pedirte que

---

40. D. Bernardo *et al.*, «Is Gliadin Really Safe for Non-coeliac Individuals? Production of Interleukin 15 in Biopsy Culture from Non-coeliac Individuals Challenged with Gliadin Peptides,» *Gut* 56, n.º 6 (Junio, 2007): 889-890.

dejes de tomar lácteos durante al menos treinta días y a explicarte cómo puedes reintroducirlos en tu dieta, si es que eres capaz (y qué tipos de lácteos no son perjudiciales, ¡porque hay diferencias).

Alimentos modificados genéticamente

Desde hace unos años, son muchos los científicos que investigan el impacto de los herbicidas como el Roundup de Monsanto (glifosato) sobre el microbioma intestinal humano. El glifosato se emplea en más de 750 productos y desempeña un papel muy importante en la producción de cosechas modificadas genéticamente como la soja, la colza y el maíz. Lamentablemente, se encuentra también en alimentos no modificados genéticamente como el trigo y la avena, porque se utiliza como desecante de precosecha, un agente deshidratador que prepara la tierra para una nueva siembra. Esta sustancia química es muy agresiva con las bacterias beneficiosas debido a su impacto sobre la ruta del ácido shikímico, una importante ruta metabólica que emplean numerosos microorganismos y plantas para producir ciertos aminoácidos que nos son necesarios pero que no podemos producir por nuestros propios medios, porque nuestra biología no incluye este mecanismo.[41] Al desequilibrar esta flora, los pesticidas y herbicidas alteran la producción de aminoácidos esenciales como el triptófano —un precursor de la serotonina— y fomentan la producción de p-Cresol, un compuesto que altera el metabolismo de otros xenobióticos, o químicos ambientales, haciendo al individuo más vulnerable a sus efectos tóxicos. Incluso la activación de la vitamina D_3 en el hígado puede verse afectada negativamente por los efectos de los glifosatos en las enzimas hepáticas, lo que podría explicar los niveles epidémicos de déficit de vitamina D.

---

41. Para una magnífica exposición y compilación de referencias sobre los efectos del glifosato, véase el artículo del doctor Joseph Mercola's, «Research Reveals Previously Unknown Pathway by which Glyphosate Wrecks Health», publicado en Mercola.com el 14 de mayo, 2013, http://articles.mercola.com/sites/articles/archive/2013/05/14/glyphosate.aspx.

La literatura científica contiene asimismo numerosas pruebas de que las toxinas de los insecticidas (como la toxina Bt, muy abundante en el maíz modificado genéticamente) pasan a la sangre de las mujeres embarazadas y a los fetos, y de que el glifosato pasa a la leche materna. La modificación genética de alimentos, además de perpetuar nuestra exposición a pesticidas y herbicidas, implica riesgos de transferencia genética a las bacterias del aparato digestivo humano, convirtiéndolas en auténticas fábricas productoras de pesticidas.

Azúcares artificiales

En el siguiente capítulo hablaré con detalle de las consecuencias que puede tener el azúcar en tu psicología y tu bienestar mental. Ahora sólo quiero poner de relieve los efectos de los gemelos malvados del azúcar: las sacarinas y edulcorantes en sus diversas formas. En efecto, han sido los estudios realizados en los últimos años sobre los edulcorantes *artificiales* los que han sacado a la luz el hecho de que nuestras bacterias intestinales se ven afectadas por el azúcar que consumimos. El cuerpo humano no puede digerir los edulcorantes artificiales. De ahí que no tengan calorías. Pero aun así tienen que pasar por nuestro tracto gastrointestinal. Durante mucho tiempo dimos por sentado que los edulcorantes artificiales eran, en su mayor parte, aditivos inertes sin efectos sobre nuestra fisiología. Nada más lejos de la realidad. En 2014 se publicó en *Nature* un contundente artículo que demostraba que los azúcares artificiales afectan a las bacterias saludables del aparato digestivo desencadenando mecanismos que generan trastornos metabólicos en el huésped humano tales como resistencia a la insulina y diabetes, lo que contribuye a agravar la epidemia de sobrepeso y obesidad para la que supuestamente eran la solución.[42]

---

42. J. Suez *et al.*, «Artificial Sweeteners Induce Glucose Intolerance by Altering the Gut Microbiota,» *Nature* 514, n.º 7521 (9 de octubre, 2014): 181-186, doi: 10.1038/nature13793.

Antibióticos

La mayoría de las mujeres que desarrollan una infección por hongos tras tomar una tanda de antibióticos están familiarizadas con la idea de que los antibióticos aniquilan importantes bacterias reguladoras. Piensan: «Bueno, comeré un poco más de yogur o me tomaré un probiótico» (para restablecer cambios drásticos que no pueden deshacerse fácilmente). La seguridad de los antibióticos —que fueron inventados y estudiados antes de que se conociera el microbioma y el papel de la disfunción mitocondrial en la enfermedad crónica— nunca se han estudiado adecuadamente. Actualmente estamos descubriendo que los efectos de la exposición a antibióticos sobre las bacterias gastrointestinales pueden perdurar durante meses después del tratamiento y traducirse en ocasiones en desequilibrios permanentes. La página HormonesMatter.com ha documentado exhaustivamente las afecciones neurológicas y psiquiátricas que acompañan a la administración de antibióticos de uso frecuente como las fluoroquinolonas (como la ciprofloxacina).

Los antibióticos son un claro ejemplo de cómo nuestros conceptos anticuados fundamentan y promueven la insensatez de la medicina convencional. Empleamos los antibióticos conforme a la premisa «nosotros contra ellos» en lugar de comprender que necesitamos a los microbios y que debemos colaborar con ellos para conseguir una salud óptima. De ahí que el uso de antibióticos, al igual que las vacunas, equivalga a beber veneno para matar al enemigo.

El 40 por ciento de los adultos y el 70 por ciento de los niños (así como millones de animales criados en explotaciones industriales) toman antibióticos. Yo aconsejo a mis pacientes que procuren salir de esta estadística de pesadilla. Les pido que fortalezcan su inmunidad de manera natural a través de la medicina del estilo de vida, que abandonen su miedo a la infección —que tiene muy pocas probabilidades de matar a un individuo sano— y que robustezcan su organismo adoptando una dieta rica en nutrientes y en vitaminas A, D y C, y utilizando antimicrobianos e inmunomoduladores naturales. Protege a tus bichitos y ellos te protegerán a ti. En la segunda parte de este libro te enseñaré cómo hacerlo.

Fármacos antiinflamatorios no esteroideos (AINE) e inhibidores de la bomba de protones (antiácidos y antirreflujo)

Quizá pienses en el ibuprofeno como en un medicamento inocuo, sin receta médica, que alivia dolores y molestias. Lo mismo puede decirse de los antiácidos actuales como el Nexium (esomeprazol) y el Prevacid (lansoprazol). Algunas personas, engañadas por un falso sentido de la seguridad y la eficacia de estos medicamentos, llegan al extremo de llevarlos en el bolso o tenerlos en la mesilla de noche para su uso cotidiano. Pero como veremos en el capítulo 5 estas drogas distan mucho de ser inofensivas, especialmente en lo tocante a nuestro aparato digestivo y a sus pobladores microbianos. Dicho en pocas palabras, pueden generar hemorragias, mermar los nutrientes, incrementar la permeabilidad intestinal, debilitar el sistema inmune y desencadenar procesos inflamatorios y autoinmunes. ¿Es necesario decir más? Pues sí: también pueden contribuir a la disbiosis, un desequilibrio en el microbioma, nuestro delicado microbioma que nos exige impedir tales atentados contra la mucosa y el sistema inmune.

TODO ESTÁ RELACIONADO

No me canso de repetirlo: la imbricación entre el aparato digestivo, el cerebro y los sistemas inmune y hormonal es extremadamente difícil de desentrañar. Hasta que empecemos a reconocer esta compleja interrelación, no podremos prevenir o tratar eficazmente la depresión. Para curar y prevenir de verdad, debemos trabajar a diario para enviar a nuestros cuerpos el mensaje de que no estamos siendo atacados, de que no corremos peligro y de que estamos bien nutridos, en calma y bien afianzados.

Como sociedad, podemos empezar a pensar en proteger el microbioma desmedicalizando el parto y la nutrición de los bebés. Como individuos, podemos evitar los antibióticos, los fármacos AINE, los cereales que contengan gluten, los lácteos procesados y cargados de hormonas sintéticas, los alimentos modificados genéticamente y los no orgánicos. El tratamiento de la depresión desde una perspectiva intestino-cerebro incluye la ingestión de probióticos, alimentos fermentados y grasas naturales y el fomento de la relajación para una digestión óptima, con efectos antiinflamatorios y sensibilizadores a la insulina. Es el llamado enfoque psiconeuroinmunológico, que probablemente representa el futuro del cuidado de la salud mental. Este enfoque obligará sin duda a investigadores y clínicos por igual a reconocer la interconexión inevitable de los diversos sistemas corporales y de nuestro vínculo indisoluble con el ecosistema que nos rodea y nos habita.

4

Los grandes farsantes psiquiátricos

Dos problemas comunes y corregibles que pueden
conducir a un diagnóstico psiquiátrico

¿Tus hábitos alimenticios «saludables» te están robando vitalidad?

¿Esconden los resultados «normales» de tus análisis tiroideos una fuente secreta de depresión?

A veces es necesaria una crisis de salud personal para que un médico convencional se detenga, mire y escuche otra voz. Eso es justamente lo que me pasó a mí. Yo, una doctora de formación tradicional, me topé con las enormes limitaciones de la medicina ortodoxa y me vi obligada a cruzar al otro lado de esa frontera y a desprenderme de todo lo que había aprendido sobre terapéutica. Para mí fue una bendición no exenta de amarguras. Verás, yo era una de esas chicas que pueden comer lo que quieran, pasar de hacer ejercicio y quedarse levantadas hasta las tantas sin engordar. Y eso estuve haciendo casi hasta los treinta años. Mientras fui médica residente, comía en McDonald's y en White Castle, bebía Red Bulls y llevaba chocolatinas Snickers en el bolso para mantenerme despierta, porque arrastraba falta de sueño. Antes de empezar a intentar quedarme embarazada, tomaba píldoras anticonceptivas, ibuprofeno para los dolores de cabeza ocasionales y hasta bletabloqueadores para mis inexplicables taquicardias. Tuve a mi hija mayor cuando todavía estaba haciendo la especialidad, y volví al trabajo a las tres semanas de dar a luz, rebosante de energía. El peso que había ganado durante el embarazo se disolvió rápidamente y me sentía bastante bien a pesar de que trabajaba ochenta y cuatro horas a la semana.

Nueve meses más tarde, sin embargo, me encontraba en un estado completamente distinto. Tenía la sensación de estar volviéndome loca. Me encantaba ser madre y hacer malabarismos para conciliar mi nueva vida familiar con el trabajo en el hospital y en mi consulta privada, que entonces estaba en ciernes, pero estaba tan cansada que me sentía como si mis miembros fueran de plomo. Tenía, además, inquietantes lapsos mentales. Me volví distraída como no lo había sido nunca: me dejaba las llaves dentro de la consulta, olvidaba el PIN de mi tarjeta de crédito, citaba dos veces a los pacientes y tenía que enviar cheques a los taxistas (almas caritativas) los días que me dejaba la cartera en casa. Este comportamiento perjudicaba mi carrera y mi confianza en mí misma como madre primeriza. A pesar de que me sentía desanimada, como psiquiatra y como paciente posparto sabía que muchos de estos síntomas podían categorizarse bajo el manto diagnóstico de la depresión, lo que requería el empleo automático de esa presunta panacea que son los antidepresivos.

Unos análisis de rutina dieron por fin con el problema: mi tiroides (una glándula fundamental que produce hormonas que intervienen en casi todos los procesos metabólicos del organismo, incluidos los relacionados con el estado anímico y la memoria) se hallaba sometida a asedio. Los análisis mostraron indicios de lo que llamamos tiroiditis de Hashimoto, un trastorno autoinmune que hace que el organismo ataque e intente destruir su propio tejido tiroideo. El tiroides se inflama, el tejido se destruye y la glándula deja de funcionar como es debido. (De hecho, la tiroiditis de Hashimoto, descrita por primera vez en 1912, fue la primera enfermedad autoinmune en ser tipificada.)[1] Mi médico me explicó que era una enfermedad crónica, no me dio ninguna explicación acerca de cómo podía haber llegado a ese estado ni ningún consejo sobre cómo tratar la dolencia sin recurrir a medicamentos, y me recetó una hormona tiroidea sintética que tendría que tomar el resto de mi vida. No era para tanto.

Pero para mí sí lo era. Nunca había estado enferma, y de pronto me enfrentaba al diagnóstico de una patología y a la perspectiva de un tratamiento de por vida. Sabía por mis lecturas perinatales que la autoinmunidad tiroidea (incluso cuando los niveles hormonales son normales) puede producir abortos y nacimientos prematuros, y tenía muy claro que quería tener más hijos. Desconfío en general, por principio, de las recomendaciones de los demás —incluso de los médicos— y siempre he sido un poco rebelde. Así que fui a ver a un naturópata maravilloso que me introdujo en el sutil y esperanzador mundo de la autocuración, e hice mis propias averiguaciones, no sólo como médica, sino también como paciente que necesitaba respuestas con urgencia. Y pronto descubrí que mi estado no se debía fundamentalmente a un problema de tiroides. Nada de eso: era un fallo grave en mi sistema inmune originado por las alteraciones posparto, por un desequilibrio intestinal crónico y por unos hábitos dietéticos que dejaban mucho que desear (sí: tantos Big Macs y tantas bebidas energéticas comenzaban a pasarme factura). Todo ello se manifestaba en disfunción tiroidea. Seguramente había también problemas glucémicos subyacentes, porque toda esa comida basura tenía que estar matándome sigilosamente. Baste decir que aquella experiencia me hizo valorar en su justa medida la interconexión de todos los sistemas de la fisiología humana. Lo positivo fue que, gracias a aquella crisis, ahora puedo ayudar a otras mujeres que se encuentran en la misma situación que yo entonces, y ejercer —digamos— de cancerbera, impidiéndoles entrar en el demoledor carrusel del diagnóstico psiquiátrico.

---

1. P. Caturegli *et al.*, «Hashimoto's Thyroiditis: Celebrating the Centennial through the Lens of the Johns Hopkins Hospital Surgical Pathology Records,» *Thyroid* 23, n.º 2 (Febrero, 2013): 142-150, doi: 10.1089/thy.2012.0554.

Siete años después, tras otro embarazo sin contratiempos de salud, sé que el desequilibrio tiroideo ocasionado por una respuesta del sistema inmune es una causa de depresión y ansiedad corriente pero que a menudo pasa desapercibida (y no hace falta haber sido madre recientemente para tener problemas de tiroides). Sé también que existen estrategias claras, basadas en pruebas científicas fehacientes, para restaurar la función tiroidea *sin necesidad de recurrir a medicamentos*. Encontré, en efecto, otra manera de salir de esa bruma aturdidora. En cuanto cambié de dieta y empecé a tomar suplementos dietéticos específicos, a meditar y a hacer ejercicio con regularidad, mi trastorno tiroideo se resolvió por completo: es decir, volví a tener niveles de anticuerpos y hormonas normales y saludables. En esa experiencia se basa el método que propongo en este libro.

No me malinterpretéis: mi periplo personal no siempre ha sido fácil, e hicieron falta casi dos años de disciplina implacable para que mis problemas se solucionaran por completo. Tuve que aprender más sobre biología humana de lo que creía que me haría falta (sobre todo como psiquiatra de formación tradicional), y esos nuevos conocimientos dieron un vuelco a casi todo lo que había estudiado durante mi larga formación médica, que se había prolongado más de una década. Me vi obligada a *desaprender* la mayor parte de los conocimientos que había adquirido al precio de cientos de miles de dólares, noches de insomnio, estrés innecesario y servidumbre voluntaria. Aplicar en la práctica toda esa información ha sido un verdadero ejercicio de amor propio. Pero he obtenido mi recompensa, no sólo en forma de estabilidad mental, sino también de una excelente salud física. Y me gustaría que tú pudieras hacer lo mismo.

Llegados a este punto del libro, ya sabes que la depresión dista mucho de ser simplemente un trastorno neurológico. Pero ¿sabías que algunas afecciones muy corrientes que pasan desapercibidas presentan los síntomas típicos de diversos trastornos psiquiátricos? Son lo que yo llamo «farsantes psiquiátricos», y el desequilibrio tiroideo —que no el desequilibrio químico cerebral— es uno de los más frecuentes entre mujeres en la actualidad. De hecho, el hipotiroidismo —el funcionamiento insuficiente del tiroides— es una de las dolencias que con más frecuencia pasan desapercibidas para los médicos a pesar de ser increíblemente común, sobre todo en mujeres. Más del 20 por ciento de las mujeres tienen el tiroides «vago», pero sólo la mitad de ellas son diagnosticadas (y ese diagnóstico no es tan fácil como puede parecer en un principio). El otro gran «farsante» —el desequilibrio glucémico— ha alcanzado también proporciones epidémicas en la actualidad, y sin embargo son pocos los médicos que establecen una relación entre el hecho de hallarse al borde de la diabetes (si no se es ya diabético) y presentar síntomas de depresión. Como veremos enseguida, estos dos «farsantes» tienen mucho en común.

ESTRAGOS EN EL TIROIDES

Melissa acababa de cumplir treinta y un años y no tenía antecedentes psiquiátricos cuando vino a mi consulta quejándose de nerviosismo, taquicardia, insomnio y ansiedad. Otro psiquiatra le había recetado Ativan, un ansiolítico, y Zoloft, un antidepresivo, pero Melissa, que confiaba en poder evitar esos medicamentos, acudió a mí en busca de una solución más saludable. Lo primero que hice fue pedir análisis para localizar cualquier anomalía fisiológica. Aunque sus niveles de TSH —la hormona estimuladora de la glándula tiroides— eran normales según los resultados de las pruebas rutinarias que solemos pedir los médicos, gracias a otros análisis de rutina que los médicos *no* suelen pedir descubrí que presentaba un índice muy elevado de anticuerpos antitiroideos. Es decir, que su sistema inmune estaba atacando a su propio tejido tiroideo. Melissa estaba, por tanto, en el primer estadio de la enfermedad de Hashimoto, una fase que puede preceder hasta en siete años a un diagnóstico formal de dicha enfermedad.

Como decía más arriba, el hipotiroidismo, una dolencia en la que la glándula tiroides no produce suficiente cantidad de determinadas hormonas clave, constituye actualmente una epidemia entre la población femenina. Casi sesenta millones de estadounidenses, en su mayoría mujeres, presentan algún tipo de problema de tiroides que suele tratarse con hormonas tiroideas sintéticas como el Synthroid. Aunque nunca nos detengamos a pensar en nuestro tiroides, esta glándula en forma de mariposa ubicada en la base del cuello cumple funciones muy importantes, entre ellas producir las hormonas que regulan el metabolismo (incluyendo la creación de nuevas mitocondrias, las generadoras de energía de nuestras células), controlar la síntesis de proteínas y regular la sensibilidad del organismo a otras hormonas. Participa, además, en los mecanismos de desintoxicación, crecimiento e inmunidad y en la función cognitiva.

Son muchos los productos alimenticios y las sustancias químicas que pueden alterar la función tiroidea, desde los refrescos de consumo masivo (que contienen sustancias químicas llamadas emulsionantes) y los plásticos (que contienen bisfenol A y otras sustancias químicas parecidas), hasta el agua del grifo (que a menudo contiene flúor) o el mercurio presente en los grandes peces que nadan en nuestros mares contaminados. Concretamente, el tiroides es responsable de producir las hormonas T0, T1, T2, T3 y T4. Las primeras tres (T0, T1 y T2) son precursores hormonales y subproductos de la producción de hormonas tiroideas. No actúan, por tanto, sobre los receptores hormonales tiroideos y desempeñan una función que todavía no conocemos del todo bien. Las dos hormonas tiroideas más activas son la T3 y la T4. La mayor parte de la T4 —el reservorio de la hormona tiroidea— se transforma en su forma activa, la T3, en tejidos de todo el cuerpo, incluido el cerebro. Este proceso depende de enzimas especializadas, de un nivel óptimo de cortisol (la hormona del estrés) y de ciertos nutrientes tales como el hierro, el yodo, el cinc, el magnesio, el selenio y las vitaminas B, C y D.

Dado que las hormonas tiroideas son esencialmente el sustento metabólico de todas las células del cuerpo, lo lógico sería cuidar con mucho mimo esta fuente de salud tan fundamental. Pero la salud del tiroides suele pasarse por alto o, en el mejor de los casos, quedar en segundo plano. Cuando la hormona tiroidea activa es deficitaria o funciona mal, podemos experimentar numerosos síntomas semejantes a los de la depresión, como fatiga, estreñimiento, pérdida de cabello, desánimo, aturdimiento, sensación de frío constante, metabolismo bajo, aumento de peso, sequedad de la piel, dolores musculares e intolerancia al ejercicio. Te metes en la cama con calcetines, haces caca sólo una vez por semana y te pintas las cejas porque ya no tienes pelos. La tiroiditis posparto —la que yo tuve— va precedida normalmente por un periodo de *hiper*tiroidismo funcional en el que puedes experimentar un exceso de energía y sufrir insomnio, diarrea, ansiedad y pérdida de peso acelerada. Son las mujeres que vuelven rápidamente «a su ser» después de tener un bebé, para nueve meses después caer en picado. El hipertiroidismo —es decir, cuando la glándula tiroides produce demasiadas hormonas— es más raro, pero también tiene efectos negativos sobre el organismo. Puede, por ejemplo, desencadenar problemas de corazón y de huesos.

¿De veras tienes una enfermedad mental?

De modo que, ¿cuántas de las llamadas enfermedades mentales tienen en realidad su origen en el tiroides y, dando un paso más atrás, en el sistema inmune? Según mi experiencia, la inmensa mayoría de ellas. Hace mucho tiempo que los científicos conocen la relación entre la disfunción del tiroides y los síntomas de depresión. Uno de los primeros artículos en evidenciar el vínculo entre tiroiditis autoinmune «asintomática» y depresión fue publicado en 1982 por el doctor Mark S. Gold y sus colaboradores.[2] Gold, un especialista en adicciones de fama mundial, lleva mucho tiempo investigando los efectos de las drogas sobre el cerebro y el comportamiento. También ha estudiado cómo las disfunciones fisiológicas que pasan desapercibidas pueden manifestarse en síntomas depresivos. Diez años después de aquel artículo pionero, el *British Medical Journal* publicó otro que corroboraba la relación entre disfunción tiroidea y depresión, y en 2015 el boletín científico *European Archives of Psychiatry and Clinical Neuroscience* publicó un nuevo estudio que abundaba en la asociación entre tiroiditis autoinmune y depresión. Los autores de esta última investigación escribían: «Nuestro estudio demuestra una fuerte vinculación causal entre los niveles [de anticuerpos antitiroi-

---

2. Para una lista completa de las publicaciones del doctor Gold, consúltese www.drmarkgold.com/dr-mark-s-gold-addiction-medicine-books-and-publications/.

deos], considerados un parámetro diagnóstico revelador de tiroiditis autoinmune, con la depresión uni y bipolar».[3]

Pero los médicos hoy en día a menudo no tienen en cuenta la tiroides cuando una mujer acude a la consulta aquejada de dolencias vagas.[4] En vez de mandarle análisis para afrontar el problema real le escriben una receta. Desafortunadamente, detectar un problema en la tiroides a menudo requiere análisis exhaustivos.

Incluso cuando prescriben análisis de tiroides, los médicos no siempre obtienen resultados precisos. Ello se debe a que los análisis estandarizados chequean una única hormona en la sangre, producida por la glándula pituitaria del cerebro: la TSH. Normalmente, la glándula pituitaria libera TSH en respuesta a un bajo nivel de hormona tiroidea, de modo que un nivel elevado de TSH suele considerarse síntoma de tiroides hipoactivo. Pero, en el caso de muchas mujeres, esto es comparable a mantener apagada la luz en una habitación a oscuras y decir que no encuentras las llaves.

El problema de los rangos de referencia que se consideran normales y anormales en los análisis típicos es que estos rangos se basan en una muestra de población no sometida a cribado que probablemente incluye a personas con disfunción tiroidea no diagnosticada. Es decir, que los rangos de referencia son engañosos, lo que hace que muchas veces esta dolencia quede sin diagnosticar: muchas personas cuyos análisis arrojan resultados «normales» tienen, de hecho, dañada la glándula tiroides. Tipificar cierto rango de referencia como normal implica un grado de precisión que no se da en los análisis estandarizados. Todos tenemos un rango de valores singular e individual, ligeramente distinto al de los demás. Ésa es la referencia que debería tenerse en cuenta a la hora de valorar la normalidad

---

3. D. Degner *et al.*, «Association between Autoimmune Thyroiditis and Depressive Disorder in Psychiatric Outpatients,» *Eur Arch Psychiatry Clin Neurosci* 265, n.º 1 (Febrero, 2015): 67-72, doi: 10.1007/ s00406-014-0529-1.

4. Para un resumen de las investigaciones sobre tiroides y síntomas de depresión, véase www.kellybroganmd.com, en especial las siguientes entradas: «Thyroid: What's Mental Health Got to Do with It» (14 de julio, 2014); «New Habits Die Hard-Dessicated Thyroid Treatment» (11 de diciembre, 2013) y «Is Thyroid Hormone Dangerous for Psych Patients?» (24 de marzo, 2015)

o anormalidad de la función tiroidea, algo que no pueden hacer los análisis al uso.

Los médicos no saben cómo analizar el cuadro completo. Rara vez se fijan, por ejemplo, en los niveles de hormonas libres, es decir, de hormonas tiroideas en sangre que no están ligadas a proteínas y que los análisis rutinarios no suelen cuantificar. No valoran la importancia del sistema inmune como herramienta para conseguir la remisión de una patología. Por eso no testean los anticuerpos antitiroideos ni cambian su tratamiento estándar, es decir, la prescripción de una hormona tiroidea sintética que sirve para todo. No es de extrañar que el Synthroid sea el medicamento más recetado en la actualidad.[5] Rara vez es la solución, sin embargo. Mi método puede ayudar a devolver la función tiroidea a la normalidad, y para quienes de verdad necesitan suplementos hormonales existen diversas alternativas a las hormonas sintéticas. (Véase el capítulo 10, donde también hablo de los análisis más adecuados para identificar un tiroides vago.)

La medicina convencional no valora en su justa medida la interrelación entre múltiples factores que, por otra parte, son fáciles de compartimentalizar. Y cuando a una paciente no se la diagnostica con acierto o no responde al tratamiento con hormona tiroidea, entonces... es que necesita un psiquiatra. A fin de cuentas, sus síntomas —aturdimiento, cansancio, insomnio, nerviosismo, ansiedad— se corresponden con los de la depresión y sus niveles de TSH son «normales». Tratar a estas mujeres con antidepresivos es como poner un vendaje a una astilla que ha quedado incrustada bajo la piel. Es una oportunidad perdida de resolver el problema de raíz. Y es un ejemplo elocuente de que la medicina convencional puede cometer errores graves.

¿Cómo afecta la glándula tiroides a la salud mental? En primer lugar, es importante entender que la función de un tiroides sano no consiste únicamente en bombear hormonas: implica un sofisticado intercambio entre el cerebro, la glándula tiroides, las hormonas y las células y tejidos receptores. De hecho, ni siquiera podemos

---

5. Troy Brown, «The 10 Most-Prescribed and Top-Selling Medications,» artículo en WebMD, 8 de mayo, 2015, www.webmd.com/news/20150508/most-prescribed-top-selling-drugs.

abordar el tema de la salud tiroidea sin echar previamente un vistazo a las mitocondrias, los minúsculos orgánulos de las células que tienen su propio ADN y son responsables de una larga lista de tareas que van desde generar energía a dictar cuándo ha llegado la hora de que muera una célula. Es natural, por tanto, que las mitocondrias hayan ido concitando paulatinamente el interés de los investigadores de las enfermedades crónicas. Pues bien, el principal sostenedor de las mitocondrias es la hormona tiroidea. Por eso cuando tu tiroides no funciona del todo bien puedes acusar toda esa serie de síntomas de los que hablaba más arriba. Es más, el buen funcionamiento del tiroides depende del cortisol, la hormona del estrés que segregan las glándulas adrenales respondiendo a las señales que les envía el cerebro.

Para mí, la cuestión crucial es por qué se desequilibra la producción de las glándulas adrenales. ¿Por qué el cerebro corta la secreción de cortisol, dejando a los pacientes cansados pero cargados de nerviosismo? Cuando tratamos de restablecer la función tiroidea no podemos ignorar sin más las glándulas adrenales, esos pequeños órganos situados sobre nuestros riñones que fabrican diversas hormonas y sustancias neuroquímicas que nos ayudan a responder a las exigencias de la vida cotidiana. Estas sustancias, que dominan gran parte de nuestro sistema de respuesta biológica al estrés, incluyen el cortisol, la DHEA, la aldosterona, la norepinefrina y la epinefrina. Para que la hormona tiroidea se metabolice y actúe de manera óptima, la producción de cortisol a lo largo del día también debe optimizarse. Por este motivo hago a mis pacientes análisis de los niveles de cortisol a lo largo del día (véase página 296). Chequear estos niveles es necesario para formarse una idea general de la función tiroidea. Porque las pautas ideales de cortisol no inciden únicamente en el control del estrés. Como explicaré en la segunda parte, una dieta baja en azúcares y la suplementación con ciertas hierbas y vitaminas antiinflamatorias son herramientas fundamentales a la hora de recuperar el pleno control de tu salud.

Cuando analizamos qué estresores pueden activar las glándulas adrenales, hemos de considerar los siguientes factores:

Píldoras anticonceptivas

Las hormonas sintéticas de estas píldoras de uso generalizado reducen drásticamente los niveles de hormona tiroidea disponibles en el organismo (aunque los resultados de tus análisis sean «normales») al elevar la globulina fijadora de la tiroxina, una proteína que se pega a la hormona tiroidea en el torrente sanguíneo. Cuando la globulina fijadora de la tiroxina sube, tus niveles tiroideos bajan. Se ha demostrado asimismo que los anticonceptivos orales promueven la inflamación y eliminan antioxidantes y nutrientes esenciales. Hablaré más detenidamente de las píldoras anticonceptivas en el siguiente capítulo. Siempre pido a mis pacientes que dejen de tomar la píldora y les sugiero otras alternativas de control de la fecundidad, como los preservativos, los DIU no hormonales y el método del ritmo.

Gluten

Como explicaba en el capítulo anterior, las proteínas «pegajosas» presentes en el trigo, así como las prolaminas semejantes al gluten presentes en la cebada, el centeno y el maíz, afectan de manera directa al cerebro y de manera indirecta al resto del organismo. A la glándula tiroides en especial. Está demostrado que la sensibilidad al gluten —que a menudo pasa desapercibida y no se diagnostica— genera tanto enfermedad celíaca como tiroiditis de Hashimoto, por mencionar sólo dos de las más de doscientas afecciones a las que está asociada. Este vínculo se explica en parte por el hecho de que el propio tiroides contiene secuencias de aminoácidos (es decir, proteínas) que se parecen mucho a las del gluten, razón por la cual el sistema inmune puede confundirse y empezar a atacar al tiroides como si fuera un invasor foráneo. En 2001, *The American Journal of Gastroenterology* publicó un notable estudio que demostraba que los individuos con peores reacciones al gluten —es decir, los celíacos— tienen tres veces más riesgo de padecer disfunción tiroidea, y que eliminar el gluten de su dieta puede resolver por completo esta sintomatología.[6] Y diversos estudios que datan

---

6. C. Sategna-Guidetti *et al.*, «Prevalence of Thyroid Disorders in Untreated Adult Celiac Disease Patients and Effect of Gluten Withdrawal: An Italian Multicenter Study,» *Am J Gastroenterol* 96, n.º 3 (Marzo, 2001): 751-757.

de la década de 1980 ya mostraban un fuerte vínculo entre la intolerancia al gluten no sometida a tratamiento y la depresión.

Flúor

Históricamente, el flúor se ha utilizado para inhibir la función tiroidea en pacientes con tiroides hiperactivo. Este elemento altera múltiples aspectos de los tejidos tiroideos, trastorna la fisiología hormonal normal, desplaza al yodo y disminuye la cantidad de selenio, dos elementos esenciales de la función tiroidea. Hoy en día, el flúor está por todas partes: se encuentra presente en el agua potable, en los medicamentos, en las cazuelas y sartenes antiadherentes y en la pasta de dientes. Investigaciones recientes demuestran que el flúor del agua no sólo aumenta el riesgo de enfermedad tiroidea en un 30 por ciento, sino que puede no prevenir la caries (la principal razón por la que se empezó a añadir al agua potable).[7] Cuando exponga mi método, te enseñaré cómo puedes reducir drásticamente tu ingestión de flúor.

Interruptores endocrinos

Desde que estabas en el vientre materno has estado expuesta a miles de químicos ambientales, muchos de los cuales pueden alterar tu fisiología normal. Las sustancias químicas que utiliza actualmente la industria y la agricultura, como los ftalatos, los materiales ignífugos bromados y los PCB son tóxicos que dificultan la biología tiroidea. Estos tóxicos, de los que hablaremos en el capítulo 5, también trastornan el equilibrio hormonal en general, fomentan la inflamación y estimulan negativamente el sistema inmune.

La glándula tiroides es como el canario de las minas de carbón: puede ser la primera víctima de este mundo acelerado, en el que escasean los nutrientes y abundan las sustancias tóxicas. Y aunque quizá no sientas este ataque en el propio tiroides, no hay duda de que acusarás sus efectos en tu estado de ánimo. Fortalecer un tiroides sano es verdaderamente un ejercicio de medicina holística que empieza por reforzar el sistema inmune para que no ataque a los

---

7. Para una síntesis de las investigaciones que demuestran la relación entre flúor y disfunción tiroidea, véase http://fluoridealert.org/issues/health/thyroid/.

propios tejidos del cuerpo y genere síntomas de depresión. Otra razón fundamental para corregir la disfunción autoinmune tiroidea es disminuir el riesgo de desarrollar otros trastornos autoinmunes como la artritis, el lupus y la esclerosis múltiple.

La dificultad estriba en saber si corres riesgo de sufrir efectos adversos y en determinar cuánta exposición hace falta para desencadenar una respuesta negativa en tu organismo. Vivimos en un mundo sobrestimulado, y es difícil predecir qué sistemas fisiológicos van a rebelarse contra esa sobrestimulación. Establecer los puntos de relación entre tu sistema inmune y tu salud mental puede parecer difícil y enrevesado al principio, pero no lo es tanto cuando llegas a comprender la relación íntima y directa que existe entre estas dos redes fisiológicas. Pasemos ahora a ese tema.

Entérate: es el sistema inmune

Como ocurre con todos los seres vivos de este extraño y hermoso planeta, nuestro cuerpo tiene la voluntad de sobrevivir como organismo individual, al igual que millones y millones de organismos que compiten por los mismos recursos. Además del instinto de lucha o huida con el que nacemos para ayudarnos a sobrevivir a nuestros encuentros con los depredadores del mundo exterior, el cuerpo humano ha desarrollado métodos para atacar y matar cualquier amenaza interna que ponga en peligro nuestra supervivencia. Nuestras células inmunitarias están constantemente alerta para detectar organismos y moléculas foráneas y potencialmente hostiles. Esto lo hacen reconociendo estructuras superficiales que identifican como «ajenas».[8]

De bebés, nuestro sistema inmune se encuentra inhibido a fin de que podamos aprender, a través de la leche materna, a qué debe responder y a qué *no* debe responder, lo que es igual de importante. Los niveles de hormona del estrés durante el embarazo e

---

8. Véase mi artículo en www.kellybroganmd.com, «Pheromones Missing From That Similac?» 13 de noviembre, 2014, http://kellybroganmd.com/snippet/pheromones-missing-similac/.

incluso durante el periodo de lactancia trasladan reiteradamente información importante al bebé acerca del entorno en el que va a vivir.[9] Es la madre la que debe enseñar al bebé esta compleja relación con el mundo microbiano. Así viene siendo desde hace millones de años.

Recordemos que el tejido linfático asociado al aparato digestivo es el responsable de más del 80 por ciento de la primera línea defensiva de nuestro cuerpo. Es probable que tu médico no se detenga a pensar que el sistema inmune de base digestiva y la salud mental funcionan al unísono, de modo que no te preguntará cómo te alimentas o qué tal haces la digestión cuando vayas a quejarte de síntomas clásicos de depresión. Pero si algo no marcha bien en tu sistema inmune, no hay duda de que esa anomalía puede desencadenar síntomas psiquiátricos debido a las intricadas conexiones entre sistema inmune, aparato digestivo, glándulas hormonales y cerebro. Son muchas las comidas occidentales que contienen ingredientes que surten efectos adversos y de largo alcance sobre el sistema inmune, aunque a menudo esos efectos pasen desapercibidos o se manifiesten *fuera* del aparato digestivo (de modo que el hecho de que hagas caca a la perfección no significa que no tengas problemas digestivos). Las respuestas inmunes aparentemente insignificantes en el intestino afectan al estado anímico y a la memoria, aunque puede que al principio no las notes. En el capítulo 7 hablaré de los principales ingredientes y alimentos que desencadenan respuestas inmunes (para una primera aproximación, echa un vistazo al cuadro que encontrarás en la página siguiente). Se trata de comidas que el organismo humano no está diseñado para asimilar y que *nadie debería consumir*. Yo diría incluso que son directamente tóxicas para el organismo. Lo bueno es que es relativamente sencillo eliminar de tu dieta estos disparadores potenciales del sistema inmune. Algunas personas tienen además intolerancias o alergias a otros alimentos que deben evitar, aunque yo los recomiende en mi método. Las hortalizas solanáceas, los huevos y los frutos secos, por ejemplo, pueden causar problemas a un pequeño número de personas para

---

9. *Ibid*

las que habría que encontrar sustitutivos. Si tienes este tipo de alergias alimentarias, es muy posible que ya lo sepas y que puedas modificar adecuadamente el protocolo dietético que propongo.

PRINCIPALES INGREDIENTES (TÓXICOS) QUE HAY QUE ELIMINAR DE INMEDIATO

- Proteínas con contenido en gluten (presentes en el trigo, la cebada y el centeno)
- El azúcar en casi todas sus formas (azúcar refinado, jarabe de maíz de alta fructosa y edulcorantes artificiales como la sacarina)
- Los alimentos no orgánicos y los modificados genéticamente como el maíz, la soja y el aceite de colza (en la actualidad, los alimentos modificados genéticamente se esconden en todas partes, a menudo donde menos te lo esperas)
- Las grasas perjudiciales (aceites vegetales procesados)
- La caseína (la proteína presente en los productos lácteos, incluida la leche y el queso)

Ten en cuenta que la inflamación se produce cuando se activan diversos químicos reparadores en la sangre debido a una herida, a una infección o incluso al estrés psicológico. Evidentemente, la inflamación es uno de los modos en que el sistema inmune reacciona a una amenaza con intención de ponerle freno. Dado que muchas amenazas entran en contacto con nuestro organismo en el intestino (donde se localiza la mayor parte de nuestro sistema inmune), es probable que la inflamación se inicie con una disfunción intestinal. En algún momento de nuestra evolución como especie esta respuesta fue adaptativa, pero en la actualidad, debido a los hábitos de vida modernos, estas reacciones inflamatorias se activan de manera constante y continuada en muchos de nosotros.

Una de las maneras más eficaces de restablecer la salud de un sistema inmune disfuncional —así como de la glándula tiroides— es eliminar el consumo de azúcar y controlar el nivel de glucosa en la sangre. Has leído bien: el secreto para poner fin a tu depresión podría estar perfectamente en detener los bruscos altibajos (la montaña rusa del azúcar) que se dan en tu torrente sanguíneo y, por ende, en tu cerebro debido a la glucosa.[10] Además, eliminar el caos que produce el azúcar puede salvarte de un diagnóstico de trastorno de pánico, ansiedad generalizada, síntomas asociados a diagnósticos de THDA y hasta de trastorno bipolar, e impedir que dependas de medicamentos que pueden causar graves perjuicios a tu mente y tu organismo.

LOS ESTRAGOS DEL AZÚCAR

Ya conoces el amodorramiento que puede entrarte si te das un festín de azúcar después de comer, y seguramente hayas visto también (si no en ti misma quizás en tus hijos o en alguien cercano a ti) el mal humor que produce un bajón de azúcar en la sangre. Pero los desequilibrios glucémicos también pueden ser crónicos e ir agravándose paulatinamente. La resistencia a la insulina —la primera parada del tren expreso hacia un diagnóstico de diabetes— es una dolencia potencialmente grave que en Estados Unidos afecta a una cifra astronómica de personas. Aunque la diabetes y la obesidad suelen ser el centro de atención, la resistencia prolongada a la insulina y su compañera, la hipoglucemia reactiva, se manifiestan con frecuencia como síntomas psiquiátricos clásicos. Los hábitos alimenticios (una dieta rica en hidratos de carbono refinados y procesados y pobre en grasas saludables) llevan a muchas personas a tomar medicamentos psiquiátricos, en vez de solventar los problemas glucémicos que se encuentran en el origen de su malestar mental y anímico. Y si a los problemas glucémicos se añaden los efectos nocivos pero silenciosos que pueden estar teniendo sobre el sistema inmune ingredientes como el gluten, los edulcorantes artificiales y las proteínas lácteas, la situación se complica aún más.

La insulina, como probablemente ya sabes, es una de las sustancias más importantes del organismo. La función más conocida de

---

10. Para una visión general de la relación entre problemas glucémicos, diabetes y depresión, véase www.nimh.nih.gov/health/publications/depression-and-diabetes/index.shtml.

esta hormona es ayudarnos a trasladar la energía procedente de los hidratos de carbono desde la comida a las células para que éstas puedan utilizarla. El proceso por el que nuestras células asimilan y utilizan la glucosa —una molécula de importancia vital por ser la principal fuente de energía del organismo— es extremadamente complejo. Nuestras células no pueden recoger sin más la glucosa que pasa por el torrente sanguíneo. Tienen que trasportarla con ayuda de la insulina, la hormona que produce el páncreas. La insulina transporta rápidamente la glucosa desde el torrente sanguíneo a los músculos, al hígado y especialmente a las células adiposas para que puedan utilizarla como combustible o bien almacenarla como energía en forma de grasa.

Las células normales y sanas no tienen problema en responder a la insulina. Pero cuando se ven expuestas de manera constante a elevados niveles de insulina como consecuencia de una subida sostenida de la glucosa (normalmente causada por el consumo excesivo de hidratos de carbono refinados y procesados), nuestras células se adaptan y se vuelven «resistentes» a la hormona. Esto hace que el páncreas secrete en exceso y que se requieran niveles cada vez más altos de insulina para que la glucosa penetre en las células. Pero estos niveles disparados también bajan drásticamente el azúcar en la sangre, lo que se traduce en una sensación de ansiedad de origen neuronal así como en diversos malestares físicos. De hecho, muchas de las palabras que se emplean para describir la sensación que produce una bajada de azúcar son sinónimas de depresión.

Como puedes imaginar, esto pone en marcha un círculo vicioso que con el tiempo puede culminar en una diabetes tipo 2. Si eres diabética, por definición tienes alto el azúcar en sangre porque tu organismo no puede por sí solo transportar la glucosa a las células para que sea almacenada y transformada en energía. Y si esa glucosa permanece en la sangre causa un montón de problemas. No es de extrañar que las causas de mortalidad y morbilidad asociadas con los niveles elevados de azúcar en sangre (es decir, las enfermedades cardiovasculares) constituyan también la principal causa de muerte en el mundo occidental. Y como comentaba en el capítulo 1, tampoco es de extrañar que tener el azúcar alto sea uno de los principales factores de riesgo para la depresión. Las mujeres diabéticas tienen casi un 30 por ciento más de probabilidades de desarrollar depresión. En 2015, un estudio dirigido por un equipo de científicos de la Universidad del Estado de Michigan y de la Universidad de Dankook (Corea del Sur) descubrió que la inflamación (medida según el nivel de proteína C-reactiva) y los trastornos metabólicos como el nivel alto de azúcar en sangre en ayunas y la hemoglobina glicosilada eran extremadamente predictivos de depresión en mujeres, mucho más que en hombres.[11]

Puede que sea difícil sustraerse a este círculo vicioso, y lo sé porque yo misma fui adicta al azúcar. Pero no estamos diseñados para comer las cantidades y los tipos de azúcares que consumimos hoy en día, algunos de los cuales se esconden en alimentos aparentemente inocuos y considerados saludables, como el trigo integral, los carbohidratos complejos de los cereales, los yogures desnatados y los refrescos *light*, que contienen edulcorantes artificiales. La reacción que tiene lugar en el cuerpo en respuesta a esta ingestión desorbitada de distintas formas de azúcar se llama hipoglucemia reactiva y puede manifestarse en diversos síntomas compatibles con depresión y ansiedad.

He aquí lo que sucede, explicado en pocas palabras: cuando comes azúcar de una manera obvia (en una chocolatina, por ejemplo) o incluso de una manera no tan obvia (en forma de pan o pasta hecha con harina refinada), sube tu nivel de azúcar en sangre y, para compensar esta subida, se produce también un pico en tus niveles de insulina. Y ese pico conduce pasado un tiempo al desplome de tu nivel de azúcar y a una respuesta compensatoria del cortisol (la hormona responsable de sacar el azúcar de los almacenes celulares y trasladarlo al torrente sanguíneo), lo que produce más de lo mismo: ansia de más hidratos de carbono y azúcares. Es, por tanto, la pescadilla que se muerde la cola. Recuerda que tu cerebro sólo puede subsistir unos minutos sin una fuente constante de combustible. Si depende principalmente del azúcar y no de las grasas —que son una

---

11. W. K. Kim *et al.*, «Depression and Its Comorbid Conditions More Serious in Women than in Men in the United States,» *J Women's Health* (Larchmt) (1 de julio, 2015).

fuente de energía mucho más estable—, cuando tu nivel de azúcar se desploma se desata el caos en tu organismo. En este estado, es muy probable que te encuentres nerviosa, ansiosa, que te duela la cabeza, que te den náuseas, que estés irritable, de mal humor, arisca, cansada y aturdida. ¿Te suena todo esto? Son síntomas típicos de un diagnóstico de depresión y ansiedad. Y estas sensaciones y sentimientos pueden durarte todo el día, o toda la semana, o todo el mes, lo que contribuye a una sensación general de desasosiego y agitación que puede llevarte a la consulta de tu médico, de la que es probable que salgas con la receta de un antidepresivo.

El azúcar puede dañar, además, las células cerebrales en zonas como el hipocampo, el órgano responsable de organizar la provisión y la demanda de cortisol. Pero por suerte hay una solución muy sencilla para este problema, de la que hablaremos en el capítulo 6: eliminar de tu dieta los azúcares perjudiciales y las harinas refinadas y consumir más proteínas de alta calidad y grasas naturales, sobre todo a la hora del desayuno.

He aquí un caso que ejemplifica bien este proceso: Jessica tenía veintitrés años cuando entró en mi consulta quejándose de síndrome premenstrual con acné y sensación generalizada de nerviosismo y desasosiego: síntomas típicos de depresión. Se levantaba con frecuencia en plena noche para tomar un tentempié, pero cuando se arrancaba de la cama con gran esfuerzo por las mañanas no tenía apetito. Este detalle me hizo comprender que su equilibrio glucémico era un recuerdo del pasado. Me dijo además que notaba un aturdimiento muy molesto, que se sentía sin fuerzas, que sufría taquicardias y que tenía la libido baja, todo lo cual indicaba un desequilibrio glucémico. La puse enseguida a dieta para estabilizar su azúcar en sangre y ayudarla a evitar esos tentempiés de madrugada. Tuvo, entre otras cosas, que eliminar el azúcar y los cereales de su dieta y empezar a consumir aceite de coco y mantequilla clarificada y a tomar suplementos con L-carnitina y cromo. A las pocas semanas había perdido cuatro kilos, dormía toda la noche de un tirón por primera vez en cuatro años, dejó de tener molestias menstruales al tercer ciclo y se sentía libre. La ansiedad que antes nublaba sus días había desaparecido.

Recuerda que el control lo tienes tú

Cuando doy una charla acerca de los temas que he tratado en este capítulo, suelen preguntarme sobre el papel que desempeña la genética en todo esto. Aunque es cierto que una persona puede ser más proclive a ciertas enfermedades como el hipotiroidismo y la diabetes debido a factores hereditarios impresos en su ADN, esos factores no tienen por qué ser absolutamente determinantes. Ni siquiera las personas que por sus antecedentes familiares tienen mayor riesgo de presentar síntomas depresivos tienen por qué padecer depresión. Tu ADN y su expresión están siempre a merced de factores ambientales (es decir, de tus hábitos de vida: lo que comes, cuánto estrés soportas, los tóxicos de tu entorno, incluso los pensamientos que se te pasan por la cabeza). Una manera muy sencilla de entender todo esto es pensar en una persona obesa que pierde todo su sobrepeso. Sigue teniendo el mismo ADN subyacente, pero está claro que sus genes se están expresando de manera distinta como resultado de un cambio ambiental que incluye hábitos nutricionales y régimen de ejercicio. Y este proceso funciona en los dos sentidos: puedes no tener riesgo genético de padecer hipotiroidismo (o diabetes, u obesidad, o depresión) y aun así desarrollar estas afecciones debido a tus hábitos de vida.

La disfunción tiroidea y los trastornos glucémicos son solamente dos de los «farsantes psiquiátricos» que a menudo pasan desapercibidos y que por tanto no se resuelven cuando a una persona la etiquetan de depresiva. Otros tienen un origen externo, como los productos de belleza que compras o las pastillas que tomas para aliviar el ardor de estómago. Los síntomas neuronales que forman parte de un diagnóstico de depresión tienen casi siempre su origen en una mezcla de incompatibilidades dietéticas y exposición a sustancias químicas ambientales, como los medicamentos y las vacunas. En el siguiente capítulo veremos qué clase de tóxicos ambientales pueden tener efectos adversos sobre el organismo que se traduzcan en trastornos mentales, anímicos y de memoria.

5

Por qué habría que advertir de los peligros de las lociones corporales, el agua del grifo y los analgésicos sin receta médica

Fármacos de uso corriente y tóxicos ambientales que pueden ser causa de depresión

El ibuprofeno, las estatinas, el omeprazol, el flúor, las «fragancias», las vacunas y los anticonceptivos orales tienen un denominador común: la depresión

Cuando Monica, una mujer de cincuenta y seis años, ejecutiva en una empresa de relaciones públicas, vino a verme por primera vez, sus dos principales preocupaciones eran la pérdida de memoria (había llegado al punto de preguntarse si lo suyo sería un caso de Alzheimer temprano) y su estado de desánimo. Incluso abrigaba ideas de suicidio. No siempre había sido así, y quería volver a ser ella «de verdad», la que había sido siempre. Pero aparte de sus problemas anímicos y de memoria, Monica presentaba otros síntomas: falta de energía, dolor generalizado, sequedad de piel, estreñimiento y aumento de peso. Como muchas mujeres de mediana edad, estaba tomando una estatina para el colesterol alto, así como un antidepresivo de uso muy común. Su médico de cabecera afirmaba que no serviría de nada cambiar de hábitos dietéticos. Al estudiar su caso, descubrí que sufría la misma enfermedad que había tenido yo: una tiroiditis de Hashimoto. También descubrí que mostraba signos tempranos de diabetes: tenía el azúcar descontrolado.

Monica nunca había sospechado que la estatina que tomaba pudiera ser perjudicial, y su médico le había asegurado que era un medicamento muy seguro, uno de los más recetados (de hecho, lo toman millones de personas diariamente). No le había dicho, en cambio, que entre sus posibles efectos secundarios adversos estaban los problemas anímicos y de memoria.

Al enterarse de todo esto, dejó de tomar la estatina y optó por intentar poner coto a su desequilibrio tiroideo, una conocida causa de desajuste del colesterol. Aparte de las recomendaciones habituales para que recortara drásticamente el consumo de alimentos procesados, le hablé de la posibilidad de eliminar el gluten de su dieta (y por tanto la inflamación que causa). Empezó además a tomar una hormona tiroidea natural (no sintética, como la que suelen recetar los médicos), y al cabo de tres meses sus síntomas habían desaparecido por completo y había recuperado el equilibrio glucémico. Pronto se vio libre de depresión y con unos niveles de colesterol saludables, lo que a ella le pareció un milagro. No sólo recuperó su buena memoria, sino que empezó a perder peso. Entonces comenzamos a trabajar juntas para que fuera dejando poco a poco el antidepresivo que tomaba.

Aunque es de común conocimiento que vivimos en un mundo en el que la exposición a la contaminación y a sustancias químicas sintéticas es una realidad cotidiana, poca gente es consciente del impacto que tiene sobre el cuerpo femenino esta exposición a tóxicos ambientales, que con el tiempo puede causar problemas mentales y cognitivos. Y no hablo solamente de los sospechosos habituales, como los plásticos y los recibos impresos que destilan bisfenol A, los pesticidas de las verduras y hortalizas, los antibióticos presentes en los productos cárnicos, el mercurio del pescado o la contaminación que respiramos diariamente. Me refiero también a sustancias químicas que trastornan la mente y que introducimos en nuestros cuerpos a través de fármacos aparentemente inocuos: píldoras anticonceptivas, estatinas, fármacos antirreflujo y protectores de estómago como el Prilosec y el Nexium, y antiinflamatorios no esteroideos como el ibuprofeno y el naproxeno.

Ya he hablado acerca de algunos de estos fármacos y de sus perjuicios. Ahora voy a hablar de los medicamentos «no psiquiátricos» que pueden desencadenar síntomas de depresión, así como de otras fuentes de tóxicos ambientales cuyo uso podemos limitar fácilmente en nuestra vida cotidiana. Empezaremos por mis tres grandes bestias negras: los fármacos que con más insistencia pido a mis pacientes que abandonen. No es que sea muy difícil dejarlos (sobre todo en comparación con lo que cuesta desengancharse de un antidepresivo), pero aun así tengo que poner mucho empeño para convencer a mis pacientes cuando llegan a mi consulta pertrechadas con lo que ellas creen razones perfectamente válidas para seguir tomando anticonceptivos, por ejemplo. A continuación enumero varios fármacos perjudiciales que también suelen encontrarse en nuestros bolsos y nuestros botiquines y acabaré con una nota de advertencia acerca de las vacunas.

PRIMERA BESTIA NEGRA: ANTICONCEPTIVOS ORALES

Cuando me llegan pacientes quejándose de baja libido, apatía o desánimo, aumento de peso, pérdida de cabello y aturdimiento, una de las primeras cosas que les pregunto es si toman la píldora. Cuando se lamentan de su irritabilidad premenstrual, de insomnio, ganas de llorar, sensación de hinchazón y dolor de mamas como excusa para seguir tomando anticonceptivos orales y quizá también un antidepresivo (la panacea universal de ginecólogos y psiquiatras), me limito a responderles: «Hay una alternativa mejor».

Antes consideraba el uso de la píldora como un derecho de toda mujer, un privilegio inalienable de las mujeres de hoy en día. Tardé años en cambiar de opinión. Empecé a pensar que el uso de la píldora carga exclusivamente a la mujer con la responsabilidad de evitar un embarazo no deseado, al tiempo que desdeña e ignora la cantidad de efectos secundarios que entraña su consumo: desde molestias difusas pero insidiosas a riesgo de muerte.

Más de cien millones de mujeres emplean esta forma de supresión hormonal en todo el mundo. Yo me pregunto cuántas de ellas están informadas de los sutiles desajustes que genera la píldora en el organismo, eso por no hablar de los riesgos de tromboembolismo (grandes coágulos de sangre), hipertensión (tensión alta), derrame cerebral, cálculos biliares y cáncer.[1]

A pesar de que tienen fama de sacarnos de quicio, las hormonas son lo que nos mantiene en marcha: las que nos excitan, nos mueven, nos impulsan y nos llenan de vida. Las complejas interrelaciones entre las hormonas sexuales, las tiroideas y las adrenales son como las mágicas gafas 3-D: si te tapas una lente, las cosas no parecen tan emocionantes.[2]

Cuando tengo a una paciente sentada delante, sé que se trata de una mujer que lucha a brazo partido con su desánimo y su ansiedad y que lo último que debe hacer es tomar hormonas sintéticas, con la carga farmacológica que llevan aparejada, porque ello equivale a boicotear su recuperación: es como tirar piedras contra tu propio tejado. Desde la década de 1960 existe una controversia acerca de los posibles efectos sobre el ánimo de los anticonceptivos orales, y el

---

1. Para una síntesis de las investigaciones sobre la correlación entre la píldora y los trastornos psiquiátricos, véase mi artículo en www.kellybroganmd.com, «Is the Pill Changing Your Brain?» 28 de abril, 2015, http://kellybroganmd.com/snippet/oral-contraceptives/. Y también: «That Naughty Little Pill,» artículo en MadinAmerica.com, 8 de febrero, 2013, www.madinamerica.com/2013/02/that-naughty-little-pill/.

2. Parte de lo que expongo en este apartado aparecía ya en mi artículo «That Naughty Little Pill,» publicado en MadinAmerica.com, 8 de febrero, 2013, http://www.madinamerica.com/2013/02/that-naughty-little-pill/.

debate no se ha zanjado aún, pese a que hace más de medio siglo que vienen utilizándose.

Se sabe, sin embargo, que la depresión es uno de los motivos más comunes para dejar de tomar la píldora. Yo, por lo menos, no necesito que me convenzan de ello los estudios que demuestran que las mujeres que toman la píldora están significativamente más deprimidas que los grupos de control de mujeres que no la toman. Es un fenómeno que conozco de primera mano: lo veo a diario, sobre todo en mujeres que empiezan a tomar anticonceptivos después de un parto.

Aunque los datos que apuntan a que existe una correlación entre la píldora y los trastornos anímicos no son muy fiables debido a la mala calidad de los estudios, lo que podemos sacar en claro de ellos es que los anticonceptivos orales suponen para ciertas mujeres un factor de riesgo importante para la depresión y para otros desequilibrios anímicos emparentados con ella. ¿Quiénes son esas mujeres? Según los resultados de trece estudios prospectivos, parece que tienen antecedentes psiquiátricos personales o familiares (aunque, tal y como están las cosas, esto incluiría prácticamente a toda la población femenina), que se ven exacerbados por las experiencias del embarazo y el posparto, los periodos premenstruales y la juventud.[3,4] Más concretamente, las mujeres que presentan desequilibrios anímicos premenstruales antes de tomar la píldora experimentan más efectos adversos con las píldoras que contienen dosis más bajas de progestina, es decir, anticonceptivos orales trifásicos. Las mujeres que no tienen antecedentes psiquiátricos sufren más efectos secundarios con píldoras que contienen mayores niveles de progestina.

¿Es posible que estos efectos secundarios obedezcan a una simple coincidencia? ¿Podrían deberse a una «confusión por indicación» o al hecho de que muchas mujeres que optan por suprimir su ciclo

---

3. K. A. Oinonen y D. J. Mazmanian, «To What Extent Do Oral Contraceptives Influence Mood and Affect?,» *J Affect Disord* 70, n.º 3 (Agosto, 2002): 229-240.

4. KellyBroganMD.com, «That Naughty Little Pill,» artículo en MadinAmerica. com, 8 de febrero, 2013, www.madinamerica.com/2013/02/that-naughty-little-pill/.

menstrual podrían ser, de partida, propensas a la depresión? Es posible, pero también lo son algunos de los siguientes aspectos de origen biológico.

Por de pronto, las hormonas sintéticas de las que se componen los anticonceptivos orales combinados, que contienen estrógenos y una globulina fijadora de hormonas sexuales (SHBG por sus siglas en inglés), disminuyen eficazmente la hormona tiroidea y la testosterona disponibles en la circulación sanguínea, lo que puede dejarte con la libido por los suelos, deprimida, con un hipotiroidismo funcional, estreñida, con sobrepeso, atontada y, para colmo, ¡con la piel y el pelo secos! Un ensayo aleatorizado de nueve semanas en el que se probaron tres clases de píldoras descubrió que todas ellas aumentaban tanto la SHBG como la resistencia a la insulina y los marcadores inflamatorios como la proteína C-reactiva.[5] Otro estudio descubrió que el aumento de SHBG puede persistir mucho después de dejar de tomar la píldora, lo que contribuye a la disfunción sexual femenina o baja libido.[6] Dicho sea de paso, tanto las sustancias químicas industriales omnipresentes en nuestra sociedad (los PCB, el bisfenol A o los ftalatos) como el déficit en la secreción de estrógenos que produce la disbiosis intestinal pueden conducir a estados inconvenientes de predominancia estrogénica. Es decir, que rompen el equilibrio entre los estrógenos y la progesterona.

En segundo lugar, los anticonceptivos orales favorecen el estrés oxidativo. El estrés suele definirse como la incapacidad para afrontar las exigencias cotidianas, y el estrés oxidativo es una fuerza destructiva dentro del organismo perpetuada por especies reactivas del oxígeno (los «radicales libres») que superan en número a las enzimas y

---

5. T. Piltonen *et al.*, «Oral, Transdermal and Vaginal Combined Contraceptives Induce an Increase in Markers of Chronic Infflammation and Impair Insulin Sensitivity in Young Healthy Normal-weight Women: A Randomized Study,» *Hum Reprod* 27, n.º 10 (Octubre, 2012): 3046-3056, doi: 10.1093/humrep/des225.

6. C. Panzer *et al.*, «Impact of Oral Contraceptives on Sex Hormone-binding Globulin and Androgen Levels: A Retrospective Study in Women with Sexual Dysfunction,» *J Sex Med* 3, n.º 1 (Enero, 2006): 104-113.

otros elementos antioxidantes. Está demostrado que uno de los parámetros que sirven para medir el estrés oxidativo, la perioxidación lipídica (un marcador que mide lo rancias que son las grasas presentes en tu sangre), es mayor en quienes toman anticonceptivos orales y mejora (aunque no hasta las cantidades de la línea base) cuando se trata con vitaminas E y C, de conocidos efectos antioxidantes.[7]

El tercer gran perjuicio de los anticonceptivos orales es que merman la cantidad de vitaminas, minerales y antioxidantes disponibles en el organismo.[8] Se sabe que agotan la vitamina B_6, un cofactor en la producción de importantes neurotransmisores que contribuyen a regular el humor, como la serotonina y el ácido gamma-aminobutírico (GABA), así como el cinc, el selenio, el fósforo y el magnesio.[9] Se sabe, además, que el uso de píldoras para el control de la fecundidad está asociado a niveles elevados de cobre (que pueden causar sensaciones de sobreestimulación), hierro (que puede inducir el estrés oxidativo), calcio y cadmio, comparados con los parámetros de control. Dado que reemplazar y corregir estas vitaminas puede ser difícil, quizá lo mejor sea procurar no alterar su equilibrio, sin más.

Ten en cuenta que los anticonceptivos orales son fármacos ideados para personas sanas. De ahí que las ventajas y perjuicios de su uso deban sopesarse conforme a un criterio distinto al de un tratamiento terapéutico. Puesto que siguen existiendo numerosas incógnitas sin resolver acerca de lo que puede suceder cuando manipulamos

---

7. F. Zal *et al.*, «Effect of Vitamin E and C Supplements on Lipid Peroxidation and GSH Dependent Antioxidant Enzyme Status in the Blood of Women Consuming Oral Contraceptives,» *Contraception* 86, n.º 1 (Julio, 2012): 62-66, doi: 10.1016/j.contraception.2011.11.006.

8. P. R. Palan *et al.*, «Effects of Oral, Vaginal, and Transdermal Hormonal Contraception On Serum Levels of Coenzyme Q(10), Vitamin E, and Total Antioxidant Activity,» *Obstet Gynecol Int* (2010): pii: 925635, doi: 10.1155/2010/925635.

9. O. Akinloye *et al.*, «Effects of Contraceptives on Serum Trace Elements, Calcium and Phosphorus Levels,» *West Indian Med J* 60, n.º 3 (Junio, 2011): 308-315. Para más información acerca de los efectos de la píldora, especialmente en lo relativo al cerebro, véase mi artículo en www.kellybroganmd.com, «Is the Pill Changing Your Brain?», 28 de abril, 2015.

las rutas hormonales y los mecanismos de retroalimentación del organismo, dependemos de la observación de quienes ya están tomando la píldora para sopesar estas ventajas e inconvenientes. Por desgracia, esto supone estudiar la evolución de mujeres que presentan graves complicaciones relacionadas con la píldora: infartos, ictus, ataques epilépticos, tumores de hígado, bruscos cambios de humor y suicidio. Este segmento incluye a chicas muy jóvenes y a mujeres a las que se les receta la píldora para controlar el acné o los periodos irregulares, y a otras que sólo quieren evitar que la regla les cause molestias. Estas reacciones peligrosas y exacerbadas salpican un panorama general de apatía, baja libido, cambios en la personalidad y enfermedades autoinmunes, todo ello asociado con los efectos de los estrógenos y la progesterona sintética (conocida como progestina) que implican cambios adversos en el microbioma, el metabolismo y los mecanismos inflamatorios.

¿Quién acaba tratando todos estos molestos e insidiosos efectos secundarios?

Lo has adivinado: tu psiquiatra de cabecera, con el talonario de recetas en la mano.

Es muy posible que en el futuro vayan surgiendo nuevos resultados científicos que asocien el uso de la píldora con cambios de base neurológica y que confirmen algo de lo que millones de mujeres de todo el mundo vienen quejándose desde hace décadas: que la píldora las hace enloquecer, que las deprime y exacerba su ansiedad. Merece la pena insistir en que los tratamientos farmacológicos nunca son del todo inocuos, y en que es muy difícil calcular previamente los perjuicios y beneficios de estos fármacos si no sabemos a qué riesgos ambientales y genéticos está expuesta una persona en concreto. Si no sabes si acabarás deprimida o, peor aún, muriendo por tomar la píldora, ¿para qué arriesgarte? Si existe un tratamiento alternativo que suponga riesgos mínimos o inapreciables y que incluso pueda entrañar cierto grado de beneficios demostrados científicamente, para mí ése sería el camino más seguro y fácil hacia la salud reproductiva. Actualmente, la libido saludable de las mujeres se asemeja mucho a un ciclo menstrual feliz y normal, libre de las garras de los fármacos.

SEGUNDA BESTIA NEGRA: ESTATINAS[10]

Mejor prevenir que curar, ¿verdad? Es el argumento que sirve de excusa a la industria farmacéutica para mantener secuestrada nuestra psique. Es muy probable que tú misma o que alguien a quien conozcas tome un medicamento para bajar el colesterol (Crestor, Lipitor o Zocor, por ejemplo). Puede que tu madre, tu padre, tu hermano o tu pareja consuman uno de estos fármacos dando por sentado que les ayudarán a prevenir un infarto de consecuencias fatales. Las directrices sanitarias recientes han ampliado tanto el segmento de potenciales usuarios de estatinas que da la impresión de que somos muy pocos los que vamos por la vida con niveles aceptables de grasa taponando nuestras arterias. Estas nuevas directrices, publicadas en 2013, añadieron trece millones de nuevos posibles consumidores al ya amplio espectro de la población que toma estatinas.[11] Muchos de estos nuevos pacientes forman parte de la población de más edad, entre sesenta y setenta y cinco años. Se calcula que casi un 80 por ciento de las personas de ese rango de edades tendría que tomar una estatina, conforme al nuevo algoritmo basado en la estimación de riesgos patológicos. Y ese nuevo algoritmo no sólo incluye el riesgo de accidentes cardiovasculares. Actualmente, las estatinas se recomiendan también para personas que no tienen el colesterol alto ni presentan a priori riesgo de padecer una afección cardiovascular.

Pero ¿cómo convencen las empresas farmacéuticas a los médicos de que sus pacientes necesitan estos medicamentos con urgencia? Confían (ni que decir tiene que en beneficio propio) en que no hayan desempolvado sus conocimientos de estadística últimamente.

---

10. Este apartado adapta un artículo escrito por Sayer Ji y por mí misma y publicado en www.GreenMedInfo.com, «Cracking the Cholesterol Myth: How Statins Harm the Body and Mind,» 27 de febrero, 2015, www.greenmedinfo.com/blog/cracking-cholesterol-myth-how-statins-harm-body-and-mind?page=1#!.

11. «ACC/AHA Publish New Guideline for Management of Blood Cholesterol,» American Heart Association, 12 de noviembre, 2013, http://newsroom.heart.org/news/acc-aha-publish-new-guideline-for-management-of-blood-cholesterol.

La bibliografía médica suele recurrir para ello a un juego de manos. Se sirve, por ejemplo, del célebre recurso a la «reducción relativa del riesgo», que puede hacer que un resultado clínico parezca significativo cuando la «reducción absoluta del riesgo» desvela, de hecho, su insignificancia. Se trata de un fraude estadístico que describieron de manera elocuente el doctor David M. Diamond, profesor de Psicología, Farmacología molecular y Fisiología de la Universidad de South Florida, y el doctor Uffe Ravnskov, un investigador independiente especializado en colesterol y enfermedades cardiovasculares. En un artículo publicado en 2015 en la *Expert Review of Clinical Pharmacology*, demostraron que los beneficios de las estatinas se habían exagerado y que sus promotores se servían del «engaño estadístico» para inflar los resultados acerca de la efectividad de estos fármacos y restar importancia a sus efectos secundarios adversos.[12] Como explicaban Diamond y Ravnskov, pongamos por caso que se trata con estatinas a cien personas y que el tratamiento sólo demuestra su efectividad en una de esas personas. Las estatinas benefician únicamente a un 1 por ciento de la población, lo que significa que sólo ayudarán a prevenir el infarto a una de cada cien personas. Pero ese resultado se oculta: los investigadores le dan la vuelta recurriendo al «riesgo relativo», otro cálculo estadístico que genera el espejismo de que las estatinas benefician a un porcentaje que varía entre el 30 y el 50 por ciento de la población. De modo que el paso de un porcentaje del 2 al 1 por ciento en la tasa de infarto se disfraza de una reducción del 50 por ciento en lugar de presentarse *como lo que es en realidad*: una mejora de sólo un 1 por ciento.

Este porcentaje podría justificar la premisa del «mejor prevenir que curar» si estos medicamentos no se contaran entre las sustancias químicas más tóxicas que se ingieren de manera voluntaria, con al menos trescientos efectos secundaros perjudiciales documentados hasta la fecha, entre ellos daños musculares y nerviosos,

---

12. David M. Diamond y Uffe Ravnskov, «How Statistical Deception Created the Appearance that Statins Are Safe and Effective in Primary and Secondary Prevention of Cardiovascular Disease,» *Expert Review of Clinical Pharmacology* 8, n.º 2 (2015): 201, doi: 10.1586/17512433.2015.1012494.

cáncer, lesiones hepáticas, caos hormonal y defectos congénitos en niños expuestos a sus efectos en el útero materno. Paradójicamente, las estatinas reductoras del colesterol, que se cuentan entre los fármacos más recetados, se promocionan ahora como una manera de reducir los niveles generales de inflamación. Pero nuevas investigaciones revelan que estos fármacos *pueden dañar la función neurológica y aumentar el riesgo de diabetes, enfermedades coronarias y depresión.* La razón es muy sencilla: el cuerpo, y especialmente el cerebro, necesitan colesterol para desarollarse y prosperar. Son muchos los datos científicos que demuestran que los niveles extremadamente bajos de colesterol se asocian con depresión, pérdida de memoria e incluso con episodios de violencia hacia uno mismo y hacia los demás.[13]

Desde la década de 1950 se nos viene diciendo que comer grasas engorda y que es altamente recomendable evitar las grasas tradicionales (como la mantequilla, la carne y los huevos) y reemplazarlas por sus sucedáneos artificiales de fabricación industrial.[14] ¿A qué se debe que hayamos accedido a dar la espalda a miles de años de alimentación instintiva para adoptar una dieta rica en hidratos de carbono y azúcares y deficitaria en este nutriente fundamental?

Todo comenzó con una mala lectura de un estudio manipulado.[15] En 1958, Ancel Keys se propuso «demostrar» que existía una correlación entre el consumo de grasa saturada (un término que se consideraba sinónimo de grasa animal, la cual suele ser

---

13. Para una breve panorámica general sobre la relación entre colesterol bajo y depresión, véase el artículo del doctor James M. Greenblatt en *Psychology Today*, «Low Cholesterol and Its Psychological Effects,» 10 de junio, 2011, www.psychologytoday.com/ blog/the-breakthrough-depression-solution/201106/low-cholesterol-and-its-psychological-effects.

14. Los siguientes párrafos son una adaptación de mi artículo «Luscious Lipids» en MadinAmerica.com, 20 de enero, 2013, www.madinamerica.com/2013/01/luscious-lipids/.

15. Para una panorámica general de la historia de las grasas dietéticas en nuestras vidas y de la influencia de Ancel Keys, véase el reportaje de Brian Shilhavy para la revista *Time*, «Ending the War on Fat,» 12 de junio, 2014.

rica en grasas polinsaturadas y monoinsaturadas) y enfermedad coronaria. Sistematizó mediante gráficos la incidencia de este problema médico multidimensional y crónico en veintidós países, pero debió de llevarse una decepción al ver los puntos dispersos de su diagrama, así que decidió manipularlos para que mostraran una relación lineal entre seis de los parámetros referenciados.

El estudio de Keys pareció ser la luz verde que necesitaban los ejecutivos de la industria alimentaria para ponerse manos a la obra y empezar a producir y distribuir masivamente alimentos hidrogenados (sucedáneos de la mantequilla) y aceites vegetales procesados. Como consecuencia de este tremendo cambio nutricional —el paso de la comida auténtica a la comida manufacturada—, sufrimos tasas cada vez mayores de enfermedades inflamatorias crónicas como la diabetes y las afecciones coronarias que buscábamos prevenir. Pero ¿qué más debe preocuparnos de esta obsesión por los alimentos «bajos en grasas», aparte de la sobrecarga de trabajo del páncreas y la irritación del sistema vascular que produce su consumo?

A estas alturas, yo recomendaría que las mujeres que sufren desequilibrios hormonales y síntomas anímicos escuchen con mucha atención, porque se da la circunstancia de que el colesterol es un nutriente esencial para la salud del cerebro, un hecho que, con tanto hablar de las grasas y de sus perjuicios, hemos perdido de vista. ¿Te has fijado en que en los resultados de tus análisis hay un límite superior de colesterol pero no un límite inferior? Puede que ello obedezca a un total desprecio por parte de la medicina convencional de los riesgos asociados con la hipocolesterolemia, es decir, los niveles anormalmente bajos de colesterol en sangre. El colesterol desempeña numerosas funciones vitales, pero aquí vamos a centraros sólo en tres: la estructuración y refuerzo de la membrana celular, la síntesis hormonal y la producción de vitamina D.

Cuando me llegan los resultados de los análisis de mis pacientes suelo reparar en que aquellas que presentan síntomas anímicos tienen invariablemente el colesterol por debajo de 160. Puede que a sus internistas les impresione positivamente y les satisfaga sobremanera que lleven una dieta tan baja en grasas, pero a mí no. En lugar de congratularme por que no tengan las arterias taponadas por una especie de engrudo pegajoso, lo que yo veo son membranas decrépitas y fofas a la deriva en un erial desprovisto de hormonas.

La membrana celular es una barrera mágica y nacarada de unos ocho nanómetros de grosor que deja pasar la información, los nutrientes y los mensajeros celulares a través de portales proteínicos reforzados por los fosfolípidos y por sus ácidos grasos polinsaturados. Sin ellos, la membrana se convierte en una puerta basculante porosa y disfuncional. El colesterol refuerza asimismo la producción de ácidos biliares, que son fundamentales para la descomposición y absorción de grasas dietéticas esenciales. Es más, el colesterol es un combustible esencial para las neuronas. De hecho, el 25 por ciento de la cantidad total de colesterol presente en el cuerpo humano se localiza en el cerebro, la mayor parte —más del 70 por ciento— en la envoltura de mielina que recubre y aísla los nervios. Dicho de manera sencilla: el cerebro es el órgano más rico en colesterol de todo el cuerpo.[16]

El organismo recurre asimismo al colesterol para producir pregnenolona, una molécula precursora de hormonas sexuales como la testosterona y los estrógenos, de modo que sin él nuestros sistemas reproductivo y endocrino se desequilibran. Es decir, nuestra libido, nuestro ciclo menstrual armonioso, nuestra piel tersa, nuestro metabolismo equilibrado y nuestras capacidades cognitivas. Además, la vitamina D, una prodigiosa hormona semejante a un esteroide, se produce a partir de precursores del colesterol y su carencia parece estar relacionada con tal cantidad de dolencias que es imposible enumerarlas (entre ellas, la depresión). El cuerpo fabrica vitamina D a partir del colesterol de la piel, al exponerse a los rayos ultravioletas del sol. Si miraras la fórmula química de la vitamina D, te costaría distinguirla de la de la fórmula del colesterol: son prácticamente idénticas.

---

16. I. Björkhem y S. Meaney, «Brain Cholesterol: Long Secret Life Behind a Barrier,» *Arterioscler Thromb Vasc Biol* 24, n.º 5 (Mayo, 2004): 806-815.

De modo que no es sorprendente (al menos para mí) que el colesterol bajo se asocie con el suicidio y la depresión, así como con otros trastornos neurológicos.[17] Entre los pacientes hospitalizados por depresión, trastorno bipolar y trastorno de ansiedad, se ha documentado que son muchos más los que tienen un nivel bajo de colesterol en el plasma sanguíneo que los individuos de control.[18] Cuando un equipo de investigadores de la Universidad Duke calculó la correlación entre rasgos de personalidad depresiva y ansiosa y colesterol bajo, descubrieron un vínculo causal insoslayable.[19] Otro estudio del Melbourne Women's Midlife Health Project [Proyecto para la Salud en la Mujer Madura de Melbourne] sugería que se lograba una mejora notable de la memoria si se aumentaba el colesterol total en mujeres cuya evolución se monitorizó durante un periodo prolongado de tiempo.[20]

El emporio médico-industrial, sin embargo, quiere hacernos creer que los fármacos que reducen el colesterol —las estatinas— son sinónimo de medicina preventiva. Pero en este campo de estudio deberíamos ser mucho más prudentes. Primero tenemos que entender mejor y cuestionar algunos de los mecanismos de las enfermedades cardiovasculares que hoy en día se dan por asumidos y descubrir por qué hay tantas excepciones al modelo teórico lineal que vincula colesterol alto con mortalidad.

Contrariamente a lo que muestran los estudios financiados por las grandes farmacéuticas, existen muchas pruebas de que las estati-

---

17. H. Kunugi *et al.*, «Low Serum Cholesterol in Suicide Attempters,» *Biol Psychiatry* 41, n.º 2 (15 de enero, 1997): 196-200.

18. C. J. Glueck *et al.*, «Hypocholesterolemia and Affective Disorders,» *Am J Med Sci* 308, n.º 4 (Octubre, 1994): 218-225.

19. E. C. Suarez, «Relations of Trait Depression and Anxiety to Low Lipid and Lipoprotein Concentrations in Healthy Young Adult Women,» *Psychosom Med* 61, n.º 3 (Mayo-junio, 1999): 273-279.

20. V. W. Henderson *et al.*, «Serum Lipids and Memory in a Population Based Cohort of Middle Age Women,» *J Neurol Neurosurg Psychiatry* 74, n.º 11 (Noviembre, 2003): 1530-1535.

nas tienen efectos secundarios adversos graves. En un estudio retrospectivo de ocho años se descubrió que un 20 por ciento de las personas tratadas con estatinas sufrían efectos secundarios intolerables.[21] Diversos estudios científicos han revelado asimismo los perjuicios que entraña el consumo de estatinas para las mujeres en particular. Además de que no hay absolutamente ninguna prueba científica de que las estatinas beneficien la salud de las mujeres, sabemos que estos fármacos pueden dañar la función cognitiva y producir cataratas, disfunción sexual, depresión, dolores musculares y diabetes. Este último efecto secundario, la diabetes, sacudió a la comunidad médica cuando se dio a conocer en 2012. Un estudio de la Clínica Mayo publicado en *Archives of Internal Medicine* afirmaba que el uso de estatinas aumentaba en un 48 por ciento el riesgo de desarrollar diabetes en mujeres posmenopáusicas.[22] Lisa y llanamente, «el uso de fármacos de estatina en mujeres posmenopáusicas está asociado con un mayor riesgo de diabetes mellitus». Y no se trataba de un estudio de dimensiones reducidas: incluía a 160.000 mujeres.

Así que la próxima vez que un médico te recomiende un tratamiento para reducir el colesterol, dile que prefieres asumir ese 1 por ciento de aumento de riesgo de infarto y ahorrarte un cáncer, una disfunción cognitiva, una miopatía o una diabetes. Y acto seguido cómete una tortilla de tres huevos con sus yemas. Dejar las estatinas es tan fácil como dejar la píldora. Disminuyendo o eliminando de nuestra dieta las fuentes de inflamación tales como el azúcar y los alimentos semejantes, aprovechando al máximo los alimentos integrales ricos en nutrientes y huyendo de preparados industriales podemos contribuir a fortalecer los mecanismos innatos de nuestro organismo y las múltiples interrelaciones fisiológicas que un modelo lineal no tiene en cuenta.

21. H. Zhang *et al.*, «Discontinuation of Statins in Routine Care Settings: A Cohort Study,» *Ann Intern Med* 158, n.º 7 (2 de abril, 2013): 526-534, doi: 10.7326/0003-4819-158-7-201304020-00004.

22. A. L. Culver *et al.*, «Statin Use and Risk of Diabetes Mellitus in Postmenopausal Women in the Women's Health Initiative,» *Arch Intern Med* 172, n.º 2 (23 de enero, 2012): 144-152, doi: 10.1001/ archinternmed.2011.625.

TERCERA BESTIA NEGRA: MEDICAMENTOS ANTIREFLUJO (INHIBIDORES DE LA BOMBA DE PROTONES)[23]

Pensemos en el Prilosec (omeprazol), el Nexium (esomeprazol), el Prevacid (lansoprazol) y el Protonix (pantoprazol). Si tienes que tomar un medicamento para evitar la indigestión y el reflujo (llamado a veces ERGE, «enfermedad por reflujo gastroesofágico»), deberías preguntarte si un cambio de dieta podría ayudarte a solucionar el problema. ¿Te has preguntado alguna vez por qué tienes esos síntomas y si le ocurre algo a tu proceso digestivo? El ácido gástrico forma parte de nuestra biología: es esencial para poner en funcionamiento las enzimas digestivas y su acompañante, el llamado factor intrínseco gástrico, para la absorción de la vitamina B_{12} y el control de las poblaciones microbianas autóctonas. El problema de los fármacos antireflujo es que pueden producir un déficit de vitamina B_{12}, lo que puede conducirte a la depresión. Permíteme explicarme.

La vitamina B_{12} es una de las vitaminas más importantes en lo relativo a la depresión y la salud mental. Recordemos el caso de esa mujer de cincuenta y dos años de la que hablé en las páginas precedentes que durante dos meses recibió tratamiento con antipsicóticos y antidepresivos y a la que le aplicaron terapia electroconvulsiva antes de que alguien se molestara en chequear su nivel de vitamina B_{12}. Sus síntomas tardaron años en forjarse e incluían tendencia al llanto, ansiedad, anormalidades motrices, estreñimiento, letargia y, con el tiempo, trastornos de la percepción (al oír su nombre, por ejemplo) e incluso catatonia, el trastorno psiquiátrico más severo. Incluso estando hospitalizada siguió deprimida, letárgica y abrigando ideas de suicidio. Como se explicaba en el artículo que describía su caso en profundidad: «A los dos meses de identificar su

---

23. Este apartado adapta mi artículo «Vitamin B_{12} and Brain Health», publicado en www.kellybroganmd.com, 7 de febrero, 2014, http://kellybroganmd.com/article/b12-deficiency-brain-health/.

déficit e iniciar el subsiguiente tratamiento de B_{12}, volvió a su línea base referencial de catorce años antes y siguió estable sin ningún tratamiento adicional».[24]

¿Por qué es tan importante la vitamina B_{12}? Porque refuerza la mielina, la funda que recubre las fibras nerviosas y que permite la conducción de los impulsos nerviosos. De modo que se sospecha que una carencia de esta vitamina puede acarrear síntomas como alteraciones en la forma de caminar, pérdida de sensibilidad, así como signos de demencia y esclerosis múltiple. Clínicamente, la B_{12} es más conocida por el papel que desempeña en la producción de glóbulos rojos. Si tienes un déficit de esta vitamina, puede que acabes desarrollando anemia perniciosa. Pero ¿qué hay del papel que desempeña la B_{12} en los síntomas psiquiátricos tales como depresión, ansiedad, fatiga e incluso psicosis?

La importancia de la vitamina B_{12} en los síndromes neuropsiquiátricos se explica mediante dos mecanismos biológicos básicos:

Metilación

La metilación es el mecanismo fisiológico por el que un grupo metilo formado por un solo átomo de carbono y tres de hidrógeno se aplica a incontables funciones esenciales de tu organismo, como el pensamiento, la restauración del ADN, la expresión e inhibición de genes, la fabricación y metabolización de neurotransmisores y la producción de energía y membranas celulares, la lucha contra la infección y la eliminación de tóxicos ambientales, por nombrar sólo algunas. La metilación del ADN en concreto es el proceso que marca genes para su expresión, en vez de dictar su silenciamiento. Los defectos de metilación, que pueden producirse cuando existe una carencia de ciertas vitaminas del grupo B, se asocia con un amplio espectro de enfermedades, desde la depresión al cáncer.

24. N. Berry *et al.*, «Catatonia and Other Psychiatric Symptoms with Vitamin B_{12} Defficiency,» *Acta Psychiatr Scand* 108, n.º 2 (Agosto, 2003): 156-159.

Reciclaje de la homocisteína

La vitamina B_{12} es un factor esencial en el reciclaje de un compuesto potencialmente tóxico, la homocisteína. Dicho de otro modo, la vitamina B_{12} es necesaria para mantener a raya este agente nocivo. Los niveles elevados de homocisteína se dan típicamente en pacientes depresivos y en los que presentan síntomas de depresión. Constituyen, además, un riesgo enorme de padecer ictus y enfermedades coronarias.

De modo que, si tienes una carencia de vitamina B_{12} y un desequilibrio digestivo sin tratar, es muy probable que desarrolles síntomas que te lleven a tomar un antidepresivo recetado por tu médico, y que empieces a medicarte de manera continua, sumando fármacos.

Numerosos estudios han demostrado que los inhibidores de la bomba de protones producen déficit de vitamina B_{12}. Un notable artículo publicado en *JAMA* (*Journal of the American Medical Association*) presentaba los resultados de un ensayo clínico sobre 25.956 pacientes que tomaban fármacos antiacidez. El estudio descubrió que el 12 por ciento de quienes tomaban estos medicamentos eran deficitarios en vitamina B_{12} al evaluárseles tras dos años de tratamiento, y que cuanta mayor era la dosis que tomaban más evidente era esa correlación.[25] El alto índice de falsos negativos (resultados que afirman que una persona tiene niveles normales cuando en realidad no los tiene) en los análisis rutinarios para medir el nivel de B_{12}, me lleva a creer que en realidad eran muchos más los pacientes medicados que sufrían una carencia no detectada de B_{12}.

Y permíteme reiterar lo que afirmaba en el capítulo 3: que los fármacos antireflujo son muy perjudiciales para la flora intestinal. Un estudio epidemiológico de 2014 examinaba la diversidad de microbios en muestras de pacientes que tomaban dos dosis de inhibidores de la bomba de protones. El estudio descubrió cambios

---

25. J. R. Lam *et al.*, «Proton Pump Inhibitor and Histamine 2 Receptor Antagonist Use and Vitamin B_{12} Defficiency,» *JAMA* 310, n.º 22 (11 de diciembre, 2013): 2435-2442, doi: 10.1001/jama.2013.280490.

drásticos a peor a la semana de iniciarse el tratamiento. Esto significa que, al alterar la barrera mucosa de tu estómago, estas drogas pueden trastornar la integridad de tu sistema digestivo, lo que, además de comprometer la extracción de nutrientes, produce efectos adversos debido a los fragmentos de comida sin digerir que pasan del estómago al intestino delgado, donde pueden generar multitud de problemas.

Pasemos ahora a mis otras bestias negras, todas ellas muy fáciles de evitar con sólo decir «no».

«(NO)VOY A TOMARME UN PARACETAMOL»[26]

«Tómate un paracetamol.»

Ése podría ser el lema de los estadounidenses. Es el enfoque en el que nos han adoctrinado: que nuestros cuerpos están llenos de síntomas molestos que pueden suprimirse mediante fármacos. El paracetamol o acetaminofeno es una droga que se emplea en Estados Unidos desde hace más de setenta años. Se considera un medicamento benigno y como tal se dispensa sin receta médica, se utiliza automáticamente para aliviar molestias, dolores y fiebre, y por lo general su ingestión no se considera perjudicial para el embarazo.

Un estudio de 2015, sin embargo, ha cambiado nuestra forma de ver este analgésico. Dicho estudio documentaba nuevos efectos adversos del empleo de acetaminofeno que sólo podemos describir como «zombificación».[27] Según este estudio, el paracetamol en

---

26. Para una buena revisión de la historia y los peligros del Tylenol, véase el artículo del doctor Micozzi en Insiders' Cures, «Mainstream Press Finally Catches Wind of Tylenol's Dangers,» 30 de marzo, 2015, http://drmicozzi.com/mainstream-press-nally-catches-wind-of-tylenols-dangers. Así como mi entrada en kellybrogan.com, «Tylenol Numbing You Out?», 30 de abril, 2015.

27. G. R. Durso, *et al.*, «Over-the-Counter Relief From Pains and Pleasures Alike: Acetaminophen Blunts Evaluation Sensitivity to Both Negative and Positive Stimuli,» *Psychol Sci* 26, n.º 6 (Junio, 2015): 750-758, doi: 10.1177/0956797615570366.

todas sus formas comerciales y genéricas debería añadir un efecto secundario más a su prospecto: el embotamiento de las emociones. Según demostró la investigación llevada a cabo por la Universidad del Estado de Ohio, los sujetos que tomaban acetaminofeno experimentaban emociones menos intensas cuando veían fotografías agradables y desagradables que los sujetos que tomaban placebos. Una investigación previa había demostrado que el acetaminofeno o paracetamol actúa no sólo sobre el dolor físico, sino también sobre el dolor psicológico. Este nuevo estudio llevaba esos resultados un paso más allá al demostrar que el acetaminofeno también reduce la intensidad de las emociones positivas.

Resulta aterrador pensar que la acción de esta droga en el organismo altere nuestras percepciones y el procesamiento de información tanto positiva como negativa, da igual que seas un adulto, un feto indefenso en el útero materno o un recién nacido expuesto a este medicamento. Va contra los mecanismos de supervivencia que hemos desarrollado evolutivamente a lo largo de millones de años. ¡Y todo ello con una sola dosis y en menos de una hora! Si se emplean analgésicos naturales y se hace un esfuerzo por llegar a la causa del dolor crónico, no hay razón para seguir empleando estos fármacos: no merece la pena.

Cerca de un 23 por ciento de los estadounidenses adultos (unos 52 millones de personas) toman semanalmente algún fármaco que contiene paracetamol (es decir, acetaminofeno). Es el principio activo farmacológico más usado en Estados Unidos: se encuentra en más de seiscientos medicamentos. Sumando los índices estimados de lesiones y muertes asociadas con su consumo se obtiene un resultado de algo más de 110.000 incidencias anuales.[28]

La toxicidad del paracetamol tiene posiblemente su origen en la disminución drástica del antioxidante más importante del organismo, el glutatión, que ayuda a controlar el daño oxidativo y la inflamación, especialmente en el cerebro (de ahí que la N-acetilcis-

---

28. T. Christian Miller y Jeff Gerth, «Behind the Numbers,» ProPublica, 20 de septiembre, 2013, www.propublica.org/article/tylenol-mcneil-fda-behind-the-numbers.

teína, un precursor de aminoácidos que puede mejorar la producción de glutatión, se emplee tanto en las salas de urgencias de los hospitales). Para empeorar las cosas, debería añadir que el acetaminofeno se ha asociado con problemas de desarrollo neurológico en niños expuestos a este medicamento durante el embarazo. Un ambicioso estudio realizado en Noruega analizó la exposición a acetaminofeno en madres entre la semana diecisiete y treinta de gestación y durante un periodo de seis meses tras el parto. Se descubrió que los niños evaluados a los tres años sufrían efectos secundarios asociados con una exposición acumulativa al acetaminofeno durante más de veintiocho días. Estos efectos incluían parámetros motrices, de comunicación y conductuales.[29] Otros datos publicados en *JAMA Pediatrics*, también en 2015, hicieron saltar las alarmas en el mundo de la ciencia, pero pasaron desapercibidos en los medios de comunicación y no se tradujeron en un cambio de las recomendaciones de los obstetras. Según demostraba este estudio prospectivo realizado en Dinamarca, los hijos de mujeres que tomaban paracetamol durante el embarazo tenían más probabilidad de recibir tratamiento farmacológico contra el THDA al cumplir los siete años.[30] Y en otro estudio aparecido también en 2015 del que sí se hicieron eco los medios de comunicación, un equipo de investigadores del Reino Unido exponía los resultados de su revisión sistemática de 1.888 ensayos clínicos para documentar los efectos adversos del Tylenol (paracetamol).[31] Entre estos efectos adversos estaban la muerte y la toxicidad para el corazón, el tracto gastrointestinal y los riñones. Otro efecto secundario atribuido a este medicamento es el

---

29. R. E. Brandlistuen *et al.*, «Prenatal Paracetamol Exposure and Child Neurodevelopment: A Sibling-controlled Cohort Study,» *Int J Epidemiol* 42, n.º 6 (Diciembre, 2013): 1702-1713, doi: 10.1093/ije/dyt183.

30. Z. Liew *et al.*, «Acetaminophen Use During Pregnancy, Behavioral Problems, and Hyperkinetic Disorders,» *JAMA Pediatr* 168, n.º 4 (Abril, 2014): 313-320, doi: 10.1001/jamapediatrics.2013.4914.

31. E. Roberts *et al.*, «Paracetamol: Not as Safe as We Thought? A Systematic Literature Review of Observational Studies,» *Ann Rheum Dis* (2 de marzo, 2015), pii: annrheumdis-2014-206914, doi: 10.1136/ annrheumdis-2014-206914.

daño hepático, puesto que se sabe desde hace tiempo que el acetaminofeno afecta negativamente al hígado, el órgano de desintoxicación más importante del cuerpo humano.

Puede que nunca hayas tomado Tylenol, pero me apostaría algo a que, a la hora de aliviar molestias y dolores leves, recurres a alguna otra forma de acetaminofeno o a algún fármaco semejante. Si eres de las que guardan en el armario del baño algún frasco o caja de paracetamol, ibuprofeno o naproxeno, sigue leyendo.

EL IBUPROFENO Y OTROS FÁRMACOS AINE (ANTIINFLAMATORIOS NO ESTEROIDEOS)

Como sucede en el caso del paracetamol, la mayoría de la gente piensa que los analgésicos sin receta médica del grupo AINE, como el ibuprofeno y el naproxeno, son inocuos. Pero cometes un error si das por sentado que estos fármacos no son tóxicos para tu organismo ni para tu cerebro. Los AINE se encuentran entre las drogas más usadas en el mundo: las consumen más de treinta millones de personas cada día.[32] Disponibles sin receta médica, se emplean ampliamente para el tratamiento de la inflamación y la fiebre, síntomas habituales de las afecciones reumáticas para las que estaban indicados en un principio.

Estas drogas actúan reduciendo la cantidad de prostaglandinas en el organismo. Las prostaglandinas son una familia de moléculas producidas por las células que cumplen funciones importantes: favorecen la inflamación necesaria para el proceso de curación, refuerzan el proceso de coagulación sanguínea y protegen la mucosa estomacal de los efectos dañinos de los ácidos gástricos. Estas dos últimas funciones son esenciales. Dado que las prosta-

32. EuropeanLeagueAgainstRheumatism.«Non-steroidal anti-inflammatory drugs inhibit ovulation after just 10 days.» ScienceDaily, 11 de junio, 2015. www.sciencedaily.com/releases/2015/06/150611082124.htm, consultado el 23 de septiembre, 2015.

glandinas que protegen el estómago y favorecen la coagulación de la sangre se ven también reducidas, los AINE pueden dañar gravemente la mucosa intestinal.

La toxicidad de estos medicamentos para el tracto gastrointestinal superior se conoce desde hace tiempo, de ahí que el efecto secundario principal que figura en sus prospectos sean los problemas estomacales, entre ellos las hemorragias, el malestar estomacal y las úlceras. Durante los últimos diez años, los científicos han demostrado que estas drogas son igualmente dañinas para el tracto digestivo inferior. Uno de los primeros experimentos que demostró lo nocivos que son los AINE para el intestino delgado lo dirigió en 2005 el doctor David Y. Graham, jefe de gastroenterología del Centro Médico Michael DeBakey y profesor de Medicina del Baylor College de Houston.[33] El doctor Graham y sus colaboradores emplearon una nanocámara para echar un vistazo al intestino delgado de veintiuna personas de ambos sexos que tomaban AINE a diario y a veinte personas que no empleaban estos fármacos. Ninguno de ellos presentaba síntomas de problemas intestinales.

Los resultados hablan por sí solos: el 71 por ciento de los usuarios de AINE presentaba alguna lesión en el intestino delgado, frente al 10 por ciento de quienes no consumían estos fármacos. Cinco de los que sí tomaban AINE presentaban grandes erosiones o úlceras, una dolencia que no se apreciaba en ninguno de los sujetos que no tomaban estos medicamentos.

Nuestra mucosa intestinal es importante porque mantiene el contenido del tracto intestinal separado del torrente sanguíneo. Si aumenta su permeabilidad, el contenido del intestino puede acceder al sistema inmune y desencadenar procesos inflamatorios y autoinmunes.[34] Numerosas pruebas apuntan a que el desequilibrio de la flora bacteriana prepara el terreno para una hiperpermiabilidad in-

---

33. D. Y. Graham *et al.*, «Visible Small-intestinal Mucosal Injury in Chronic NSAID Users,» *Clin Gastroenterol Hepatol* 3, n.º 1 (Enero, 2005): 55-59.

34. G. Sigthorsson *et al.*, «Intestinal Permeability and Inflammation in Patients on NSAIDs,» *Gut* 43, n.º 4 (Octubre, 1998): 506-511.

testinal producida por los fármacos AINE.[35] Estas alteraciones se dan en un plazo de entre tres y seis meses. Los medios para mitigar estos efectos adversos son limitados, por lo que conviene ir a la causa del dolor y resolverlo mediante cambios en los hábitos de vida, en vez de suprimirlo con medicamentos que producen nuevos síntomas crónicos y potencialmente más perjudiciales.

Un apunte para mujeres en edad reproductiva: en 2015 un estudio asombroso reveló que estos fármacos inhiben la ovulación ¡tras sólo diez días de uso![36] Los responsables del estudio documentaron un descenso significativo de la progesterona, una hormona esencial para la ovulación, así como quistes funcionales en un tercio de las pacientes. Indicaban asimismo que el uso de estos medicamentos podría tener un efecto perjudicial sobre la fertilidad y que deben emplearse con precaución en mujeres que desean tener hijos. Este dato debería bastar por sí solo para convencerte de la necesidad de abandonar estas drogas.

Sé lo que estás pensando: que a veces tienes dolores y que el dolor es el dolor. ¿Qué alternativas hay, aparte de apretar los dientes y aguantar? Mi preferida es ésta: el extracto de cúrcuma, también conocido como curcumina. Las virtudes medicinales de la cúrcuma, un miembro de la familia del jengibre que da al curry su color amarillo, se conoce desde hace mucho tiempo. La literatura científica ha demostrado que su ingrediente activo, la curcumina, tiene potentes efectos antiinflamatorios: tantos, que se está investigando su uso para tratar una amplia variedad de dolencias, desde la demencia a la depresión y el dolor en general. De hecho, estudios recientes han descubierto que el extracto de cúrcuma puede competir con los AINE incluso para el alivio de afecciones como la osteoartritis y el

---

35. Véase mi artículo Mercola.com, «Psychoneuroimmunology-How Inflammation Affects Your Mental Health,» 17 de abril, 2014, http://articles.mercola.com/sites/articles/archive/2014/04/17/psychoneuroimmunology-inflammation.aspx#_edn29.

36. European League Against Rheumatism. «Non-steroidal anti-infflammatory drugs inhibit ovulation after just 10 days.» ScienceDaily, 11 de junio, 2015. www.sciencedaily.com/releases/2015/06/150611082124.htm, consultado el 23 de septiembre de 2015.

dolor asociado con el ciclo menstrual.[37] En el capítulo 9 recomiendo tomar un suplemento de curcumina. Para episodios agudos de dolor, prueba a tomar entre uno y dos gramos.

FLÚOR

Son tantos los estudios que demuestran los efectos tóxicos directos del flúor sobre el organismo que el hecho de que este tema *no* concite el consenso científico universal demuestra lo poderosa que es la industria farmacéutica. Un ambicioso estudio sistemático financiado por el Instituto Nacional de la Salud de Estados Unidos y dirigido por investigadores de Harvard concluyó que los niños que vivían en zonas en las que el agua potable tenía altos índices de flúor presentaban coeficientes intelectuales «significativamente inferiores» a los que vivían en zonas donde el agua estaba menos fluorada. Sus conclusiones, publicadas en 2012, eran incontrovertibles: «Los hallazgos de nuestro metaanálisis de 27 estudios publicados a lo largo de más de 22 años sugieren una correlación inversa entre una elevada exposición al flúor y la inteligencia de los niños [...] Los resultados apuntan a que el flúor puede ser un neurotóxico evolutivo que afecta al desarrollo del cerebro a partir de exposiciones mucho menores de las que pueden causar toxicidad en adultos».[38]

A pesar de que estos hallazgos sólo correlacionan la exposición al flúor y el riesgo de trastornos cognitivos en niños, sabemos por otras

---

37. G. Ozgoli, M. Goli y F. Moattar, «Comparison of Effects of Ginger, Mefenamic Acid, and Ibuprofen on Pain in Women with Primary Dysmenorrhea,» *J Altern Complement Med* 15, n.º 2 (13 de febrero, 2009): 129-132. Véase también: http://www.greenmedinfo.com/blog/ibuprofen-kills-more-pain-so-what-alternatives?page=2#_ftn7. Así como: Vilai Kuptniratsaikul *et al.*, «Efficacy and Safety of Curcuma Domestica Extracts in Patients with Knee Osteoarthritis,» *Int J Mol Med* 25, n.º 5 (Mayo, 2010): 729-734. Para más información: http://www.greenmedinfo.com/blog/turmeric-extract-puts-drugs-knee-osteoarthritis-shame?page=2#sthash.gQAULVLl.dpuf.

38. A. L. Choi *et al.*, «Developmental Fluoride Neurotoxicity: A Systematic Review and Meta-analysis,» *Environ Health Perspect* 120, n.º 10 (Octubre, 2012): 1362-1368, doi: 10.1289/ehp.1104912.

investigaciones que el flúor tiene efectos perjudiciales directos sobre la función tiroidea y altera la actividad celular normal con independencia de la edad. Pero pese a las pruebas que se acumulan contra su uso, en Estados Unidos sigue fluorándose el 70 por ciento del agua potable.

La sórdida historia de la fluoración del agua se lee como una novela de ciencia ficción. El uso del flúor procede de una época en que «se recetaba Valium a las amas de casa, se hacían radiografías de los pies para calcular la talla de calzado, el tabaco era inofensivo y las pruebas nucleares constituían un espectáculo emocionante. Sabíamos menos y entendíamos el mundo de otra manera».[39]

Me asombra que la comunidad médica (y los dentistas) se resistan tan tercamente a extraer conclusiones en lo relativo al aumento vertiginoso del deterioro cognitivo en adultos y de los problemas conductuales en niños (TDA, THDA, depresión y toda clase de trastornos del aprendizaje). De hecho, hay más de veintitrés estudios en humanos y de un centenar de estudios en animales que vinculan el flúor con las lesiones cerebrales.[40] Esto me lleva a preguntarme si a los poderes fácticos no les interesará mantenernos un poco amodorrados. Además de los perjuicios que ya he descrito, el flúor puede aumentar la absorción de aluminio y manganeso (lo cual no es bueno), calcificar la glándula pineal (tu sensor día/noche), dañar el hipocampo (el centro de memoria del cerebro) y producir lesiones en las células de Purkinje, las neuronas más voluminosas del cerebro.[41] Y, después de leer el capítulo 4, ya sabes que además puede causar hipotiroidismo.[42] En 2015, nuevos datos publicados en el *Bri-*

---

39. Véase el documental sobre fluorización de Jeremy Seifert, *Our Daily Dose*. Se puede ver en You Tube: https://youtu.be/bZ6enuCZOA8. Véase también mi artículo titulado «Are You Fluoridated,» 26 de octubre, 2015, http://kellybroganmd. com/snippet/are-you-ffluoridated/.

40. Para acceder a estudios y datos acerca del flúor, puede consultarse la página web de la Fluoride Action Network, http://fluoridealert.org/issues/health/brain/.

41. J. Luke, «Fluoride Deposition in the Aged Human Pineal Gland,» *Caries Res* 35, n.º 2 (Marzo-abril, 2001): 125-128.

42. Consúltese el artículo y el vídeo del doctor Michael Ruscio sobre este tema, «Does Fluoride Cause Hypothyroidism?,» en http://drruscio.com/ffluoride-cause-hypothyroid/.

tish Medical Journal demostraron que el agua fluorada *duplica* el riesgo de padecer este trastorno.[43]

Antes se pensaba que el veneno estaba en la dosis. Ahora sabemos que el cuadro general de riesgo tiene muchos más matices y que se describe mejor recurriendo a conceptos tales como el «efecto cóctel», que viene a decir, básicamente, que los riegos de la suma de una combinación dada de sustancias químicas es mucho mayor —y más potente— que el riesgo de sus partes por separado. El flúor no se dosifica conforme al peso corporal, ni se ha establecido ningún nivel de seguridad fehaciente para su uso, más allá de los límites aleatorios establecidos por la administración. Hoy en día, los bebés alimentados con leche de fórmula diluida en agua del grifo fluorada pueden ingerir una dosis hasta un cien por cien mayor de flúor de la que se considera «aceptable». El flúor cruza, además, la barrera placentaria y pasa al feto como parte de una *sopa* de tóxicos ambientales. ¿Nuestros bebés e hijos no están sometidos ya a suficientes experimentos de control de la población?

En la segunda parte te pediré que empieces a filtrar el agua que bebes si no lo haces ya, y te proporcionaré estrategias para evitar este tóxico en tu vida cotidiana.

«FRAGANCIAS» Y OTROS INTERRUPTORES ENDOCRINOS[44]

¿Te preguntas por qué se están disparando las tasas de cáncer de mama y por qué algunas niñas entran en la pubertad antes de cumplir los ocho años?

---

43. S. Peckham, D. Lowery y S. Spencer, «Are Fluoride Levels in Drinking Water Associated with Hypothyroidism Prevalence in England? A Large Observational Study of GP Practice Data and Fluoride Levels in Drinking Water,» *J Epidemiol Community Health* 69, n.º 7 (Julio, 2015): 619-624. doi: 10.1136/jech-2014-204971.

44. Véase mi entrada en www.kellybrogan.com, «Will You Wait? Protect Yourself Now,» 4 de noviembre, 2014, http://kellybroganmd.com/snippet/will-wait-protect-now/.

La culpa la tienen las sustancias químicas presentes en el ambiente que actúan como hormonas sobre el organismo, desencadenando complejos efectos epigenéticos. Por algo se las llama imitadores hormonales o, más técnicamente, xenoestrógenos. Estas sustancias no son propiamente hormonas, pero su estructura se asemeja tanto a la de los estrógenos que se adhieren a receptores hormonales de todo el cuerpo, provocando reacciones similares a las de las verdaderas hormonas. Entre los principales interruptores endocrinos se encuentran el bisfenol A (BPA), los ftalatos, los materiales ignífugos bromados, los pesticidas y los bifenilos policlorados (PCB). (Para un listado completo de estas sustancias, consulta la página del Environmental Working Group www.ewg.org/research/dirty-dozen-list-endocrine-disruptors.)

Nuestro idilio con los productos químicos se está complicando. Nos los comemos, los respiramos y nos embadurnamos la piel con ellos. Y cuando enfermamos, tomamos más aún en forma de fármacos. Un metaanálisis del *Journal of Hazardous Materials* revisó 143.000 artículos científicos contrastados para descubrir las pautas de emergencia y descenso de sustancias químicas tóxicas.[45] Este estudio revela que el plazo medio entre la aparición de las primeras señales de preocupación en torno a estas sustancias hasta el momento en que se disparan las alarmas y se toman medidas para limitar su uso es de catorce años. Los principales ejemplos de esta pauta son el DDT, el perclorato, el 1,4-dioxano, el triclosán, los nanomateriales y los microplásticos presentes en el medio ambiente y en nuestros hogares.

Dicho artículo abundaba en la indecisión y los titubeos en los que incurrimos a la hora de abordar el problema que suponen estos tóxicos ambientales, desdeñando flagrantemente el principio precautorio que afirma sencillamente «cuando dudes, opta por una alternativa más segura». No siempre tenemos una respuesta clara respecto a si una sustancia química o combinación de sustancias

---

45. R. U. Halden, «Epistemology of Contaminants of Emerging Concern and Literature Meta-analysis,» *J Hazard Mater* 282 (Enero, 2015): 2-9, doi: 10.1016/j.jhazmat.2014.08.074.

químicas causa daños biológicos. Recordemos que pueden pasar años antes de que los estudios científicos reúnan evidencias suficientes que justifiquen la adopción de parámetros o normativas más estrictas por parte de la administración, o la retirada de productos perniciosos del mercado. Pensemos en ese plazo de diecisiete años, del que hablábamos en las páginas precedentes, que es necesario para que los datos científicos lleguen a la consulta de tu médico. Dicho de otra manera: que conviene tomar cartas en el asunto personalmente.

Los xenoestrógenos no son difíciles de evitar, a pesar de que están en alza en nuestro entorno. Se encuentran en numerosos pesticidas, químicos industriales, cosméticos y productos de belleza tales como lociones corporales perfumadas y plásticos. Y también invaden nuestro suministro de agua potable. Estos productos químicos no se descomponen fácilmente hasta hacerse inofensivos. Por el contrario, se acumulan en el medioambiente y en los suelos, y por tanto también en la grasa de los animales, en cantidad creciente conforme se asciende en la cadena trófica. También los acumulamos en nuestros cuerpos, principalmente en el tejido adiposo. Por desgracia, el vertido de muchos de estos productos químicos en la naturaleza está permitido por las leyes, de modo que son muy difíciles de controlar o eliminar. Y dado que se emplean en tantos productos —juguetes de plástico, alimentos, limpiadores y detergentes, productos médicos, recubrimiento antiadherente para menaje de cocina, etc.—, es imposible prohibirlos.

Algunas de estas sustancias imitadoras de los estrógenos tienen una vida media muy corta (es decir, tardan relativamente poco tiempo en perder la mitad de su potencia) pero, como se vierten constantemente en el medioambiente, sus niveles de mantienen siempre elevados. Los efectos de la exposición simultánea a varios o muchos de estos imitadores estrogénicos preocupan desde hace años a médicos e investigadores. Tomemos, por ejemplo, el caso del compuesto BPA (bisfenol A). Casi todas las personas que viven en Estados Unidos tienen trazas de este compuesto químico en su organismo. Fabricado por vez primera en 1891, se empleó como estrógeno sintético en mujeres y animales durante la primera mitad del siglo xx. El BPA se recetaba para el tratamiento de numerosas afecciones relacionadas con la menstruación, la menopausia y las náuseas durante el embarazo, así como para la prevención de abortos naturales, y se inyectaba a los animales criados para carne para favorecer su crecimiento. Luego empezaron a conocerse sus efectos oncogénicos y se prohibió su uso médico.

La historia del BPA debería haber terminado ahí, pero los químicos de Bayer y General Electric descubrieron muy pronto que esta sustancia podía utilizarse para fabricar un plástico duro y transparente llamado policarbonato cuando se combinaba en cadenas largas (polímeros). Se trataba de un plástico tan fuerte que podía reemplazar al acero. A finales de la década de 1950, los fabricantes empezaron a introducir esta sustancia en los plásticos, y muy pronto pasó a formar parte de numerosos artículos industriales: coches, aparatos electrónicos, recipientes alimenticios, selladores dentales y hasta tiques de cajas registradoras.

Aunque los cálculos varían, cada año se producen más de 2.700 millones de kilogramos de BPA en todo el mundo y más de 450 toneladas se liberan en el medioambiente. Seguramente habrás visto noticias en los medios de comunicación acerca de los peligros del bisfenol A que contienen los plásticos de uso cotidiano. La lucha por que se prohíba su empleo en recipientes y envoltorios alimenticios surge de las investigaciones que demuestran que el BPA puede generar desequilibrios hormonales tanto en hombres como en mujeres. Estos desequilibrios pueden causar multitud de problemas de salud, entre ellos la infertilidad y el cáncer, así como depresión y trastornos anímicos.[46] Pero el BPA es sólo uno de los miles de compuestos químicos presentes en nuestra vida cotidiana. Por suerte, poco a poco se está de-

---

46. I. A. Lang *et al.*, «Association of Urinary Bisphenol A Concentration with Medical Disorders and Laboratory Abnormalities in Adults,» *JAMA* 300, n.º 11 (Septiembre, 2008): 1303-1310, doi: 10.1001/jama.300.11.1303.

jando de usar en artículos comerciales y productos alimenticios gracias a la fuerte presión de las asociaciones de consumidores, pero su sustituto, el bisfenol S (BPS) también está empezando a estudiarse, y las investigaciones preliminares demuestran que es al menos igual de nocivo que el BPA.[47] Y no nos olvidemos de los demás xenoestrógenos que inundan constantemente nuestro entorno.

Dado que las toxinas y los tóxicos ambientales pueden penetrar en el organismo por medios diversos (a través de la piel o de los pulmones, por ejemplo) y proceden de muy distintas fuentes (alimentos, aire y agua, entre otros), podemos reducir nuestra exposición a ellos escogiendo productos de limpieza, belleza y cuidado de la piel más saludables, así como variando nuestra dieta. En la segunda parte del libro te explicaré cómo.

VACUNAS

Hace poco atendí a una mujer —llamémosla Rachel— a la que acababan de darle el alta en un hospital psiquiátrico. Pese a que tomaba tres fármacos y llevaba unos doce años en tratamiento, tenía constantes ataques de ansiedad, hasta seis al día. Empezamos su tratamiento con un cambio dietético y, pasado sólo un mes, cuando volvió a la consulta, me contó con lágrimas en los ojos que aquellos habían sido los primeros treinta días de su vida adulta en los que no había tenido ni un solo ataque de ansiedad.

Luego, una semana después, se puso la vacuna contra la gripe. Todavía no se había calado el «sombrero de pensar», ése que te dice «soy yo quien controla mi inmunidad, y un producto farmacológico compuesto por proteínas de huevo, ADN viral sin identificar procedente de tejido animal, gelatina, polisorbato 80, formaldehído carcinógeno, detergente tritón X-100, sacarosa, resina, genta-

---

47. Jenna Bilbrey, «BPA-Free Plastic Containers May Be Just as Hazardous,» *Scientiffic American*, 11 de agosto, 2014, www.scientificamerican.com/article/bpa-free-plastic-containers-may-be-just-as-hazardous/.

micina (un antibiótico) y tiomersal (mercurio) no encaja en esa perspectiva».

Rachel ha sufrido efectos secundarios debilitantes de origen autoinmune desde que le pusieron aquella vacuna, que compró sin el debido consentimiento informado en una farmacia cualquiera. He visto síntomas parecidos en otras pacientes que toman antibióticos que se recetan comúnmente para tratar resfriados sin importancia causados por virus.

Según diversos estudios, la depresión, el estrés y la disbiosis pueden cargar la pistola de las respuestas inflamatorias y las reacciones adversas, pero son las vacunas las que se encargan de apretar el gatillo.[48] Otros estudios indican, además, que la depresión y otros fenómenos psiquiátricos pueden ser efectos secundarios de las vacunas.[49] ¿Cómo sabes si vas a sufrir trastornos psiquiátricos a causa de una vacuna rutinaria como el Gardasil, una dosis de recuerdo de la vacuna antitetánica o el pinchazo anual de la vacuna de la gripe? No lo sabes, así de sencillo.

La inmensa mayoría de los fabricantes y distribuidores de esa panacea universal que son las vacunas siguen sin quererse enterar de la relevancia que tienen las variaciones genéticas en los efectos adversos de las vacunas, una relevancia que han puesto de manifiesto los estudios del doctor Gregory Poland y de su equipo en la Clínica Mayo.[50] Las vacunas fueron diseñadas antes de que conociéramos

---

48. Para acceder a una base de datos fácil de manejar acerca de los efectos de las vacunas y, en particular, a los informes acerca de sus reacciones adversas, consúltese la página web del National Vaccine Information Center, http://medalerts.org/. Yo misma he escrito mucho acerca de mi preocupación por las vacunas, especialmente en poblaciones vulnerables. Te invito a visitar mi página web y a utilizar su motor de búsqueda para leer más acerca de mi postura sobre las vacunas y los estudios en los que se apoya.

49. Véase mi artículo «A Scientist Speaks: Senate Bill 277 in California» en www.kellybroganmd.com, 7 de mayo, 2015, http://kellybroganmd.com/article/scientist-speaks-senate-bill-277-california/.

50. Para acceder a los trabajos del doctor Gregory Poland y del Grupo de Investigación sobre Vacunas de la Clínica Mayo, consúltese www.mayo.edu/research/labs/vaccines/overview.

nuestro ADN, los virus que contaminan las células utilizadas para fabricarlas (retrovirus, SV40), el microbioma o lo tóxicas que pueden ser algunas sustancias químicas para unas personas mientras que para otras son inocuas. Esta medicina preventiva de uso universal, que supuestamente sirve para todos por igual, ya no es válida, y seguimos sin saber cómo determinar quién puede correr riesgo de sufrir efectos perniciosos que van desde afecciones psiquiátricas a peligro de muerte.

De hecho, las vacunas son los únicos productos farmacéuticos que se sabe que pueden causar lesiones graves e incluso la muerte y que sin embargo se recomiendan de manera universal, al margen de los antecedentes familiares o personales del paciente. Nunca se han hecho estudios epidemiológicos básicos que compararan la salud de personas vacunadas y personas sin vacunar, y menos aún estudios sobre cócteles de vacunas que suelen administrarse, por rutina, simultáneamente. De hecho, la mayoría de los estudios sobre vacunas se hacen a corto plazo, empleando otra vacuna o una inyección de aluminio como placebo.

¿Te acuerdas de esas mismas empresas farmacéuticas que utilizan todo tipo de estratagemas para conseguir licencias y publicitar fármacos antidepresivos? Pues las vacunas son su producto estrella: gracias a ellas ingresan miles de millones de dólares, y en Estados Unidos las grandes corporaciones farmacéuticas están aseguradas jurídicamente contra los fallos de estos productos desde 1986. Es decir, que puedes demandar a la Ford por un cinturón de seguridad defectuoso, pero mi paciente, por ejemplo, no podía demandar a la empresa farmacéutica responsable de sus síntomas. Se trata de otro cuento más que nos han vendido. En este caso, que la vacunología está plenamente asentada y que las vacunas son absolutamente seguras y efectivas para todo el mundo.

Es lo que las corporaciones que se benefician de este sistema de creencias han enseñado a creer al ciudadano medio. De ahí que, a pesar de este trasfondo de corrupción y de las pruebas crecientes que demuestran los efectos impredecibles de las vacunas y su falta de eficacia, se culpe de los brotes de enfermedades en poblaciones vacunadas a un «tratamiento insuficiente» (a pesar de que las vacunas se administran repetidamente en forma de «dosis de recuerdo») y se recomiende el uso de vacunas claramente ineficaces de la misma manera que se añadan cada vez más fármacos a un tratamiento cuando con uno solo no se arregla el problema.

Tengo muchos argumentos en contra de la intervención farmacológica (¿se me nota?), pero mi principal caballo de batalla es el *verdadero consentimiento informado*, el conocimiento de los riesgos conocidos y desconocidos de un tratamiento médico por parte de todo individuo.

Pero ¿cómo vamos a protegernos sin fármacos de todos esos horribles bichitos que pueden invadirnos con solo un apretón de manos? Por lo que he venido explicado hasta ahora, quizá ya hayas asumido que a los gérmenes no se les puede considerar simplemente como enemigos, y que el riesgo de morir o de sufrir enfermedades graves e incapacitantes se ve amplificado cuando saboteamos nuestro sistema inmunológicos con antibióticos, estrés y una mala nutrición.

Aprendí del doctor Nicholas Gonzalez, un pionero de la medicina alternativa del que ya hablé en el capítulo 3, que el pensamiento reduccionista puede dar lugar a intervenciones médicas peligrosas. Él ponía un ejemplo elocuente a este respecto:

> Quizás hayas oído hablar del caso de la enfermedad de Keshan que ese dio en China hace unos años, un tema de particular interés para mí porque pone de manifiesto lo ridícula que puede llegar a ser la perspectiva de los especialistas occidentales en enfermedades contagiosas. Este síndrome se caracteriza por una cardiomiopatía severa que se traduce en taquicardias, muerte súbita e insuficiencia cardíaca congestiva paulatina, y se da sólo en ciertas provincias de China. Llegaron unos epidemiólogos occidentales dispuestos a aclararlo todo y descubrieron que el síndrome parecía «causado» por una variante del virus de Coxsackie. La solución que ofrecieron, típica de la medicina académica occidental, fue, como cabía esperar, una vacuna contra el Coxsackie, que debía administrarse a todos los chinos por igual, jóvenes y viejos. En el grupo había, sin

embargo, un investigador espabilado que señaló que la enfermedad sólo afectaba a ciertas provincias chinas. Si fuera un problema infeccioso, lo lógico sería que tuviera una incidencia más amplia, puesto que las provincias donde se daba la enfermedad no estaban aisladas geográficamente (por cadenas montañosa, etcétera). Y dado que la población china es muy homogénea genéticamente, la genética no parecía ser el factor decisivo.

Hay que decir en su favor que varios de estos investigadores empezaron entonces a fijarse en el entorno, incluido el suelo. En zonas donde el Keshan era endémico, los suelos presentaban un déficit de selenio, al igual que sus habitantes autóctonos, que consumían la comida local. En zonas donde la enfermedad estaba ausente, tanto el suelo como las personas tenían selenio en cantidad suficiente. Se sugirió que, en lugar de una vacuna, se administraran suplementos de selenio a la población de las zonas afectadas por el Keshan. Así se hizo, y muy pronto la enfermedad estuvo controlada casi por completo: sin vacunas, sólo con selenio. He aquí un ejemplo de que una sencilla intervención nutricional puede eliminar una dolencia mortal endémica.

¿Te das cuenta? No fue la teoría de los gérmenes la que resolvió el problema. La causa de la «infección» era la carencia de un nutriente, y la solución fue la ingestión de menos de un miligramo de un mineral básico al día. Existen muchos otros ejemplos de este tipo de carencias en el ámbito de la enfermedad infecciosa, como el déficit de vitamina A en el sarampión o de vitamina C en el caso del tétano.

En resumidas cuentas, que lo que importa es el huésped. El germen importa menos.

¿Es posible que la vacunología haya aplicado un modelo reduccionista (una enfermedad, una droga/una vacuna) a un sistema de adaptación evolutiva cuya complejidad intrínseca apenas estamos empezando a dilucidar? ¿Cabe la posibilidad de que hayamos entendido mal la inmunidad o de que estemos aprendiendo aún sus principios más elementales? Si aceptamos que han tenido que pasar millones de años para que nuestra fisiología se imbricara con la de los microbios, entonces hemos de reconocer que la inmunidad es algo mucho más complejo que la simple elevación de los niveles de anticuerpos.

Lo que hoy en día se considera beneficioso puede que no lo sea tanto mañana. Si a ello se añade el hecho de que fármacos aprobados por las autoridades sanitarias y por tanto prescritos correctamente matan a más de 100.000 estadounidenses al año (según algunas fuentes, a cerca de 200.000) y que las empresas farmacéuticas han pagado treinta mil millones de dólares en multas por sus fraudes reiterados, no es de extrañar que algunas personas se cuestionen las «recomendaciones de salud pública» y prefieran decidir por sí solas lo que más conviene a sus familias.[51] Recuérdese que hace no tanto tiempo los médicos recomendaban fumar. O que tuvieron que morir 60.000 personas para que el antiinflamatorio Vioxx se retirara del mercado, después de que los propios científicos de la FDA delataran la negligencia de ese organismo gubernamental durante una vista en el Congreso. O que el DDT se consideraba hace tiempo un pesticida «beneficioso».

Da igual que haya comisiones del Congreso investigando las acusaciones de importantes científicos del Centro de Control y Prevención de Enfermedades y que el doctor William Thompson haya reconocido que tanto él como otros responsables de dicho organismo omitieron datos en un estudio realizado hace más de una década para ocultar la correlación entre la vacuna triple viral y el autismo.[52] O que se hayan interpuesto diversas demandas contra Merck, el gigante de las vacunas, alegando que sus directivos y responsables científicos cometieron un fraude para ocultar que la

---

51. Donald L. Barlett y James B. Steele, «Deadly Medicine,» *Vanity Fair,* enero, 2011.

52. Para conocer este tema con más detalle véase «Obama Grants Immunity to CDC Whistleblower on Measles Vaccine Link to Autism» at HealthImpactNews. com, 4 de febrero, 2015.

vacuna de las paperas no es tan eficaz como aseguraban.[53] (Para un comentario pormenorizado acerca de la psicobiología de la vacunación, véase mi página web, www.kellybroganmd.com/book-resources). Si estás leyendo esto, es porque tu brújula interna te dice que quizás haya que cavar en otra parte para desenterrar la verdad. Como decía Mark Twain: «Es más fácil engañar a la gente que convencerla de que la están engañando». Conviértete en la excepción a esa regla.

---

53. Para más información sobre la demanda contra Merck, véase «Judge: Lawsuit Against Merck's MMR Vaccine Fraud to Continue» y los artículos relacionados en HealthImpactNews.com.

Segunda parte
TRATAMIENTOS NATURALES PARA UN BIENESTAR INTEGRAL

A veces tienes que tocar fondo
para llegar más arriba que nunca.
Anónimo

De modo que aquí estás. Algo en tus circunstancias vitales (tu cuerpo físico, tus experiencias con la enfermedad o puede que incluso tu forma de desenvolverte en sociedad y en el mundo en general) te ha llevado a buscar una mano amiga. A buscar información. A indagar. Puede que tengas miedo o recelos, pero también hay una vocecilla dentro de ti que dice *Ha llegado la hora. Ya es suficiente. Adelante.*

Después de haber llegado hasta aquí, ¿sigues creyendo que no tienes remedio? ¿Qué estás destinada a seguir sufriendo? ¿Te sientes vacía y desconectada del mundo?

Te invito a poner en tela de juicio esas convicciones. Espero que la primera parte del libro te haya ayudado a empezar. Las creencias cambian. Tienes el poder de transformarlas.

Quiero que te emociones pensando en la vitalidad, en esa capacidad de tu cuerpo (en su deseo intrínseco) de recalibrarse, de resetearse, de recargarse de energías. Quiero que reconectes con tu comunidad interior y con la exterior, con la comida y con la idea de que estás aquí no sólo para sobrevivir, sino para prosperar y florecer. Quiero que dejes atrás tus síntomas y que emerjas hacia una nueva mentalidad sobre lo que es el bienestar o, mejor aún, que *experimentes* tu bienestar renovado, de manera directa y cotidianamente. Para empezar, sólo tienes que adoptar unas medidas sencillas que envíen a tu cuerpo los mensajes adecuados (verdaderas «medicinas prodigiosas»).

No me cabe duda de que estás lista para llevar una vida lúcida y plena, para dejar de vivir dentro de tu cabeza y empezar a conectar con tu objetivo vital. Para vivir plenamente el presente. Tu propio periplo te ha conducido hasta aquí, de modo que no tienes por qué arrepentirte de nada, ni pedir disculpas. Todo lo que ha pasado hasta ahora tenía que pasar para que estuviera preparada para conocer la verdadera salud mental y el bienestar.

Libérate del miedo y de todas sus trabas. Cultiva tu intuición y combínala con este nuevo conocimiento, y ya no tendrás que depender de ninguna medicación, de ningún doctor, de ningún sistema. Llevarás las riendas de tu vida.

Ésta es la nueva medicina. Un paradigma revolucionario que deja obsoleto el anterior.

Adelante, comencemos.

6

Que la comida sea tu medicina

*Recomendaciones nutricionales para curar tu cuerpo
y liberar tu mente (sin sentir la condena de estar
a dieta)*

La comida no es sólo combustible. Es información.

E s probable que la idea de que la inflamación crónica y una desconexión peligrosa entre la ecología interna del organismo y el cerebro (no con niveles bajos de sustancias químicas neurológicas) se halla en el origen de la mayoría de las formas de depresión vaya a seguir cobrando adeptos entre los estamentos científicos y los profesionales de la medicina. Puede que ello dé lugar también a nuevos y prometedores tratamientos, pero lo cierto es que la verdad ya está entre nosotros. Y es muy sencilla.

Cuando vienen a verme por primera vez, muchas de mis pacientes son como plantas marchitas y ajadas, sostenidas con palos y celofán, que han vivido en una habitación a oscuras con aire recirculado. Mi labor consiste en devolverles lo básico: aire limpio, agua y luz, y rehabilitar el suelo de su salud para que podamos retirar los «andamios» y crear unos cimientos sanos y duraderos. Es un método efectivo, aunque no estoy segura de que podamos llegar a aprehender del todo la manera en que actúa. *Siempre* empiezo por modificar su dieta, el camino más eficaz y directo para conseguir los cambios que quiero ver. Y también el área más importante que abordar a la hora de restablecer el equilibrio entre cuerpo y cerebro.

Como has aprendido en la primera parte del libro, delegamos gran parte de nuestras funciones fisiológicas en microbios que habitan en nuestro canal alimentario, microbios que superan el número de células del cuerpo humano en una proporción de diez a uno. Se trata de un hecho al mismo tiempo emocionante y empoderador, porque significa que no estamos condenadas por aquello que hemos recibido por herencia familiar o genética. Podemos cambiar muchos parámetros de nuestra vida que influyen de manera directa en nuestro estado mental y emocional. Esos parámetros incluyen no sólo el estado de nuestro microbioma, que podemos variar mediante la dieta y los suplementos nutricionales, sino también nuestra exposición al entorno, la calidad de nuestro sueño y los hábitos de estilo de vida que mantenemos (desde el ejercicio a la respiración profunda) para librarnos del estrés constante que nos mina y nos debilita. Y todos estos parámetros pueden, a su vez, influir en cómo se expresan nuestros genes. Enseñarte cómo tomas esas iniciativas es el propósito de esta segunda parte. El libro termina con un plan de cuatro semanas, ordenado paso a paso, que tiene como fin aliviar los síntomas de depresión y apagar el fuego que desencadena esos síntomas.

Este capítulo se centra en mis recomendaciones nutricionales y en explicar por qué, por ejemplo, es importante eliminar de tu dieta ciertas comidas de consumo muy extendido. El fundamento de estas recomendaciones es la sorprendente relación que existe entre la comida que ingieres y la bioquímica de tu cuerpo y de tu cerebro. La comida es, en efecto, información. Debes desprenderte de la idea de que los alimentos son sólo calorías para conseguir energía («combustible»), o simples micronutrientes y macronutrientes («bloques de construcción»). Muy al contrario: la comida es una herramienta coevolutiva de la expresión epigenética. Es decir, que literalmente les habla a tus células (neuronas incluidas), condicionando la forma en que funciona tu ADN. Vamos a echar un vistazo, por ejemplo, a los nuevos y estimulantes datos acerca de los exosomas, minúsculos paquetes de información presentes en plantas como el jengibre, que pueden alterar la expresión de nuestros genes.

Mi plan dietético reduce al mínimo la ingestión de alimentos modernos altamente procesados que contengan gluten y de lácteos que puedan desencadenar una respuesta inmune inconveniente. También aumenta la ingestión de grasas de importancia vital necesarias para la salud neurológica y la estabilidad glucémica y concede especial importancia al origen de nuestros alimentos, eliminando los modificados genéticamente y los pesticidas carcinogénicos e interruptores endocrinos. Te alegrará saber que no vas a tener que andar contando las calorías, ni preocuparte por controlar las cantidades. Una vez que empieces a alimentarte conforme a mis recomendaciones, rara vez volverás a comer en exceso y nunca volverás a sentirte tan hambrienta como para ser capaz de comerte cualquier cosa. Este protocolo nutricional reprogramará tu sensación física de hambre y saciedad de tal modo que, sin esfuerzo, podrás comer la cantidad de comida más conveniente para ti, y sabrás cuándo tienes suficiente guiándote sólo por tu instinto. Es una sensación maravillosa: la de no tener ya «mentalidad de dieta» y la de poder confiar en que tu cuerpo te da pistas de manera natural para saber qué, cuándo y cuánto comer.

El cambio dietético es una herramienta poderosa (quizá la más poderosa) para influir de manera beneficiosa en el microbioma y en la interrelación intestino-cerebro. Fantaseo a menudo con un área de psiquiatría de un hospital donde se sirvan alimentos ancestrales de producción orgánica, se enseñe a practicar la meditación y la relajación, se refuercen las pautas de sueño y se fomente el ejercicio. Me encantaría hacer un estudio aleatorizado de los resultados de un método semejante, a fin de deconstruir el modelo «una enfermedad, una pastillita». La idea de que la dieta occidental causa deterioro cognitivo, ansiedad y depresión no se basa ya en pruebas científicas anecdóticas. Son muchos los estudios (de algunos de ellos ya hemos hablado) que demuestran sin género de dudas los efectos nocivos, tanto cognitivos, como emocionales e inflamatorios, de la dieta occidental. Estos estudios prueban que una dieta caracterizada por las grasas vegetales procesadas, el azúcar, los conservantes y por toda una batería de productos químicos puede estar abocándonos a desarrollar inflamación crónica cuando, como es inevitable, sufrimos algún ataque inmunológico en forma de infección, estrés o exposición a nuevos tóxicos. Este proceso podría empezar incluso en el útero materno.[1, 2, 3] Por eso la mejor forma de prevención consiste en adoptar un estilo de alimentación que huya de las típicas comidas procesadas: seguir un protocolo dietético que valore y respete la verdadera comida, con el sabor, el gusto y el aspecto que, debido a su evolución, espera nuestro cuerpo que tenga. Una dieta así limita de manera natural los alimentos inflamatorios, favorece la densidad de los nutrientes y controla el equilibrio glucémico.

Mis recomendaciones nutricionales se basan no sólo en años de trabajo con pacientes a las que he visto transformarse gracias a este protocolo, sino en evidencias científicas que les sirven de fundamento sólido. Debo añadir, no obstante, que los estudios nutricionales suelen ser limitados. Es muy difícil, por no decir imposible, llevar a cabo estudios tradicionales sobre dietas utilizando un modelo aleatorizado y controlado, como se hace con los ensayos clínicos de medicamentos. Un motivo por el que estas investigaciones no pueden compararse con los ensayos farmacológicos es que no podemos servirnos de un verdadero grupo

1. F. N. Jacka *et al.*, «Maternal and Early Postnatal Nutrition and Mental Health of Offspring by Age 5 Years: A Prospective Cohort Study,» *J Am Acad Child Adolesc Psychiatry* 52, n.º 10 (Octubre, 2013): 1038-1047, doi: 10.1016/j.jaac.2013.07.002. Véase también: J. Sarris, *et al.*, «Nutritional Medicine as Mainstream in Psychiatry,» *Lancet Psychiatry* 2, n.º 3 (Marzo, 2015): 271-274, doi: 10.1016/S2215-0366(14)00051-0.

2. F. N. Jacka, *et al.*, «Does Reverse Causality Explain the Relationship between Diet and Depression?,» *J Affect Disord* 175 (Abril, 2015): 248-250, doi: 10.1016/j.jad.2015.01.007.

3. Bonnie J. Kaplan *et al.*, «The Emerging Field of Nutritional Mental Health: Inflammation, the Microbiome, Oxidative Stress, and Mitochondrial Function.» Artículo para la Asociación de Ciencias Psicológicas, *Clinical Psychological Science*, Sage Publications, 2014.

placebo para analizar los nutrientes esenciales. No podemos privar a personas de carne y hueso de ciertos nutrientes necesarios para vivir con el fin de realizar un estudio. Por otra parte, los alimentos contienen un asombroso número de moléculas distintas. Si identificamos correlaciones entre un tipo concreto de comida y un efecto sobre la salud, es muy difícil (incluso imposible) aislar los ingredientes exactos que producen esos resultados, debido a la compleja composición de los alimentos y a las interacciones posibles entre nutrientes, a los factores genéticos subyacentes y a otras consideraciones. Y luego está el problema práctico de basar un estudio nutricional en la experiencia subjetiva de personas acerca de lo que comen, y la dificultad que entraña controlar su estilo de vida (como la cantidad de ejercicio que hacen o si han dejado de fumar o no) que pueden influir en su salud, al margen de la dieta.

Dicho todo esto, tenemos pruebas suficientes para extraer unas pautas o directrices generales en cuanto a cuál es la mejor manera de empezar para devolver el equilibrio a un cuerpo y una mente deteriorados. Dentro del ámbito de la alimentación, existen tratamientos naturales que pueden ayudarte inmensamente a recuperar el control de tu mente. ¿Dónde se encuentran y cómo funcionan? Empecemos por ahí. Y en el capítulo 10 te ayudaré a crear un plan de comidas basado en las recomendaciones que doy más abajo.

COME DE MANERA NATURAL[4]

Tres meses después de dar a luz a mi primera hija, pensé: «Cuando deje de dar de mamar, voy a volver al vegetarianismo». Sentía el impulso de purificar mi dieta y al mismo tiempo tenía que posponer mis restricciones alimenticias hasta que ya no fuera la única fuente

---

4. Partes de este apartado están adaptadas de mi artículo «Enhance Your Mood with Food-Eat Naturally,» www.kellybroganmd.com, 7 de octubre, 2013, http://kellybroganmd.com/article/enhance-your-mood-with-food-eat-naturally/.

de alimento para mi hija. Me sentía impelida por la necesidad clara y urgente de tratar a los animales con compasión y respeto, y tenía el convencimiento de que podía replicar y suplementar (con un alto grado de precisión, además) los nutrientes de las carnes de origen animal. Creía, también, como creen muchos, que este cambio dietético equivalía a una existencia más «limpia» y sana. Y al mismo tiempo estaba aprendiendo acerca del papel crítico que desempeñan los ácidos grasos en lo tocante a la salud mental, la neurología y la concepción.

Pero fue a través de mi exploración de la importancia de las grasas y de las vitaminas liposolubles que empecé a cuestionarme la idea asumida de que podemos obtener lo que necesitamos para estar sanos (y en particular para gozar de salud mental y reproductiva) de una dieta baja en nutrientes animales. Centré mi atención en las vitaminas A (en su forma utilizable), D y K_2, además de en la B_6 y B_{12}, la colina, el zinc y los aminoácidos, incluida la metionina. Ya conocía la importancia de estos nutrientes para la salud mental, pero fue la obra de Weston A. Price la que me convenció de que podían tener beneficios aún más amplios.[5]

El doctor Price era un dentista que emprendió un viaje alrededor del mundo para responder a este interrogante: ¿por qué los hijos y los nietos de sus pacientes presentaban una peor salud dental y tasas crecientes de enfermedades degenerativas que sus padres y abuelos? A principios del siglo XX todavía había grupos de población a los que no había llegado la comida procesada y las comodidades occidentales. El doctor Price estudió rigurosamente el impacto sobre la salud de diversas dietas indígenas. En primer lugar, descubrió que no hay una única dieta que garantice la salud y que los humanos nos adaptamos a diversas dietas por una buena razón. Un inuit nunca habían visto los cereales y un pastor de los Alpes no sabía lo que era una ballena. Las personas se adaptaban de manera única y singular a dietas distintas. En

---

5. Para conocer mejor la obra y las investigaciones de Weston Price, véase www. westonaprice.org.

segundo lugar, definió los denominadores comunes de las dietas saludables entre las de las sociedades tradicionales y las áreas sin industrializar. Esto fue muy revelador para mí. Los cuatro puntos siguientes resumen los hallazgos del doctor Price acerca de las características de estas dietas, que garantizaban el sustento de poblaciones sanas en las que no existían afecciones como la depresión:

- Ninguna sociedad humana tradicional seguía una dieta vegetariana.
- Ninguna sociedad humana tradicional seguía una dieta baja en grasas.
- Todas las dietas tradicionales eran autóctonas, naturales e integrales.
- Todas las sociedades humanas tradicionales empleaban algunos alimentos crudos.

Es más, el doctor Price constató que las sociedades tradicionales aseguran la salud de las generaciones subsiguientes procurando alimentos especialmente ricos en nutrientes a futuros padres, mujeres embarazadas y niños en periodo de crecimiento. Y enseñan tempranamente sus principios dietéticos a sus jóvenes (no exponiéndolos a Happy Meals y a comidas procesadas como lo hace el típico estadounidense).

Baste decir que me interesó al instante este panorama nutricional. Tuve un «despertar alimenticio». Me propuse entonces aprender a interpretar la comida que me rodeaba y que tenía a mi disposición: a verla a través de la lente de los alimentos frescos e íntegros. Mi madre, que procede del norte de Italia, es una gran cocinera. Yo me crié con comida casera y aprendí de pequeña que la moderna dieta italiana incluye tanto alimentos ancestrales (carnes sin procesar, pescado, verduras y fruta), como alimentos procesados industrialmente: la pasta, el pan y los *biscotti*. De mayor, con mi enfoque actual, opté por vaciar la cocina, dejarla limpia y empezar de cero con una variedad de alimentos ancestrales: carne, pescado, huevos, verduras de todas clases, frutos secos y semillas. En cuanto te libras de la comida basura que altera tu cerebro, tus preferencias instintivas y naturales te sirven de guía. ¿Te gusta la carne roja y, si te dan permiso para ello, la comes con gusto? ¿La fruta y los frutos secos son imprescindibles para ti? ¿Te apasionan las verduras? Sin necesidad de ir contando las calorías ni de medir el tamaño de las porciones, con el tiempo irás derivando de manera natural hacia la dieta que complementa mejor tu sistema nervioso y alivia la carga de tus respuestas inmunológicas inflamatorias.

Como no existe una dieta única que sirva para todos, te propongo una plantilla que puede ayudar a quienes sufren de depresión: una pauta nutricional que el doctor Nicholas Gonzalez denominaba «carnívora equilibrada». Aunque mi plan de treinta días puede parecerse a la «paleodieta» de la que tanto se habla en las revistas, difiero de ésta en mi enfoque sobre los hidratos de carbono y en permisividad respecto a la reintroducción de los cereales libres de gluten y las alubias. Sé por experiencia que muchas mujeres empiezan a decaer al adoptar una dieta baja en hidratos de carbono. Todavía no he conocido a una mujer que llevara tiempo practicando este tipo de dieta y que siguiera disfrutando de la vida. En mis tiempos de autoexperimentación, probé durante dos meses una dieta muy limitada en carbohidratos, prescindiendo de cereales, frutas y verduras ricas en almidón. Me sentí estupendamente durante dos semanas, ni un solo día más. Después, estaba aturdida, cansada y empecé a obsesionarme con las cremas hidratantes y el acondicionador.

Así que me permití tomar más hidratos de carbono, que son cruciales para el bienestar emocional femenino siempre y cuando sean los hidratos de carbono *adecuados*. Debería añadir que la gente suele confundir la dieta «paleo» con una dieta superbaja en carbohidratos. No es así. Los hidratos de carbono han sido cruciales en la evolución humana. No podríamos haber desarrollado un cerebro tan grande si no nos hubiéramos alimentado con hidratos de carbono, además de con proteínas de alta calidad. El motivo por el que desarrollamos un cerebro tan grande y cómo se produjo esta evolución siguen siendo dos de las cuestiones más desconcertantes en el estudio de la evolución humana, pero por fin estamos empezando a conocer las respuestas gracias a nuevos datos arqueológicos, antropológicos, fisiológicos, anatómicos y genéticos.

En un estudio publicado en 2015 en *The Quarterly Review of Biology*, la doctora Karen Hardy y su equipo del Instituto Catalán de Investigación y Estudios Avanzados de la Universidad Autónoma de Barcelona explicaban que el consumo de carbohidratos, especialmente en forma de almidón procedente de tubérculos, semillas, frutas y frutos secos, había sido esencial para el rápido crecimiento y desarrollo de nuestro cerebro en el último millón de años.[6] Al aprender a cocinar y a utilizar el fuego, los genes que producían la amilasa salival —la enzima que descompone los carbohidratos— se hicieron más abundantes y expresivos. Disponemos de muchas copias de los genes que codifican la amilasa salival, mientras que otros primates sólo tienen dos copias. Esto significa que tenemos mayor capacidad para digerir el almidón, comparados con otros primates, porque podemos producir más amilasa salival. No sabemos exactamente cuándo empezaron a multiplicarse estos genes en el ADN humano, pero los estudios actuales apuntan a que sucedió hace menos de un millón de años. Dicho de otra manera: que consumir carbohidratos no es nada nuevo para el ser humano. La doctora Hardy señala también que nuestro cerebro consume un 25 por ciento, como mínimo, de la energía disponible en el cuerpo y hasta un 60 por ciento de la glucosa en sangre. Aunque podemos fabricar glucosa a partir de otras fuentes, no son las más eficaces, y las dietas pobres en hidratos de carbono rara vez suplen esta elevada demanda de glucosa.

Así que ahí lo tienes: los hidratos de carbono son buenos. Pero, repito, deben ser los adecuados: es decir, los no procesados. Debes convertirte en el carnívoro equilibrado que tu organismo quiere que seas. Desde hace ocho años vengo utilizando una dieta ances-

---

6. Karen Hardy *et al.*, «The Importance of Dietary Carbohydrate in Human Evolution,» *Quarterly Review of Biology* 90, n.º 3 (Septiembre, 2015): 251-268.

tral moderada en hidratos de carbono para el tratamiento de la depresión, con resultados impresionantes. Esta dieta se centra en los tubérculos como fuente de carbohidratos y, al mes de eliminarlos por completo para provocar el cambio microbiano, reincorpora los cereales libres de gluten, las patatas blancas y hasta las alubias (puestas previamente en remojo). Además de procurar una forma utilizable de energía, estos «almidones o féculas celulares» (en contraposición a los almidones procedentes de harinas, que son acelulares) pueden desempeñar un papel importante en la recuperación del intestino como carbohidratos accesibles a la microbiota o *prebióticos*.

El azúcar y los alimentos elaborados a partir de harinas pueden ser especialmente problemáticos para quienes tienen tendencia a la ansiedad y a la depresión debido a los efectos que surten simultáneamente sobre los mecanismos hormonales e inflamatorios y sobre la flora intestinal.

Es hora de abordar el meollo de la cuestión. He aquí, explicados sucintamente, los cinco pilares básicos de una dieta que favorezca la salud y destierre la depresión:

Regla número 1: elimina la comida procesada

Seguro que no es la primera vez que oyes esta consigna. Pero ¿qué significa exactamente? La comida procesada es, básicamente, toda la que viene envasada. Más concretamente, suele ser cualquier alimento con una larga lista de ingredientes impronunciables y, si quieres afinar un poco más, cualquier alimento que contenga grasas vegetales hidrogenadas, conservantes, colorantes o edulcorantes. ¿Sabes cuántos pasos hacen falta para fabricar el aceite de colza? Más o menos los mismos que para montar un coche. Los alimentos procesados se procesan para que sean transportables y no perecederos: para que no se estropeen con la misma rapidez (ni mucho menos) que los alimentos frescos e íntegros. Estos fines no casan bien con los tuyos. Examinemos más de cerca algunos de los ingredientes más perjudiciales.

Harinas e hidratos de carbono refinados

La manera en que la mayoría de la gente consume harinas es perjudicial para la salud (como mínimo) por los siguientes motivos: porque favorecen la inestabilidad de la glucosa en sangre y porque se fabrican a partir de cereales fumigados con pesticidas y/o alergénicos. Como ya sabes, doy mucha importancia a las diversas formas en que el desequilibrio glucémico puede enmascararse en forma de afecciones psiquiátricas. Cuando algunas personas comen alimentos que disparan su nivel de azúcar (panes y cereales, por ejemplo), su páncreas interviene para compensar este exceso estimulando la liberación de insulina a niveles que acaban haciendo caer en picado la glucosa en sangre. Un bajón de azúcar se manifiesta con síntomas de malestar y ansiedad (nerviosismo, náuseas, irritabilidad, aturdimiento, fatiga) y el antídoto a corto plazo es otro mazazo para el equilibrio fisiológico del organismo. ¿Alguna vez te has comido un cruasán para desayunar, seguido de un dónut o de una magdalena a media mañana? Si sigues mi protocolo, eliminarás todas las harinas y los hidratos de carbono refinados, incluyendo todo tipo de patatas fritas, *bretzels*, *crackers*, galletas, pastas, magdalenas, bizcochos, suizos, panes, masa de pizza, tartas, dónuts, caramelos, barritas energéticas, fritos y cualquier cosa que lleve la etiqueta «libre de grasa» o «*light*», a menos que sea así de manera natural (como el agua o el vinagre).

Alérgenos

El gluten, la soja y el maíz están clasificados como alimentos alergénicos y actualmente se debate acerca de cómo se han ido haciendo (y siguen haciéndose) más y más alergénicos con el paso del tiempo, debido a su procesamiento industrial, a su modificación genética mediante tecnología de recombinación del ADN (en el caso del maíz y la soja) o de hibridación, un proceso que es más natural que la modificación por recombinación genética, pero que no obstante tiene sus riesgos. A diferencia de la modificación genética, que empalma genes de distintos organismos para crear una forma totalmente nueva y artificial de vida (por ejemplo, genes de salmón introducidos en genes de tomate para crear tomates resistentes al frío), la hibridación consiste en cruzar los pólenes de especies vegetales que no se fecundarían entre sí de manera natural para conseguir un efecto parecido: la creación de nuevas especies (por ejemplo, las sandías sin pepitas). Aunque algunos alimentos híbridos, como las sandías sin pepitas, pueden no representar ningún peligro, otras plantas han sido sometidas a un proceso de hibridación tan intensivo durante los últimos cincuenta años que contienen proteínas completamente nuevas.

Estas manipulaciones pueden hacer que esos alimentos sean irreconocibles para nuestro sistema inmune y que se conviertan en vehículo de información no deseada. El gluten (así como los lácteos procesados), cuando se digiere o se digiere parcialmente, crea péptidos que, una vez que atraviesan la barrera intestinal, pueden estimular las respuestas inflamatorias del cerebro y el sistema inmune generando alteraciones neurológicas.

Eliminar el gluten de tu dieta es más fácil de lo que crees. Pero, ojo, ten en cuenta que también debes evitar los alimentos envasados sin gluten, que pueden estar tan procesados y ser tan glucémicos como cualquier alimento con gluten. Los alimentos sin gluten que nunca lo han tenido pueden estar bien, pero muchos productos sin gluten sustituyen el gluten por otros aditivos perjudiciales como el azúcar, el almidón modificado y la soja.

La siguiente tabla puede ayudarte a descubrir dónde acecha el gluten:

Gluten

Los siguientes cereales y féculas contienen gluten:

cebada	kamut	triticale
bulgur	matzá	trigo
cuscús	centeno	gérmen de trigo
sémola	semolina	
harina de Graham	espelta	

Los siguientes cereales y féculas no contienen gluten:

amaranto	mijo	sorgo
arruruz	patatas (incluidas las dulces)	soja
trigo sarraceno		tapioca
maíz	quinoa	teff
arroz		

Los siguientes alimentos contienen a menudo gluten:

beicon	cerveza	caldo (envasado)
alubias cocidas (en conserva)	quesos azules	frutos secos
alimentos panificados	perritos calientes	fritos (fabricados con aceite en lugar de tostados en seco)
leche con cacao (envasada)	bebidas calientes instantáneas	
fiambres		
sustitutos del huevo	kétchup	zarzaparrilla
barritas energéticas	malta/jarabe de malta	salchichas
cafés e infusiones saborizados	vinagre de malta	seitán
	mayonesa	sopas
patatas fritas (espolvoreadas a menudo con harina antes de freírlas)	albóndigas y pastel de carne	salsa de soja y teriyaki
verduras fritas/tempura	cremas de origen no lácteo	siropes
púdines y rellenos de fruta	salvado de avena (a menos que se espefifique que no contienen gluten)	tabulé
salsa de carne		cócteles de frutos secos
	copos de avena (a menos que se especifique que no contienen gluten)	hamburguesas vegetales
	quesos procesados (de tipo barra)	pasto de trigo
		sangría

Los siguientes aditivos son a menudo sinónimo de gluten:		
complejo aminopéptido	*Hordeum distichon*	aromas naturales
colorante color caramelo (elaborado con frecuencia a partir de cebada)	*Hordeum vulgare* hidrolisato	extracto de fitoesfingosina
ciclodextrina	extracto hidrolizado de malta	*Secale cereale* *Triticum aestivum*
dextrina	maltodextrina	*Triticum vulgare*
extracto de cereales fermentados	almidón modificado	proteína vegetal (HVP)

Además de prescindir del gluten, durante el primer mes de tratamiento también debes desterrar todos los cereales (excepto la quinoa y el trigo sarraceno, que técnicamente son seudocereales), el maíz, la soja y los lácteos. Más adelante te explicaré cómo reincorporarlos a tu dieta si lo deseas. Este método no contempla, en cambio, la reintroducción de los alimentos con gluten.

Azúcar

Está presente prácticamente en todos los alimentos envasados. En serio. Míralo y verás como tengo razón. Puede aparecer bajo distintas denominaciones: azúcar de caña, fructosa cristalina, jarabe de maíz de alta fructosa (véase el cuadro de la página siguiente), pero todo es azúcar. El cuerpo metaboliza de manera distinta la fructosa y la glucosa (explicado en pocas palabras, la fructosa va directamente al hígado para ser metabolizada, mientras que la glucosa la emplean las células como unidad de energía fundamental). La fructosa procesada (azúcar de la fruta que suele proceder de la caña de azúcar, la remolacha azucarera y el maíz) tiene siete veces más probabilidades de acabar convertida en pegajosos agregados de proteínas, y en carbohidratos semejantes al caramelo llamados productos finales de glicación, que causan estrés oxidativo e inflamación. Dado que es el hígado quien se encarga de procesarla (a menudo creando depósitos de lípidos, puesto que la fructosa produce mucha más grasa que la glucosa), no surte un efecto inmediato sobre la sangre, pero la ingestión de grandes cantidades de fructosa de origen artificial tiene efectos a largo plazo. Numerosos estudios demuestran que la fructosa procesada está asociada a una mala tolerancia a la glucosa, a la resistencia a la insulina y a la hipertensión, entre muchas otras dolencias. Y dado que desequilibra hormonas imprescindibles para la regulación de nuestro metabolismo, las dietas ricas en fructosa procesada pueden conducir a la obesidad, con todas sus consecuencias fisiológicas.

Además de influir en los altibajos anímicos y en la ansiedad, el azúcar en todas sus variantes produce alteraciones en la membrana celular, en las arterias, en el sistema inmune, en las hormonas y en el intestino. Es una pesadilla metabólica que nuestro organismo no está preparado para tolerar, y mucho menos en las cantidades que consume el estadounidense medio anualmente: más de setenta y cuatro kilos, nada menos. Si necesitas un toque de dulzor, utiliza azúcar de savia de coco, miel o sirope de arce.

AZÚCAR		
Los siguientes términos son sinónimos de azúcar:		
jugo evaporado de caña	fructosa cristalina	maltodextrina
jarabe de maíz	sacarosa	dextrosa
jarabe de maíz de alta fructosa	malta	azúcar de remolacha
	maltosa	azúcar turbinado
		azúcar invertido

Una advertencia: cuidado con los cereales del desayuno

No te dejes engañar por los llamados «cereales naturales». El pasillo de los cereales del supermercado es un gran escaparate en el que se encuentran algunos de los productos más procesados y envasados del mercado. Informes recientes han sacado a la luz los sucios secretillos que ocultan las marcas más populares, Kashi incluida. Estas cajas de «salud integral» no son lo que aparentan: suelen estar contaminadas con ingredientes modificados genéticamente y con los pesticidas y herbicidas que los acompañan.[7] Además, la mayoría de estos cereales contienen gluten, colorantes, potenciadores del sabor artificiales y multitud de azúcares. El efecto que surten sobre tu organismo es una estimulación anormal que abre el apetito, sube bruscamente la insulina y produce aturdimiento cognitivo en un plazo de entre una o dos horas después de su consumo. Tira las cajas de cereales que tengas en casa hoy mismo.

Si consigues desprenderte del condicionamiento cultural de tener que comer un producto «de desayuno» al levantarte y, en lugar de hacerlo, puedes consumir comida normal (es decir, verduras, algo de pescado, caldo, etcétera), tus alternativas para desayunar se ampliarán vertiginosamente. Y si necesitas tomar algo que te recuerde a un postre, prueba mi batido (página 364): te dejará saciada hasta bien pasado el mediodía.

Norma número 2:
come alimentos frescos

Después de eliminar los alimentos procesados (presentados en bolsas y cajas y acompañados por largas listas de ingredientes), debes centrarte en los alimentos frescos, sencillos y puros que a menudo ni siquiera llevan etiqueta nutricional: frutas y verduras frescas («Cómete un arcoíris todos los días», incluyendo tubérculos y raíces), carnes alimentadas con pastos naturales, pescado salvaje, huevos, frutos secos y semillas, y grasas tradicionales naturales como las procedentes de animales, aceitunas y coco (no grasas procesadas o manufacturas). A pesar de lo que te hayan hecho creer los libros de dietas bajas en hidratos de carbono, los tubérculos forman una parte importante de este protocolo nutricional. Come boniato y calabacín con aceite de oliva, aceite de coco o *ghee* (mantequilla clarificada) de origen orgánico para complementar los azúcares naturales y reforzar la absorción de las vitaminas. Lo óptimo es hervir las

---

7. Stephanie Strom, «Kellogg Agrees to Alter Labeling on Kashi Line,» *New York Times,* 8 de mayo, 2014, http://www.nytimes.com/2014/05/09/business/kellogg-agrees-to-change-labeling-on-kashi-line.html.

verduras o hacerlas al vapor. Después de este primer mes, puedes añadir arroz blanco y patatas blancas: son poderosos «prebióticos» o alimentos bacterianos que conviene reservar para después del «reseteo» de nuestro organismo. Respecto a qué cantidades debes comer, lo mejor es que te dejes guiar por tu brújula interior.

Ten presente que, aunque la fruta contiene fructosa, está acompañada por otros nutrientes complementarios esenciales. La fruta no es el elemento más destacado de esta dieta, pero puedes comerla sin problema.

ALIMENTOS ORGÁNICOS		
Alimentos que es importante que sean biológicos:*		
manzanas	nectarinas	lechuga
apio	uvas	kale/coles
fresas	pimiento morrón	guindillas
melocotones	patatas	pepinos
espinacas	tomates cherry	
Alimentos que es menos importante que sean biológicos:		
cebollas	guisantes (congelados)	repollo
maíz dulce	mango	papaya
piña	berenjena	boniatos
aguacate	melón cantalupo	pomelo
espárragos	kiwi	coliflor

* Environmental Working Group (www.ewg.org)[8]

Alimentos libres de glifosato

No me canso de insistir en lo importante que es evitar consumir alimentos que hayan entrado en contacto o hayan sido rociados con glifosato. El glifosato, el principal ingrediente del Roundup, es el

---

8. El Environmental Working Group (www.ewg.org) mantiene una lista actualizada de qué frutas y verduras conviene que sean biológicas. Véase http://www.ewg.org/foodnews/?gclid=Cj0KEQjwqsyxBRCIxtminsmwkMABEiQAzL34Pf-DLMtvPWcJSolmJXnLcNTlJc9P6wqTWP2VlAsJnnXIaAjIr8P8HAQ.

herbicida de uso más generalizado entre los agricultores de todo el mundo. Se calcula que en 2017 los agricultores estadounidenses habrán aplicado la friolera de 1.350.000 toneladas métricas de glifosato a sus cosechas: una cifra astronómica, difícil de concebir. Los residuos del glifosato no sólo son un peligro para la salud del planeta: también suponen un enorme peligro para tu microbioma, lo que nos recuerda que dañar a la naturaleza es dañarnos a nosotros mismos.[9]

---

9. He escrito extensamente sobre el glifosato. Para más información y un listado completo de citas, visita mi página web. Earth Open Source, un grupo de científicos independientes (es decir, que no reciben dinero para que apoyen con sus resultados a las grandes corporaciones), publicó un compendio de literatura científica titulado «Roundup and Birth Defects: Is the public being kept in the dark?» en el que se afirmaba: «La industria de los pesticidas y la administración pública estadounidense conocían ya en las décadas de 1980 y 1990 que Roundup, el herbicida más vendido en todo el mundo, produce defectos congénitos, y sin embargo no informaron al público». Este informe, resultado de la colaboración de científicos e investigadores de diversas nacionalidades, revela con impresionante claridad cómo los propios estudios de la industria demuestran que el herbicida Roundup causa defectos congénitos en animales de laboratorio. Entre los efectos que han sido silenciados se encuentran la interrupción endocrina, defectos en el desarrollo, amplificación de los efectos adversos de otros aditivos (coadyuvantes), alteraciones producidas por combinaciones químicas y perjuicios sobre las abejas. También es posible que se hayan pasado por alto diversos efectos adversos descritos por la literatura científica independiente, puesto que la normativa no dice explícitamente que tales estudios deban ser recogidos en los dosieres que publica la industria. Dada la persistencia y la bioacumulación de pesticidas y herbicidas, analizar únicamente el principio activo (PA) puede tranquilizar falsamente a los fabricantes. Sin embargo, la sinergia de los tóxicos ha hecho saltar por los aires la idea simplista de que «el veneno está en la dosis», y un artículo crítico publicado en Biomed Research International, que cuestionaba las nociones asumidas acerca de la toxicidad de herbicidas y pesticidas, descubrió que el Roundup de Monsanto puede ser hasta diez mil veces más tóxico que el glifosato por sí solo. En un artículo de 2013, publicado por la investigadora del MIT Stephanie Sene y por un colega independiente, se describían claramente los efectos del glifosato sobre los habitantes microbianos del organismo. Dicho artículo señalaba que, entre otros perjuicios, el glifosato inhibe las enzimas citocromo P450 (CYP), responsables de la desintoxicación de multitud de compuestos químicos ajenos al organismo, además de matar bacterias beneficiosas del intestino a través de su impacto sobre la «ruta del ácido shikímico», que antes se creía que no existía en humanos. Es posible que incluso la activación de la vitamina D3 en el hígado se vea comprometida por los efectos del glifosato sobre las enzimas hepáticas, lo que podría explicar los niveles epidémicos que alcanza este déficit.

En 2010, después de que se cuadruplicaran las cifras de defectos congénitos en Argentina desde 2002, se llevó a cabo un estudio de laboratorio que descubrió que el glifosato, incluso en dosis bajas, producía malformaciones en embriones de pollo y rana. Estudios posteriores han demostrado que produce también anomalías cardíacas, muerte embrionaria y múltiples malformaciones. Se sospecha que estas anomalías vienen causadas por la toxicidad de la oxidación de la vitamina A que produce el glifosato.

En marzo de 2015, diecisiete expertos de once países se reunieron en la Agencia Internacional para la Investigación del Cáncer de la OMS en Francia para analizar los efectos cancerígenos de los pesticidas organofosfatos y del glifosato en particular, y concluyeron que éste es «probablemente carcinógeno en humanos».[10] Según las pruebas desenterradas en los archivos de la Agencia para la Protección del Medioambiente de Estados Unidos, Monsanto conocía el potencial carcinógeno del glifosato desde 1981.[11]

Muchos de estos efectos perjudiciales se dan con dosis muy bajas de glifosato (incluso con una proporción de partes por billón), comparables a los niveles de residuos de pesticidas que pueden hallarse en la comida y el entorno, lo que pone en cuestión la idea de que exista un umbral de seguridad para la exposición a estos productos.[12]

En suma, el glifosato:

• Disminuye tu capacidad para eliminar toxinas.
• Mata bichitos beneficiosos de tu intestino, alterando por tanto el equilibrio de tu microbioma.

---

10. K. Z. Guyton *et al.*, «Carcinogenicity of Tetrachlorvinphos, Parathion, Malathion, Diazinon, and Glyphosate,» *Lancet Oncol* 16, n.º 5 (Mayo, 2015): 490-491, doi: 10.1016/S1470-2045(15)70134-8.

11. Véase: www.gmfreecymru.org/documents/monsanto_knew_of_glyphosate.html.

12. S. Thongprakaisang *et al.*, «Glyphosate Induces Human Breast Cancer Cells Growth via Estrogen Receptors,» *Food Chem Toxicol* 59 (Septiembre, 2013): 129-136, doi: 10.1016/j.fct.2013.05.057.

- Daña la función de la vitamina D, un elemento importante de la fisiología humana y de la regulación del estado anímico.
- Agota la provisión de minerales esenciales para el organismo como el hierro, el cobalto, el molibdeno y el cobre.
- Daña la síntesis del triptófano y la tirosina, dos aminoácidos importantes en la producción de proteínas y neurotransmisores.
- Imita a hormonas como los estrógenos, activando o estimulando la formación de cánceres sensibles a las hormonas.

Monsanto lleva tiempo diciéndonos que no nos preocupemos. Pero los efectos perniciosos del DDT, el agente naranja y los PCB se reconocieron únicamente cuando las pruebas del peligro irreversible que suponían para los seres humanos llevaban décadas acumulándose. Hasta que se prohíba el glifosato, procura comprar frutas y verduras orgánicas, carne y otros productos animales procedentes de animales alimentados con pastos naturales y productos que no contengan ingredientes modificados genéticamente. Debemos alzarnos en rebeldía contra este absurdo experimento que afecta a todas las formas de vida del planeta Tierra.

Productos procedentes de animales alimentados con pastos naturales, y pescados salvajes

Las carnes y productos procedentes de animales alimentados con pastos naturales tienen la ventaja de que a estos animales se les permite deambular libremente, alimentándose de la comida natural evolutivamente más adecuada para ellos. A los animales cuyas vidas pasan a la nuestra a través del alimento debería tratárselos con todo el respeto posible por sus inclinaciones dietéticas innatas. Debemos apoyar las muchas ventajas de la agricultura orgánica sostenible, libre de petroquímicos y de cereales industriales, y los innumerables beneficios que se derivan del cultivo humano de seres vivos saludables. Como patrón de inicio, recomiendo comer carnes orgánicas de animales alimentados con pastos naturales: carnes rojas de cordero, cerdo y ternera entre tres y cinco veces por semana; pescado y aves dos o tres veces por semana; y huevos a diario. Para consultar un listado de pescados procedentes de pesca sostenible que contienen la menor cantidad posible de toxinas, visita la página del Observatorio de Alimentos de acuario de la Bahía de Monterey: www.seafoodwatch.org. Tras lo sucedido en Fukushima, yo me inclino por el salmón atlántico, las sardinas y los boquerones.

No dudes en probar los caldos de pollo y hueso de ternera, que se han usado tradicionalmente en los tratamientos para restablecer la salud intestinal. Dado que nuestras dietas se centran principalmente en el consumo de carnes musculares que tienen un contenido muy alto en metionina (un aminoácido), nos perdemos los beneficios de consumir huesos, piel, tendones y tejido conjuntivo, como era práctica ancestral. Esas partes del animal son muy ricas en glicina, un aminoácido beneficioso para la salud, con propiedades calmantes que, según se ha demostrado, contribuyen a aliviar el insomnio, la ansiedad y el dolor articular, y a mejorar el estado del cabello y de la piel. (Un consejo: prueba a añadir gelatina biológica a líquidos calientes o colágeno hidrolizado a líquidos fríos. Empieza con una cucharada y luego ve subiendo la dosis hasta tres. No tiene ningún sabor.)

Huevos de gallinas de corral

Me encantan los huevos de corral cocinados a fuego lento con *ghee*. La cocción lenta deja intactos los nutrientes y los ácidos grasos del huevo. Los huevos de corral proceden de gallinas no estabuladas a las que se permite vagar libremente, comiendo plantas e insectos (lo que comerían normalmente si vivieran en estado salvaje). Si han conseguido convencerte de que los huevos son malos para la salud debido a su alto contenido en colesterol, es hora de que te desprendas de ese mito. Los huevos se encuentran entre los alimentos más injustamente denigrados de nuestra época. La idea de que el colesterol dietético, como las grasas saturadas de la ternera, se transforma directamente en colesterol en sangre es totalmente falsa. No existe ninguna prueba científica que correlacione las grasas dietéticas de origen animal y el colesterol dietético con niveles de colesterol en sangre o riesgo de enfermedad coronaria. Y cuando los científicos tratan de relacionar el colesterol en sangre con el consumo de huevos, constatan continuamente que los niveles de colesterol en personas que comen pocos huevos o ninguno suelen ser idénticos a los de quienes consumen huevos en gran cantidad.[13] Más del 80 por ciento del colesterol en sangre que aparece contabilizado en los análisis rutinarios se produce en el hígado y, contrariamente a lo que pueda pensarse, consumir colesterol ayuda al organismo a mantener una producción de colesterol equilibrada.[14]

Los huevos son una comida perfecta, y la yema es, hablando en términos dietéticos, una auténtica mina de oro. Los huevos enteros —sí, la yema incluida— contienen todos los aminoácidos esenciales que necesitamos para sobrevivir, así como vitaminas y minerales, y antioxidantes que protegen nuestros ojos. Y pueden tener efectos de largo alcance sobre nuestra fisiología. No sólo nos mantienen saciadas y llenas, sino que nos ayudan a controlar el azúcar en la sangre. En 2013 un equipo de investigadores de la Universidad de Connecticut demostró que la gente que comía huevos enteros a diario mejoraba su sensibilidad a la insulina y otros parámetros de riesgo cardiovascular.[15]

Como verás en mi protocolo dietético, recomiendo comer muchos huevos. Por favor, no les tengas miedo. Cambiar de desayuno suele ser una de las tácticas que mejor resultado dan cuando

---

13. «Egg Nutrition and Heart Disease: Eggs Aren't the Dietary Demons They're Cracked Up to Be,» Harvard Health Publications, Harvard Medical School, www. health.harvard.edu/press_releases/egg-nutrition.

14. Para más información sobre el debate huevos-colesterol, véanse los artículos de Chris Kresser «Three Eggs a Day Keep the Doctor Away,» 23 de mayo, 2008, http:// chriskresser.com/three-eggs-a-day-keep-the-doctor-away/, y «Why You Should Eat More (Not Less) Cholesterol,» 6 de enero, 2012, http://chriskresser.com/why-you-should-eat-more-not-less-cholesterol/.

15. C. N. Blesso *et al.*, «Whole Egg Consumption Improves Lipoprotein Profiles and Insulin Sensitivity to a Greater Extent than Yolk-free Egg Substitute in Individuals with Metabolic Syndrome,» *Metabolism* 62, n.º 3 (Marzo, 2013): 400-410, doi: 10.1016/j.metabol.2012.08.014.

trato a una paciente, así que ¡deja los cereales y empieza a comer huevos! Comerte un huevo puede ser la mejor manera de empezar el día y de marcar el tono de tu equilibrio glucémico. Además, hay muchísimas formas de prepararlos: puedes hacerlos revueltos, fritos, pasados por agua o cocidos, o utilizarlos como aderezo para otros platos. Son sin duda alguna uno de los alimentos más versátiles que existen. Si pasas por agua un cartón de huevos el domingo por la noche, tendrás desayuno o merienda (o ambas cosas) para toda la semana.

Lácteos crudos
Durante los primeros treinta días de mi programa dietético, voy a pedirte que prescindas por completo de los lácteos, incluyendo la leche, el yogur, el queso y el helado. Te pediré que sólo bebas agua filtrada. Ni siquiera permito el té, porque las infusiones tienen efectos diuréticos. Si bebes té, no bebes agua, y una hidratación adecuada es clave para mantener una producción de energía y una función celular óptimas. Pasados esos primeros treinta días, podrás ir probando si los lácteos en cantidad moderada te sientan bien. Los lácteos presentan reactividad cruzada con el gluten y contienen proteínas estimuladoras del sistema inmune como la butirofilina y la caseína, y por tanto pueden ser perjudiciales para cualquiera que padezca una enfermedad crónica.[16] Y quizá te sorprenda saber que los lácteos que puedes encontrar en cualquier supermercado son alimentos altamente procesados. Te invito a informarte acerca de los beneficios de la leche cruda (sin pasteurizar ni homogeneizar) en www.real-milk.com, lácteos que proceden normalmente de vacas de razas más antiguas que no producen la proteína betacaseína alfa 1 (A1). Está demostrado que esta proteína, presente en la mayoría de la leche de producción industrial (incluida la orgánica), agrava la depresión, así como otras afecciones neurológicas como el autismo y la esquizofrenia (también está asociada a un mayor riesgo de pade-

16. A. Vojdani y I. Tarash, «Cross-Reaction between Gliadin and Different Food and Tissue Antigens,» *Food and Nutrition Sciences* 4, n.º 1 (2013): 20-32, doi: 10.4236/fns.2013.41005.

cer enfermedades coronarias y diabetes insulinodependiente), probablemente debido a su relación con el compuesto llamado BCM7, semejante a un opiáceo. La pasteurización destruye bacterias importantes, así como el folato y las vitaminas A, B_6 y C, inactiva la lipasa, la lactasa y la fosfatasa (que contribuye a la absorción del calcio), oxida el colesterol y daña los ácidos grasos omega 3 y las proteínas.

Otro inconveniente de la leche comercial es que contienen exosomas que pueden tener efectos de muy largo alcance. Los exosomas, descubiertos hace casi treinta años, son vesículas extremadamente pequeñas que al principio se pensaba que eran como cubos de basura cuya labor consistía en deshacerse de los componentes celulares sobrantes. Pero desde hace un tiempo se están acumulando las pruebas que indican que estos contenedores actúan también como mensajeros, trasladando información a tejidos distantes.[17] Contienen micro RNA (miRNA), un grupo bien definido de pequeños RNA no codificantes que les «hablan» a nuestros genes y consiguen «hacerles hablar» al controlar su expresión. En la leche materna, estos exosomas están cargados de inmunidad que fortalece la salud del lactante, como parte de un proceso de transferencia entre la madre y su hijo. Pero cuando proceden de otras fuentes, pueden comunicar al organismo información dañina para la salud. Los micro RNA que proceden de la leche materna y de los vegetales transmiten información saludable, pero los que proceden de leche de vaca surten el efecto contrario, trasladando información que puede desencadenar procesos inflamatorios en el organismo.

Frutos secos y semillas

Las semillas de todo tipo (las de lino incluidas) y los frutos secos tostados o crudos son beneficiosos para la salud. Ten presente que los cacahuetes no son frutos secos: son una legumbre, y con-

---

17. J. Mu *et al.*, «Interspecies Communication between Plant and Mouse Gut Host Cells through Edible Plant Derived Exosome-like Nanoparticles,» *Mol Nutr Food Res* 58, n.º 7 (Julio, 2014): 1561-1573, doi: 10.1002/mnfr.201300729.

viene evitarlos por motivos de los que hablaré dentro de poco. En cuanto a las mantequillas de frutos secos, asegúrate de comprar las que tienen una capa de aceite por encima, sin azúcares añadidos. Puedes poner en remojo y dejar germinar los frutos secos para reducir al mínimo los inhibidores enzimáticos: mide cuatro tazas de frutos secos, cúbrelos con agua filtrada, añádeles una o dos cucharadas de sal sin refinar y déjalos reposar en la encimera toda la noche. Por la mañana, escúrrelos y acláralos. Para secarlos, mételos en el horno o en un deshidratador a una temperatura de entre 38 y 65° C hasta que estén secos. Algunas empresas te lo dan ya hecho: busca el término «germinado» en la bolsa.

Una advertencia: las legumbres

Aconsejo a mis pacientes prescindir por completo de las legumbres durante el primer mes, puesto que tienen lo que podría describirse como «espinas invisibles», las llamadas lectinas, que confunden al sistema inmune y contribuyen a una amplia variedad de dolencias relacionadas con un aumento de la inflamación.[18] Entre las legumbres de consumo más común se encuentran las alubias, los guisantes, las lentejas y los cacahuetes. Además de ser ricas en minerales, vitaminas y fibra, también son ricas en fécula o almidón resistente (porque «se resiste» a ser digerido y ayuda a que te sientas llena), un tipo especial de fibra que puede ser beneficiosa una vez que la flora intestinal se encuentra en estado óptimo. La mayoría de mis pacientes toleran bien las alubias, que pueden reintroducirse en la dieta a posteriori, a excepción de los cacahuetes y la soja. Lamentablemente, los cacahuetes tienen un alto riesgo de contener hongos y la soja puede inhibir las enzimas tiroideas y pancreáticas. Una vez que hayas reincorporado las legumbres a tu dieta, conviene que las dejes en remojo toda la noche en agua filtrada y que las enjuagues antes de cocinarlas.

---

18. D. L. Freed, «Do Dietary Lectins Cause Disease?» *BMJ* 318, n.º 7190 (Abril, 1999): 1023-1024.

Regla número 3:
no evites ni restrinjas las grasas naturales

Apuesto a que en algún momento de tu vida has probado a prescindir de las grasas, convencida de que te estaban haciendo engordar, al igual que evitabas los alimentos altos en colesterol por miedo a que se atascasen tus arterias. Las empresas de productos adelgazantes, los publicistas, los supermercados, la industria alimentaria y ciertos libros muy populares nos han vendido la idea de que debíamos adoptar una dieta baja en grasas y en colesterol. En efecto, ciertos tipos de grasa, como las grasas y los aceites procesados industrialmente, se asocian con numerosos perjuicios para la salud. Pero no sucede lo mismo con las grasas naturales no modificadas, siempre y cuando procedan de animales o plantas.

Cuando mis pacientes se quejan de fluctuaciones de humor o ansiedad causadas por el azúcar, depresión, insomnio o baja libido, comprendo de inmediato que tengo que reforzar su funcionamiento neurológico, hormonal y metabólico con una buena inyección de grasa. Por si todavía te encuentras bajo el hechizo de la gran industria alimentaria, te diré que un amplio análisis publicado en 2014 corroboraba los resultados de estudios anteriores, demostrando de nuevo que el consumo elevado de grasas saturadas no aumenta el riesgo de padecer enfermedades coronarias arteriales. Y permíteme repetir que ningún estudio ha demostrado nunca que exista un vínculo entre el consumo de huevos y el infarto (más bien al contrario).

La buena fama que tienen las grasas poliinsaturadas y los ácidos grasos omega 3 es merecida por los efectos beneficios que el pescado y el aceite de pescado (EPA y DHA) tienen sobre la actividad antiinflamatoria y la fluidez de la membrana celular, y porque contrarrestan los efectos de los aceites vegetales procesados tan presentes en la dieta occidental. Ahora bien, no actúan por sí solos. Es tentador asignar comidas concretas a diferentes grupos de grasas, pero muchas grasas funcionan mejor en conjunción con otras. Por ejemplo, la ternera alimentada con pastos naturales no se compone exclusivamente de grasa saturada: de hecho, es principalmente grasa monoinsaturada. No obstante, las grasas saturadas son esenciales para la salud de la membrana celular y para nuestro cerebro, que, pesado en seco, se compone en un 60 por ciento de lípidos.

DOS INGREDIENTES POCO COMUNES PERO EXTREMADAMENTE TERAPÉUTICOS QUE DEBES EMPEZAR A UTILIZAR DESDE HOY
Hígado molido o en polvo
El hígado es un superalimento desperdiciado y el mejor multivitamínico que pueda existir, puesto que es una fuente única de vitaminas liposolubles, entre ellas las preformadas A, D, K y E; minerales; hierro; antioxidantes; y vitaminas B. Deberíamos consumir hígado de animales alimentados de manera natural unas dos veces por semana. Ello resulta más fácil si se emplea hígado molido, en polvo. Puede añadir el hígado molido a sopas, estofados o incluso a batidos con una mínima alteración del sabor. Empieza añadiendo una cucharada dos veces por semana.
Almidón resistente
El almidón se presenta en dos variantes, una de las cuales no está degradada enzimáticamente y sirve como fuente de fibra en el intestino, además de producir grasas saturadas antiinflamatorias. Tras un mes de dieta exenta de cereales, azúcares añadidos y grasas naturales saludables, introducir el almidón resistente puede generar cambios beneficiosos en el intestino que contribuyen a mantener el equilibrio glucémico y a fortalecer el metabolismo. La mejor manera de hacerlo es comer patatas blancas y arroz blanco fríos, puesto que el proceso de enfriado aumenta el almidón resistente. El plátano macho es otra fuente de almidón resistente. Y si buscas un atajo, prueba con la fécula de patata: empieza agregando una cucharada diaria a la comida o al agua (puedes tomarte un trago con cada comida) y ve subiendo hasta cuatro cucharadas si no notas síntomas de hinchazón o flatulencia.

Permíteme dejar claras varias cosas acerca de los ácidos omega 3 y omega 6. La dieta típicamente norteamericana es muy rica en grasas procesadas omega 6, que se encuentran en muchos aceites vegetales comerciales, como el aceite de maíz, el de colza, el de girasol, el de soja y el de cártamo. El aceite vegetal representa la principal fuente de grasa en la dieta de los estadounidenses. Puede que hayas oído en las noticias que comemos demasiadas grasas procesadas omega 6. Yo iría un paso más allá y añadiría que las grasas omega 6 que consumimos están tan adulteradas que el cuerpo ni siquiera puede utilizarlas. Sólo sirven para alterar los mecanismos celulares, dejando al organismo sediento de fuertes naturales de omega 4 y omega 6. Al contrario de lo que afirman incluso las informaciones nutricionales orientadas a la salud, las grasas omega 6 son esenciales para las funciones neurológica e inmune y no deberían ser vilipendiadas en su forma natural (la que se encuentra, por ejemplo, en los frutos secos y las semillas).

He aquí dónde puedes obtener una provisión completa de grasas saludables:

- Grasas omega 3 y omega 6 (poliinsaturadas): pescado de agua fría, aceite de linaza, aceite de nuez de macadamia, carnes ecológicas o de reses alimentadas con pastos naturales, huevos, frutos secos y semillas.
- Grasas omega 9 (monoinsaturadas): aceite de oliva, aguacate, almendras, huevos, manteca (sí, manteca).
- Grasas saturadas: aceite de palma roja, carnes animales, *ghee*, chocolate negro, aceite de coco (recuerda que las grasas ayudan a absorber las vitaminas liposolubles D, A, K y E).

Emplea *ghee* de animales alimentados con pastos naturales (son muchas las pacientes que toleran la mantequilla tras el primer mes de dieta) o aceite de coco para cocinar a alta temperatura y aceite de oliva para el resto. El *ghee* es una mantequilla clarificada desprovista de lactosa y caseína (que se oxida a temperatura elevada) y una poderosa fuente de grasas únicas, como el butirato, el ácido linoleico conjugado (CLA) y las vitaminas liposolubles A, D y K. El butirato es una fuente de energía y un fortalecedor de la integridad celular, y hasta puede tener efectos antiinflamatorios sobre el cerebro. Según la tradición hindú, el *ghee* tiene cualidades curativas distintas de la mantequilla que no se reflejan en un análisis de macro y micronutrientes.

El aceite de coco no es una grasa perjudicial, al contrario de lo que afirman las informaciones erróneas y obsoletas acerca de las desventajas de las grasas saturadas. Es una fuente esencial de grasa en las tradiciones dietéticas tropicales, y una grasa saturada de características únicas por estar compuesta de triglicéridos de cadena media. Estas grasas, que no requieren enzimas pancreáticas para su digestión, están disponibles de manera inmediata como fuente de energía. Se han estudiado sus beneficios cognitivos así como en lo tocante a equilibrio lípido, aporte inmunológico y metabolismo, y actualmente el aceite de coco se considera un alimento fundamental para mejorar el metabolismo de la quema de grasas en el cuerpo y la mente.

Prescinde de los aliños de ensaladas ya preparados, que en su mayoría contienen aceites vegetales. Utiliza sólo aceite de oliva y vinagre (el vinagre de sidra de manzana y el limón también son opciones válidas).

Descubrirás que la grasa añade un sabor delicioso a tu comida. Cocina con todas las hierbas frescas y especias que quieras, sobre todo con ajo, jengibre y cúrcuma (está demostrado que levantan el ánimo). La cúrcuma, por ejemplo, ha sido estudiada por sus efectos fortalecedores del sistema inmune y antiinflamatorios, así como por sus beneficios para desintoxicar el hígado y hasta por sus propiedades antidepresivas, de eficacia comparable a la de más de una docena de fármacos. Ten cuidado con los aliños y condimentos envasados hechos en fábricas que procesan trigo, con los que contienen azúcares añadidos y con los que son irradiados con rayos gamma.

EL SALERO

¡Tira tu sal de mesa! Compra sal marina sin procesar o sal del Himalaya. La sal del Himalaya contiene más de ochenta minerales ionizados que se formaron hace más de doscientos millones de años. Su consumo favorece el equilibrio electrolítico, la hidratación, el equilibrio del pH y la desintoxicación, y puede contribuir a la salud ósea, al bienestar cardiovascular e incluso a dar lustre a la piel y el cabello.

Regla número 4:
pásate a los probióticos

Como explicaba en la primera parte, actualmente hay numerosos estudios y ensayos preclínicos en animales que demuestran la influencia de la fauna microbiana intestinal en el estado de ánimo y el comportamiento. Son muchos los estudios que demuestran, además, que la ingestión de probióticos puede revertir diversos trastornos psicológicos. A lo largo de la historia, los alimentos fermentados han introducido bacterias probióticas en nuestra dieta. Las sociedades tradicionales fermentaban sus alimentos, vivían en y con la naturaleza y se alimentaban de ella de una forma que favorecía a diversidad de la flora microbiana intestinal, que ahora se halla en peligro. Las pruebas apuntan a que la fermentación de los alimentos se remonta a más siete mil años, con la elaboración de vino en Oriente Medio. Los chinos ya fermentaban coles hace seis mil años.

Aunque pasaron muchos siglos antes de que comprendiéramos el proceso de fermentación, sabíamos intuitivamente que los alimentos fermentados eran beneficiosos para la salud y disfrutábamos de ellos en sus distintas variantes mucho antes de que las tiendas y herbolarios comenzaran a vender probióticos como suplementos alimenticios. En Estados Unidos son muy populares el chucrut (col fermentada) y el yogur (productos lácteos fermentados), y es muy común que los estadounidenses de origen coreano tengan en sus neveras un bote de kimchi, el plato nacional coreano, un condimento especiado hecho casi siempre con col o pepino.

La fermentación es el proceso metabólico por el que los hidratos de carbono (los azúcares, principalmente) se convierten en otras moléculas, ya sea en alcoholes y dióxido de carbono, ya en ácidos orgánicos. Para que se dé esta reacción es necesaria la presencia de levadura, de bacterias o de ambas cosas, y la ausencia de oxígeno (de ahí la descripción original de este proceso: «respiración sin aire»). En el siglo XIX, el científico ruso Élie Mechnikov descubrió cómo afectaban las bacterias *Lactobacillus* a la salud. Considerado el padre de la inmunología, Mechnikov predijo numerosos aspectos de la inmunología actual y fue el primero en afirmar que las bacterias ácidas lácteas eran beneficiosas para la salud humana. Ganó el premio Nobel de Medicina en 1908. Mechnikov observó (ése fue el origen de su hipótesis) que existía una correlación entre la buena salud y la longevidad de los campesinos búlgaros y su consumo de productos de leche fermentada. Llegó incluso a sugerir que «la administración oral de cultivos de bacterias fermentadoras implantaría las bacterias beneficiosas en el tracto intestinal».[19]

Creía que las bacterias tóxicas del intestino favorecían el envejecimiento y que el ácido láctico podía ayudar a prolongar la vida. Su dieta diaria incluía leche agria, y se le atribuye el haber acuñado el término «probiótico» para describir a estas bacterias beneficiosas. Su escritos impulsaron al microbiólogo japonés Minoru Shirota, ya en el siglo xx, a investigar la correlación entre bacterias y buena salud intestinal. Los estudios del doctor Shirota sirvieron de base para el desarrollo del floreciente mercado de probióticos actual.

La fermentación del ácido láctico en concreto es el proceso por el que los alimentos se vuelven probióticos, es decir, ricos en bacterias beneficiosas. Se trata de una reacción química natural en la que las bacterias beneficiosas convierten las moléculas de azúcar de los alimentos en ácido láctico, permitiendo así que se multipliquen las bacterias. La sustancia resultante —el ácido láctico— protege los alimentos fermentados de la invasión de bacterias dañinas al crear un medio ácido que mata las bacterias perjudiciales. Por eso la fermentación del ácido láctico se emplea también para conservar alimentos. Hoy en día, para fabricar alimentos fermentados se introducen ciertas cepas de bacterias beneficiosas (la *Lactobacillus acidophilus*, por ejemplo) en alimentos que contienen azúcar y de ese modo se pone en marcha el proceso. El yogur, por ejemplo, puede hacerse fácilmente utilizando un fermento base (cepas de bacterias activas vivas) y leche.

En el capítulo 9 explicaré con detalle qué conviene buscar en los suplementos probióticos, pero lo mejor para conseguir una amplia variedad de bacterias beneficiosas es consumirlas a través de alimen-

---

19. G. W. Tannock, «A Special Fondness for Lactobacilli,» *Appl Environ Microbiol* 70, n.º 6 (Junio, 2004): 3189-3194.

tos naturales y completos como el chucrut, los pepinillos en vinagre, el kimchi y otras verduras fermentadas. Los menús que te propongo te ayudarán a empezar a incorporar estas comidas a tu dieta desde hoy mismo. Las bacterias consumidas de esta forma son extremadamente biodisponibles (es decir, que el organismo las acepta con toda facilidad) y cumplen numerosas funciones. Ayudan a mantener la buena salud de la mucosa intestinal; equilibran el pH corporal; sirven como antibióticos, antivirales y fungicidas naturales; regulan la inmunidad y controlan la inflamación.[20] Las bacterias probióticas impiden, además, el crecimiento e incluso la invasión de bacterias potencialmente patógenas al producir sustancias antimicrobianas llamadas bacteriocinas. Es más, al metabolizar sus fuentes de energía procedentes de tu dieta, estas bacterias probióticas liberan diversos nutrientes presentes en los alimentos que comes, facilitándote su absorción. Así, por ejemplo, incrementan la disponibilidad de las vitaminas A, C y K y producen incansablemente muchas de las vitaminas del grupo B.

Nunca deja de impresionarme el hecho de que una exposición mínima pero repetida a las bacterias probióticas dé siempre resultados clínicos positivos. En mi campo de estudio se emplea desde hace un tiempo un término nuevo para designar a estos bichitos buenos, «psicobióticos», a raíz de los estudios que demuestran una correlación entre su consumo y resultados psicológicos positivos.[21] Cualquier psiquiatra que, como yo, adopte el enfoque de la medicina funcional, ha tenido casos de «cura probiótica»: pacientes con síntomas debilitantes, a menudo dentro

20. C. D'Mello *et al.*, «Probiotics Improve Inflammation-Associated Sickness Behavior by Altering Communication between the Peripheral Immune System and the Brain,» *J Neurosci* 35, n.º 30 (29 de julio, 2015): 10821-10830, doi: 10.1523/JNEUROSCI.0575-15.2015. Véase también mi artículo «Probiotics for the Brain,» 30 de abril, 2014, http://kellybroganmd.com/article/probiotics-brain/.

21. E. M. Selhub, «Fermented Foods, Microbiota, and Mental Health: Ancient Practice Meets Nutritional Psychiatry,» *J Physiol Anthropol* 33 (15 de enero, 2014): 2, doi: 10.1186/1880-6805-33-2. Véase asimismo mi artículo «Psychobiotics: Bacteria for Your Brain?» en GreenMedInfo.com, 21 de enero, 2014, www.greenmedinfo.com/blog/psychobiotics-bacteria-your-brain.

del espectro obsesivo-compulsivo, cuyos síntomas desaparecieron por completo con un cambio dietético y la suplementación con probióticos. Como médica que exige mucho de sus pacientes con respecto a sus hábitos cotidianos (desde la dieta a la meditación pasando por el entorno físico y la desintoxicación psicológica), me impresionó profundamente un estudio que extraía resultados precisos con un simple probiótico. Era un estudio de pequeñas dimensiones, pero que sin embargo se proponía responder a la pregunta: «¿Pueden tratarse los trastornos anímicos con probióticos?» El ensayo, de ocho semanas de duración y muy bien diseñado, dividía aleatoriamente a cuarenta pacientes con diagnóstico de depresión mayor en grupos a los que se administraba *Lactobacillus acidophilus, Lactobacillus casei, Bifigobacterium bifidum* o placebo.[22] Controlaban, además, la dieta y el ejercicio, sin intervenir en estos frentes. Al concluir las ocho semanas, había notables diferencias anímicas. Pero quizá lo más interesante de todo sea que los análisis de sangre revelaron cambios metabólicos significativos en los sujetos que habían tomado probióticos (un aumento de los niveles de insulina en sangre, así como de los marcadores inflamatorios) comparados con el grupo que había tomado placebo.

Si un fármaco lograra tales beneficios para la salud sin presentar setenta y cinco posibles efectos secundarios adversos (algunos de ellos permanentes e incapacitantes), no hay duda de que saldría en la portada del *New York Times*.

Otro estudio interesantísimo ha examinado probióticos (*Lactobacillus rhamnosus*) como tratamiento aleatorizado en los primeros seis meses de vida de setenta y cinco niños y seguido su evolución a lo largo de trece años.[23]

---

22. Ghodarz Akkasheh *et al.*, «Clinical and Metabolic Response to Probiotic Administration in Patients with Major Depressive Disorder: A Randomized, Double-blind, Placebo-controlled Trial,» *Nutrition* (25 de septiembre, 2015), doi: http://dx.doi.org/10.1016/j.nut.2015.09.003

23. A. Pärtty *et al.*, «A Possible Link between Early Probiotic Intervention and the Risk of Neuropsychiatric Disorders Later in Childhood: A Randomized Trial,» *Pediatr Res* 77, n.º 6 (Junio, 2015): 823-828, doi: 10.1038/pr.2015.51

El estudio se ideó en un principio para estudiar el riesgo de eccema. La mayoría de los bebés —tanto del grupo tratado con probióticos como del grupo al que se le administró placebo— nacieron por vía vaginal y fueron alimentados con leche de fórmula, y algunos recibieron antibióticos. Los resultados fueron notables: a la edad de trece años, a seis niños de un total de treinta y cinco (el 17,1 por ciento) se les había diagnosticado THDA o síndrome de Asperger. Ninguno de ellos pertenecía al grupo tratado con probióticos. Es decir, que los niños que recibieron probióticos se ahorraron estos trastornos neuropsiquiátricos. Los que fueron diagnosticados, presentaban además menor número de saludables especie de *Bifidobacterium* en las heces durante los primeros seis meses de vida. Estos mismos resultados se han corroborado en estudios con roedores que demuestran los efectos en cuanto a regulación del estrés y alteraciones del comportamiento de la administración de probióticos a recién nacidos.[24] Actualmente se están llevando a cabo investigaciones a fin de comprender las relaciones causa-efecto entre los probióticos y el bienestar psicológico. Se ha sugerido que la ingestión de probióticos quizá no conduzca necesariamente al crecimiento de las bacterias beneficiosas, sino que ejerza su poder a través de su influencia sobre el nervio vago, enviando mensajes y fortaleciendo la buena salud intestinal.

Regla número 5: come con conciencia

¿Alguna vez, al acabar de comer, ya no te acordabas de cómo sabía la comida? ¿Te tragas los bocados enteros? ¿Trabajas mientras comes, como hago yo? Mientras estés siguiendo mi protocolo, voy a pedirte que te concentres empleando técnicas de *mindfulness* durante una semana entera. Puedes empezar utilizando las horas de la comida para sentarte y comer con calma y conciencia de lo que haces. Somos muchos los que comemos mientras hacemos otras

---

24. Véase mi artículo en www.kellybroganmd.com «Guts, Bugs, and Babies,» 29 de agosto, 2103, http://kellybroganmd.com/article/guts-bugs-and-babies/.

tareas o estamos entretenidos con la televisión, el móvil o el ordenador. Una atmósfera serena y relajada favorece la digestión y la
activación del sistema nervioso parasimpático, diseñado para servir
de apoyo al proceso digestivo. Tu digestión se verá comprometida
si a la hora de la comida te distraes viendo la tele, mirando tu
e-mail o enzarzándote en discusiones acaloradas. Comer no debería ser una obligación más de tu lista de tareas diarias. Procura
vivir ese momento como un paréntesis para relajarte y recargarte
de energías.

Intenta, además, concentrarte en la propia comida, paladear
sus sabores y texturas. Siéntate, cierra los ojos, agradece la comida
que vas a tomar y mastica conscientemente, en bocados pequeños. Procura manejar el tenedor con tu mano menos dominante.
De esta forma ralentizas automáticamente tu forma de comer. Y
procura no distraerte, excepto con las personas con las que estás
comiendo. Piensa que se trata de una manera de honrar el don de
la comida y las mayores bendiciones de la vida. También es una
oportunidad maravillosa para aflojar el ritmo, tomar conciencia
de lo que comes y del acto mismo de comer y ponerte en sincronía con tus acompañantes a la mesa y con tu entorno, o simplemente contigo misma.

RECARGA ENERGÍAS PRINCIPALMENTE A TRAVÉS DE LA COMIDA

Desintoxicar tu cuerpo de las agresiones que sufre a diario es un proceso que depende fundamentalmente de los nutrientes y que, por
tanto, merma drásticamente tus reservas disponibles de vitaminas,
minerales, antioxidantes y aminoácidos. Por eso es esencial reponer
estos elementos vitales, sobre todo los que son intrínsecamente antiinflamatorios o se asocian con una salud mental óptima. Ello incluye un nivel adecuado de zinc, cobre, selenio, magnesio, calcio,
tirosina, triptófano y vitaminas A, C, E y del grupo B, entre ellas la
B_{12} y el ácido fólico. Recomiendo a mis pacientes que obtengan

estos nutrientes esencialmente de la alimentación. La ingestión de suplementos debe dosificarse mediante criterios individualizados, según nuestros marcadores inflamatorios, síntomas de autoinmunidad y niveles de vitaminas en la sangre (los análisis que recomiendo aparecen en la página 298).

Si comes conforme a las pautas que expongo en este capítulo y utilizas mis propuestas de menús (páginas 331-334) para dar coherencia a tu dieta, estarás allanando el camino para conseguir un sistema nervioso equilibrado, y los suplementos alimenticios no serán más que eso: un complemento.

7

El poder de la meditación, el sueño y el ejercicio

Tres sencillos hábitos cotidianos que pueden fortalecer tu salud mental

La respuesta de relajación es un atajo hacia la sanación.

Diversos ejercicios muy sencillos pueden activar mecanismos ancestrales de curación.

Tengo lo que se llama «mente de mono». Como madre, esposa, médica, escritora, educadora y como persona que, en general, siempre tienes cosas que hacer, recomiendo a cualquier que entre en mi espacio mental con las debidas precauciones. Aunque no desempeñara ninguno de esos roles y sólo tuviera que sentarme debajo de una palmera y relajarme, mi mente, y su charla incesante, vendrían conmigo. Estoy segura de que a muchas de las lectoras de este libro les sucede lo mismo.

La universalidad de este estado es lo que hace tan esencial la práctica de la meditación y la causa de que dicha práctica esté tan arraigada en todas las culturas y religiones. La meditación tiene como fin aumentar la capacidad cotidiana para realizar tareas y cultivar un estado de relajación que favorezca la lucidez mental. Y hay muchas pruebas científicas que demuestran que funciona.

Quizás a ti, igual que me sucedió a mí, te convenzan algunos artículos fascinantes que sugieren que el simple hecho de respirar y concentrarse en la respiración puede ser una panacea tan potente que puede actuar como sustituto de los antidepresivos. Lo mismo puede decirse del ejercicio y del sueño: dos elementos clave para conseguir un bienestar integral, físico y psicológico.

Voy a empezar este capítulo recomendando encarecidamente la meditación, pero también voy a demostrarte que no tienes por qué practicarla de la manera tradicional, entonando el «om» o concentrándote en un objeto en una habitación en perfecto silencio, sentada sobre un cojín. Hay muchas formas de meditar que consiguen resultados excelentes sin necesidad de que te pases el día entero mirándote el ombligo. Puedes empezar por algo tan sencillo como escuchar una grabación de meditación guiada durante un par de minutos al día e ir aumentando el tiempo que le dedicas hasta veinte minutos dos veces al día para conseguir un efecto terapéutico que activa el sistema nervioso parasimpático —el que nos permite descansar y digerir— y, como resultado de ello, alivia síntomas y restaura el organismo devolviéndolo a un estado antiinflamatorio. Como ya he dicho una y otra vez, las complejísimas interrelaciones entre tus sistemas digestivo, nervioso, hormonal e inmune son imposibles de desentrañar por completo. Hasta que empecemos a valorar en su justa medida estos vínculos, no podremos prevenir la depresión o ponerle remedio eficaz. Para una verdadera curación y una prevención efectiva, debes dar los pasos necesarios, cotidianamente, para enviar a tu cuerpo el mensaje de que no está siendo atacado, de que no corre peligro y de que está bien nutrido, bien asentado y en calma.[1]

Ahora que conocemos el poder de la expresión genética como algo más que la mera existencia de los aproximadamente veinte mil

---

1. Estos párrafos están inspirados en mi artículo «Psychoneuroimmunology-How Inflammation Affects Your Mental Health,» publicado el 17 de abril, 2014 en Mercola. com, http://articles.mercola.com/sites/articles/archive/2014/01/16/dr-brogan-on-depression.aspx.

genes con los que nacemos, podemos crear herramientas para optimizar los genes «buenos» y silenciar los «malos». Y se da el caso de que nuestro ADN congénito actúa en conjunción con el exposoma, es decir, con los elementos de nuestro entorno, y con nuestro comportamiento consciente, determinando exactamente cómo va a escribirse el libro de tu vida. Como verás a continuación, la meditación, el sueño y el ejercicio pueden lograr, de una sola vez, lo que las empresas farmacéuticas sólo pueden soñar con conseguir.

LA CIENCIA DE LA MEDITACIÓN

Aunque los beneficios de la meditación llevan décadas documentándose tanto científica como anecdóticamente, hace poco tiempo que hemos empezado a comprender su importancia en el campo de la psiquiatría. Son innumerables los datos que explican por qué funciona. Uno de los motivos es que estimula la expresión de genes poderosamente antiinflamatorios y ayuda a estabilizar el nivel de azúcar en sangre. A nivel físico, nos relajamos, nos serenamos y nos recogemos en nosotros mismos, lo que surte el efecto de «bajar el volumen» de nuestro cerebro de modo que oímos menos el ruido que hace nuestro yo analítico y crítico. Antes de evolucionar hasta convertirnos en seres pensantes, complejos y dotados de capacidad crítica, nuestro cerebro era un poco menos complicado. Sabíamos cómo encontrar comida y agua y cómo relacionarnos, pero nos habría costado mucho más hacer cálculos o planes complejos. Con el paso del tiempo nuestro cerebro fue agrandándose para que pudiéramos resolver problemas con más eficacia y pensar como Einstein (o resolver el complicado algoritmo de cómo conjugar las actividades extraescolares, los horarios del colegio y los deberes). Pero esa mayor capacidad cognitiva tenía una desventaja: nos hizo perder el contacto con la quietud, con el espacio mental, con el vacío vital. Ahí es donde entra en juego la práctica de la meditación, que nos permite liberarnos de nuestro yo analítico. En ese estado, seguimos teniendo conciencia de nuestras sensaciones, emociones y pensamientos, pero sin toda su carga de negatividad. Es un estado neutro que nos permite sencillamente observar y ser testigos sin exigirnos que actuemos de manera inmediata.

Uno de los primeros estudios que habló de los efectos beneficiosos de la meditación salió a la luz en 2005, cuando un grupo de investigadores del Hospital General de Massachusetts, en Harvard, publicó un estudio de imagen en el que se demostraba que las personas que meditaban con regularidad tenían más densas ciertas zonas del córtex cerebral.[2] Desde entonces, numerosos estudios han documentado que las personas «de cerebro denso» suelen ser más inteligentes y tener mejor memoria.[3] Estas regiones corticales participan en las funciones sensoriales y de atención y en la planificación de conductas cognitivas complejas. Hay estudios que demuestran que la gente que ha meditado toda su vida presenta una mayor densidad en ciertas zonas del córtex cerebral que normalmente se adelgazan con el paso del tiempo. Parece ser que la meditación es verdaderamente un ejercicio para el cerebro, dado que contribuye al fortalecimiento de la musculatura de las zonas cerebrales a las que involucra.

Ese estudio de 2005 fue uno de los primeros en demostrar por qué la meditación favorece un estado de relajación: porque produce un cambio en la actividad neuronal de una zona del córtex a otra. Concretamente, las ondas cerebrales del córtex frontal derecho —un centro de estrés— se transfieren al córtex frontal izquierdo, una zona más tranquila. Este traslado de la actividad cerebral a áreas asociadas con la relajación puede explicar por qué las personas que practican la meditación están más tranquilas y satisfechas tras alcanzar el estado meditativo.

Los investigadores del Benson-Henry Institute for Mind Body Medicine de Massachusetts, vinculado a Harvard, han arrojado

---

2. S. W. Lazar *et al.*, «Meditation Experience Is Associated with Increased Cortical Thickness,» *Neuroreport* 16, n.º 17 (28 de noviembre, 2005): 1893-1897.

3. Para una síntesis de este estudio, véase el artículo de Tom Ireland «What Does Mindfulness Meditation Do to Your Brain?» en *Scientiffic American*, 12 de junio, 2014, http://blogs.scienticamerican.com/guest-blog/what-does-mindfulness-meditation-do-to-your-brain/.

nueva luz sobre los mecanismos de los efectos psicológicos de la meditación, y en particular sobre la respuesta de relajación, que puede lograrse a través de diversas formas de meditación, oración repetitiva, yoga, taichí, ejercicios de respiración, relajación muscular progresiva, biorretroalimentación, visualización guiada y chi kung.[4] Uno de los motivos por los que la respiración profunda —que suele ser un pilar fundamental de estas prácticas— es tan eficaz es porque desencadena una respuesta nerviosa parasimpática, en vez de una respuesta nerviosa simpática. Cuando sientes estrés, el sistema nervioso simpático se pone en acción subiendo el nivel de cortisol y adrenalina, las hormonas del estrés. El sistema nervioso parasimpático, en cambio, puede activar una respuesta de relajación. Respirar hondo es un modo de pulsar rápidamente el interruptor para pasar de alerta máxima a alerta mínima en cuestión de segundos, dado que tu cuerpo se relaja en muchos sentidos. Según el doctor Herbert Benson, la respuesta de relajación es «un estado físico de profundo descanso que cambia las respuestas física y emocional al estrés» y que se caracteriza por los siguientes efectos:

- Descenso del metabolismo
- Ralentización de la frecuencia cardíaca y relajación muscular
- Respiración más lenta
- Bajada de la presión arterial
- Aumento del óxido nítrico, una molécula de señalización que dilata las arterias

La respiración profunda también beneficia enormemente al sistema linfático. La linfa es un líquido traslúcido cargado de células inmunológicas que circula por nuestro cuerpo mediante una serie de vasos. Es esencial para tu sistema inmune porque distribuye nutrientes y recoge desechos celulares, al tiempo que ayuda a destruir patógenos. Cuanto más profundamente respiras, más activo es tu sistema linfático. A diferencia de tu sistema circulatorio, que tiene

---

4. Visita la página del Benson Henry Institute: www.bensonhenryinstitute.org.

al corazón para bombear la sangre, el sistema linfático carece de bomba integrada. Depende de tu respiración y de tu movimiento físico para empujar el líquido linfático y distribuirlo por todo tu cuerpo.

Cuarenta años de investigación avalan el hecho de que la meditación puede optimizar de manera directa tu expresión genética, pero sólo hace una década que disponemos de herramientas para analizar y medir los cambios genéticos que produce.[5] En lugar de hacer aflorar a los monjes que llevan dentro, los sujetos de estos estudios se limitan a ponerse unos auriculares y a escuchar pasivamente veinte minutos de meditación guiada. Los investigadores han cuantificado los beneficios de la respuesta de relajación midiendo la expresión genética antes de la meditación, pasados veinte minutos y pasadas ocho semanas de práctica, así como después de un largo periodo de práctica. En una serie de artículos fascinantes, nos explican los efectos antiinflamatorios de este tratamiento. El estudio sobre personas que practicaron la meditación durante ocho semanas y sobre sujetos que la practicaban desde hacía largo tiempo demostró de manera fehaciente cambios positivos en la expresión genética como resultado de la respuesta de relajación. Y parece ser que la relación entre optimización de la expresión genética y respuesta de relajación depende de la dosis: a mayor tiempo dedicado a esta práctica, mayores beneficios. Los cambios beneficiosos eran perceptibles incluso después de una sola sesión. Los científicos manejan la hipótesis de que los acontecimientos biológicos que tienen lugar durante la meditación *impiden, básicamente, que el cuerpo traduzca la preocupación psicológica en inflamación física*. Lo que ayuda a explicar por qué la práctica de la meditación basada en el *mindfulness* mejora los síntomas depresivos de la fibromialgia y tiene efectos ansiolíticos duraderos tras sólo ocho semanas de práctica en

---

5. Véase mi artículo para Mercola.com «Taming the Monkey Mind-How Meditation Affects Your Health and Wellbeing,» 20 de febrero, 2014, http://articles. mercola.com/sites/articles/archive/2014/02/20/meditation-relaxation-response. aspx.

grupo, como lo demuestran diversos estudios aleatorizados. Aunque se necesitan nuevas investigaciones, ello demuestra sin lugar a dudas los beneficios de la meditación.[6]

La meditación puede ayudarte a afrontar las circunstancias estresantes de tu vida y prepararte para sobrellevar con serenidad las crisis agudas que se te presenten. Lo sé de buena tinta. Hace años que soy una practicante devota de la meditación. Los once minutos que dedico cada mañana a respirar hondo me ayudan a prepararme para los retos cotidianos y a domeñar mi fastidiosa mente de mono.

Meditar puede equivaler simplemente a detenerse un momento y tomar plena conciencia de tus inhalaciones y exhalaciones. Supone también una manera de encarar el conflicto, las tensiones y el estrés con una mentalidad de aceptación no beligerante. O puede implicar el empleo de las nuevas tecnologías para ayudarte a recalibrar tu sistema nervioso. Más abajo explico diversas alternativas y te enseño algunas técnicas muy sencillas. Para más ideas y enlaces a recursos *online* actualizados, vídeos y programas de audio sobre visualización guiada y prácticas respiratorias, visita mi página web, www.kellybroganmd.com.

A través de la meditación te conviertes en observadora serena de tu mente neurótica y, poco a poco, esa cháchara interna que puede alimentar y agravar la depresión empieza a difuminarse hasta quedar en un segundo plano. Se trata de una herramienta para definir tus zonas de confort de manera más amplia, valorando las limitaciones de tus preferencias y reconociendo lo poco realista que es comparar la realidad de lo que sucede en el mundo exterior con tus expectativas, que casi siempre son arbitrarias. Lo cierto es que, en muchos

---

6. «Mindfulness Meditation Helps Fibromyalgia Patients,» publicado por Brigham and Women's Hospital, 20 de marzo, 2013, http://healthhub.brighamandwomens. org/mindfulness-meditation-helps-fibromyalgia-patients#sthash.mJ71gjem. m3fw2ki2.dpbs. Véase también: Psychotherapy and Psychosomatics. «Mindfulness Meditation: A New Treatment for Fibromyalgia?» ScienceDaily. www.sciencedaily. com/releases/2007/08/070805134742.htm, consultado por la autora el 23 de septiembre, 2015. Y otro más: E. H. Kozasa *et al.*, «The Effects of Meditation-based Interventions on the Treatment of Fibromyalgia,» *Curr Pain Headache Rep* 16, n.º 5 (Octubre, 2012): 383-387, doi: 10.1007/ s11916-012-0285-8.

sentidos, somos nosotros mismos quienes creamos nuestra aflicción, y cuando tratamos de servirnos de nuestra mente para resolver esa angustia, sencillamente no funciona.

Practica la respiración profunda

Respirar hondo es algo que puede hacerse en cualquier parte, y en cualquier momento. Si nunca has meditado, practicar lo de respirar hondo dos veces al día te ayudará a empezar y sentará los cimientos para que vayas incorporando técnicas más avanzadas.

Respiración profunda básica: siéntate cómodamente en un sillón o en el suelo. Cierra los ojos y asegúrate de que tu cuerpo está relajado soltando toda la tensión del cuello, los brazos, las piernas y la espalda. Inhala por la nariz todo el tiempo que puedas, notando cómo suben tu diafragma y tu abdomen cuando se expande tu estómago. Cuando creas que has alcanzado tu tope pulmonar, inhala todavía un poquito más. Exhala lentamente mientras cuentas hasta veinte, empujando el aire desde los pulmones. Practica este ejercicio al menos cinco veces seguidas.

Respiración profunda por una sola narina: una variante de la respiración profunda es la técnica de la respiración con la fosa nasal izquierda, uno de mis ejercicios preferidos de kundalini yoga (más adelante hablaré de esto). La respiración con la narina izquierda activa la terminación nerviosa *ida* de esa fosa nasal, vinculada con la serenidad y la relajación. Este tipo de respiración se asocia con la energía lunar, que es variable, femenina, *yin*, dadora y refrescante. Respirar a través de la fosa nasal izquierda durante cinco minutos puede calmar y reducir tu presión arterial. He aquí cómo se hace:

Siéntate cómodamente con las piernas cruzadas y la espalda recta (una postura sencilla). Tápate la narina derecha con el pulgar derecho y estira los otros dedos como si fueran antenas. La mano izquierda puedes posarla sobre la rodilla de ese mismo lado. Cierra los ojos y concéntrate en el espacio entre sus cejas, el llamado «tercer ojo». Empieza a respirar larga y profundamente, sólo por el lado izquierdo de la nariz. Sigue así tres minutos.

Evoca sentimientos de gratitud

Durante veinte años, el HeartMath Institute ha desempeñado un papel esencial a la hora de procurarnos herramientas con las que llevar a efecto la armonía mente-cuerpo. Sus investigaciones emplean la variabilidad de la frecuencia cardíaca —es decir, los cambios entre latido y latido que influyen en el ritmo cardíaco— para estudiar la sincronía entre cerebro y corazón. Se da el caso de que, al evocar un sentimiento de gratitud (concentrarse en acontecimientos, personas y experiencias concretas que valoras y que te reportan alegría) mientras respiras pausadamente (contando, por ejemplo, hasta seis mientras inhalas y hasta seis mientras exhalas) puede cambiar la variabilidad de la frecuencia cardíaca amoldándola a los patrones óptimos asociados con la relajación serena y el máximo rendimiento mental. Sus investigadores han corroborado los efectos de esta técnica en sujetos con THDA, hipertensión y ansiedad mediante estudios aleatorizados de doble ciego controlados con placebo.

De la tecnología punta a la tecnología básica

Los dispositivos de biorretroalimentación como el emWave (véase la sección de Recursos de mi página web) y el Muse pueden ayudarte a avanzar en la tonificación del sistema nervioso parasimpático. Históricamente, los métodos de biorretroalimentación se han empleado para controlar la tensión muscular, la temperatura de la piel y la frecuencia cardíaca. Las sesiones de biorretroalimentación consisten en la aplicación de sensores eléctricos a diversas partes del cuerpo para monitorizar tu estado fisiológico a través de parámetros como las ondas cerebrales, la temperatura cutánea y la tensión muscular. La información así recabada vuelve a comunicarse a tu organismo mediante pistas tales como escenas visuales, sonidos o luces. El objetivo de esta retroalimentación es enseñarte a modificar o controlar tus reacciones fisiológicas cambiando tus pensamientos, tus emociones y tu conducta. Esto, a su vez, puede ayudarte a superar las dolencias que padezcas, desde dolores de cabeza a dolor crónico, pasando por depresión. La biorretroalimentación puede reprogramar la forma en que tu cuerpo responde a los estímulos exteriores y percibe el dolor o la negatividad.

Actualmente hay muchas clínicas de fisioterapia, centros médicos y hospitales que ofrecen servicios de biorretroalimentación, pero cada vez hay más dispositivos electrónicos y aplicaciones para uso doméstico. Algunos de esos dispositivos son portátiles, mientras que otros se conectan al ordenador. Prueba diferentes aparatos hasta que encuentres el que mejor te va. Y si la biorretroalimentación no te funciona, puedes estar segura de que liberarte de las percepciones cotidianas de negatividad, agobio y frustración puede ser mucho menos complicado.

Uno de mis libros preferidos sobre el tema de cómo deshacerse de los efectos del estrés es *La liberación del alma*, de Michael Singer.[7] Singer afirma rotundamente que la felicidad y la libertad son el resultado de cultivar la «conciencia testigo», un estado en el que el sujeto observa voluntariamente su propia mente, sus emociones y sus comportamientos, en lugar de sentir que esas cosas le *constituyen*.

Argumenta que la concentración y la conciencia son lo que hace reales las perturbaciones exteriores: se te cae un martillo en el dedo gordo del pie y tu conciencia se traslada a ese punto de tu cuerpo, luego oyes un golpe fuerte y tu conciencia se traslada a ese estímulo. Singer invita al lector a experimentar el dolor como una energía que pasa ante el ojo de la conciencia y nos insta encarecidamente a relajarnos y soltarnos, a mantenernos centrados y a resistirnos al impulso de ponernos a la defensiva. Debes dejar pasar el desfile de pensamientos y emociones sin salir corriendo detrás de él, a ver adónde conduce. De ese modo, te conviertes en observadora silenciosa de tu mente neurótica y, paulatinamente, la cháchara comienza a acallarse.

Es otra manera de ampliar nuestras zonas de confort y de cobrar conciencia de las limitaciones de nuestras preferencias y de la imposi-

---

7. Michael Singer, *La liberación del alma: el viaje más allá de ti mismo* (Gaia Ediciones. Madrid, 2014). Estos párrafos son una adaptación de mi artículo «Taming the Monkey Mind-How Meditation Affects Your Health and Wellbeing,» publicado el 20 de febrero de 2014 en Mercola.com, http://articles.mercola.com/sites/articles/archive/2014/02/20/meditation-relaxation-response.aspx.

bilidad de que el mundo exterior se amolde a nuestras definiciones arbitrarias de lo que debería ser u ocurrir. Me gusta especialmente una analogía que utiliza Singer: estás sentada junto a un río y reparas en un remolino que hay en el agua. Puedes tratar frenéticamente de alisar la superficie del agua, o bien meter la mano dentro para sacar la piedra que forma el remolino, y descubrir entonces que es tu otra mano la que sostiene esa piedra en el lugar que ocupa. En muchos sentidos, nosotros generamos nuestro propio malestar psíquico, y luego tratamos de emplear el cerebro y las emociones para resolver ese estrés. Pero las cosas no funcionan así.

He aquí algunos pasos básicos para desarrollar la conciencia testigo:

1. Fíjate en tu malestar y reconócelo.
2. Relájate y procura desprenderte de él, por urgente que parezca. Deja que la energía fluya a través de ti antes de intentar arreglar nada.
3. Imagina que estás sentada en un lugar mental, a gran altura, desde donde puedes contemplar tus pensamientos, emociones y comportamientos con compasión desapasionada.
4. Luego arráigate. Conéctate con el momento presente: siente la tierra bajo tus pies, huele el aire, imagina que te crecen raíces desde la columna vertebral y que se hunden en la tierra.

La meta de este ejercicio no es alcanzar la perfección, así que procura hacerlo con un espíritu acrítico, sin juzgarte a ti misma. Intenta hacerlo cada vez que te sientas alterada. Las recompensas prácticas son incalculables.

Prueba el kundalini yoga

Después de llevar más de veinte años practicando el vinyasa yoga (y de sudar copiosamente practicándolo) mi primer contacto con el kundalini yoga me dejó confusa y con agujetas. Al principio no entendía ese estilo de yoga tan extraño, con oraciones, canciones estilo años setenta y movimientos repetitivos que hacían sufrir para obtener una recompensa. Ahora, en cambio, soy una apasionada del kundalini, que se considera, dentro de la tradición del yoga, la más completa, puesto que combina meditación, mantras, ejercicios físicos y técnicas de respiración. En el verano de 2015 llevé a mis dos hijas a un retiro de una semana para que experimentaran desde pequeñas el poder de esta práctica. Redoblé mi compromiso con el yoga kundalini y comencé mi preparación como profesora de este método que te ayuda a dominar tus energías, que te saca de ti misma y te aporta alegría y placer. Suena bien, ¿no es cierto?

Para comprender el kundalini yoga, conviene pensar en él como en una tecnología para dominar el *shakti*, es decir, tu energía creativa innata y primigenia. Alberga la promesa de la felicidad e incluso de la iluminación, y consigue estos vuelcos transformadores mediante *kriyas* (ejercicios de meditación) que duran entre uno y once minutos (a veces más). Se sirve, además, de la respiración y el movimiento para desenterrar y ayudar a liberar los patrones negativos subconscientes arraigados en nosotros como programas de ordenador. Se trata de logros que, de otro modo, costarían años y años de psicoterapia y trabajo personal, y que a veces pueden conseguirse con una sola sesión de práctica.

Lo que más atrae del kundalini yoga a mi sensibilidad, que es eminentemente pragmática, es que tiene objetivos muy claros.[8] Cada *kriya* tiene un propósito concreto, y estos ejercicios han pasado con infinito cuidado de generación en generación, desde tiempos remotos, y han sido ideados para obtener resultados en tiempo real. Los mantras tienen efectos vibracionales positivos en el cerebro y en el sistema nervioso. La respiración sirve para acceder al sistema nervioso de una manera que no sería posible mediante otras técnicas. Y los movimientos complementan este esfuerzo al equilibrar los sistemas nerviosos simpático y parasimpático al mismo tiempo que te sitúan en un espacio de incomodi-

---

8. He escrito mucho en Internet acerca del kundalini yoga. Este apartado es una adaptación parcial de mi artículo «Kundalini Yoga: Ancient Technology for Modern Stress,» 6 de enero, 2014, http://kellybroganmd.com/article/kundalini-yoga/.

dad: un espacio en el que las energías cambian y tienen lugar transformaciones duraderas. Es el arte de tocar tu cuerpo como si fuera un instrumento musical. Puede ser más duro de lo que parece, y puede que lo que sea duro para mí no lo sea tanto para ti. Espera lo inesperado.

Muchas de mis pacientes sufren un sentimiento de inutilidad, de falta de vitalidad y de desconexión con sus propias reservas de energía: esas reservas que entran en acción cuando estás tan cansada que sólo puedes pensar en meterte en la cama, y entonces descubres que te ha tocado la lotería y de repente te pones a dar brincos y a subirte por las paredes. Esa energía estaba ahí, esperando, desde siempre.

Como no puedo evitar apuntalar mis intereses con datos fehacientes, para mí fue un placer descubrir que existe un corpus pequeño pero fascinante de literatura científica acerca del kundalini yoga. Por ejemplo, un artículo reciente que comparaba las mediciones de variabilidad de frecuencia cardíaca de dos tipos distintos de meditación. Los autores del artículo explicaban la importancia de este parámetro: «La frecuencia cardíaca humana es uno de los ejemplos más importantes de fluctuaciones fisiológicas complejas. El control neurológico del sistema cardiovascular muestra un comportamiento complejo no lineal. Una forma de comportamiento no lineal es la interacción continua entre las actividades nerviosa simpática y parasimpática para controlar la dinámica espontánea, latido a latido, de la frecuencia cardíaca».[9]

En 1999, el Research Group for Mind-Body Dynamics de la Universidad de California-San Diego publicó un estudio aleatorizado y controlado en el que comparaba la práctica del kundalini y de la meditación *mindfulness*, demostrando que el kundalini era el método más eficaz para tratar síntomas de ansiedad obsesivo-compulsiva, con una mejora del 71 por ciento

9. A. Goshvarpour y A. Goshvarpour, «Comparison of Higher Order Spectra in Heart Rate Signals During Two Techniques of Meditation: Chi and Kundalini Meditation,» *Cogn Neurodyn* 7, n.º 1 (Febrero, 2013): 39-46, doi: 10.1007/s11571-012-9215-z.

en un plazo de quince meses. Otro maravilloso artículo publicado por el mismo grupo de investigación en 2004 describe técnicas específicas del kundalini para tratar determinadas afecciones psiquiátricas que van desde la ansiedad a la adicción.[10] He aquí una técnica especialmente recomendada para combatir el cansancio cerebral:

Primera parte. Siéntate con la espalda recta, los codos doblados y la parte superior de los brazos pegados a la caja torácica. Tus antebrazos apuntan en línea recta hacia delante, en paralelo al suelo. La palma de la mano derecha mira hacia abajo y la izquierda hacia arriba. Respira por la nariz, inhalando y exhalando en ocho partes iguales. En cada parte o golpe de respiración, mueve alternativamente las manos arriba y abajo, subiendo una mano mientras la otra baja. El movimiento de la mano debe de ser ligero, de entre quince y veinte centímetros, como si estuvieras botando una pelota. Respira con fuerza. Sigue así tres minutos y luego cambia las posiciones de las manos de manera que la palma izquierda mire hacia abajo y la derecha hacia arriba. Continúa otros tres minutos, luego vuelve a cambiar las posiciones de las manos otros tres minutos, hasta un total de nueve.

Segunda parte. Detén el movimiento pero no cambies de posición. Cierra los ojos, concéntrate en el centro de tu barbilla y empieza a respirar lenta y profundamente por la nariz. Mantén el cuerpo perfectamente quieto para que pueda sanarse. Mantén la mente aquietada, deteniendo tus pensamientos. Sigue así cinco minutos y medio.

Para acabar, respira hondo, contén la respiración, cierra los puños y apriétalos firmemente contra tu pecho durante quince segundos, luego exhala y suelta los miembros. Respira hondo otra vez y contén la respiración, apretando esta vez con ambos puños sobre tu ombligo durante quince segundos. Luego, exhala. Inhala de nuevo, contén la respiración, dobla los codos acer-

---

10. D. Shannaho-Khalsa, «An Introduction to Kundalini Yoga Meditation Techniques that are Speciffic for the Treatment of Psychiatric Disorders,» *Journal of Alternative and Complementary Medicine* 10, n.º 1 (2004): 91-101.

cando los puños a los hombros y aprieta los brazos con firmeza contra las costillas manteniendo la postura quince segundos. Luego, exhala. Ahora relájate. Este ejercicio equilibra el diafragma y combate el cansancio cerebral. Renueva el flujo de sangre al cerebro y mueve el fluido de la espina dorsal. Se cree, además, que beneficia al hígado, al ombligo, al bazo y al sistema linfático.

Así que, si te apetece optimizar tu conciencia y sentirte de nuevo rebosante de vida, adelante, dale una oportunidad al kundalini yoga. Puede que sea la decisión más productiva que hayas tomado. Puedes consultar la página web www.spiritvoyage.com, donde encontrarás vídeos explicativos de distintas técnicas que te servirán de guía para empezar. No vaciles en visitar los centros de yoga de tu zona que impartan esta modalidad: hay más de los que piensas. Y consulta el Kundalini Research Institute en www.kundaliniresearchinstitute.org.

Incorporar a tu vida estas filosofías, prácticas y ejercicios puede servir para algo más que para favorecer la longevidad y la salud óptima: puede revertir la enfermedad crónica, eliminar la necesidad de medicamentos y, sobre todo, procurarte una intensa sensación de satisfacción vital, de felicidad y de libertad para vivir el presente, ese momento que no había existido nunca antes y que se despliega ante ti.

Este capítulo estaría incompleto si no hiciera referencia a otros dos hábitos muy importantes para fortalecer la salud mental y el bienestar físico: el sueño regular y reparador y el ejercicio que te hace sudar. Muchas de nosotras tenemos una relación amor-odio con el sueño y el ejercicio, pero son esenciales para la vitalidad. El ser humano está hecho para moverse y luego descansar. Las pruebas científicas que respaldan la necesidad de sueño y ejercicio son avasalladoras hoy en día. Los investigadores están desentrañando por fin el misterio que se esconde tras la importancia del sueño y el ejercicio a la hora de reforzar no sólo el equilibrio hormonal del cuerpo y su maquinaria biológica subyacente, sino también la expresión de los genes: todo lo cual, a su vez, ayuda a prevenir la depresión y a mantener el equilibrio emocional y el bienestar psíquico.

EL SORTILEGIO DEL SUEÑO

Hace escasas generaciones la medicina del sueño apenas existía. Hoy en día, en cambio, es un campo de estudio sumamente respetado que continúa dándonos pistas acerca del poder del descanso a la hora de conservar la salud y el bienestar mental. La cantidad y calidad del sueño influyen enormemente en todos los sistemas del organismo. El sueño no es un estado de inactividad o un periodo de tiempo en el que tu cuerpo pulsa momentáneamente el botón de pausa. Es una fase necesaria de regeneración profunda. De hecho, durante el sueño tienen lugar miles de millones de tareas moleculares a nivel celular gracias a las cuales puedes vivir al día siguiente. Es evidente que no vas a morirte porque una noche duermas mal o incluso no duermas, pero la privación prolongada del descanso puede tener consecuencias graves, entre ellas la depresión.

Se han escrito libros enteros acerca del importantísimo papel que desempeña el sueño en nuestras vidas, apoyados, además, por estudios clínicos y pruebas de laboratorio. Dormir lo suficiente te mantiene mentalmente activa, favorece la creatividad y te permite procesar la información de manera instantánea. Diversos estudios han demostrado de manera convincente que los hábitos de sueño influyen en todo cuanto haces: en el hambre que tienes y en cuánto comes, en lo eficazmente que metabolizas esa comida, en lo fuerte que es tu sistema inmune, en tu capacidad de reflexión, en lo bien o mal que aguantas el estrés, y en tu memoria.[11] Se ha demostrado que el hecho de dormir por encima o por debajo de entre siete y ocho horas en un

---

11. L. Xie *et al.*, «Sleep Drives Metabolite Clearance from the Adult Brain,» *Science* 342, n.º 6156 (18 de octubre, 2013): 373-377, doi: 10.1126/ science.1241224. Para un listado completo de referencias y recursos útiles acerca de los beneficios del sueño, visita la página de la National Sleep Foundation, https://sleepfoundation.org/.

periodo de veinticuatro horas se asocia con diversos perjuicios para la salud, como enfermedades cardiovasculares, diabetes, accidentes de tráfico y laborales, problemas de memoria y de aprendizaje, aumento de peso, así como depresión y aumento de la mortalidad. Dormir seis horas o menos en una noche reduce aproximadamente en un tercio la capacidad de reacción de la mayoría de las personas, e incluso puede dificultarte el manejo de maquinaria y la realización de funciones elementales en la misma medida que el consumo de alcohol.[12]

Un aspecto del sueño que suele subestimarse pero que ejerce un enorme impacto sobre nuestro sentimiento de bienestar es su control sobre los ciclos hormonales. Todas las personas albergamos un reloj biológico interno llamado ritmo circadiano que viene definido por el patrón de actividad recurrente asociado con los ciclos ambientales del día y de la noche. Se trata de ritmos que se repiten aproximadamente cada veinticuatro horas y que incluyen nuestro ciclo sueño-vigilia, los cambios hormonales y las subidas y bajadas de nuestra temperatura corporal. Cuando tu ritmo no está bien sincronizado con el día solar de veinticuatro horas, no te sientes al cien por cien. Si has viajado cruzando franjas horarias y has notado los efectos del *jet lag* (que a veces son muy penosos), sabrás lo que supone la ruptura del ritmo circadiano.

Dicho en pocas palabras, tu ciclo circadiano depende de tus hábitos de sueño. De hecho, un ritmo saludable produce patrones de secreción hormonal normales, desde los asociados al hambre a los que influyen en el estrés y la recuperación celular. La leptina y la ghrelina, las hormonas que regulan el apetito, por ejemplo, organizan el funcionamiento de tus patrones de alimentación: la ghrelina nos dice que necesitamos comer, y la leptina que ya hemos comido suficiente. Los estudios científicos recientes que han hecho tan famosas estas hormonas digestivas son avasalladores: ahora tenemos

12. P. M. Krueger y E. M. Friedman, «Sleep Duration in the United States: a Cross-sectional Population-based Study,» *Am J Epidemiol* 169, n.º 9 (1 de mayo, 2009): 1052-1063, doi: 10.1093/aje/kwp023. Otro recurso muy recomendable acerca del sueño y de los estudios en torno a él es la página del doctor Michael Breus, www.thesleepdoctor.com.

datos que demuestran que la falta de descanso genera un desequilibrio de ambas hormonas que a su vez afecta negativamente al hambre y al apetito. Según demostró un estudio muy citado, cuando la gente dormía sólo cuatro horas por noche durante dos noches consecutivas, su sensación de hambre aumentaba en un 24 por ciento y su apetito se orientaba hacia golosinas ricas en calorías, aperitivos salados y alimentos con un alto contenido en almidón.[13] Ello se debe probablemente a que el cuerpo busca una reposición rápida de energía en forma de hidratos de carbono, muy fácilmente accesibles en los alimentos procesados y refinados.

El cortisol, otra hormona, debería alcanzar su pico por la mañana e ir perdiendo fuerza con el paso del día. El nivel de esta hormona reguladora del estrés y del sistema inmune deberían situarse en su punto más bajo pasadas las once de la noche, cuando comienzan a subir los niveles de melatonina. La glándula pineal es la encargada de segregar melatonina, pero también es susceptible de acumular aluminio (procedente de fuentes como las vacunas, la levadura, el desodorante y los cacharros de cocina) así como flúor (de la pasta de dientes y el agua potable fluorada, así como de los medicamentos).[14] La melatonina es una potente hormona antioxidante que activa el sueño. Desde hace millones de años, se ocupa de avisar a nuestro cerebro de que fuera se ha hecho de noche, y ayuda, por tanto, a regular el ritmo circadiano. Una vez liberada, ralentiza tu cuerpo bajando la presión sanguínea y, a su debido tiempo, la temperatura del tronco para que estés lista para dormir. Los niveles altos de melato-

---

13. K. Spiegel *et al.*, «Brief Communication: Sleep Curtailment in Healthy Young Men Is Associated with Decreased Leptin Levels, Elevated Ghrelin Levels, and Increased Hunger and Appetite,» *Ann Intern Med* 141, n.º 11 (7 de diciembre, 2004): 846-850. Véase también: University of Chicago Medical Center. «Sleep Loss Boosts Appetite, May Encourage Weight Gain.» ScienceDaily. www.sciencedaily.com/releases/2004/12/041206210355.htm (Consultado el 23 de septiembre, 2015).

14. S. Seneff, N. Swanson y C. Li, «Aluminum and Glyphosate Can Synergistically Induce Pineal Gland Pathology: Connection to Gut Dysbiosis and Neurological Disease,» *Agricultural Sciences* 6 (2015): 42-70, doi: 10.4236/as.2015.61005. Véase también: J. Luke, «Fluoride Deposition in the Aged Human Pineal Gland,» *Caries Res* 35, n.º 2 (Marzo-abril, 2001): 125-128.

nina facilitan el sueño profundo, que ayuda a mantener niveles saludables de hormonas tan importantes como la del crecimiento, la tiroidea y las sexuales.

A pesar de ser un comportamiento extremadamente ritualizado, el sueño ejemplifica también la complejidad de procesos fisiológicos que escapan a nuestro control. El comienzo del sueño implica una transición para el sistema nervioso parasimpático, un cambio que es imposible lograr de manera consciente, ejerciendo la voluntad, como sin duda podría atestiguar ese 25 por ciento de los estadounidenses que padece insomnio.

Actualmente, las llamadas de urgencia que recibo suelen ser de pacientes que sufren insomnio causado por la retirada de fármacos psicotrópicos. El trauma del insomnio y los ciclos de descanso interrumpidos vuelven casi psicóticas a mujeres que por lo demás son personas equilibradas y racionales. Sus cuerpos y sus mentes han «olvidado» cómo se duerme. Se da el caso de que uno de los muchos efectos duraderos de los antidepresivos que están poco y mal estudiados es la alteración de los patrones de sueño normales. Como explicaban los doctores Andrew Winokur y Nicholas Demartinis en *Psychiatric Times*, «[...] los efectos de clase de los fármacos ISRS parecen incluir el aumento en la latencia del comienzo del sueño y/o un mayor número de despertares, lo que conduce a un descenso general de la calidad del sueño. Prácticamente todos los ISRS examinados suprimen la fase REM. Clínicamente, está documentada la correlación entre el uso de ISRS y los cambios en la frecuencia, intensidad y contenido del sueño, así como la perpetuación de estos síntomas al producirse la discontinuación».[15]

Para comprender lo que esto significa, conviene hacer un breve repaso a la fisiología del sueño.[16] El sueño se compone de dos fases prin-

---

15. Andrew Winokur y Nicholas Demartinis, «The Effects of Antidepressants on Sleep,» *Psychiatric Times*, 13 de junio, 2012, www.psychiatrictimes.com/sleep-disorders/effects-antidepressants-sleep.

16. Adaptado de mi artículo «Sleep: Why You Need It and How to Get It,» en www.GreenMedInfo.com, 8 de agosto, 2014, www.greenmedinfo.com/blog/sleep-why-you-need-it-and-how-get-it-2.

cipales: la de sueño lento o No REM y la de sueño REM. El sueño No REM se divide, a su vez, en cuatro fases, siendo la tercera y la cuarta las del sueño de ondas lentas. El sueño es, en sí mismo, una progresión continua desde la vigilia a la fase No Rem y a la fase REM. En el curso de la noche tienen lugar entre cuatro y seis ciclos de No REM a REM, cada uno de los cuales dura entre 80 y 110 minutos. El sueño de ondas lentas predomina en la primera parte de la noche.

Como he dicho anteriormente, durante un sueño fisiológicamente normal los niveles de cortisol, norepinefrina y epinefrina caen al mismo tiempo que suben los factores de crecimiento como la prolactina, la hormona del crecimiento y la melatonina. Los cambios nocturnos en el nivel de cortisol se traducen en un aumento de la actividad de las células inmunitarias durante la noche. El sueño —y especialmente el sueño de ondas lentas— favorece la inmunidad adaptativa, la memoria defensiva que funciona en conjunción con el sistema inmunitario innato. Al activar dos sistemas de respuesta (el que bombea adrenalina y nos urge a luchar o escapar, y el sistema hormonal de respuesta al estrés o eje HPA), la falta de sueño puede dañar la función inmunitaria.

Diversos estudios demuestran que el sueño nocturno prepara las señales inflamatorias y que la falta de sueño ocasiona inflamación durante el día. Las mujeres parecen ser más propensas a estos trastornos, y las que duermen menos de ocho horas presentan niveles más altos de marcadores inflamatorios en sangre. Cuando la falta de sueño se prolonga más de una noche, hasta cuatro días o más, la inflamación se dispara. Pero resulta interesante comprobar que las siestas durante el día parecen compensar este efecto adverso.

Si alguna vez has notado que enfermas con más facilidad cuando duermes poco, ya sabes a qué se debe: las alteraciones del sueño pueden hacerte más vulnerable a la infección. Cada una de nosotras aporta a sus mecanismos de sueño sus propios patrones inflamatorios e inmunológicos, lo que a su vez influye en la inflamación y la inmunidad.

Los nuevos descubrimientos científicos demuestran que la relación bidireccional entre el insomnio, la depresión y la inflamación es tan estrecha que el insomnio *predice* el riesgo de depresión multiplicándolo por catorce cuando se prolonga más de un año.[17] Y no hay duda de que el denominador común entre ambos fenómenos es la inflamación. Está demostrado asimismo que la inflamación originada por infecciones, antígenos alimenticios, estrés y tóxicos ambientales también conduce al insomnio. Así que, como ves, es fácil que se dé un círculo vicioso: la falta de sueño produce inflamación y la inflamación favorece el insomnio.

Ahora que ya conoces el papel del sueño en el funcionamiento óptimo de los mecanismos inmunológicos e inflamatorios, ¿cómo puedes aprovechar al máximo el sueño y liberarte del insomnio? El sueño es una conducta que puede reprogramarse y fomentarse. Permíteme darte ahora algunas ideas que retomaré más adelante, al hablar de la semana cuatro del programa, cuando nos concentremos en los hábitos de sueño. Para entonces ya habrás efectuado cambios en tu dieta que facilitarán un sueño verdaderamente reparador.

- **Descubre tu número ideal**. Contrariamente a lo que afirma la sabiduría popular, no hay un número mágico de horas de sueño que sirva para todo el mundo por igual. Cada persona tiene necesidades de sueño distintas. Descubre cuántas horas necesitas dormir decidiendo una hora óptima para levantarte y yéndote a la cama con tiempo para dormir entre ocho y nueve horas durante una semana, hasta que te despiertes antes de que suene el despertador. Sé rigurosa con la hora a la que te acuestas y te levantas, los 365 días del año. A pesar de que sea una práctica habitual, cambiar tus pautas de sueño durante los fines semana para «recuperar» el sueño perdido puede echar a pique un ciclo circadiano saludable.

---

17. Peter L. Franzen, «Sleep Disturbances and Depression: Risk Relationships for Subsequent Depression and Therapeutic Implications,» *Dialogues Clin Neurosci* 10, n.º 4 (Diciembre, 2008): 473-481. Véase también: C. Baglioni *et al.*, «Insomnia as a Predictor of Depression: A Meta-analytic Evaluation of Longitudinal Epidemiological Studies,» *J A ect Disord* 135, n.º 1-3 (Diciembre, 2011): 10-19, doi: 10.1016/j.jad.2011.01.011.

- **Desconecta para recargar.** Reserva como mínimo media hora antes de irte a la cama para relajarte y prepararte para el sueño. Desconecta de actividades estimulantes (el trabajo, el ordenador o el móvil) y transmítele a tu cuerpo el mensaje de que ha llegado el momento de descansar. Prueba a darte una baño caliente con sales de Epsom: el magnesio tiene efectos calmantes. Escucha música o lee, y haz unos ejercicios de respiración profunda antes de acostarte.

- **La hora de la infusión.** Tómate una infusión relajante de valeriana o manzanilla, por ejemplo, con una cucharada de gelatina en polvo, un aditivo natural de efectos relajantes que, según demuestran diversos estudios, ayuda a aliviar el insomnio.

- **Procura irte a la cama antes de medianoche.** Las horas de sueño anteriores a la medianoche son las más rejuvenecedoras, de ahí que sea importante estar en la cama antes de esa hora (la hora ideal serían las diez) para aprovechar al máximo el sueño de ondas lentas que tiene lugar al principio de la noche.

- **Reduce al mínimo la luz azul de las pantallas.** Apaga o deja en reposo los dispositivos electrónicos después del anochecer o utiliza aplicaciones como f.lux para tus pantallas de ordenador, y emplea luces de color ámbar que imiten la luz del fuego y que sean más reconocibles para la programación ancestral de nuestro cerebro. Hazte, además, con unas gafas que filtren la luz azul (las encontrarás en www.lowbluelights. com). Es recomendable utilizarlas: está demostrado que cualquier tipo de luz, ya sea de origen natural o artificial (la de las bombillas o las pantallas de televisión, ordenadores, teléfonos, etcétera) contiene una longitud de onda azul que es casi siempre invisible para el ojo humano. Esta luz azul dificulta la producción de melatonina y estimula los centros de alerta del cerebro como mecanismo de supervivencia para mantenernos despiertos y despejados durante el día. Nuestro ritmo circadiano, como el de cualquier animal diurno, dicta que estemos alerta durante el día y soñolientos por la noche. Pero, en condiciones naturales, la luz azul estimulante desaparece al ponerse el sol. Los humanos, sin embargo, con nuestras luces artificiales y nuestros aparatos electrónicos, exponemos a nuestro cerebro a una andanada continua de luz azul que nos mantiene en un estado artificial de vigilia, preparados para la actividad incluso a altas horas de la noche. De ello se derivan alteraciones en el ciclo de sueño y, con frecuencia, insomnio crónico.

- **Pulsa el interruptor.** Apaga tu wifi y duerme con el teléfono móvil a más de dos metros de distancia de la cama, o ponlo en modo avión (o ambas cosas). También puedes utilizar dispositivos reductores de campos electromagnéticos y sábanas de *earthing* (consulta la sección de Recursos de mi página web).

- **Quédate a oscuras.** Duerme con antifaz y con persianas opacas (también puedes probar con una máquina de sonidos si te apetece). Mantén el dormitorio limpio y ventilado.

- **Que nada te moleste.** Reserva el dormitorio para el sueño y el sexo, y levántate de la cama si te cuesta preservar ese espacio para esas acciones durante el tiempo que pasas en él. Si no te has dormido a los veinte minutos de acostarte, levántate y busca un sitio confortable, con luz tenue y sin distracciones (nada de e-mail, televisión u otros aparatos electrónicos). Siéntate cómodamente, lee o haz ejercicios de respiración. Pasados otros veinte minutos, vuelve a la cama, a ver qué pasa ahora que estás más relajada. Repite esta acción una o dos veces más si es necesario.

- **Tómate los comprimidos adecuados.** La homeopatía nos brinda algunas herramientas adicionales. Éstas son las cinco que más me gustan:

Nux vomica 30C para las tensiones y la sensación de sobrecarga.

Ignatia amara para los sentimientos de angustia y las perturbaciones emocionales asociadas con el insomnio.

Kali phosphoricum 30C para el cansancio nervioso (fatiga mental debida a las exigencias cotidianas).

Ambra grisea 30C para la soñolencia que desaparece cuando te acuestas.

Arsenicum album 30C para los despertares ansiosos entre la una y las tres de la madrugada.

- **Prueba remedios botánicos que favorecen el sueño.** Entre ellos están la magnolia, la pasiflora, la valeriana, la *ashwagandha* o bufera o incluso el aceite de lavanda por vía oral, cuya eficacia como calmante es comparable a la de las benzodiacepinas. Estas hierbas se encuentran a menudo combinadas en infusiones relajantes y se pueden tomar también en cápsulas o en forma de aceites esenciales.

- **Conéctate a tierra.** Combate los efectos del calzado y de la exposición a la electricidad durmiendo sobre un cubrecolchón antiondas o de *earthing*, que estabiliza la conductividad bioeléctrica.[18]

El sueño es uno de los medios por los que nos conectamos con los elementos, con el sol, la luna y el mapeo circadiano de nuestra fisiología y nuestra psicología. El problema es que las alteraciones del sueño son con frecuencia la primera manifestación de una mala salud. Son, además, un síntoma que perpetúa el desarrollo de la enfermedad crónica. En lugar de suprimir este síntoma de manera artificial, conviene ir a la raíz del problema. Se recetan

---

18. M. Ghaly y D. Teplitz, «The Biologic Effects of Grounding the Human Body During Sleep as Measured by Cortisol Levels and Subjective Reporting of Sleep, Pain, and Stress,» *J Altern Complement Med* 10, n.º 5 (Octubre, 2004): 767-776.

tantos fármacos para dormir (decenas de millones al año) que cualquiera diría que los hipnóticos como el Ambien (zolpidem) son una cura milagrosa y no una droga adictiva y extremadamente perjudicial para la salud que mejora el tiempo de sueño en menos de quince minutos y sin embargo quintuplica el riesgo de muerte.[19] Curiosamente, una teoría acerca de por qué estos fármacos se perciben como efectivos afirma que ello se debe a que generan amnesia y eliminan el recuerdo de no haber dormido y de los despertares nocturnos. Aprovecha la oportunidad para enviar a tu cuerpo un mensaje de seguridad a través de la relajación, el movimiento, una dieta basada en alimentos frescos y rica en nutrientes, salidas al aire libre y un ambiente libre de tóxicos. Mi método incluye todas esas cosas para que puedas dormir a pierna suelta.

Cuanto más ejercicio hagas, mejor dormirás. De hecho, el título de un artículo publicado en 2012 lo expresaba a la perfección: «¿Es el ejercicio un tratamiento alternativo para el insomnio crónico?»[20] La respuesta es sí. Y, por si eso fuera poco, es también un tratamiento de probada eficacia contra la depresión.

EL EJERCICIO, UN ANTIDEPRESIVO NATURAL

Lo reconozco: yo antes odiaba hacer ejercicio. Puede que se debiera al efecto acumulativo de décadas de dieta rica en azúcares y exposición diaria a tóxicos químicos. Puede que fuera porque estaba «muy liada». O porque no estaba convencida de que de verdad importara porque siempre había sido delgada. Hoy en día, en cambio, considero el ejercicio uno de los pilares básicos del cambio radical: uno de esos hábitos que rinden beneficios en todos los sentidos. Estamos

---

19. Melissa Healy, «Sleeping Pills Linked to Higher Risk of Cancer, Death, Study Says,» *Los Angeles Times*, 28 de febrero, 2012, http://articles.latimes.com/2012/feb/28/news/la-heb-sleep-aids-cancer-death-20120228.

20. G. S. Passos *et al.*, «Is Exercise an Alternative Treatment for Chronic Insomnia?» *Clinics* (Sao Paulo) 67, n.º 6 (2012): 653-660.

diseñados para movernos, para sudar y para comunicarnos con nuestro yo físico de manera activa.

Estoy segura de que no soy la primera persona que te dice que el ejercicio es un antídoto natural para casi todos nuestros achaques. Mejora la digestión, el metabolismo, la eliminación de toxinas, la fuerza y el tono musculares, así como la densidad ósea, además de ayudarnos a normalizar nuestro peso. Cuando eliges el ejercicio que te va mejor, no sólo disfrutas, sino que además aumenta tu autoestima y te sientes más repleta de energía. El ejercicio puede despertar literalmente nuestros «genes inteligentes», revertir el envejecimiento, favorecer la estabilidad emocional y ahuyentar la depresión.

Los siguientes beneficios del ejercicio están respaldados desde hace tiempo por la evidencia científica.[21] Ten presente que muchas de las ventajas del ejercicio (por no decir todas) se correlacionan de manera directa con el riesgo de depresión. Controlar el nivel de azúcar en sangre a través del ejercicio, por ejemplo, ayuda a prevenir los desequilibrios glucémicos que se manifiestan en forma de trastornos del ánimo. Y, naturalmente, entre estas ventajas está también la reducción de la inflamación, una de las maneras más efectivas en que el ejercicio previene la depresión. Dentro de poco hablaré de esto con más detalle, pero de momento echa un vistazo a todos estos maravillosos beneficios, que van mucho más allá del simple bienestar físico:

- Aumento de la resistencia física, la fortaleza, la flexibilidad y la coordinación.
- Mejora del tono muscular y la salud ósea.
- Mejora de la circulación sanguínea y linfática y de la oxigenación de células y tejidos.
- Mejora de la calidad del sueño.

---

21. Con la cantidad de literatura dedicada a los beneficios del ejercicio podría llenarse una biblioteca. Puedes consultar multitud de estudios al respecto con sólo buscar en Internet «beneficios del ejercicio» o consultando la página de la Clínica Mayo (www.mayoclinic.org) y la de Harvard Health Publications (www.health. harvard.edu).

- Equilibrio hormonal.
- Reducción del estrés y mejora de la estabilidad emocional.
- Aumento de la autoestima y de la sensación de bienestar.
- Liberación de endorfinas (sustancias químicas cerebrales) que actúan como analgésicos naturales y mejoran el estado anímico.
- Descenso del ansia de comer ciertos alimentos.
- Descenso de los niveles de azúcar en sangre y del riesgo de diabetes.
- Distribución y mantenimiento del peso ideal.
- Mejora de la salud neurológica y de la memoria y menor riesgo de demencia.
- Mejora de la salud cardiaca y menor riesgo de enfermedades coronarias.
- Descenso de la inflamación y del riesgo de enfermedades asociadas con la edad, incluido el cáncer.
- Mayor energía y productividad.

Durante la mayor parte de su evolución como especie en la Tierra, el ser humano ha sido físicamente activo. La tecnología actual, sin embargo, nos ha brindado el privilegio de llevar una vida sedentaria. La ciencia ha demostrado que durante millones de años nuestro genoma evolucionó en circunstancias de constante dificultad física: conseguir comida para sobrevivir exigía un esfuerzo ingente. De ahí que nuestro genoma *espere* y *exija* ejercicio frecuente.

Los biólogos Daniel E. Lieberman, de la Universidad de Harvard, y Dennis M. Bramble, de la de Utah, conocen bien el poder del movimiento. Sus investigaciones acerca de la evolución del *Homo sapiens* y del impulso de correr culminaron en un artículo de referencia publicado en *Nature* en 2004 en el que afirmaban que, si hemos sobrevivido tanto tiempo en el planeta, se debe a nuestra capacidad atlética.[22] La perpetuación de la especie se vio favorecida

---

22. Dennis M. Bramble y Daniel E. Lieberman, «Endurance Running and the Evolution of *Homo*,» *Nature* 432 (18 de noviembre, 2004): 345-352, doi:10.1038/nature03052.

por la capacidad de nuestros ancestros para huir de los depredadores y perseguir y dar caza a presas que les servían de alimento. Gracias a su capacidad para encontrar comida y energía para aparearse, los especímenes más activos pudieron transmitir sus genes a la siguiente generación de humanos, más fuerte y resistente.

Pero ¿por qué el ejercicio es la panacea capaz de curar la epidemia de inflamación que padecemos en la actualidad? Durante el tiempo de ejercicio tienen lugar múltiples acontecimientos fisiológicos que se traducen en una bajada de la inflamación. Me gustaría recalcar aquí un mecanismo descubierto recientemente que se relaciona directamente con la depresión. A pesar de que los científicos saben desde hace tiempo que el ejercicio parece actuar como cortafuegos contra la depresión, hasta hace poco no entendíamos *de qué manera* reduce el riesgo de trastornos anímicos.[23] Ello fue posible gracias a un nuevo y brillante estudio llevado a cabo en el Instituto Karolinska de Estocolmo (Suecia), mediante el examen de la conducta y el cerebro de ratones de laboratorio.[24] Aunque no podemos preguntarle a un ratón cómo se siente o si está deprimido, los investigadores pueden idear parámetros para evaluar cuándo un ratón está deprimido tomando como referencia conductas indicativas de depresión, como rechazar comida sabrosa, perder peso o dejar de intentar escapar de un entorno desagradable (normalmente, el laberinto de agua fría). En concreto, los investigadores del Instituto Karolinska sometieron a ratones a cinco semanas de estrés de baja intensidad, hasta que empezaron a mostrar síntomas de depresión. Era lo que cabía esperar. Pero ¿qué pasaba si los ratones corrían primero, antes de someterlos a circunstancias estresantes?

---

23. A. Sierakowiak *et al*., «Hippocampal Morphology in a Rat Model of Depression: the Effects of Physical Activity,» *Open Neuroimag J* 9 (30 de enero, 2015): 1-6, doi: 10.2174/1874440001509010001.

24. L. Z. Agudelo *et al*., «Skeletal Muscle PGC-1 1 Modulates Kynurenine Metabolism and Mediates Resilience to Stress-induced Depression,» *Cell* 159, n.º 1 (25 de septiembre, 2014): 33-45, doi: 10.1016/j. cell.2014.07.051. Véase también el artículo de Gretchen Reynolds sobre este estudio publicado en el *New York Times*, «How Exercise May Protect Against Depression,» 1 de octubre, 2014, http://well.blogs. nytimes.com/2014/10/01/how-exercise-may-protect-against-depression/.

Fue entonces cuando la investigación se puso interesante. Los científicos crearon un grupo de ratones pre-ejercitados, es decir, a los que obligaban a ponerse en forma antes de someterlos a situaciones generadoras de depresión. Investigaciones previas habían demostrado que el ejercicio aeróbico mejora la producción de una enzima llamada PGC-1 alfa dentro de los músculos, tanto en ratones como en humanos. Más concretamente, el ejercicio aumenta los niveles de la llamada PGC-1 alfa 1, un subtipo de enzima. Los científicos del Karolinska partieron de la hipótesis de que esta enzima especial protegía al cerebro contra la depresión al favorecer ciertas condiciones fisiológicas. Y para poner a prueba su hipótesis crearon ratones con altos niveles de PGC-1 alfa 1 incluso en ausencia de ejercicio. De esa manera, podían aislar la PGC-1 alfa 1 de otras sustancias que liberan los músculos durante el ejercicio y después de su práctica. A continuación, los investigadores expusieron a los roedores a cinco semanas de estrés moderado. Y pese al estrés, los animales no desarrollaron depresión completa. Cuando los científicos trataron de descubrir por qué sucedía esto, sabiendo que la PGC-1 alfa 1 cambia la señalización genética, fijaron su atención en una sustancia llamada kinurenina, que se acumula en el torrente sanguíneo como consecuencia del estrés y que incluso puede traspasar la barrera hematoencefálica. La kinurenina se ha vinculado con la depresión porque está demostrado que aumenta la inflamación del cerebro. En los ratones con altos niveles de PGC-1 alfa 1, sin embargo, la kinurenina producida por el estrés quedaba rota por otra proteína que se liberaba en respuesta a señales de la PGC-1 alfa 1. Y sus fragmentos no podían traspasar la barrera hematoencefálica.

¿Te das cuenta? Ello quiere decir que el ejercicio puede ser un seguro biológico contra los efectos físicos del estrés.

Los investigadores no se detuvieron ahí. Querían asegurarse de que tales resultados eran equiparables en humanos. Así que reclutaron a un grupo de personas dispuestas a someterse a tres semanas de entrenamiento de resistencia. Dicho entrenamiento consistía en correr moderadamente o montar en bicicleta entre cuarenta y cincuenta minutos diarios. Tomando muestras de tejidos musculares antes y después del programa, los responsables del estudio comprobaron que, al acabar esas tres semanas, las células musculares de los sujetos presentaban mucha mayor cantidad de PGC-1 alfa 1 y de la sustancia que rompe la kinurenina que antes de iniciarse el entrenamiento. Dicho en pocas palabras: que hacer ejercicio disminuye el riesgo de deprimirse. Y punto.

¿Estos mismos mecanismos bioquímicos pueden combatir una depresión ya declarada? Eso está aún por determinar. Pero se trata de una noticia esperanzadora. Quizás este mecanismo sea igual de efectivo en el tratamiento de la depresión que en su prevención. Sé que mis pacientes, incluso las más deprimidas, notan de inmediato los beneficios psicológicos del ejercicio. Incluso las que están embarazadas encuentran alivio (y tienen embarazos más saludables y gozosos) haciendo un poco más de ejercicio. Puede que ahora sólo parezca una prueba anecdótica, pero no me cabe duda de que en un futuro la ciencia corroborará esta afirmación.

Podría escribirse todo un libro acerca de las diversas maneras en que el ejercicio mejora la fisiología y, por tanto, el estado psicológico. Recordemos que en el cuerpo tienen lugar multitud de acontecimientos biológicos cuando bailamos, montamos en bicicleta estática o salimos a caminar con paso enérgico. El ejercicio, no sólo genera cambios positivos en la química del organismo, sino que puede ser extremadamente beneficioso para la salud celular a nivel molecular y genético. Ahora sabemos, por ejemplo, que el ejercicio afecta directamente a la salud de las mitocondrias, las estructuras de producción de energía más importantes del cuerpo humano. Así lo han demostrado diversos estudios que han comparado el nivel de forma física y fortaleza y los cambios genéticos de personas mayores sometidas a un programa de ejercicio y los de sujetos de menor edad. Un experimento señero llevado a cabo en 2007, por ejemplo, estudió los efectos de seis meses de entrenamiento en voluntarios de más de sesenta y cinco años y descubrió que el ejercicio puede ayudar a revertir parcialmente el proceso de envejecimiento.[25] Al igual que sus colegas del Instituto Karolinska, estos investigadores

---

25. S. Melov *et al.*, «Resistance Exercise Reverses Aging in Human Skeletal Muscle,» *PLoS One* 2, n.º 5 (23 de mayo, 2007): e465.

tomaron muestras de células musculares de los participantes en el estudio antes y después del programa de entrenamiento y a continuación las compararon con células musculares de veintiséis voluntarios con una edad media de veintidós años. Los científicos —un grupo conjunto de investigadores canadienses y estadounidenses— documentaron no sólo una mejoría del nivel de fortaleza física, sino también cambios significativos a nivel genético que rejuvenecían a los individuos de mayor edad.

Mediante una observación más detallada, los investigadores se dieron cuenta de que los genes que cambiaban estaban involucrados en el funcionamiento de las mitocondrias. Una investigación más reciente ha confirmado tales hallazgos, demostrando cómo el entrenamiento a intervalos de alta intensidad estimula positivamente la biogénesis mitocondrial, es decir, el proceso de regeneración de estas células, lo que se traduce en la creación de más mitocondrias.[26] Se han constatado mejoras significativas en un tiempo de apenas dos semanas de entrenamiento a intervalos, un tipo de ejercicio que consiste en momentos reiterados de ejercicio explosivo: te esfuerzas al máximo durante un lapso de tiempo muy corto, luego te relajas unos minutos y vuelves a esforzarte al máximo, y así sucesivamente, en distintas series.[27] Puede, de hecho, que esta sea una forma más conveniente y eficaz para ti (y para tus mitocondrias) que el ejercicio más pausado y constante.

El estado de las mitocondrias es fundamental para la salud general del organismo, puesto que su edad y capacidad para funcionar se relacionan de manera directa con la salud metabólica, lo que a su vez influye en la salud mental. Las mitocondrias son extremadamente vulnerables al daño celular derivado de una serie de factores, tanto

---

26. J. P. Little *et al.*, «A Practical Model of Low-volume High-intensity Interval Training Induces Mitochondrial Biogenesis in Human Skeletal Muscle: Potential Mechanisms,» *J Physiol* 588, Pt. 6 (15 de marzo, 2010): 1011-1022, doi: 10.1113/ jphysiol.2009.181743.

27. G. Vincent *et al.*, «Changes in Mitochondrial Function and Mitochondria Associated Protein Expression in Response to 2-weeks of High Intensity Interval Training,» *Front Physiol* 6 (24 de febrero, 2015): 51, doi: 10.3389/ fphys.2015.00051.

controlables como incontrolables. Además de tus hábitos alimenticios y de la exposición a tóxicos ambientales, la cantidad de ejercicio que haces desempeña un papel fundamental en la funcionalidad y la salud de tus mitocondrias, sobre todo a la hora de determinar cuántas mitocondrias tiene a su disposición cada tipo de célula de tu organismo (el tejido muscular del corazón, por ejemplo, puede tener niveles más altos de mitocondrias que los músculos esqueléticos porque funciona incansablemente). Los estudios científicos demuestran que hacer ejercicio aeróbico de intensidad moderada durante quince o veinte minutos cuatro veces por semana puede aumentar el número de mitocondrias de tus células musculares nada menos que entre un 40 y un 50 por ciento.[28] Es una auténtica ganga: un poquitín de ejercicio a cambio de un aumento vertiginoso de la cantidad de estos microscópicos motores que mantienen en marcha tu metabolismo energético.

Naturalmente, voy a pedirte que empieces a hacer ejercicio con regularidad si no lo haces ya. Te prometo que será muy llevadero, incluso para quienes detestan hacer deporte. Empezarás con entre cinco y diez minutos de ejercicio «explosivo» (es decir, treinta segundos de máximo esfuerzo y noventa segundos de recuperación) e irás subiendo hasta veinte minutos, con una frecuencia de tres o más veces por semana. Te ofrezco numerosas ideas: seguro que encontrarás alguna que te cuadre.

28. E. V. Menshikova *et al.*, «Effects of Exercise on Mitochondrial Content and Function in Aging Human Skeletal Muscle,» *J Gerontol A Biol Sci Med Sci* 61, n.º 6 (Junio, 2006): 534-540.

8

Una casa limpia

Cómo desintoxicar tu entorno

Ante la duda, tíralo.

Por desgracia, la opinión mayoritaria aplica la premisa «inocente hasta que se demuestre lo contrario» a la hora de identificar y eliminar sustancias químicas nocivas, entre ellas los medicamentos y los tóxicos ambientales. Es algo que hemos visto suceder una y otra vez con el paso del tiempo, desde el DDT a las pinturas al plomo, pasando por el tabaco y, últimamente, el glifosato. Como científicos, no podemos llevar a cabo experimentos clínicos para determinar si estas sustancias químicas afectan a las personas y de qué manera. No sería ético probar los efectos de ciertas sustancias sobre grupos humanos para ver qué sucede, y el cálculo de los factores de riesgo individual y del tiempo de exposición resulta muy complejo.

De modo que a menudo recurrimos a analizar datos de sucesos como el acaecido en Michigan en 1973, cuando se alimentó por error a una gran cantidad de ganado con pienso contaminado con PBB, un retardante de la combustión que actúa como imitador estrogénico. Como resultado de ello, el PBB acabó en la carne y los productos lácteos de esas reses. Las niñas nacidas de mujeres que habían consumido esos productos empezaron a menstruar, de media, un año antes que sus coetáneas no expuestas al agente tóxico. Otra cosa que podemos hacer es aprender de nuestros errores, como de los catastróficos efectos del DDT, un pesticida organoclorado descubierto por el doctor Paul Müller, lo que le valió la concesión del Premio Nobel en 1948. El DDT parecía una solución limpia y fácil para librarnos de los mosquitos y de todas las enfermedades mortales que transmiten. Mi padre, que se crió en Nueva Jersey en la década de 1950, recuerda vivamente que corría detrás del chorro de pesticida que soltaban los camiones por la calle (¡después de jugar con bolitas de mercurio en el contenedor de basura!) El *jingle* de sus célebres anuncios decía: «¡El DDT me sienta bien!» En los años setenta, cuando cientos de millones de personas habían sido expuestas a este agente químico, no había aún pruebas fehacientes de los perjuicios que causaba en humanos.

Como consecuencia de la creciente alarma social y del alegato contra los pesticidas que en 1962 hizo Rachel Carson en su libro *Primavera silenciosa*, se realizaron treinta estudios distintos que sin embargo no encontraron ninguna correlación entre el DDT y el cáncer de mama. Hasta que se hizo el estudio correcto. La epidemióloga Barbara Cohn recabó datos de 20.000 embarazadas y niños de corta edad pertenecientes al periodo de 1959-1976, estudiando sus historiales médicos cuarenta años después.[1] Este estudio, publicado en 2015, tenía en cuenta la ciencia de la epigenética, las llamadas ventanas de vulnerabilidad en la exposición al agente químico y el papel de las hormonas en la carcinogénesis, de ahí que pudiera concluir que el índice de cáncer de mama se había quintuplicado en las mujeres expuestas a la fumigación con DDT antes de la pubertad. Sus hijos presentaban, además, un mayor riesgo de contraer cáncer de mama y de testículo. El DDT se prohibió en 1972, pero en la actualidad continúa presente en el medioambiente, y en África y Asia sigue utilizándose. El DDT fue uno de los primeros interruptores endocrinos en ser identificados, y actualmente son muchos los estudios que asocian

---

1. B. A. Cohn *et al.*, «DDT Exposure in Utero and Breast Cancer,» *J Clin Endocrinol Metab* 100, n.º 8 (Agosto, 2015): 2865-2872, doi: 10.1210/ jc.2015-1841.

la exposición a este veneno con la reducción de la fertilidad, las malformaciones genitales congénitas, la diabetes, los daños en el desarrollo cerebral y el cáncer.

Podemos, además, echar un vistazo a lo que sucedió tras los bombardeos de Hiroshima y Nagasaki. Las mujeres que tenían menos de veinte años cuando estallaron las bombas atómicas presentaban índices de cáncer y trastorno mental mucho más elevados que aquellas que tenían más de edad en el momento de los bombardeos. Las embarazadas dieron a luz a hijos que desarrollaron problemas de salud similares a lo largo de sus vidas, entre ellos diversos trastornos neuropsicológicos.

La medicina se halla sometida a la presión de poderosos *lobbies* e intereses empresariales que influyen en los organismos reguladores y en las políticas públicas a la hora de valorar los riesgos para la seguridad de los ciudadanos. La mayoría de los médicos están convencidos de que son los enfermos y los ciudadanos en general quienes deben encargarse de demostrar que la exposición a tóxicos ambientales es la causa (o una de las causas principales) de sus problemas de salud. La medicina actual tiene muy poco interés en reconocer la complejidad y el verdadero origen de enfermedades crónicas que son resultado de la exposición a tóxicos ambientales, dietéticos y farmacológicos. Estas afecciones no pueden resolverse por el simple expediente de suprimir o controlar los síntomas. Los médicos, sin embargo, suelen enfocar su tratamiento recurriendo a apagar la alarma contraincendios y a dejar que el fuego siga campando a sus anchas. El internista medio no se detiene a valorar tu expresión genética, tu medio hormonal y tus umbrales individuales en busca de los efectos nocivos que puedan tener sobre ti los tóxicos ambientales de tu entorno.

Por desgracia, los doctores rara vez recetan otra cosa que no sean fármacos por miedo a que la literatura científica no valide sus recomendaciones terapéuticas. Esto parece estar cambiando, sin embargo, gracias a la creciente aceptación del papel que desempeñan los tóxicos ambientales en la generación de enfermedades. En 2014, el Colegio Americano de Obstetricia publicó un folleto en el que se advertía a las mujeres acerca de los efectos perjudiciales de los plásticos y los retardantes de la combustión.[2] Fue un paso importante porque la industria química y sus grupos de presión se habían esforzado mucho por echar tierra sobre estas preocupaciones, y los organismos reguladores del gobierno les habían seguido la corriente.

En la primera parte del libro relacionaba la salud mental con los tóxicos ambientales que encontramos a diario, y en especial con los que desatan el caos entre nuestras hormonas, conocidos por esa razón como «interruptores endocrinos». Los retardantes de la combustión, por ejemplo, son interruptores endocrinos cuyo uso está muy extendido en la fabricación de muebles, aparatos electrónicos, electrodomésticos, vehículos, ropa y materiales de construcción.[3] Está demostrado que la exposición a estos compuestos químicos durante el embarazo afecta negativamente al desarrollo hormonal y neurológico de los hijos. De hecho, hay estudios que demuestran que la concentración de estos tóxicos tanto en humanos como en animales se ha ido duplicando en plazos de entre dos y cinco años en todo el mundo, excepto en Suecia, donde los retardantes están prohibidos. En uno de los primeros estudios de laboratorio que examinaron la correlación entre retardantes bromados y obesidad, se alimentó a ratones con una dieta rica en grasa y calorías (los autores del estudio no explicaron qué tipo de «grasa» habían utilizado) y se descubrió que los que habían estado expuestos a retardantes aumentaban de peso un 30 por ciento más que los individuos de control.[4] Esto condujo al etiquetado de estos

2. Aquí puedes descargarte el boletín: www.acog.org/-/media/Committee-Opinions/ Committee-on-Health-Care-for-Underserved-Women/ExposuretoToxic.pdf.

3. Consulta los informes del National Institute of Environmental Health Sciences sobre el tema de referencia así como sobre otros tóxicos ambientales en www.niehs. nih.gov/health/topics/agents/endocrine/.

4. R. Yanagisawa et al., «Impaired Lipid and Glucose Homeostasis in Hexabromocy-clododecane-exposed Mice Fed a High-fat Diet,» Environ Health Perspect 122, n.º 3 (Marzo, 2014): 277-283. doi: 10.1289/ehp.1307421. Véase también: University of New Hampshire. «Flame retardants found to cause metabolic, liver problems, animal study shows.» ScienceDaily, 19 de febrero, 2015. www.sciencedaily.com/ releases/2015/02/150219101343.htm, consultado el 23 de septiembre, 2015.

compuestos químicos como obesogénicos, puesto que aceleran el aumento de peso, elevan el nivel glucémico y contribuyen al desarrollo de síndromes metabólicos.[5]

Otros productos químicos nocivos (algunos ya mencionados anteriormente) son los ftalatos, los compuestos perfluorados, el bisfenol A, el arsénico, la tributilamina y los compuestos clorados como las dioxinas, los PCB y el DDT. Las dioxinas, por ejemplo, son sustancias químicas que se sabe que causan problemas de fecundidad y desarrollo, dañan el sistema inmune y alteran el equilibrio hormonal, y sin embargo es mucho más sencillo entrar en contacto con ellas de lo que la mayoría de la gente cree. Las dioxinas procedentes de los usos industriales del cloro se consumen mayoritariamente a través de carnes y lácteos procesados no ecológicos, o pueden penetrar en nuestro organismo a través del consumo de edulcorantes «naturales» aparentemente inocuos como la sucralosa cuando se calientan, o del uso de tampones.[6]

Ahora que has aprendido a reducir al mínimo los alimentos que contienen sustancias químicas nocivas, es hora de que te fijes en artículos no alimenticios como los productos de limpieza y menaje, los plásticos, la ropa, el agua, los cosméticos, los productos de higiene personal y los envases, así como en las formas invisibles de contaminación como los campos magnéticos y la mala calidad del aire.

Más adelante ofrezco algunos consejos para aquellas mujeres que planean quedarse embarazadas, lo están ya o se encuentran en

---

5. Al doctor Bruce Blumberg, de la Universidad de California en Irvine, se le atribuye el haber acuñado el término *obesógenos*. Desde hace casi una década, estudia los efectos de los agentes químicos sobre el metabolismo y el desarrollo de la obesidad, especialmente en lo relativo a cómo se transmiten los factores de riesgo de la obesidad a la progenie debido a la exposición a tóxicos ambientales. Véase por ejemplo: B. Blumberg *et al.*, «Transgenerational Inheritance of Increased Fat Depot Size, Stem Cell Reprogramming, and Hepatic Steatosis Elicited by Prenatal Exposure to the Obesogen Tributyltin in Mice,» *Environ Health Perspect* 121, n.° 3 (Marzo, 2013): 359-366. doi: 10.1289/ehp.1205701.

6. Para más información acerca de químicos concretos y sus efectos, consulta la sección de medicina medioambiental de mi página web.

periodo de lactancia. Las mujeres en esa etapa de la vida necesitan empoderarse para tomar las decisiones acertadas con vistas a protegerse a sí mismas y proteger a sus hijos. Porque la exposición a tóxicos ambientales en el vientre materno influye de manera directa en el futuro bienestar mental de tu hijo. Y reconozco que, siendo una de las pocas doctoras con formación en psiquiatría perinatal que adopta un enfoque holístico basado en pruebas científicas, en este aspecto puedo parecer una mamá oso extremadamente protectora.

LA CARGA QUÍMICA CORPORAL[7]

Si vives en un país industrializado, tienes en tu organismo una media de setecientas sustancias químicas sintéticas procedentes de los alimentos, el agua y el aire. En la inmensa mayoría de los casos, no se han hecho estudios exhaustivos para determinar los posibles efectos sobre la salud de esos compuestos químicos, ni se ha demostrado que sean seguros.

Estamos ya habituados a oír hablar de la correlación entre sustancias o contaminantes químicos presentes en nuestro entorno y problemas de salud. Estos tóxicos ambientales están por todas partes y son muy difíciles de evitar. En las últimas tres décadas se ha aprobado el uso comercial de más de 100.000 compuestos químicos sólo en Estados Unidos. Entre ellos, más de 85.000 compuestos industriales, 10.000 aditivos alimentarios, 12.500 ingredientes para la elaboración de productos de cuidado personal, 1.000 principios activos para pesticidas y decenas de drogas farmacéuticas. Desde que en 1976 se promulgó la Ley de Control de Sustancias Tóxicas (TSCA, por sus siglas inglés), la Agencia de Protección del Medioambiente (EPA) sólo ha exigido pruebas de seguridad a una pequeña parte de los compuestos químicos incluidos en el inventario de dicha ley. Más de 8.000 de estas sustancias se producen en cantida-

---

7. Para consultar datos y cifras sobre la carga química corporal, visita la página del Environmental Working Group: www.ewg.org.

des anuales de 11.000 kilogramos o más, y un porcentaje ridículamente pequeño de ellas se encuentran sometidas a controles de seguridad por parte de la EPA y la FDA (la Agencia Federal de Alimentos y Medicamentos).[8]

Quienes se mantienen al tanto de lo que sucede en el mundo sin duda habrán oído hablar de la relación existente entre las sustancias químicas de nuestro entorno y el cambio climático. Son fenómenos que van de la mano en muchos sentidos, puesto que gran parte de los compuestos químicos de uso habitual (ya sea industrial, agrícola o alimentario) contribuyen a los daños ecológicos que se encuentran en el origen de estos nuevos patrones climáticos (océanos más ácidos, por ejemplo, o herbicidas que dañan irreversiblemente la salud de los suelos). Los científicos llevan décadas midiendo los contaminantes industriales de nuestro entorno, pero hasta hace poco no comenzó a vigilarse la llamada «carga corporal»: el nivel de tóxicos en los tejidos del cuerpo humano. Este proceso de biomonitorización que analiza sangre, orina, sangre del cordón umbilical y leche materna está dirigido por prestigiosas instituciones y organismos de investigación de todo el mundo. En él participan prominentes científicos que trabajan para organismos tanto públicos como privados, analizando los tejidos humanos para descubrir la presencia de compuestos químicos industriales procedentes de los alimentos, el aire, el agua y los artículos de consumo. Sus estudios suelen incluir a personas de todas las edades (desde recién nacidos a ancianos) y de todo el país. Y estos proyectos de biomonitorización demuestran que todos los habitantes de Estados Unidos, al margen de dónde vivan o qué edad tengan, albergan niveles mensurables de compuestos químicos sintéticos. La mayoría de estas sustancias son liposolubles y se almacenan, por tanto, en el tejido graso, donde *biopersisten* (es decir, quedan aparcadas). Me interesa menos la monitorización que las políticas públicas que afectan a estas sustancias químicas. Hay señales suficientes de peligro para que se detenga la producción de ciertos compuestos como el Roundup de Monsanto, por ejemplo. La reglamentación y el control estricto de los conflictos de in-

8. *Ibid.*

tereses relacionados con estas sustancias serán nuestras únicas vías de salida para escapar de esta «sopa química».

No hay un único análisis que puedas hacerte para determinar tu carga química corporal y lo que supone para ti en términos de riesgo de enfermedad o depresión. Analizar los tóxicos presentes en el organismo no es tan fácil como pueda pensarse. Primero hay que saber exactamente qué buscar y, segundo, tendría que haber una fórmula para valorar los efectos que determinado tóxico está teniendo sobre un cuerpo dado. El hecho de que muchos tóxicos ambientales se escondan en lo más profundo de nuestros tejidos sugiere que a los científicos nos queda todavía mucho que aprender sobre los mecanismos de autoayuda de nuestro cuerpo y el umbral a partir del cual se encuentran desbordados.

Dado que los estudios científicos manejan medias por sexo, edad y raza, no pueden predecir la carga tóxica de sujetos individuales, ni tener en cuenta todos los posibles contaminantes o las sinergias potenciales entre los cientos (o miles) de sustancias químicas a las que nos vemos expuestos diariamente. Debido a que el organismo de cada persona reacciona de manera distinta a los estímulos externos —y a su combinación—, los criterios normativos para limitar la exposición a ciertos contaminantes puede no proteger a grupos de población singularmente vulnerables, como las mujeres en edad reproductiva o las personas de cualquier edad con enfermedades crónicas o con problemas o propensiones de índole genética.

La epidemióloga Brenda Eskenazi, de la Universidad de California-Berkeley, ha dirigido un estudio muy notable acerca de los efectos de cantidades muy pequeñas de pesticidas en el cerebro de niños pequeños. Para ello hizo el seguimiento de cientos de embarazadas que vivían en el valle de Salinas (California), una importantísima región agrícola sobre la que anualmente se vierten más de doscientas toneladas de organofosfatos. En un artículo publicado en *The Nation* expresa el problema con gran claridad: «En el transcurso del día, las personas pueden comer varias clases de frutas y verduras, cada una de las cuales puede contener trazas de uno o más pesticidas. Entran en contacto, además, con otros agentes químicos: bactericidas en las sopas, plastificantes en los cacharros de cocina, o retardantes de llama en los muebles. Es decir, que al final del día te encuentras con un cóctel de sustancias químicas cuyo nivel de riesgo se desconoce».[9]

La sinergia es la interacción química entre dos sustancias. Aisladas, puede que esas sustancias sean relativamente seguras, pero combinadas entre sí pueden volverse dañinas. De modo que una sustancia que tenga un 1 en una hipotética escala de peligro de 1 a 10, y otra que tenga un 4, pueden dar como resultado un 8 cuando se mezclan y reaccionan entre sí. Este fenómeno, también llamado «efecto cóctel», supone en definitiva que el número de venenos químicos potenciales es infinito.[10] Como comenta Randall Fitzgerald en su libro *The Hundred Year Lie* [La mentira secular]: «Lo que me preocupa y me llena de perplejidad es darme cuenta de que incluso si el gobierno tuviera recursos para llevar a cabo pruebas de seguridad generalizadas —y no los tiene—, nuestra tecnología es demasiado primitiva para detectar todas las combinaciones de químicos sintéticos o para completar la tarea dentro del plazo de nuestras vidas o incluso de la esperanza de vida de nuestros nietos».[11] En septiembre de 2015, investigadores franceses informaron en un boletín especializado de la prestigiosa revista *Nature* de que ciertos estrógenos como el etinilestradiol (uno de los principios activos de las píldoras anticonceptivas) y los pesticidas organoclorados, aunque por separado tuvieran una actividad tóxica muy débil, podían adherirse simultáneamente a un receptor localizado en el núcleo de las células y activarlo sinérgicamente.[12] Los análisis moleculares indican que estos dos compuestos cooperan para unirse al receptor (es decir, que la adherencia de la primera molécula

---

9. Susan Freinkel, «Warning Signs: How Pesticides Harm the Young Brain,» *The Nation,* 31 de marzo, 2014, www.thenation.com/article/warning-signs-how-pesticides-harm-young-brain/.

10. V. Delfosse *et al.*, «Synergistic Activation of Human Pregnane X Receptor by Binary Cocktails of Pharmaceutical and Environmental Compounds,» *Nat Commun* 6 (3 de septiembre, 2015): 8089, doi: 10.1038/ncomms9089.

11. Randall Fitzgerald, *The Hundred-Year Lie: How Food and Medicine Are Destroying Your Health* (Nueva York, Dutton, 2006).

12. V. Delfosse *et al.*, «Synergistic Activation of Human Pregnane X Receptor by Binary Cocktails of Pharmaceutical and Environmental Compounds,» *Nat Commun* 6 (3 de septiembre, 2015): 8089, doi: 10.1038/ncomms9089.

favorece la adherencia de la segunda). Y la mezcla subsiguiente produce efectos tóxicos en concentraciones notablemente más bajas que las dos moléculas por separado.

Nuestra carga química corporal empieza a acumularse en el vientre materno y puede durar toda la vida. Antes pensábamos que la placenta actuaba como un escudo que protegía la sangre del cordón umbilical de la mayoría de los agentes químicos y los contaminantes ambientales, pero ahora sabemos que no es así. Los compuestos químicos y los contaminantes industriales pueden traspasar, en efecto, la placenta al igual que los residuos del tabaco y el alcohol. Así lo han demostrado diversos estudios de referencia llevados a cabo por la ONG Environmental Working Group (EWG) al encontrar sustancias químicas en el cordón umbilical y la leche materna. Otros estudios innovadores han demostrado asimismo que el útero no está tan blindado como se pensaba anteriormente. Incluso la famosa barrera hematoencefálica puede ser traspasada, sobre todo la del feto, que todavía está en formación.

NO TE ENGAÑES: SÉ REALISTA

Si crees que puedes irte a vivir a un país muy lejano en busca de pureza, desengáñate. Las sustancias y residuos químicos industriales han invadido incluso las que antaño eran las regiones más salvajes de la Tierra a través del aire y de las corrientes de agua. Las partículas de polvo se pegan a las sustancias químicas presentes en la atmósfera y viajan hacia el norte, hacia climas más fríos. Ello explica en parte por qué animales y seres humanos que viven a miles de kilómetros del origen de esta polución muestran señales de contaminación. Y lo mismo puede decirse de las aguas, a miles de kilómetros de las regiones industrializadas. Las corrientes en chorro y las corrientes marinas pueden hacer que dos sitios muy distantes entre sí sean prácticamente vecinos. Las ballenas ocupan un lugar lo bastante alto en la cadena trófica como para que algunas bioacumulen tantos PCB en sus tejidos grasos que sus cadáveres son como residuos tóxicos. La leche materna de las mujeres inuit, que habitan en regiones árticas, está contaminada con PCB y está demostrado que estos tóxicos afectan a la salud de sus hijos.

Nos gustaría creer que nuestros representantes electos van a protegernos impidiendo que las sustancias químicas nocivas se empleen y se vendan en nuestros países, pero sería una asunción falsa. De hecho, el Congreso de Estados Unidos viene limitando o recortando el presupuesto de la EPA desde hace una década. Por motivos, en parte, puramente políticos: para algunas congresistas es absolutamente prioritario defender los intereses de la industria y la empresa privada, mucho más que la salud pública. Y la normativa impuesta por los gobiernos locales y estatales varía mucho en cuanto al grado de prioridad que concede a la salud medioambiental.

Las restricciones presupuestarias y la cesión a los intereses de los grupos de presión merman asimismo la efectividad de los organismos federales que tienen la obligación de protegernos: la FDA, encargada de hacer cumplir la legislación en materia de productos químicos, pesticidas y otros aditivos permitidos en alimentos y drogas; la USDA, que junto con la EPA regula el uso agrícola–ganadero de pesticidas, hormonas y antibióticos; y el Departamento de Trabajo, que se encarga del cumplimiento de la Ley de Salud y Seguridad Laboral de 1970 respecto a la exposición a sustancias tóxicas en el lugar de trabajo.

El caso es que resulta imposible saber cuántos compuestos químicos sintéticos existen en el mundo actual y lo dañinos que son en realidad, sobre todo combinados entre sí. Igual que es imposible fiarse de leyes o normativas que deberían protegernos, teniendo en cuenta la cantidad de intereses políticos enfrentados que hay en juego.

PASO A PASO[13]

No siempre he sido una defensora a ultranza de la vida descontaminada, pero el embarazo surte ese efecto: el de pulsar el inte-

---

13. Adaptado de mi artículo «Pregnant and Pre-Polluted: 8 Choices for a Healthier Womb,» 16 de julio, 2013, http://kellybroganmd.com/article/pregnant-and-pre-polluted-8-choices-for-a-healthier-womb/.

rruptor de las soluciones inmediatas, ése que clama «¡dime qué es lo que tengo que hacer para arreglar esto AHORA MISMO!» Hace unos años, ese interruptor se activó dentro de mí cuando, estando embarazada de mi hija mayor, una amiga mía me regaló el libro *Green Babies, Sage Moms* [Bebés verdes, mamás sabias]. Al leer el libro, me di cuenta de que a los médicos no se les enseña a ayudar a las mujeres a optimizar la salud y el bienestar. Me correspondía a mí aprender cómo limpiar de tóxicos mi casa y mi cuerpo, paso a paso.

Todavía veo con claridad mi cubo de la basura después de aquella revelación, repleto de productos de baño que al instante taché de amenazas químicas de primer grado. ¿Hasta los de Kiehl's? Sacudí la cabeza, asombrada por el poder de seducción de la palabra «natural» en los anuncios. Desde que cobré conciencia de todo esto, me he propuesto hacer cuanto esté en mi mano por difundir información que ayude a las mujeres a actuar en beneficio propio por la mejora de su salud y la de sus bebés. Es crucial que sepamos qué pasos podemos dar.

A quienes piensan que no podemos hacer nada por cambiar las cosas, teniendo en cuenta el panorama de toxicidad ambiental al que nos enfrentamos, les diría que esto es como meterse en medio de una ventisca: aunque sólo te pongas dos capas de ropa, mejor eso que nada para hacer frente a los elementos.

Aunque pueda parecerte una tarea abrumadora limpiar tu casa de productos cuestionables y sustituirlos por otros, no hace falta que te estreses. Ve habitación por habitación, o producto o por producto. Te ayudaré a hacerlo durante la segunda semana del programa (véase el capítulo 10). La meta es hacer todo lo que puedas, conforme a lo que puedas permitirte económicamente y lo que estés dispuesta a cambiar. Facilítate las cosas comprando productos que estén lo más cerca posible de su estado natural: es decir, que no hayan sido procesados, tratados, cultivados, manufacturados o fumigados con sustancias químicas de ninguna clase.

Quienes hablen inglés pueden recurrir a las páginas web de EWG (www.ewg.org), Fearless Parent (www.fearlessparent.org), I Read

Labels For You (www.ireadlabelsforyou.com), y Healthy Home Economist (www.thehealthyhomeeconomist.com) para buscar productos seguros y consejos de estilo de vida. Recuerda que puede transcurrir más de una década antes de que las pruebas recabadas por los estudios científicos se traduzcan en nuevos parámetros y normativas institucionales, o para que los productos peligrosos sean retirados del mercado. Un metaanálisis publicado por el *Journal of Hazardous Materials* en 2014 revisó 143.000 artículos científicos para determinar las pautas de emergencia y declive de tóxicos químicos.[14] Este estudio reveló un dato increíble: que el tiempo medio que transcurre entre la aparición de las primeras voces de preocupación, el punto máximo de alarma social y la toma de medidas adecuadas es de catorce años. Ejemplos paradigmáticos de esta pauta son los casos del DDT, el perclorato, el 1,4-dioxano, el triclosán, los nanomateriales y los microplásticos que se cuelan en el medioambiente y en nuestros hogares. A este dato hay que sumar otro: el de los diecisiete años que tienen que pasar para que los resultados de las investigaciones científicas lleguen a las consultas de los médicos. De ahí que convenga que nos pongamos manos a la obra individualmente.

Lo mejor que puedes hacer ahora mismo es utilizar el sentido común y apoyarte en los datos científicos disponibles. Dicho de otra manera: no esperes a que se etiquete oficialmente como «peligroso» un producto o aditivo para sacarlo de tu vida cotidiana o limitar radicalmente su uso. Ante la duda, prescinde de él por completo. He aquí una guía que puede facilitarte las labores de «limpieza».

En la cocina

- Evita las conservas —de todos modos tendrás que hacerlo si sigues mi protocolo dietético— y cíñete a alimentos frescos y enteros. El recubrimiento interno de las latas de conserva suele estar cargado de BPA.

---

14. R. U. Halden, «Epistemology of contaminants of emerging concern and literature meta-analysis,» *J Hazard Mater* 282 (23 de enero, 2015): 2-9, doi: 10.1016/j. jhazmat.2014.08.074.

- No utilices sartenes o cacerolas antiadherentes. Los cacharros de cocina recubiertos de Teflón contienen ácido perfluorooctanoico (PFOA), un compuesto químico que hasta la EPA ha calificado de posiblemente carcinógeno. La mejor alternativa son las cacerolas y sartenes de cerámica, hierro o cristal. Busca en Internet menaje de segunda mano fabricado con estos materiales.
- Deshazte del microondas y jamás metas comidas o bebidas calientes en plástico, porque la temperatura puede liberar sustancias químicas nocivas que son absorbidas por la comida.
- Deja de usar botellas de agua de plástico (o al menos evita los plásticos marcados con las siglas *PC*, policarbonato, o con el símbolo de un triangulito con los números 3, 6 ó 7). Compra botellas reutilizables de cristal o de acero inoxidable de uso alimentario. El cristal de toda la vida es el material más inerte tanto para cocinar como para contener comidas calientes. Puedes comprar un juego de envases de cristal por menos de 35 euros, y además son muy duraderos.

En el cuarto de baño

- En lo relativo a productos de aseo personal, desodorantes, jabones, cosméticos y artículos de belleza en general, ten presente que la piel es uno de los grandes puntos de entrada a nuestro cuerpo y que lo que extendemos sobre ella o sobre los labios puede llegar a las partes más vulnerables del organismo. Busca los sellos oficiales que autentifican los productos ecológicos y elige productos más seguros (para un listado de productos y recursos puedes consultar la página www. ewg.org). En la base de datos sobre cosmética de EWG (www.ewg.org/skindeep) encontrarás productos de tocador libres de ftalatos. Y desconfía de las cortinas de ducha de vinilo.

Evita los siguientes aditivos, muchos de los cuales pueden actuar como interruptores endocrinos:

1. Triclosán y triclocarbán (bactericidas usados en jabones de manos y a veces en pastas dentífricas).
2. Formaldehído y formalina (productos para el cuidado de las uñas).
3. Tolueno y ftalato de dibutilo (DPB; esmaltes de uñas).
4. Trietanolamina (TEA).
5. «Fragancia» y «perfume».
6. Parabenos (metil- propil- isopropil- butil- e isobutilparabeno).
7. Polietilenglicol (PEG)/ceteareth glicol.
8. Dietilftalato.
9. Laurilsulfato de sodio (SLS), lauril éter sulfato de sodio (SLES) y laurilsulfato de amoníaco (ALS).
10. Clorhidrato de aluminio (desodorantes).

Marcas como Sephora tienen una línea de cosméticos ecológicos, y en los herbolarios y tiendas ecológicas puedes encontrar productos alternativos, aunque siempre conviene leer atentamente las etiquetas para evitar cualquiera de los agentes mencionados más arriba. En cuanto a protectores solares, yo lo uso sin zinc micronizado y libres de oxibenzona, por ejemplo los de la marca Badger. Existen además repelentes naturales contra insectos que utilizan ingredientes alternativos al DEET, como aceites esenciales.

Recomiendo, además, tener siempre en el cuarto de baño un cepillo para la piel. El cepillado en seco de la piel es un método eficaz de estimular y limpiar el sistema linfático y de desintoxicar la piel. Recuerda que el líquido linfático está directamente relacionado con el sistema inmune y con los mecanismos de desintoxicación del organismo. Por simple que pueda parecer, es una técnica muy eficaz. Emplea una esponja de lufa o un cepillo de fibras vegetales. Los encontrarás fácilmente en tiendas naturistas y supermercados. Procura no mojar el cepillo o la esponja, y pásalo por la piel en seco con pasadas limpias, sin deslizarlo adelante y atrás ni frotar, sino moviéndolo en dirección al bajo vientre (hacia arriba en piernas y brazos, y hacia abajo en cuello y tronco), por todas partes excepto por la cara. Hazlo dos veces al día, o hasta cuatro en épocas de intensa toxicidad.

Pásate al verde también ahí abajo:
prescinde de los tampones.

En 2013 el informe *Chem Fatale* de la ONG Women's Voices for the Earth analizó las lagunas que permiten que los químicos tóxicos presentes en los productos de higiene femenina escapen a los controles de seguridad de las autoridades sanitarias en Estados Unidos.[15] Si eres de las que recurren a ellos todos los meses, esto no va a gustarte: la mayoría de los tampones y compresas comerciales contienen dioxinas, furanos y pesticidas que se asocian con el cáncer y las alteraciones endocrinas y reproductivas.[16] Las toallitas, jabones y desodorantes íntimos contienen parabenos, colorantes y sustancias químicas desconocidas etiquetadas como «fragancia». Estos productos entran en contacto directo con las mucosas de las niñas y adolescentes, que actualmente tienen la regla a edad temprana, y su uso suele prolongarse hasta la menopausia.

No podemos depender de organismos como la FDA para que nos garanticen la seguridad de estos productos, clasificados como «dispositivos médicos» (tampones) y «cosméticos» (las toallitas, por ejemplo). Elige un método inerte como las compresas lavables o los productos de higiene femenina ecológicos.

Prescinde del gel antiséptico para manos
El título de un estudio lo dice todo: «Manipular alimentos y papel térmico tras haber usado geles antisépticos para manos produce un aumento de los niveles totales de bisfenol A (BPA) en sangre y orina». Vaya. Es lo que descubrió un equipo de investigadores de la Universidad de Misuri en 2014, cuyos hallazgos fueron publicados en el boletín

---

15. www.womensvoices.org. Véase también el artículo de Laura Kiesel para *Salon*, «Toxic Tampons: How Ordinary Feminine Care Products Could Be Hurting Women,» 22 de diciembre, 2013, www.salon.com/2013/12/22/toxic_tampons_how_ordinary_feminine_care_products_could_be_hurting_women/.

16. Véase mi artículo «Going Organic, Down There: Feminine Products,» 11 de noviembre, 2013, http://kellybroganmd.com/snippet/going-organic-down-the-re-feminine-products/. Así como: Dr. Mercola, «What's in a Toxic Tampon,» 6 de agosto, 2014, http://articles.mercola.com/sites/articles/archive/2014/08/06/tampons-feminine-care.aspx.

de la *Public Library of Science*.[17] Resulta que los geles para manos, de uso tan común hoy en día, así como otros productos comerciales de cuidado de la piel, contienen potentes mezclas químicas que favorecen la penetración de compuestos químicos a través de la piel, multiplicando hasta en doscientas veces su absorción. Está demostrado que la mayoría de estos geles antisépticos —muchos de los cuales están fabricados a base de alcohol— son ineficaces, y es probable que maten las bacterias beneficiosas que son nuestro principal aliado. Así que te animo a dejar de usar por completo estos productos. Pero, si tienes que hacerlo, utiliza un producto natural a base de aceites esenciales.

Lávate las manos como se ha hecho siempre, con agua y jabón. Y rechaza esos tiques de caja que contienen sustancias tóxicas como el bisfenol A (BPA) y su primo igualmente tóxico el bisfenol S (BPS) en cantidades de hasta un 3 por ciento.

Limpieza general de la casa

- Ventila bien la casa e instala filtros de aire HEPA si es posible. Cambia los filtros del aire acondicionado y la calefacción una vez cada tres o seis meses y manda limpiar los tubos una vez al año. Evita los ambientadores y desodorizantes artificiales, incluidos los de enchufe. El aire del interior es notablemente más tóxico que el de exterior debido a las partículas que desprenden los muebles, los aparatos electrónicos y los artículos de menaje. Pídeles a tus invitados que se quiten los zapatos cuando entran en tu casa.

- Reduce el polvo y los residuos tóxicos que no se ven ni se huelen procedentes de muebles, aparatos electrónicos y tejidos utilizando una aspiradora con filtro HEPA.

- Ten en casa tantas plantas como puedas: desintoxican de manera natural el ambiente. Las cintas, el aloe vera, los crisan-

---

17. A. M. Hormann *et al.*, «Holding Thermal Receipt Paper and Eating Food after Using Hand Sanitizer Results in High Serum Bioactive and Urine Total Levels of Bisphenol A (BPA),» *PLoS One* 9, n.º 10 (22 de octubre, 2014): e110509, doi: 10.1371/ journal.pone.0110509.

temos, las gerberas, los helechos, la hiedra y los filodendros son buenas opciones. Utiliza entre quince y veinte plantas por cada 170 metros cuadrados.

- Ten cuidado con los juguetes fabricados antes de 2009, puesto que contienen plásticos y materiales tratados que son peligrosos. Evita cualquier cosa que huela a «plástico nuevo», como los inflables de playa.

- Hasta que puedas comprarte un colchón orgánico, cómprate una funda cien por cien natural que se adapte perfectamente al colchón para impedir que las sustancias químicas de este atraviesen las sábanas. Y utiliza almohadas hipoalergénicas rellenas con fibras naturales como algodón, lana o plumas.

- La próxima vez que vayas a comprarte un sofá nuevo o una cama, elige uno fabricado sin adhesivos ni pegamentos tóxicos (como los que contienen formaldehído), plásticos tóxicos, madera sintética o aglomerado y madera tratada.

- Cuando compres ropa, tejidos, muebles tapizados o colchones, procura que no lleven una capa de retardante bromado o repelente contra el agua o las manchas. Evita los muebles con relleno de espuma.

- Contrata a un experto para cambiar tu moqueta vieja: el relleno puede contener éteres difenilo polibromados (PBDE). Si vas a hacer una reforma en casa, empieza por los suelos, porque las moquetas y alfombras en particular acumulan gran cantidad de polvo y químicos tóxicos. Opta por tarina natural, corcho o alfombras hechas con fibras naturales que no hayan sido tratadas con retardantes de la combustión o sustancias repelentes a las manchas. Las moquetas y alfombras sintéticas pueden «despedir» durante años sustancias químicas susceptibles de afectar a la salud de personas con especial sensibilidad a estos productos.

- Cada vez que compres productos de limpieza, detergentes, desinfectantes, lejía, quitamanchas, etcétera, elige los que no contienen químicos sintéticos (básicamente, cualquier cosa que te resulte sospechosa de su composición). La mayoría de los productos de limpieza tienen una lista larguísima de ingredientes, y para saber cuáles conviene evitar hay que tener una licenciatura en Química. Pero la lejía y los limpiacristales que contienen amoníaco, por ejemplo, emiten toxinas dentro de nuestros hogares. No te fíes de las etiquetas que pongan «seguro», «no tóxico», «verde» o «natural» porque estos términos carecen de significado legal. Lee las etiquetas cuidadosamente y presta especial atención a las advertencias. No compres ningún producto en cuya etiqueta se avise de que puede ser tóxico, peligroso o incluso mortal si se ingiere o se inhala. Evita cualquier producto que contenga las siguientes sustancias: éter monoetílico de etilenglicol, 2-butoxietanol (EGBE) y metoxidiglicol (DEGME). Compra siempre marcas de confianza que contengan pocos ingredientes (consulta mi página web para ver recomendaciones de marcas). O fabrícate tus propios productos de limpieza: es sencillo, barato y eficaz. Puedes usar bórax, levadura y agua para hacer una pasta con la que restregar superficies; vinagre y agua para pasar la bayeta; o limón. Un limpiador muy sencillo de hacer y que sirve para todo contiene 1 cucharadita de vinagre por cada dos tazas de agua. Si te apetece, puedes añadirle también algún aceite esencial, como una o dos gotas de menta. Para más detalles e información sobre distintos productos, consulta las páginas www.ewg.org y www.fearlessparent.org (ambas en inglés).

- Friega los suelos y los alféizares de las ventanas una vez por semana.
- Habla con el personal del vivero o de la tienda de jardinería que tengas más a mano para que te recomienden productos libres de pesticidas y herbicidas para controlar las plagas. Y no utilices cacharros de cerámica con plomo (en las ferreterías venden *kits* muy baratos y fáciles de usar para determinar si tu frutero preferido contiene plomo o no).

Sobre los grifos

El agua potable está contaminada con productos farmacéuticos, tóxicos industriales, microbios y con unas seiscientas clases distintas de residuos de desinfectantes tóxicos.[18] Está tratada, además, con interruptores endocrinos, flúor y cloro neurotóxicos. La ONG Environmental Working Group ha identificado 316 contaminantes del agua, de ellos 202 no regulados (o desconocidos). Y no creas que estás «a salvo» por vivir en un buen barrio. Un estudio llevado a cabo en 2013 por la Universidad de Princeton, en colaboración con investigadores de las universidades de Columbia y California-San Diego, descubrió que las embarazadas que vivían en zonas con agua potable contaminada tenían más probabilidades de parir prematuramente o de tener hijos con poco peso (es decir, con menos de 2,5 kilogramos).[19]

Dicho estudio examinó los registros de nacimientos y los datos sobre la calidad del agua potable en Nueva Jersey en el periodo comprendido entre 1997 y 2007. Los investigadores hallaron irregularidades en 488 distritos de la red de distribución de agua potable de Nueva Jersey, y descubrieron que más de una cuarta de esas irregularidades consistían en casos de contaminación que afectaban a más de 30.000 personas.[20] Esa contaminación era tanto bacteriana como química: por diclorometano, por ejemplo (un disolvente que se emplea con frecuencia en plásticos o como desengrasante), así como por radón y bacterias coliformes. Cuando un distrito de la red de agua potable se ve afectado, el Departamento de Protección del Medioambiente de Estados Unidos tiene la obligación de avisar a todos los residentes en la zona, pero estos avisos suelen pasar desapercibidos o acabar en la papelera como correo basura.

---

18. The Environmental Working Group, www.ewg.org.

19. Janet Currie *et al.*, «Something in the Water: Contaminated Drinking Water and Infant Health,» *Canadian Journal of Economics* 46, n.º 3 (Agosto, 2013): 791-810.

20. Princeton University, Woodrow Wilson School of Public and International Affairs. «Something in the (expecting mother's) water: Contaminated water breeds low-weight babies, sometimes born prematurely.» ScienceDaily, 8 de octubre, 2013. www.sciencedaily.com/releases/2013/10/131008122906.htm, consultado el 28 de Septiembre, 2015.

Te recomiendo comprar un filtro para uso doméstico, para el agua que utilizas para beber y cocinar. Hoy en día hay disponibles numerosos dispositivos para el tratamiento del agua, desde sencillas jarras con filtro que se rellenan manualmente a aparatos que se colocan debajo del fregadero, pasando por filtros que se colocan en la entrada general del agua de la vivienda. Soy muy partidaria de los sistemas que emplean la ósmosis inversa y los filtros de carbono. Échales un vistazo si tienes oportunidad. Te corresponde a ti decidir cuál encaja mejor con tus circunstancias y tu presupuesto, pero asegúrate de que el filtro que compras elimina el flúor, el cloro y otros posibles contaminantes. Muchos de estos filtros —incluso los modelos que se colocan debajo del fregadero— pueden trasladarse si te mudas de casa.

Es importante que, sea cual sea el filtro que elijas, lo conserves bien y que sigas las instrucciones del fabricante para asegurarte de que continúa funcionando. A medida que se acumulan los contaminantes el filtro va perdiendo eficacia y puede empezar a liberar químicos en el agua filtrada. También puedes colocar filtros en la alcachofa de la ducha. Los sistemas de filtrado para duchas son baratos y fáciles de encontrar, y eliminan la exposición al cloro vaporizado y a su derivado carcinogénico, el cloroformo.

Ring, ring: sobre el teléfono móvil

Los teléfonos móviles se han convertido en una herramienta indispensable para muchos de nosotros, pero pueden ser muy perjudiciales, y no sólo porque nos mantengan conectados constantemente y susciten en nosotros el impulso de contestar de inmediato a los mensajes que nos llegan. Los perjuicios para la salud de estos aparatitos electrónicos que nos pegamos a la oreja ya no están en cuestión: los nuevos datos demuestran que el teléfono móvil no sólo emite radiaciones carcinógenas, sino que puede alterar la estructura y el funcionamiento del cerebro, incluida la actividad de las ondas cerebrales, que influye de manera directa en las funciones cognitivas, el estado de ánimo y la conducta.

En 2015 se hizo público un desconcertante estudio clínico llevado a cabo por investigadores holandeses y del King's College que revelaba que la tecnología de los llamados móviles de tercera generación (3G) altera la actividad de las ondas cerebrales en apenas quince minutos de «conversación» con el teléfono pegado al oído.[21]

Nuestros cuerpos se sirven de impulsos eléctricos muy delicados para existir. El cerebro manda mensajes a los músculos, a las glándulas, etcétera, empleando para ello no sólo sustancias químicas, sino también corrientes eléctricas que se miden, por ejemplo, con un electroencefalograma. El funcionamiento de cada una de nuestras células está regulado por minúsculos impulsos eléctricos.

Este estudio no ha sido el primero en preguntarse si los teléfonos móviles pueden ser peligrosos para la salud. Otras investigaciones habían descubierto anteriormente que los móviles pueden afectar a la actividad de las ondas alfa cerebrales, y por tanto producir alteraciones en el comportamiento. Sobre todo, insomnio.[22] Pero éste fue el primer estudio controlado con placebo a ciego simple de esta clase que demostró que la moderna tecnología móvil puede, en cuestión de minutos, «asociarse con un aumento de la actividad de las frecuencias alfa, beta y gamma en casi toda la región del cerebro». Dicho de otro modo, que la exposición típica al teléfono móvil tenía como resultado alteraciones electrofisiológicas lo bastante importantes como para ser cuantificables en la práctica totalidad de la estructura y la función cerebral. Todos sabemos ya que la radiación del teléfono móvil puede interferir con otros equipos electrónicos, de ahí que cuando vueles tengas que poner el «modo avión». Parece, sin embargo, que pasamos por

---

21. S. Roggeveen *et al.*, «EEG Changes Due to Experimentally Induced 3G Mobile Phone Radiation,» *PLoS One* 10, n.° 6 (8 de junio, 2015): e0129496, doi: 10.1371/journal.pone.0129496. eCollection 2015. Véase también el artículo de Sayer Ji en GreenMedInfo.com, «Brain Wave Warping Effect of Mobile Phones, Study Reveals,» 12 de julio, 2015, http://www.greenmedinfo.com/blog/brain-wave-warping-effect-mobile-phones-study-reveals.

22. R. Douglas Fields, «Mind Control by Cell Phone,» *Scientiffic American*, 7 de mayo, 2008, www.scientificamerican.com/article/mind-control-by-cell/.

alto el hecho de que también puede afectar negativamente a nuestro cerebro, un órgano extremadamente sensible a los impulsos eléctricos.

Los niños son, probablemente, los más vulnerables al tipo de radiación que emiten las tabletas, los teléfonos móviles y el wifi. En varios países de Europa se ha prohibido el wifi en los colegios.

¿Por qué hemos tardado tanto tiempo en conocer los perjuicios que pueden ocasionarle al cerebro las radiaciones de los teléfonos móviles? Las tecnologías eléctricas que se han desarrollado en los últimos sesenta años pueden estar alterando el funcionamiento interno de nuestro organismo de un modo que todavía no somos capaces de cuantificar. Muchos cánceres cerebrales, por ejemplo, sólo se hacen visibles tras años y años de uso frecuente del móvil.

Casi todos los estudios científicos sobre la exposición al teléfono móvil han arrojado resultados no concluyentes acerca de sus efectos sobre la función cognitiva, pero hay que tener en cuenta que el 87 por ciento de estos estudios están financiados por la propia industria de la telefonía móvil.[23] Desde 2011, la radiación de los teléfonos móviles está clasificada por la Agencia Internacional de Investigación sobre el Cáncer como «posiblemente carcinogénica». Y puesto que se cree que las ondas cerebrales determinan nuestro comportamiento, es razonable suponer que su alteración puede tener efectos de largo alcance sobre la conducta y la consciencia. Estas advertencias no parecen traducirse, sin embargo, en un descenso en el uso de los móviles.

Descuida: no voy a pedirte que tires a la basura tu teléfono móvil. Nadie sabe mejor que yo lo poco realista que es esto. Pero sí puedes reducir tu exposición a esta radiación no acercándote el teléfono a la cabeza (utilizando auriculares) y manteniéndolo a más de un metro ochenta de distancia de tu cuerpo siempre que sea posible. Y recuerda que puedes ponerlo en modo avión si tu hijo o tú misma

---

23. Bin Lv *et al.*, «The Alteration of Spontaneous Low Frequency Oscillations Caused by Acute Electromagnetic Fields Exposure,» *Clinical Neurophysiology* 125, n.º 2 (Febrero, 2014): 277-286.

estáis manejándolo sin necesidad de conexión wifi. Precauciones tan sencillas como ésta pueden reducir enormemente el riesgo de que sufrir efectos adversos asociados con la exposición a la radiación electromagnética.

Los campos magnéticos —una forma invisible de contaminación muy poco estudiada— deben minimizarse cuanto sea posible. Por eso te recomiendo que, si tienes que coger un avión, llegues al aeropuerto con tiempo suficiente de pedir que te cacheen a mano en lugar de pasar por un escáner de cuerpo entero y someter a tu ADN a una radiación ionizante, además de la inevitable radiación que sufrirás durante el vuelo.

UNA NOTA DE ADVERTENCIA PARA MUJERES EMBARAZADAS Y MADRES RECIENTES

Trato a todas mis pacientes como si estuvieran embarazadas porque, si algo no es seguro para un bebé, ¿por qué iba a serlo para una persona adulta? Dicho esto, quiero reiterar que las advertencias y las instrucciones que doy en este capítulo son especialmente pertinentes para mujeres que piensan quedarse embarazadas, que ya lo están, o que dan el pecho. Desde elegir productos naturales a beber agua libre de químicos, hacer todo lo que puedas por proteger la salud de tu bebé es una de tus funciones fundamentales como madre. Hará mucho por preservar tu salud y tu bienestar mental, así como los de tu hijo.

Si estás embarazada, deberías saber que si por cualquier motivo te hacen una cesárea hay numerosas investigaciones en marcha para intentar sustituir lo que se pierde por culpa de esta intervención quirúrgica. La doctora Maria Gloria Dominguez Bello, del Proyecto Microbioma Humano de la Universidad de Nueva York, ha presentado resultados que sugieren que utilizar un apósito para recoger bacterias del canal del parto de la madre e implantarlas luego en un bebé nacido por cesárea frotándole la boca y la nariz con el apósito ayuda a que las poblaciones bacterianas de esos bebés se parezcan mucho más a las de los bebés nacidos por vía vaginal.[24] No es un procedimiento capaz de reemplazar el parto vaginal, pero sí mejor que una cesárea completamente aséptica. Esto, junto con las estrategias que he expuesto en este capítulo, equipará metafóricamente a tu bebé con un chaleco antibalas contra las agresiones que puedan salirle al paso.

---

24. Para consultar la lista de publicaciones de la doctora Bello, visita su página web de la Facultad de Medicina de la Universidad de Nueva York, www.med.nyu.edu/medicine/clinicalpharm/maria-gloria-dominguez-bello-lab.

9

Análisis y suplementos

Cómo reforzar el proceso de curación

> **Doce pruebas de laboratorio sencillas y no invasivas que tu médico no te prescribe**

Imagina la siguiente escena, muy típica de lo que suele ocurrir en mi consulta: una mujer encantadora, de treinta y tantos años, viene a verme. Dice que padece una forma de depresión que al mismo tiempo la debilita y la mantiene en un estado de nerviosismo exacerbado, aturdida y sin energías. Noto en ella incluso cierta inestabilidad al andar. Cuando le pido que me explique su historial médico, me dice que lleva dos años tomando antiácidos para calmar el ardor de estómago. Le pregunto por su dieta, que es rica en azúcares, gluten, lácteos y fritos precocinados; de ahí, probablemente, que tenga reflujo. Y tanto la literatura científica como las pruebas clínicas demuestran que la supresión de los ácidos del estómago durante un periodo prolongado de tiempo impide la absorción de la vitamina B_{12}.[1]

La vitamina B_{12}, como ya sabes, es uno de los pilares básicos de la vida. Y también uno de los mejores antidepresivos. Todos

---

1. Véase mi artículo «Acid Blocking Gut Sabotage,» 9 de diciembre, 2014, http://kellybroganmd.com/snippet/acid-blocking-gut-sabotage/.

necesitamos vitamina B_{12} para fabricar glóbulos rojos y mielina y regular la expresión de nuestro ADN y de muchas otras funciones cerebrales y fisiológicas. Protege el cerebro y el sistema nervioso, regula el descanso y los ciclos anímicos, y contribuye decisivamente al buen funcionamiento del sistema inmune. Una carencia severa de esta vitamina puede traducirse en depresión profunda, paranoia y alucinaciones, pérdida de memoria, incontinencia y pérdida del paladar y el olfato, entre otras afecciones graves. En la bibliografía médica abundan los casos de pacientes aquejados de estas dolencias que se curaron con una sola inyección de vitamina B_{12}. Los bebés nacidos de madres con déficit de vitamina B_{12} corren grave peligro de presentar afecciones neurológicas como letargia, retrasos en el desarrollo y deficiencias motores y cognitivas.[2]

La carencia de B_{12} tiene consecuencias tremendas. Daña la capacidad de los nervios para comunicarse y transmitir mensajes y puede producir depresión, confusión y, con el tiempo, demencia y encogimiento físico del cerebro.[3] En mi consulta tengo por costumbre pedir un análisis sencillo de sangre para determinar los niveles de vitamina B_{12} de mis pacientes. Para mí es ya algo automático, puesto que sé por experiencia que puedo mejorar la salud de muchas de mis pacientes con esta intervención tan sencilla. Los niveles de B_{12} en el organismo pueden restaurarse mediante inyecciones con receta médica o mediante comprimidos sin receta que se disuelven bajo la lengua. Lo que quizá te lleve a preguntarte si tienes una carencia de vitamina B_{12} o de algún otro nutriente necesario para que tu organismo funcione como es debido. ¿Podrías librarte de la depresión con sólo tomar un suplemento vitamínico?

Como preludio, antes de pasar a explicar el programa de treinta días, voy a hablar de dos factores clave de mi protocolo general: los

2. Véase mi artículo «Prenatal Vitamins: A to D,» 16 de abril, 2014, http://kellybroganmd.com/article/prenatal-vitamins-d/.

3. Patrick J. Skerrett, «Vitamin B_{12} Can Be Sneaky, Harmful,» blog Harvard Health, 10 de enero, 2013, http://www.health.harvard.edu/blog/vitamin-b12-deficiency-can-be-sneaky-harmful-201301105780.

análisis y los suplementos. Es decir, las pruebas de laboratorio necesarias para determinar cuál es tu línea base de partida, descartar déficits y problemas de salud subyacentes y descubrir qué suplementos y terapias no invasivas pueden ayudarte a recuperar la salud. Aunque no voy a pedirte que empieces a tomar suplementos hasta pasadas dos semanas de cambios dietéticos y de hábitos de vida, ayuda saber qué tipo de suplementación diaria puede venirte bien más adelante. La razón es que los suplementos vitamínicos y sus beneficios surten un efecto más visible cuando ha pasado la fase —a veces dificultosa— de transición hacia una dieta basada en alimentos frescos. Permítame añadir que mi postura respecto a los análisis de laboratorio y los suplementos no es muy rígida, puesto que lo que creemos saber hoy puede quedar obsoleto mañana. Hay que tratar con la debida precaución estos temas, incluidos los enfoques más dogmáticos, como el que afirma que la vitamina D es buena para todo el mundo y el ácido fólico malo en todos los casos. Tenlo presente mientras lees este capítulo y empieza a pensar en cómo puedes personalizar el programa conforme a tus necesidades y circunstancias propias.

Empezaré haciendo un repaso de las pruebas médicas y los análisis de laboratorio que quizá quieras pedirle a tu médico. La mayoría puede hacerse en cuanto estés lista para pedir cita y solicitárselos a tu médico de cabecera.

PROBANDO, PROBANDO, 1-2-1-2

He aquí las doce pruebas que suelo utilizar con mis pacientes. Donde era necesario, he incluido los niveles que son deseables.

Análisis de la función tiroidea

Aunque los análisis de sangre convencionales presentan limitaciones a la hora de detectar el hipotiroidismo, sus resultados muestran hasta qué punto funciona bien la glándula tiroides, si el cerebro percibe los niveles hormonales y cuáles son esos niveles y si el sistema inmune está atacando erróneamente a la glándula. Recordemos que la producción de la hormona tiroidea está controlada por un bucle de retroalimentación entre la glándula tiroidea, la glándula pituitaria y el hipotálamo. La hormona hipotalámica liberadora de tirotropina (TRH) estimula la síntesis y la secreción de tirotropina pituitaria (TSH). Ésta, a su vez, desencadena la producción y liberación de T4 y T3 en la glándula tiroides. Cuando se produce suficiente T4, esta hormona señala a las TRH y TSH que hay suficiente en circulación y que detengan la producción. La T4 (una forma relativamente inactiva de la hormona) representa en torno al 85 por ciento de la producción del tiroides. Una pequeña cantidad de T4 se convierte en la forma activa de hormona tiroidea, T3. Esta molécula se transforma a su vez bien en T3 libre (FT3), bien en T3 inversa (RT3).

La T3 libre es importante porque es la principal hormona tiroidea que puede adherirse a un receptor e influir directamente en tu fisiología. Es una de las moléculas fundamentales del organismo humano. Gobierna tu metabolismo y la forma en que tu cuerpo emplea sus energías, controla la temperatura corporal, mantiene el movimiento de los intestinos y regula la producción de otras hormonas. A pesar de que no sabemos para qué sirve exactamente la T3 inversa, suele aparecer en niveles elevados en personas que sufren estrés fisiológico como medio de aflojar el ritmo y reservar energías para la recuperación. La mayoría de los médicos convencionales piden sólo uno o dos cribados: de TSH y T4. No analizan la T3 libre (FT3), ni la T3 inversa (RT3), ni los anticuerpos tiroideos. Como decía anteriormente, la tiroiditis de Hashimoto, una enfermedad autoinmune, es la forma más común de hipotiroidismo en mujeres. Yo, por rutina, siempre pido pruebas para detectarla mediante análisis de los anticuerpos peroxidasa del tiroides (TPO) y tiroglobulina (Tg). A continuación encontrarás el listado de los análisis que prescribo. Te ruego que se los solicites a tu médico de cabecera. El hipotiroidismo no debe tratarse en ningún caso con Zoloft (tú ya me entiendes). Estos análisis servirán para calibrar la salud de tu tiroides (se incluyen los valores óptimos):

TSH: valor óptimo: menos de 2 μu/ml

T4 LIBRE: valor óptimo: más de 1,1 ng/dl

T3 LIBRE: valor óptimo: más de 3,0 pg/ml

T3 INVERSA: valor óptimo: inferior a una ratio de 10:1 RT3:FT3

ANTICUERPOS PEROXIDASA TIROIDEA (TPO): valor óptimo: menos de 4 iu/ml o negativo

ANTICUERPOS TIROGLOBULINA (TG): valor óptimo: menos de 4 ui/ml o negativo

¿Estás tomando ya Synthroid (levotiroxina) o te han aconsejado tomarlo porque tu tiroides produce menos hormona de la que debería? Si te han diagnosticado hipotiroidismo, tus análisis no reflejarán tu estado real porque tus médicos emplean T4 sintética —Synthroid— para tratar de devolver tu TSH al rango considerado como óptimo. Esto hace que con frecuencia los síntomas no desaparezcan a pesar del tratamiento, debido a la escasa transformación en hormona tiroidea activa (T3) de la hormona sintética y a la supresión de la producción natural de T3 por culpa del nivel bajo de TSH que ocasiona el propio fármaco. De ahí que a las mujeres que reciben este tratamiento se les asegure que están «bien», como escribió mi colega Datis Kharrazian en su libro *Why Do I Still Have Thyroid Symptoms When My Lab Tests Are Normal?* [¿Por qué sigo teniendo síntomas tiroideos si mis análisis son normales?] Si se detecta a tiempo, la autoinmunidad tiroidea puede revertirse (yo soy la prueba de ello). Incluso después de años de tratamiento sustitutorio o tras la extirpación de la glándula tiroides, las pacientes pueden restablecerse tomando una forma natural de hormona tiroidea conocida como extracto de tiroides desecado, que contiene todos los elementos activos procedentes de tejido tiroideo animal (normalmente, de cerdo). De modo que, si tu médico te recomienda un fármaco sustitutivo, pregúntale por alternativas al Synthroid y sigue el protocolo de este libro. Recuerda que la optimización de los hábitos de vida, sobre todo a través de la dieta, es el tratamiento básico para resolver una posible disfunción tiroidea.

MTHFR (metilación)

El gen MTHFR produce la enzima MTHFR (metiltetrahidrofolato reductasa), esencial para varios mecanismos fisiológicos directamente relacionados con el bienestar mental. Cuando funciona bien, el gen MTHFR da comienzo a un proceso de disgregación química en varias fases llamado metilación que contribuye a la producción de proteínas importantes, emplea antioxidantes, combate la inflamación, elimina toxinas y metales pesados, mantiene la homocisteína en niveles normales, optimiza la función cerebral y silencia los genes (metilación) cuya sobreexpresión puede ser dañina. Las disfunciones del gen MTFHR están muy relacionadas con síntomas psiquiátricos. Hay dos variantes comunes de este gen en las que los nucleótidos únicos (piezas de ADN) que aparecen alterados generan una disminución funcional. Todos los días aprendemos cosas nuevas sobre la importancia clínica de las variantes de los genes 1298 y C677. Una mutación determinada supone que tu enzima funcione al 70 por ciento, y dos defectos pueden suponer que funcione por debajo del 30 por ciento de su rendimiento normal. Estas mutaciones no son tan raras como pueda pensarse. En los ocho años que hace que vengo pidiendo por rutina análisis de este gen, sólo he tenido cinco pacientes que *no* tuvieran alguna variación. Así que no te asustes si los análisis dan positivo en una o ambas mutaciones hereditarias: sólo significa que debes estar atenta porque tienes un mayor riesgo de presentar carencias, y probablemente sea recomendable que tomes un suplemento de folato activado (llamado metilfolato) y de su compañera inseparable, la vitamina B_{12}. (Nota: el análisis para detectar este defecto genético se llama simplemente test de mutación de MTHFR).

Vitamina B_{12}

Es el análisis que mide los niveles de vitamina B_{12} en sangre. Unas dos quintas partes de la población sufre un déficit severo de B_{12}. Los motivos pueden ser diversos: una mala dieta, disbiosis (mal estado de la flora intestinal) o consumo de medicamentos como protectores estomacales y fármacos contra la diabetes, por ejemplo. Tradicionalmente se considera que existe carencia cuando los niveles están por debajo de 150-200 pg/m (picogramo/mililitro), pero conviene estar por encima de 600 pg/ml.

Las pruebas para detectar el déficit de B_{12} según el nivel de vitamina en sangre no siempre son un buen indicador de lo que está sucediendo en el cerebro o en el funcionamiento general del organismo. Conviene echar una ojeada a los niveles de homocisteína y ácido metilmalónico: dos marcadores subrogados que contribuyen a determinar el nivel real de vitamina B_{12}.

Homocisteína y ácido metilmalónico

Como decía más arriba, se trata de un método más preciso y fiable de detectar una posible carencia de B_{12}, sobre todo si se coteja con los resultados de un análisis básico de glóbulos rojos. Cuando estas dos sustancias aparecen en un nivel elevado en la sangre, ello indica un déficit de B_{12}. La homocisteína es una proteína antiinflamatoria para cuya metabolización son necesarios la B_{12} y el folato, y el ácido metilmalónico es un compuesto que reacciona con la vitamina B_{12} para producir la coenzima A, esencial para un funcionamiento celular normal. Los niveles óptimos de homocisteína están entre 7 y 10 micromoles por litro de sangre; los niveles normales de ácido metilmalónico, entre 0,08 y 0,56 mmol/l (según mi experiencia, ésta es una medida menos fiable). Normalmente, tener la homocisteína por encima de 8 es una señal de alarma que indica inflamación y que puede corregirse con suplementos de B_{12}.

Hs-CRP (proteína C-reactiva de alta sensibilidad)

La proteína C-reactiva es una proteína que produce el hígado cuando los mensajeros fisiológicos indican una inflamación general en el organismo. Puede medirse con un test de hs-CRP. El nivel recomendable es 0,00-1,0 mg/l.

Glucemia/Insulina en ayunas/HbA1C (hemoglobina A1C)

El fin de estos análisis es determinar la regulación del azúcar en sangre. El análisis de HgA1C es el más preciso porque puede arrojar una media de tus niveles de glucosa en sangre en los últimos noventa días (el plazo de vida medio de un glóbulo rojo). Conviene que los valores estén entre 4,8 y 5,2 por ciento (ten presente que la anemia y la deshidratación pueden traducirse en niveles falsamente bajos o altos). La prueba de la glucemia en ayunas consiste en una única extracción de sangre en ayunas, naturalmente. El nivel ideal está entre 70 y 85 mg/dl, con una insulina en ayunas por debajo de 6μiu/ml.

Los análisis de tolerancia a la glucosa también sirven para valorar la hipoglucemia, pero clínicamente la hipoglucemia reactiva suele ser muy evidente: son las pacientes que se despiertan con sensación de estar llenas y que sin embargo no pueden pasar más de dos horas sin tener hambre y sentirse temblorosas o aturdidas, y que van sintiéndose paulatinamente peor a medida que avanza el día.

Vitamina D

Este análisis mide los niveles sanguíneos de esta importante vitamina-hormona. A todas mis pacientes les pido que se hagan análisis no sólo de vitamina D (expresada clínicamente como 25OH), sino también de su metabolito receptor-activador (1,25). Idealmente, la 25OH debería estar entre 50 y 80 ng/ml; el 1,25 debería estar dentro del rango normal. No te alarmes si tu nivel de vitamina D es enormemente bajo. Hay motivos que explican la carencia de vitamina D, aparte de la falta de luz solar. Por ejemplo, los efectos que tiene la exposición a pesticidas sobre la capacidad de nuestro hígado para generar vitamina D. La mayoría de los estadounidenses son deficitarios en este nutriente esencial, y puede pasar mucho tiempo antes de que el organismo alcance sus niveles óptimos de vitamina D mediante suplementación (véase más abajo).

Cortisol en saliva

En el cuerpo hay dos glándulas adrenales, una encima de cada riñón. Las hormonas que secretan estas glándulas endocrinas contribuyen a regular numerosos mecanismos fisiológicos que influyen en la salud mental. Analizar la función adrenal cuantificando los niveles de hormonas adrenales en la saliva y la orina puede ser muy revelador, pero la experiencia me ha enseñado que normalmente no es más que una constatación visual de lo que ya se sabe: que estamos sometidos a un estrés crónico y constante. La prueba de cortisol en saliva mide los niveles de esta hormona del estrés en cuatro momentos del día (normalmente a las ocho de la mañana, a mediodía, a las cuatro de la tarde y entre las once y las doce de la noche). Aunque no revela qué efecto surte la hormona en el receptor, ni cómo se disgrega ni qué ha ocasionado el cambio en la producción de cortisol, esta prueba es muy útil para explicar ciertos síntomas y su momento de aparición, dado que el patrón de producción de cortisol cambia a lo largo del día y, de manera natural, debería ser más elevado por la mañana y más bajo por la noche.

Lo único que tienes que hacer es escupir en un tubito de laboratorio a esas horas concretas y enviar los tubos al laboratorio para que los analicen (no es necesario refrigerarlos). Este tipo de prueba también puede hacerse extensiva a hormonas sexuales como la progesterona y los estrógenos durante la semana previa al comienzo del ciclo menstrual, o incluso a diario a lo largo de un mes. De hecho, el cortisol no es solamente la principal hormona adrenal, sino que está hecho de progesterona, de modo que cada molécula de cortisol que produces cuando estás estresada merma tus niveles de progesterona. Ello explica por qué los picos de estrés pueden causar sofocos prematuros.

Nota: estas pruebas deben hacerse *con posterioridad* a los treinta días del programa, sobre todo si persisten las alteraciones del sueño.

Analítica de heces mediante PCR

Esta prueba evalúa la función gastrointestinal y puede detectar desequilibrios en el microbioma, presencia de parásitos, problemas de absorción de nutrientes e inflamación del intestino. Aunque todavía estamos tratando de dilucidar cuál es el microbioma «óptimo», entre los factores que sin duda hay que tener en cuenta están el nivel de bacterias beneficiosas, las infecciones que puedan correlacionarse con marcadores inflamatorios (el hecho de que un resultado muestre la presencia de un parásito concreto no supone necesariamente un problema para la ecología de un individuo concreto) y las evidencias de mala digestión. Dado que la dieta puede cambiar en cuestión de días, conviene hacerse esta prueba *después* de los primeros treinta días del programa si se considera necesaria.

Perfil de ácidos orgánicos en la orina

Esta prueba, que cuantifica ciertas moléculas presentes en la sangre, nos permite echar una ojeada a los mecanismos metabólicos celulares del organismo, revelando si hay algún defecto de funcionamiento en el metabolismo. Rara vez tengo que prescribirla. La reservo para casos de cansancio y alteraciones cognitivas de mayor complejidad.

LISTADO DE PRUEBAS ANALÍTICAS		
Tu médico debería prescribirte los siguientes análisis de laboratorio:		
(lo ideal es hacerlo antes de iniciar el programa de 30 días para tener una referencia de partida)		
Pruebas de la función tiroidea: TSH, T4 libre, T3 libre, T3 inversa, anticuerpos peroxidasa tiroidea y tiroglobulina	Prueba genética MTHFR Niveles de vitamina B_{12} en sangre Niveles de homocisteína en sangre Hs-CRP (proteína C-reactiva de alta sensibilidad) en sangre	Glucemia/Insulina en ayunas/HbA1C (hemoglobulina A1C) Niveles de vitamina D: 25OH y 1,25
Pasados los 30 días, puedes repetir las pruebas y hacerte además las siguientes analíticas:		
Cortisol en saliva	Cultivo de heces, PCR y análisis proteómico	Perfil de ácidos orgánicos en la orina

Si tu médico no quiere mandarte estas pruebas, quizá debas acudir a otro. El test del gen MTHFR, por ejemplo, no suelen prescribirlo los médicos de cabecera. Es más probable que un naturópata o un especialista en medicina funcional conozca esta prueba y sepa cómo se interpretan actualmente sus resultados. Erígete en abogada defensora de ti misma y exige estas analíticas, que servirán de punto de partida para conocer tu estado y evaluar tu evolución. La mayoría de ellas las cubren los seguros sanitarios o son relativamente baratas. Cuanto más preciso sea el diagnóstico, más fácil será identificar los aportes que necesitas durante la fase de curación.

Tras completar el programa de cuatro semanas deberías repetirte las pruebas. Quizá tengas que hacértelas varias veces a lo largo de unos cuantos meses para que se aprecien cambios significativos. La proteína C-reactiva, por ejemplo, puede tardar varios meses en mejorar. Lo mismo puede decirse de la hemoglobina A1C, que suele chequearse a intervalos de tres a cuatro meses. Desde el primer día del programa, sin embargo, deberías empezar a apreciar cambios positivos en tus niveles de glucosa e insulina en sangre, y eso te motivará para seguir adelante.

SUPLEMENTOS[4]

Ojalá viviéramos en un mundo en el que no fuera necesario tomar suplementos y la desintoxicación no fuera más que un engañabobos para vender tratamientos de belleza. Pero a no ser que cultives tu propia comida ecológica en una burbuja herméticamente cerrada a los estragos del mundo industrializado, la suplementación estratégica casi siempre ayuda a mejorar y a seguir sintiéndose bien. Mi «menú» de suplementos puede ser bastante largo, así que he decidido reducir la lista a dos categorías: los básicos y algunos adicionales. Te recomiendo tomar todos los básicos, y añadir otros suplementos según lo creas conveniente, dependiendo de tus cir-

---

4. Para más información y otros estudios sobre estos suplementos, visita www.kellybroganmd.com.

cunstancias personales. Evidentemente, es aconsejable consultar con un médico versado en el uso de estos suplementos, y empezar a tomarlos uno a uno (dejando pasar un día, como mínimo, antes de comenzar a tomar uno nuevo) para observar sus efectos inmediatos. Ten en cuenta que, dado que los suplementos pueden favorecer el proceso de desintoxicación, conviene hacer una pausa de cinco días en su utilización cada veinte días, para que el cuerpo se recalibre.

Suplementos básicos: vitaminas B, minerales, ácidos grasos, glandulares y enzimas digestivas

Complejo activo de vitamina B

Las vitaminas del grupo B son las moléculas fundamentales para la producción de sustancias bioquímicas moduladoras del estado anímico. Se trata de la tiamina (B_1), la riboflavina (B_2), la niacina (B_3), la piridoxina (B_6), el folato (B_9), la vitamina B_{12}, la biotina y el ácido pantoténico (B_5). Estas vitaminas ayudan al organismo a transformar el alimento en combustible y a metabolizar grasas y proteínas. Son necesarias para la salud de la piel, el cabello, los ojos y el hígado y contribuyen al buen funcionamiento de las glándulas adrenales y el sistema nervioso. Las ocho vitaminas del grupo B son solubles en agua, de modo que el cuerpo no puede almacenarlas. Las bacterias intestinales ayudan a fabricar la mayoría de ellas, pero es aconsejable tomar un suplemento para asegurarnos de que nuestras necesidades están cubiertas.

Un amplio estudio realizado en 2010 por investigadores de la Universidad Rush en más de 3.500 adultos demostró que una mayor ingestión de B_6, B_9 y B_{12} (ya fuera a través de la dieta o mediante suplementación) se asociaba con una menor probabilidad de depresión en un plazo de hasta doce años de seguimiento.[5] Y por cada 10

---

5. K. A. Skarupski *et al.*, «Longitudinal Association of Vitamin B-6, Folate, and Vitamin B-12 with Depressive Symptoms among Older Adults Over Time,» *Am J Clin Nutr* 92, n.º 2 (Agosto, 2010): 330-335, doi: 10.3945/ ajcn.2010.29413.

mg adicionales de vitamina B_6 y cada 10μg suplementarias de vitamina B_{12}, se daba un descenso de un 2 por ciento anual en el riesgo de padecer depresión.

La clave de la suplementación mediante un complejo de vitaminas B está en acertar con las distintas variedades de estos nutrientes. Algunas formas pueden ser menos eficaces o incluso perjudiciales cuando se toman en exceso. El folato, por ejemplo, es la vitamina que se aconseja tomar a las embarazadas porque previene malformaciones del tubo neural. Los científicos comenzaron a vincular la carencia de folato con la depresión en la década de 1960. Desde entonces se ha descubierto que las personas con depresión tienden a ser deficitarias en esta vitamina. Aumentar sus niveles puede aliviar los síntomas depresivos, pero la forma de suplementación más común es el ácido fólico (empleado tanto en complejos de vitamina B como en alimentos vitaminados), que es sintético y por lo tanto no puede metabolizarse con la misma eficacia que el folato natural. Las investigaciones demuestran que emplear la forma natural del folato (5-metiltetrahidrofolato) es extremadamente beneficioso porque se absorbe mejor, no enmascara tan fácilmente la carencia de B_{12} y ayuda a evitar los efectos negativos que tienen los residuos de ácido fólico no metabolizado en el torrente sanguíneo, que se han asociado con un mayor riesgo de padecer cáncer.[6]

La vitamina B_{12} se presenta en distintas formas que varían en cuanto a eficacia y seguridad. La cianocobalamina es la que se emplea más comúnmente. Es más barata, pero no se encuentra en la naturaleza y su metabolización puede liberar pequeñas cantidades de cianuro en el organismo. Sí, así es: cianuro. Aunque estas cantidades no podrían causar nunca un envenenamiento, pueden ser perjudiciales para personas que tienen alterados los mecanismos de desintoxicación debido a problemas genéticos, déficits de nutrientes o enfermedades crónicas. La forma más recomendable

---

6. S. Hirsch *et al.*, «Colon Cancer in Chile Before and After the Start of the Flour Fortification Program with Folic Acid,» *Eur J Gastroenterol Hepatol* 21, n.º 4 (Abril, 2009): 436-439, doi: 10.1097/ MEG.0b013e328306ccdb.

de B_{12} es la metilcobalamina, que es la que producen nuestras bacterias intestinales.

De modo que, cuando busques un complejo de vitaminas B, cerciórate de que contiene folato en forma de 5-metiltetrahidrofolato o ácido folínico y B_{12} en forma de metilcobalamina (o hidroxocobalamina o adenosilcobalamina), además de las otras vitaminas del grupo B. Soy partidaria de la suplementación de B_{12} mediante inyecciones porque es un método de probada eficacia. Este tratamiento consiste en la administración de entre 1 y 5 miligramos de la vitamina entre una y cinco veces por semana durante 2-4 semanas, dependiendo de las circunstancias y la respuesta del sujeto. Para algunos pacientes será el último antidepresivo que tomen.

Minerales

El magnesio, el zinc, el yodo y el selenio son esenciales para el funcionamiento del organismo. Se han estudiado los efectos que cada uno de estos minerales tiene sobre el estado anímico. Así, por ejemplo, el 80 por ciento de los pacientes que sufren depresión presenta una carencia de magnesio. Este déficit puede desempeñar, además, un papel importante en la ansiedad al alterar el eje HPA (el sistema de respuesta al estrés).[7, 8] Y está comprobado desde hace tiempo que muchos pacientes con tendencias suicidas presentan índices bajos de magnesio en el líquido cefalorraquídeo.[9]

Antiguamente obteníamos gran cantidad de minerales a través de los alimentos. Hoy en día, en cambio, somos deficitarios en estos nutrientes como consecuencia de las prácticas de la agricultura moderna, que empobrecen los suelos, y de las técnicas de procesado

---

7. C. Norman Shealy *et al.*, «The Neurochemistry of Depression,» *American Journal of Pain Management* 2, n.º 1 (1992): 13-16.

8. L. Sartori *et al.*, «When Emulation Becomes Reciprocity,» *Soc Cogn A ect Neurosci* 8, n.º 6 (Agosto, 2013): 662-669, doi: 10.1093/scan/nss044.

9. C. M. Banki *et al.*, «Biochemical Markers in Suicidal Patients. Investigations with Cerebrospinal Fluid Amine Metabolites and Neuroendocrine Tests,» *Journal of A ective Disorders* 6 (1984): 341-350.

industrial. Los niveles bajos de minerales también pueden derivarse de un consumo excesivo de azúcar, de ahí que los hidratos de carbono simples como el pan, los pasteles o las galletas sean problemáticos por partida doble: no sólo no aportan nutrientes de buena calidad, sino que desequilibran la glucosa en sangre y merman la cantidad de minerales disponibles en el organismo. Busca algún complejo multimineral (es decir, de minerales variados) y tómalo con las comidas, puesto que algunos pueden causar molestias de estómago. Yo recomiendo:

MAGNESIO

La posología normal varía entre 150 y 800 miligramos diarios. En pacientes con síntomas severos de ansiedad, insomnio y síndrome premenstrual, aconsejo tomar dosis superiores a 300 miligramos al día. En cuanto a sus distintas presentaciones, yo normalmente recomiendo el glicinato de magnesio, a no ser que haya un problema de estreñimiento. El citrato de magnesio y el óxido de magnesio tienen la ventaja de producir efectos laxantes.

ZINC

Este mineral esencial para la «resiliencia» desempeña un papel importantísimo en el control de la respuesta cerebral y fisiológica al estrés. De hecho, trescientas enzimas (o más) de nuestro organismo necesitan zinc para cumplir sus funciones, entre ellas la fabricación de ADN, la síntesis proteínica y la división celular. El zinc es asimismo fundamental para la señalización celular. El cerebro es el órgano de nuestro cuerpo que presenta mayor cantidad de zinc, especialmente el hipocampo, la región de la memoria. Está demostrado que la carencia de zinc genera síntomas de depresión, THDA, dificultades en el aprendizaje, problemas de memoria, ataques epilépticos, agresividad y violencia. La dosis óptima de zinc varía entre 15 y 30 miligramos diarios, y el gluconato de zinc es la forma más recomendable de tomar este suplemento. El cobre es un nutriente complementario esencial, con una posología recomendada de entre 1 y 3 miligramos diarios.

YODO

El yodo cumple una función primordial en la formación de la hormona tiroidea. Los suelos deficitarios en este mineral y la exposición a agentes químicos que interfieren en su absorción por el organismo (como el bromo presente en los alimentos procesados y los retardantes de la combustión, y el cloro y el flúor del agua) nos impiden obtener cantidades suficientes de este nutriente esencial. El yodo puede obtenerse de manera natural mediante el consumo de algas marinas sin contaminar y huevos, y mediante suplementos en dosis que varían entre los 200 microgramos y los 3 miligramos. Para empezar, recomiendo tomar un suplemento que contenga *kelp* del Atlántico.

SELENIO

El selenio es un mineral esencial para restaurar los niveles de glutatión (un antioxidante fundamental para el organismo), dado que actúa como cofactor de la enzima glutatión peroxidasa, que contribuye a la fabricación de dicho antioxidante. Debido a la erosión de los suelos, los alimentos que consumimos actualmente están prácticamente desprovistos de selenio. Las formas más comercializadas, como el selenito de sodio, pueden ser tóxicas, así que opta siempre por una variante quelada, preferiblemente la selenometionina o el glicinato de selenio. El selenio refuerza la función neurológica, ayuda al organismo a producir neurotransmisores que mejoran el estado anímico y es singularmente importante en la transformación de la hormona tiroxina (T4) en su forma más activa, la triiodotironina (T3). Un artículo que revisaba cinco ensayos clínicos afirma que, según todos los indicios, el déficit de selenio está asociado con el desánimo y la apatía.[10] Diversos estudios sobre la suplementación con selenio demuestran que este mineral mejora el estado anímico y disminuye la ansiedad.[11] Es llamativo

---

10. D. Benton, «Selenium Intake, Mood and Other Aspects of Psychological Functioning,» *Nutr Neurosci* 5, n.º 6 (Diciembre, 2002): 363-374.

11. G. Shor-Posner *et al.*, «Psychological Burden in the Era of HAART: Impact of Selenium Therapy,» *Int J Psychiatry Med* 33 (2003): 55-69. Véase también: L. H. Duntas *et al.*, «Effects of a Six Month Treatment with Selenomethionine in Patients with Autoimmune Thyroiditis,» *Eur J Endocrinol* 148, n.º 4 (Abril, 2003): 389-393.

que así sea, teniendo en cuenta lo infinitesimal que es la dosis terapéutica recomendada. Con apenas 200 microgamos de selenio basta: la quinta parte de un miligramo (es decir, ¡la milésima parte de un gramo!)

La dosis diaria normal de selenio varía entre 100 y 200 µg. El selenio es un suplemento ideal para las personas ansiosas o depresivas que también presentan una función tiroidea baja o niveles anormalmente bajos de T3 (o ambas cosas).

ÁCIDOS GRASOS

Los ácidos grasos son esenciales para la estructura y el funcionamiento de la membrana celular. Sin ellos, las células se desharían, así de sencillo.

La membrana celular es un sobre hecho de lípidos que encierra y protege los engranajes internos de la célula. Hay más de cien billones de células en el cuerpo humano y todas ellas tienen una membrana muy parecida en cuanto a estructura, incluso las neuronas del cerebro, que son las encargadas de trasladar los mensajes de un lado a otro del organismo.

La membrana es esencial para la producción de energía de las mitocondrias, porque sin su estructura doble no habría espacio para la separación de la carga eléctrica: es decir, no habría modo de conducir las reacciones químicas necesarias para generar energía. El volumen de membrana celular en todo el organismo es alucinante: sólo el hígado tiene más de 27.800 metros cuadrados de membrana, ¡el equivalente a más de cuatro campos y medio de fútbol!

Mis investigaciones y mi experiencia clínica me han convencido de que la mejor manera de obtener ácidos grasos suplementarios es centrarse en la ingestión de grasas naturales y tomar suplementos que aporten omega 3 y omega 6. Los suplementos de pescado y aceite de hígado de bacalao contienen dos ácidos grasos omega 3 superconocidos: el ácido eicosapentaenoico (EPA) y el ácido docosahexaenoico (DHA). Está demostrado que estos ácidos grasos reducen la inflamación y favorecen la regeneración neurológica. Diversos estudios apoyan el empleo de aceite de pescado para el tratamiento de la depresión y la ansiedad.[12] Una dosis terapéutica típica de aceite de pescado consistiría en 1-2 gramos de EPA con DHA en una ratio de 2:3. Lee atentamente la etiqueta del producto: si no detalla las cantidades, compra otra marca. Debido a la pésima gestión ambiental de nuestros mares, los peces presentan altos niveles de contaminación por mercurio y otros metales pesados, dioxinas, PCB y otros tóxicos. Asegúrate de comprar aceite de pescado de una marca que te merezca confianza (consulta la sección de Recursos de mi página web). Las mejores marcas emplean un proceso de filtración conocido como destilación molecular, que previene la rancidez y asegura que el aceite esté libre de contaminantes. También puedes encontrar algunos extraídos mediante dióxido de carbono no tóxico a alta presión, o mediante un procedimiento a baja temperatura llamado extracción supercrítica.

ACEITE DE ONAGRA

Extraído de las semillas de la flor homónima, el aceite de onagra es una rica fuente de ácidos grasos omega 6, especialmente del ácido gamma linolénico omega 6 (GLA), un antiinflamatorio difícil de obtener mediante la dieta. La onagra se utiliza desde hace casi un siglo para tratar gran cantidad de afecciones: uñas y cabello quebradizos, eccema, síndrome premenstrual, síntomas de menopausia, artritis reumatoide, esclerosis múltiple y trastornos neurológicos, entre otros. Busca aceites de alta calidad orgánicos certificados, y comienza tomando 500 miligramos dos veces al día.

ACEITE DE HÍGADO DE BACALAO

El ser humano emplea el aceite extraído del hígado del bacalao atlántico desde hace siglos. Se ha utilizado como combustible para lámparas, para curtir pieles, para hacer jabones líquidos, como base

---

12. Para un resumen sobre los efectos del aceite de pescado en el alivio de la ansiedad y la depresión, véase el artículo de la doctora Emily Dean en *Psychology Today*, «Fish Oil and Anxiety,» 10 de noviembre, 2011, www.psychologytoday.com/blog/evolutionary-psychiatry/201111/sh-oil-and-anxiety.

para pinturas y, sobre todo, como alimento y suplemento terapéutico. Este aceite, una auténtica turbina nutricional, era antiguamente el suplemento básico de los pueblos europeos. Weston Price recomendaba tomarlo junto con aceite de mantequilla rico en vitamina K2, porque éste actúa como complemento de las vitaminas liposolubles presentes de manera natural en el aceite de hígado de bacalao. No sólo es una fuente importante de ácidos grasos EPA y DHA, sino que además contiene vitaminas A y D de manera natural y puede ser una alternativa estupenda al aceite de pescado, que carece de estas vitaminas. Debe en buena medida su fama a su alto contenido en vitamina D, que previene y elimina la carencia de este nutriente y su más terrible consecuencia en casos extremos: el raquitismo. Conviene buscar un suplemento de aceite de hígado de bacalao fabricado mediante un procedimiento de filtrado que conserve las vitaminas naturales y, a ser posible, que esté envasado en un frasco de cristal bañado en nitrógeno. Procura que tenga como mínimo 2.500 ui de vitamina A y 250 ui de vitamina D por cucharadita.[13]

SUPLEMENTOS GLANDULARES ADRENALES E HIPOTALÁMICOS

Los suplementos glandulares, conocidos popularmente como «glandulares» a secas, están hechos con órganos y tejidos de mamíferos. Se utilizaron con éxito para tratar múltiples afecciones durante todo el siglo XIX y principios del XX. Desde hace un tiempo han vuelto a emplearse gracias a los nuevos estudios científicos que demuestran sus efectos positivos sobre los tejidos y órganos dañados al exponerlos a factores de crecimiento que mejoran la capacidad del organismo para autorrepararse y regenerarse. Estos suplementos glandulares contienen un complejo surtido de enzimas, vitaminas, ácidos grasos, minerales y neurotransmisores y numerosos nutrientes además de los tejidos internos de la glándula, de ahí que sean difíciles de estudiar por un procedimiento estándar. Pero esto los convierte también, por otra parte, en un alimento que está

---

13. http://www.westonaprice.org/health-topics/cod-liver-oil-basics-and-recommendations/

demostrando ser mucho más beneficioso para nuestra fisiología de lo que pueda parecer si se atiende a sus componentes por separado. El córtex adrenal es sumamente beneficioso para los síntomas de depresión si se utiliza junto con un glandular adrenal general. Los adrenales deben proceder de animales criados en pastos naturales. Comienza tomando uno de cada dos veces al día.

El hipotálamo es un glandular calmante que sirve para empezar a restaurar la comunicación entre el cerebro y las glándulas. Toma entre uno y cuatro comprimidos en periodos de nerviosismo y ansiedad aguda, y a diario uno dos veces al día. Con el paso del tiempo irás necesitando menos.

ENZIMAS DIGESTIVAS

Si tu organismo no genera suficientes enzimas digestivas no puedes descomponer la comida, de modo que, aunque comas bien, no estarás absorbiendo como es debido todos los nutrientes. Esto produce, además, una sobrecarga de trabajo de las enzimas disponibles, que tienen que concentrarse en la digestión y apartarse de su otra función principal: el mantenimiento y la curación de tu cuerpo. Ahí es donde entran en juego los suplementos de enzimas digestivas, especialmente si estás en proceso de restaurar tu intestino y tu función digestiva óptima. La terapia con enzimas se basa en las investigaciones que el doctor Edward Howell desarrolló durante las décadas de 1920 y 1930. Howell afirmó que las enzimas procedentes de los alimentos funcionaban dentro del estómago para predigerir la comida. Al cocinar los alimentos, muchas de estas enzimas quedan desnaturalizadas, pero se facilita la digestión. La suplementación con enzimas de origen vegetal se complementa con enzimas animales como las que se encuentran en los glandulares pancreáticos.

Hoy en día se comercializan distintos tipos de enzimas digestivas. Las más interesantes son las que proceden de vegetales y contienen una mezcla de enzimas, entre ella la proteasa (que rompe las proteínas), la lipasa (que disgrega las grasas) y la amilasa (que rompe los hidratos de carbono). Algunas fórmulas incluyen variedades de cada tipo de enzima que operan en rangos de pH distintos para que funcionen en todos los individuos y con combinaciones muy diversas de alimentos. El doctor Nicholas Gonzalez, que concedía gran importancia a las enzimas pancreáticas en el tratamiento de la enfermedad crónica, aconsejaba tomar suplementos glandulares pancreáticos de muy alta calidad. Ésta es también mi forma preferida de complementar las enzimas vegetales para facilitar el proceso digestivo. Toma entre uno y tres comprimidos de enzimas digestivas de alta calidad y glandulares pancreáticos durante la media hora posterior a cada comida.

BETAÍNA HCL

La betaína hidroclorhídrica te ayuda reforzar la capacidad digestiva del estómago, sobre todo si no produces suficientes ácidos gástricos, un problema muy común en la actualidad. Se trata de una forma ácida de betaína, una sustancia semejante a una vitamina presente en algunos alimentos. Aumenta el nivel de ácido clorhídrico en el estómago, necesario para una buena digestión y una asimilación óptima de los nutrientes. A las personas que sufren ardores de estómago, indigestión, reflujo o gases se les suele decir que su estómago produce demasiado ácido. Es éste un error muy extendido que la medicina convencional ha contribuido a perpetuar al prescribir de manera rutinaria fármacos antiacidez al menor síntoma de disfunción gástrica. Impide que se diagnostique adecuadamente el problema digestivo, que con frecuencia es el contrario: una escasez de ácido que resulta en la putrefacción de la comida, que libera bases irritantes como el sulfuro de hidrógeno, susceptibles de causar úlceras. Puedes tomar entre una y tres cápsulas (cada una suele tener 500 mg) con cada comida que contenga proteínas. Es muy probable que puedas bajar la dosis pasados uno o dos meses. Si notas ardor de estómago tras tomar una sola cápsula, este suplemento no te conviene.

Suplementos adicionales a tener en cuenta

SAMe

La SAMe, una molécula natural sintetizada por el ciclo del carbono que depende del B_{12} y el folato, es un precursor de numerosas biomoléculas clave, entre ellas la creatina, la fosfatidilcolina, la coenzima Q10, la carnitina y la mielina. Todas estas sustancias influyen en la sensación de dolor, la depresión, las enfermedades hepáticas y otras dolencias. La SAMe participa, además, en la producción de neurotransmisores, y su uso como neutracético está aprobado desde la década de 1990. En Europa se receta para el tratamiento de la depresión desde hace treinta años. Numerosos estudios a doble ciego han demostrado su eficacia en casos de depresión y ansiedad.[14] Prueba a tomar entre 400 y 1.600 miligramos diarios. Procura comprar comprimidos que tengan recubrimiento entérico y envasados en blíster.

L-TEANINA

La L-teanina es un aminoácido relajante que se encuentra principalmente en el té. Puede favorecer la producción de ondas alfa cerebrales, que reducen la ansiedad y facilitan la concentración. ¡Es como la meditación comprimida en una cápsula! Empieza tomando entre 1 y 200 miligramos dos veces al día.

N-ACETILCISTEÍNA (NAC)

La N-acetilcisteína es una variante ligeramente modificada de la cisteína, un aminoácido que contiene azufre. Tomada como suplemento ayuda a restablecer los niveles intracelulares de glutatión (GSH), un antioxidante natural, lo que a su vez contribuye a restaurar la capacidad de las células para defenderse de los radicales libres. Los beneficios de la NAC se derivan en buena medida de su capacidad para controlar la expresión de genes relacionados con la respuesta inflamatoria. Está demostrado asimismo que mejora la sensibilidad a la insulina y que es efectiva en el tratamiento de conductas compulsivas. Procura tomar entre 600 y 1.800 miligramos diarios. Diversos ensayos clínicos han demostrado que es eficaz y seguro en dosis de hasta 2.000 miligramos diarios.

---

14. J. Sarris et al., «S-adenosyl Methionine (SAMe) versus Escitalopram and Placebo in Major Depression RCT: Efficacy and Effects of Histamine and Carnitine as Moderators of Response,» *J A ect Disord* 164 (Agosto, 2014): 76-81, doi: 10.1016/j. jad.2014.03.041.

RODIOLA

La *Rhodiola rosea*, a veces llamada raíz ártica o raíz dorada, es una hierba adaptogénica, es decir, que actúa de maneras inespecíficas, aumentando la resistencia al estrés sin interferir en las funciones biológicas normales. Las pruebas apuntan a que se trata de un antioxidante que refuerza la función del sistema inmune y que incluso puede incrementar la energía atlética y sexual. Es una hierba que crece a gran altitud, en regiones árticas de Europa y Asia, y cuya raíz se emplea desde hace siglos en la medicina tradicional rusa y escandinava. Un estudio publicado en 2007 demostraba que los pacientes con depresión entre suave y moderada que tomaban un extracto de rodiola presentaban posteriormente menores síntomas de depresión que aquellos que tomaban un placebo.[15] Un pequeño ensayo clínico en humanos realizado en la UCLA y publicado en 2008 informaba de una mejoría significativa en diez personas que padecían ansiedad generalizada y que tomaron esta hierba durante diez semanas.[16] Así que adelante, pruébala: empieza con 100 miligramos una vez al día durante una semana y aumenta luego la dosis en 100 miligramos cada semana, hasta llegar a 400 miligramos al día. Y busca productos que contengan un 2 ó 3 por ciento de rosavina y entre un 0,8 y un 1 por ciento de salidrosida.

CURCUMINA

He escrito mucho sobre la curcumina en mi blog. Yo la llamo la droga milagro que de verdad funciona. La bibliografía médica que investiga la eficacia de la curcumina (el polifenol más activo de la cúrcuma, la especia originaria de la India) no deja de crecer: actualmente hay más de siete mil estudios publicados acerca de este tema. La curcumina es al mismo tiempo un agente terapéutico que se

15. V. Darbinyan *et al.*, «Clinical Trial of Rhodiola Rosea L. Extract SHR-5 in the Treatment of Mild to Moderate Depression,» *Nord J Psychiatry* 61, n.º 5 (2007): 343-348.

16. A. Bystritsky *et al.*, «A Pilot Study of Rhodiola Rosea (Rhodax) for Generalized Anxiety Disorder (GAD),» *J Altern Complement Med* 14, n.º 2 (Marzo, 2008): 175-180, doi: 10.1089/acm.2007.7117.

emplea en el tratamiento de diversas afecciones y un antiinflamatorio natural. Es además un poderoso antioxidante y un agente neuroprotector, un modulador de las funciones hormonal y neuroquímica, y en general una buena amiga de nuestro genoma.[17] A menos que la emplees en grandes cantidades para cocinar, prueba a tomarla en forma de suplemento: entre 500 y 1.000 miligramos dos veces al día.

PROBIÓTICOS

Aunque si sigues tu nuevo protocolo dietético vas a tomar muchos probióticos (y también prebióticos, es decir, almidón y fibra resistentes, el alimento preferido de las bacterias beneficiosas), no viene mal añadir más probióticos en forma de suplemento. Las cepas que está demostrado que influyen positivamente en el sistema inmune son, entre otras: *L. paracasei*, *L. rhamnosus*, *L. acidophilus*, *L. johnsonii*, *L. fermentum*, *L. reuteri*, *L. plantarum*, *B. longum* y *L. animalis*. Las que están mejor estudiadas en cuanto a sus efectos antiinflamatorios son *L. paracasei*, *L. plantarum* y *P. pentosaceus*. Diversos estudios han demostrado que algunas de estas cepas pueden tener efectos semejantes a los fármacos.[18] Las cepas de los géneros *Bifidobacterium* y *Lactobacillus* están cobrando cada vez mayor importancia en la terapéutica psiquiátrica y se encuentran disponibles en forma de productos comerciales. Procura comprar probióticos de alta calidad que contengan un surtido de cepas en cantidades de miles de millones (véase la sección de Recursos de mi página web). Tómalos según la posología que figure en el prospecto o la etiqueta.

---

17. S. W. Poser *et al.*, «Spicing Up Endogenous Neural Stem Cells: Aromatic-turmerone Ofgers New Possibilities for Tackling Neurodegeneration,» *Stem Cell Res Ther* 5, n.º 6 (17 de noviembre, 2014): 127, doi: 10.1186/scrt517.

18. S. Bengmark, «Gut Microbiota, Immune Development and Function,» *Pharmacol Res* 69, n.º 1 (Marzo, 2013): 87–113, doi: 10.1016/j. phrs.2012.09.002. Véase también mi artículo «Probiotics for Prevention: The New Psychiatry,» 26 de marzo, 2015, http://kellybroganmd.com/snippet/probiotics-prevention-new-psychiatry/.

Si estás intentando desengancharte de un ISRS

En el capítulo 10 hablaré con más detenimiento de este tema, pero por ahora te recomiendo encarecidamente que pienses en empezar a tomar un suplemento de aminoácidos de amplio espectro, así como un suplemento de triptófano o 5-HTP de alta calidad. Para optimizar su posología sería necesario indagar un poco más, pero puedes empezar por tomar 500 miligramos al día de triptófano acompañándolo con un hidrato de carbono simple (una rodaja de manzana o una galleta salada sin gluten), con el estómago vacío, e ir subiendo la dosis hasta 3 gramos al día si es necesario. Respecto a la dosis de 5-HTP, puedes empezar con 50 miligramos tres veces al día y subir hasta 200 miligramos tres veces al día, también con el estómago vacío. La tirosina, un aminoácido complementario, es importante si tomas triptófano o 5-HTP durante más de quince días (1.500 miligramos entre 2 y 4 veces al día antes de las comidas). El inositol, la PharmaGaba o el fenibut también pueden ser agentes relajantes de gran ayuda durante este proceso. Sé por experiencia que los aminoácidos específicos sólo son necesarios durante el proceso de retirada del fármaco.

Si estás pensando en tomar hormonas bioidénticas

Si sabes que la intensidad y/o la frecuencia de tus síntomas están relacionados con tu ciclo menstrual, empieza tomando maca y sigue después con sauzgatillo («árbol casto»). La maca es una raíz perteneciente a la familia del rábano que crece en las montañas de Perú. Se la conoce también como ginseng peruano. Los beneficios de la maca se conocen desde hace mucho tiempo. La raíz era muy valorada en el imperio Inca por sus virtudes adaptogénicas, que le permiten reforzar y equilibrar el delicado sistema hormonal del cuerpo y ayudan a afrontar el estrés. Es también un estimulante natural, sin los efectos adversos de la cafeína, y favorece la función reproductiva ayudando a equilibrar las hormonas y aumentando la fertilidad. Suele comercializarse en polvo. En mi consulta utilizo una variedad en gelatina de la marca Natural Health International y la dosifico conforme a las recomendaciones de la etiqueta con excelentes resultados.

Sauzgatillo o árbol casto (Vitex agnus-castus)

Los herboristas tanto de Europa como de Norteamérica han aplicado extensamente el sauzgatillo o árbol casto para tratar el acné, las molestias digestivas, los desarreglos menstruales, el síndrome premenstrual (SPM) y la infertilidad, así como para reforzar la lactancia materna. El *Vitex* es un arbusto de hoja caduca nativo de los países de Europa, el Mediterráneo y Asia central cuyos frutos se utilizan en medicina desde hace siglos. Sus propiedades reguladoras de la función hormonal lo convierten en un suplemento ideal para combatir afecciones relacionadas con el ciclo menstrual, desde desarreglos, hasta la menopausia.[19, 20, 21] La dosis estándar varía entre 150 y 250 miligramos que contienen entre 30 y 40 miligramos de extracto de baya seca.

Inositol

Cuando los desarreglos del ciclo menstrual se deben a desequilibrios glucémicos (pensemos en el síndrome del ovario poliquístico), el mioinositol, una molécula de hidrato de carbono, es de gran ayuda en diversos frentes: mejora la sensibilidad a la insulina, reduce las hormonas masculinas (en dosis de 2-4 gramos diarios), y se han estudiado sus efectos en el tratamiento de la ansiedad y los

---

19. D. Berger *et al.*, «Efficacy of Vitex Agnus Castus L. Extract Ze 440 in Patients with Pre-menstrual Syndrome (PMS),» *Arch Gynecol Obstet* 264, n.º 3 (Noviembre, 2000): 150-153.

20. R. Schellenberg, «Treatment for the Premenstrual Syndrome with Agnus Castus Fruit Extract: Prospective, Randomised, Placebo Controlled Study,» *BMJ* 322, n.º 7279 (20 de enero, 2001): 134-137.

21. C. Lauritzen, «Treatment of Premenstrual Tension Syndrome with Vitex Agnus Castus Controlled, Double-blind Study versus Pyridoxine,» *Phytomedicine* 4, n.º 3 (Septiembre, 1997): 183-189, doi: 10.1016/ S0944-7113(97)80066-9

trastornos obsesivo-compulsivos (en dosis de 12-18 gramos diarios).[22, 23, 24] Hay pruebas de que combinar el mioinositol con el d-chiroinositol en una ratio de 40:1 es de gran eficacia para el reequilibrado hormonal.[25]

DISPOSITIVOS DE SUPLEMENTACIÓN

Aunque en lo que se refiere al tratamiento de eso que llamamos depresión y ansiedad lo que más me interesa es resolver la causa primera, el desencadenante original (es decir, las intolerancias alimenticias, los desequilibrios glucémicos, la autoinmunidad tiroidea, los déficits de nutrientes y el estrés), a veces les ofrezco a mis pacientes diversas alternativas para conseguir un alivio más inmediato de los síntomas. Hace ya muchos años que vengo prescribiendo el estimulador craneal de la empresa Fisher Wallace (con la que no tengo ninguna relación comercial), un dispositivo que genera una corriente alterna de baja intensidad que se trasmite a través del cráneo. A mi modo de ver, este *gadget* surte efectos semejantes a los de la meditación. Fue autorizado por la FDA en 1979 y funciona partiendo de la premisa de que somos seres energéticos y de que la capacidad del organismo para recalibrarse puede presentarse de muy distintas maneras. Se recomienda utilizarlo durante veinte minutos dos veces al día para favorecer la actividad de las ondas alfa y modular los neurotransmisores, las

---

22. J. Levine *et al.*, «Double-blind, Controlled Trial of Inositol Treatment of Depression,» *Am J Psychiatry* 152, n.º 5 (Mayo, 1995): 792-794.

23. M. Fux *et al.*, «Inositol Treatment of Obsessive-compulsive Disorder,» *Am J Psychiatry* 153, n.º 9 (Septiembre, 1996): 1219-1221.

24. V. Unfer *et al.*, «Effects of Myo-inositol in Women with PCOS: a Systematic Review of Randomized Controlled Trials,» *Gynecol Endocrinol* 28, n.º 7 (Julio, 2012): 509-15, doi5: 10.3109/09513590.2011.650660.

25. V. Unfer y G. Porcaro, «Updates on the Myo-inositol Plus D- chiro-inositol Combined Therapy in Polycystic Ovary Syndrome,» *Expert Rev Clin Pharmacol* 7, n.º 5 (Septiembre, 2014): 623-631, doi: 10.1586/17512433.2014.925795.

endorfinas y el cortisol.[26] Las pacientes que lo prueban suelen utilizarlo con regularidad durante tres semanas y luego cuando lo consideran necesario.

A pesar de que hay publicados más de 160 estudios en humanos —entre ellos veintitrés ensayos aleatorizados y controlados que arrojaron resultados positivos—, es curioso que nunca oyera hablar de este tratamiento que entraña tan pocos riesgos durante mi década de formación médica. Un estudio publicado en 2014 añadía nuevas evidencias a las ya existentes: dos científicos emplearon un diseño aleatorizado a doble ciego con placebo para comprobar la efectividad del tratamiento con el estimulador craneal eléctrico en el tratamiento de diversos trastornos de ansiedad y depresión como parte de una intervención de atención primaria.[27] El 83 por ciento de los pacientes experimentaron una reducción de más del 50 por ciento en sus síntomas de depresión en comparación con los controles, en cuestión de semanas. Y un 82 por ciento de los que padecían ansiedad experimentaron la misma mejoría. Consulta la sección de Recursos para más información acerca de dónde conseguir este aparato.

Otro dispositivo útil que recomiendo a mis pacientes —sobre todo a las que tienen problemas para dormir— es la caja de luz. Dado que el cuerpo tiene su propio reloj interno, programado conforme a los ciclos del día y de la noche, la manera ideal de repararlo si está averiado es exponerse a la luz matutina del sol. Es una estrategia que enlaza directamente con nuestra fisiología y nuestra manera de sentir. Los receptores de la parte de atrás de los ojos captan la luz y envían mensajes al cerebro para recalibrar tu reloj interno. Las cajas de luz producen luz artificial que imita la del sol sin emitir radiación ultravioleta. Están diseñadas para producir longitudes de onda ideales (teniendo en cuenta el rango de longitud de

26. M. Gunther y K. D. Phillips, «Cranial Electrotherapy Stimulation for the Treatment of Depression,» *J Psychosoc Nurs Ment Health Serv* 48, n.º 11 (Noviembre, 2010): 37-42. doi: 10.3928/02793695-20100701-01. 2010.

27. T. H. Barclay y R. D. Barclay, «A Clinical Trial of Cranial Electrotherapy Stimulation for Anxiety and Comorbid Depression,» *J A ect Disord* 164 (Agosto, 2014): 171-177, doi: 10.1016/j.jad.2014.04.029.

onda de la luz «azul», es decir, 460 nanómetros), con la luz orientada hacia los ojos en ángulo para lograr mejores resultados. Visita la sección de Recursos de mi página web para más información sobre cajas de luz.

EL PODER DE LAS GÁRGARAS
El doctor Datis Kharrazian, neurólogo funcional y autor de *Why Isn't My Brain Working?* [¿Por qué no funciona mi cerebro?], ha sintetizado gran cantidad de información científica y aportado soluciones innovadoras al tratamiento de los trastornos cognitivos y las enfermedades degenerativas. Una de las estrategias que recomienda para activar el nervio vago, estimular la armonía intestino-cerebro y mejorar la motilidad gastrointestinal es muy sencilla y eficaz: llenar un vaso de agua y hacer gárgaras enérgicamente con cada sorbo hasta que empiecen a lagrimearte los ojos. Haz esto varias veces al día.

EQUIPO DE APOYO

Tengo el convencimiento de que la labor de un médico consiste en procurar a sus pacientes herramientas de autocuración, pero creo también que es necesario que cada uno se busque su propio equipo de apoyo. Soy muy partidaria de consultar a distintos profesionales de la salud y buscar opciones diversas. Muchas de mis pacientes han experimentado mejorías abismales en su estado de salud gracias al trabajo con terapeutas cráneosacrales, especialistas en neuroretroalimentación y acupuntores o a través de distintas modalidades de la medicina energética, como la curación a través del sonido, el trabajo corporal o la homeopatía.

Creo que la medicina energética es la medicina del futuro.

A lo largo de la historia todas las formas tradicionales de sanación han reconocido y respetado el valor de la mente, el cuerpo y el espíritu. La ciencia está intentando ponerse al día en este sentido, y la física cuántica ya ha empezado a explicar la capacidad informativa de la energía subatómica, los límites de la cuantificación y la relevancia de sistemas y redes. La medicina energética reconoce que nuestra existencia en este planeta se debe fundamentalmente a fuerzas invisibles y muy poco conocidas. Estas fuerzas pueden despertarse y controlarse a fin de lograr una sanación espontánea. De hecho, como recordaba el gran filósofo del siglo XX Alan Watts, la palabra china para «naturaleza» significa *lo que ocurre por sí solo*. A la naturaleza no se la puede doblegar, no se la puede forzar a actuar conforme a nuestra voluntad sin consecuencias. La medicina energética no se basa en creencias falibles sobre biología o sobre los últimos resultados presentados en tal o cual artículo, ni en las tendencias en boga para combatir la enfermedad. Se apoya sencillamente en las dotes de los sanadores para desbloquear el potencial natural del organismo. Es sencilla, elegante y poderosa, y vuelve a ponernos en contacto con nuestro impulso fundamental: el *chi*, el *prana*, el *shakti*, o como queramos llamar a esa fuerza vital innegable que infunde vida a nuestro cuerpo y lucidez y serenidad a nuestra mente.

LA NOCHE DE ANTES

Respira hondo. Hasta aquí te he dado un montón de información. Has aprendido más acerca de los hábitos de una mujer que vive en un estado de «subidón» natural de lo que saben la mayoría de los médicos y psiquiatras actuales. Si no has empezado ya a poner en práctica algunos de los cambios que recomiendo, ahora tienes la oportunidad de hacerlo. En el siguiente capítulo seguirás un programa de cuatro semanas diseñado para cambiar tu dieta y restaurar tu cuerpo y tu cerebro devolviéndoles su bienestar óptimo. Llegará un punto en que te sentirás llena de energía y vitalidad: es ese lugar con el que todas soñamos, y está mucho más cerca de lo que crees.

Cambiar nuestros hábitos de vida, aunque sea mínimamente, puede parecer abrumador al principio. Te preguntas cómo vas a evitar «volver a las andadas». ¿Pasarás hambre, sentirás que te estás privando de muchas cosas? ¿Te resultará imposible mantener ya para siempre estos nuevos hábitos? ¿Puedes poner en práctica este programa teniendo en cuenta el tiempo del que dispones y tus compromisos cotidianos? ¿Llegará el momento en que seguir estas directrices te parecerá lo más natural?

Este programa es la respuesta. Es una estrategia sencilla y clara, bien equilibrada y adaptable, con cabida para tus preferencias personales y que te permite elegir. Concluirás mi programa de cuatro semanas con el convencimiento y el estímulo necesarios para perseverar en el camino de la salud durante el resto de tu vida. Cuanto más te ciñas a mis recomendaciones, más rápidamente verás los resultados. Ten presente que este método tiene muchos beneficios, más allá de los físicos. Puede que acabar con la depresión sea tu prioridad absoluta, pero sus ventajas no acaban ahí. Verás cambios en todas las facetas de tu vida. Te sentirás más segura y tendrás más autoestima. Te sentirás más joven y más dueña de tu vida y tu futuro. Serás capaz de sobrellevar los periodos de estrés con más facilidad, tendrás la motivación necesaria para mantenerte activa y relacionarte con los demás, y te sentirás más realizada en casa y en el trabajo. En resumidas cuentas, que te sentirás más productiva y satisfecha, y lo *serás*. Y tus logros generarán nuevos logros. Cuando tu vida sea más rica, más plena y más enérgica como resultado de tus esfuerzos, no querrás volver a sus antiguos hábitos. Sé que puedes hacerlo. Debes hacerlo, por ti misma y por tus seres queridos. Las ventajas —y los posibles perjuicios si no lo haces— son enormes.

Así que conciénciate para iniciar un nuevo capítulo de tu vida. Para ese restablecimiento que no crees posible. Para que tus expectativas respecto a lo que puedes conseguir en esta vida se disparen vertiginosamente. Prepárate para cambiar y para observar los cambios que se operan en ti.

Por de pronto, la noche anterior a iniciar el programa de treinta días, reserva diecinueve minutos para hacer el siguiente ejercicio. Es una *kriya* (un ejercicio de yoga) que puede sacar toda la basura de tu mente atiborrada de cosas e infundirte energía para emprender el camino.[28] Lee las instrucciones de un tirón y a continuación utiliza un cronómetro para hacer cada una de las tres partes. Es así:

28. Puedes encontrar este ejercicio y otros en: http://www.spiritvoyage.com y en www.yogibhajan.org.

Primera parte: sentada en una postura relajada (con las piernas cruzadas en el suelo o en una silla con los pies bien plantados en el suelo), estira bien la columna y cierra los ojos. Posa las manos en las rodillas, con la punta del dedo índice tocando la del pulgar (a este gesto se le llama *gyan mudra*). Cierra la boca formando un círculo y bébete el aire de un solo trago largo. Luego cierra la boca y exhala lentamente por la nariz, hasta el final. Continúa así 7 minutos.

Segunda parte: inhala y contén la respiración cómodamente. Mientras inhalas, medita sobre el cero. Piensa: «Todo es cero. Yo soy cero. Cada pensamiento es cero. Mi dolor es cero. Ese problema es cero. Esa enfermedad es cero». Medita sobre todo lo negativo o sobre dolencias o problemas físicos o mentales y, a medida que se te vayan ocurriendo, redúcelos a cero: un solo punto de luz, una nimiedad insignificante. Exhala y repite este ejercicio durante 7 minutos, respirando a ritmo confortable.

Tercera parte: piensa en la cualidad o la circunstancia que más deseas para lograr la madurez y la felicidad perfecta. Resúmelo en una sola palabra como «riqueza», «bienestar», «pareja», «consejo», «conocimiento», «suerte». Concéntrate en esa sola palabra y visualiza sus diversas facetas. Experimenta lo que se siente al tener esa cualidad o esa circunstancia. Inhala y contén la respiración mientras canalizas esa idea en una corriente continua. Concéntrate en ella. Relaja la respiración según lo necesites y repite este ejercicio 5 minutos.

Por último: inhala y sacude suavemente los hombros, los brazos y la columna. Luego estira los brazos hacia arriba, separa bien los dedos y respira profundamente un par de veces.

Ya estás lista para pasar la página…

10
Cuatro semanas para un «subidón» natural

Un plan de acción en 30 días

Bienvenida a un yo nuevo y maravilloso.

En junio pasado, una mujer a la que llamaré Jane me envió un e-mail desde el extranjero, donde vivía con su marido y sus cuatro hijos (¡menores de diez años!) Escribía:

Mi problema es que [...] aunque normalmente me lo callo y espero a que se me pase, los síntomas que tengo están deteriorando gravemente mi calidad de vida. Hace ya muchos años que tengo Hashimoto, y ansiedad desde hace más tiempo aún. Tengo problemas gastrointestinales desde 2011, cuando estuve en tratamiento por H. pylori. Ya no tolero el gluten, pero dejar de tomarlo no ha eliminado la sensación de hinchazón, malestar, cansancio, etcétera. Tomo anticonceptivos orales para ayudar a regular el SPM, que empezó a ser especialmente problemático después del nacimiento de mis hijos. Cuando empeoró la ansiedad y empecé a tener problemas graves de insomnio, fui al psiquiatra, que me recetó Zoloft, y estuve tomándolo dos años. Engordé a pesar de que corría entre 25 y 30 kilómetros a la semana (eso me ha ayudado mucho). Cambié a Pristiq y estuve tomándolo unos tres meses, pero no me gustó. Me sentía nerviosa, sudorosa y aturdida la mayor parte del día. Ahora he dejado esa medicación. En realidad, no sé hasta qué punto surtía efecto.

La experiencia de Jane refleja la de muchas otras mujeres que acuden a mí desesperadas, en busca de una cura. A las pocas semanas de escribirme este e-mail vino a verme y le prescribí un protocolo que estaba convencida de que daría resultados en el plazo de un mes. Es el mismo que expongo en este capítulo. Voy a guiarte paso a paso durante las próximas cuatro semanas para ayudarte a llevar a la práctica lo que has aprendido con la lectura de este libro, con independencia del tipo de diagnóstico psiquiátrico que tengas ya o que confíes en poder evitar. De ese modo aprenderás a llevar a cabo los cambios de estilo de vida que necesitas introducir en tu rutina cotidiana.

Quizá te dé miedo pensar que vas a tener que privarte de algunas de tus comidas preferidas. Soy consciente de que para algunas personas es muy duro dejar el pan, la pasta, la pizza, los bollos y la mayoría de los dulces (entre otras cosas). Cambiar es duro. Y cambiar costumbres arraigadas desde hace mucho tiempo es aún más duro. A menudo, lo primero que me preguntan (o casi) es «¿Qué voy a *poder* comer?» Sin pensar siquiera en que en un futuro puedas empezar a desengancharte de los fármacos (después de los primeros treinta días; véase la página 349), es muy posible que te cause desazón tener que prescindir del azúcar y el trigo. ¿Qué pasa si tienes un deseo insuperable de comer hidratos? Quizá pienses que vas a sentir unas ansias tremendas, imposibles de resistir, y temas la reacción de tu organismo ante este vuelco dietético. Si no crees tener fuerza de voluntad, puede que tengas serias dudas de que todos estos cambios sean factibles en tu caso.

Pues bien, permíteme ser la primera en decirte que sí: que todo esto es posible. Sólo tienes que lanzarte, dar el primer paso. Te garantizo que en cuestión de días o en un par de semanas tendrás menos ansiedad, dormirás mejor y recuperarás energías. Te sentirás más despejada, más ligera y más capaz de afrontar las situaciones de estrés cotidiano. Con el tiempo, es muy probable que también adelgaces, y que tus analíticas muestren una enorme mejoría en numerosas áreas de tu bioquímica.

Conviene que consultes con tu médico de cabecera antes de empezar este nuevo programa, sobre todo si tienes problemas serios de salud, como diabetes. Es importante si vas a optar por algunas de mis estrategias «exprés», como el enema de café o la arcilla de bentonita. Si ya tomas medicación o confías en poder ir dejándola, céntrate en cumplir el protocolo los primeros treinta días y más adelante (en la página 349) te daré nuevas instrucciones.

Durante el próximo mes vas a conseguir cuatro objetivos importantes:

1. Asumir una nueva forma de nutrir tu cuerpo mediante los alimentos que consumes.
2. Purificar tu casa y tu entorno inmediato rechazando los tóxicos ambientales tan en boga hoy en día.
3. Incorporar a tu vida diaria la práctica de la meditación a fin de estimular la respuesta de relajación natural y allanar el camino para una transformación duradera.
4. Dar prioridad al sueño reparador y al ejercicio adecuado como prácticas rutinarias a lo largo de la semana.

He dividido el programa en cuatro semanas, consagrando cada semana a un objetivo específico para que puedas marcarte y asumir un nuevo ritmo y mantener estos hábitos saludables de por vida. Durante los días previos a la primera semana, deberías ir a ver a tu médico para pedirle que te haga los análisis que recomiendo en el capítulo 9 para saber de qué base partes. También puedes aprovechar esos días para organizar tu cocina, para empezar a «quitarte» del azúcar y las harinas de trigo, tirar la comida basura y reemplazarla por alimentos frescos enteros.

Durante la primera semana («Desintoxicación dietética»), empezarás a comer según mi plan de menús y a incorporar mis recomendaciones nutricionales, que seguirás a lo largo de los treinta días.

Durante la segunda semana («Desintoxicación doméstica»), te insto a limpiar tu casa y entorno de tóxicos ambientales y a probar algunas estrategias de desintoxicación como el cepillado de la piel y el enema de café.

Durante la tercera semana («Paz mental»), te concentrarás en incorporar una práctica de meditación cotidiana para activar la respuesta de relajación natural de tu cuerpo. Esto se convertirá en un hábito de por vida.

Durante la cuarta semana («Movimiento y sueño»), darás comienzo a un programa de ejercicio regular si no lo has hecho ya. Te daré ideas para moverte más a lo largo del día. Y te pediré que te centres en tus hábitos de sueño y que sigas unas cuantas directrices sencillas para conseguir la mejor calidad de sueño posible todas las noches, fines de semana incluidos.

Te ayudaré a unificar todos los elementos de este programa y te equiparé con estrategias para incorporar de manera permanente estos nuevos hábitos. No dudes de tu capacidad para conseguirlo. He diseñado este programa para que sea todo lo práctico y fácil que puede ser.

PRELUDIO A LA SEMANA 1: PREPÁRATE

Conoce de qué base partes

Antes de empezar el programa dietético, hazte las siguientes pruebas de laboratorio, además de analíticas rutinarias de sangre y orina si es posible. Consulta la información del capítulo 9 para saber cuáles son los niveles y resultados deseables.

- TSH, T3 libre, T4 libre. *¿Tienes problemas de tiroides?*
- Autoanticuerpos tiroideos, T3 inversa.
- Variantes del gen MTHFR. *¿Tienes una mutación genética?*
- Vitamina B_{12}, homocisteína. *¿Tienes carencias de B12?*
- Proteína C-reactiva de alta sensibilidad. *¿Cuáles son tus niveles de inflamación?*
- Hemoglobina A1C. *¿Tienes equilibrado el azúcar en sangre?*
- Vitamina D. *¿Tienes déficit de vitamina D?*

Al concluir el programa de cuatro semanas, puedes optar por hacer analizar tus heces para detectar posibles desequilibrios en tu microbioma intestinal. Solicita también un análisis de cortisol en saliva y, si procede, un perfil de ácidos orgánicos en la orina, dependiendo de tus circunstancias personales. Si tus primeros análisis muestran que tienes carencias de vitaminas y necesitas suplementos, puedes empezar a tomarlos desde el primer día. Si no, espera para empezar a hacerlo hasta el comienzo de la tercera semana. Es entonces cuando puedes empezar a incorporar los complementos básicos (enumerados más abajo) a tu menú cotidiano, y personalizar tu régimen con suplementos adicionales (enumerados también más abajo) conforme a lo que necesites después del programa de treinta días.

Limpieza de la cocina

Antes de empezar tu nueva dieta, conviene que le des un buen repaso a tu cocina y elimines todo lo que no vayas a comer más. Empieza por deshacerte de las siguientes cosas:

- Todas las fuentes de gluten (encontrarás una relación completa en la página 207), incluidos el pan integral y el blanco, los fideos, la pasta, los bollos, las masas y los cereales.
- Todo tipo de hidratos de carbono procesados, azúcares y alimentos envasados: patatas fritas, galletas saladas y dulces, bollos, magdalenas, masa de pizza, tatas, dónuts, *snacks* dulces, caramelos, barritas energéticas, helados, yogur helado, sorbetes, mermeladas, confituras y gelatinas dulces, kétchup, queso de untar procesado, zumos, fruta deshidratada, bebidas energéticas, refrescos, fritos, azúcar (blanquilla y morena) y sirope de maíz.
- Margarina y manteca vegetal, así como todas las marcas comerciales de aceite para cocinar (de soja, de maíz, de semilla de algodón, de colza, de cacahuete, de cártamo, de semillas de uva, de girasol, de salvado de arroz y de germen de trigo).

- Lácteos (incluyendo mantequilla, leche, yogur, queso, nata y helado) y soja (incluyendo leche, queso, hamburguesas, salchichas, helado, yogur y salsa de soja, y cualquier producto en cuya lista de ingredientes figure «proteína aislada de soja»).

Luego reabastécete. Los siguientes productos puedes comerlos con toda libertad (siempre que sea posible, elige alimentos orgánicos y producidos en tu región):

- **Grasas saludables:** aceite de oliva virgen extra, aceite de coco virgen orgánico, aceite de palma roja, *ghee* orgánico o procedente de animales alimentados con pastos naturales, aceite de linaza, aceite de nuez de macadamia, aguacate, coco, aceitunas, frutos secos y mantequillas de frutos secos, manteca, sebo y semillas (de linaza, de girasol, de calabaza, de sésamo y de chía).
- **Hierbas aromáticas, especias y condimentos:** prácticamente no hay restricciones en las hierbas y aderezos que puedes tomar, siempre y cuando sean frescos, orgánicos y estén libres de colorantes y aditivos artificiales. Tira el kétchup y cualquier condimento que contenga gluten, soja y azúcar o que haya sido fabricado en una planta que procese trigo y soja. Si están libres de ingredientes procesados, puedes tomar tranquilamente mostaza, sala de rábano picante, *tapenade* (paté de aceitunas), guacamole y salsa de tomate.
- **Frutas y verduras frescas:** consulta el capítulo 6 para ver un listado completo.
- **Proteína:** huevos enteros de corral u orgánicos; pescado salvaje; mariscos y moluscos; carne orgánica o de animales alimentados con pastos naturales, tanto de ternera, como de ave y cerdo; y carnes de caza (véase el listado del capítulo 6).

SEMANA 1:
DESINTOXICACIÓN DIETÉTICA

Ahora que ya tienes la cocina en orden, es hora de que aprendas a prepararte la comida. En la página 331 encontrarás un plan de menús diarios para la primera semana. Te servirá como modelo para planificar la comida durante las tres semanas restantes. A diferencia de otras dietas, ésta no te pide que cuentes las calorías, limites la ingestión de grasas ni te preocupes por el tamaño de las raciones. No hace falta que reduzcas conscientemente las porciones que tomas: acabarás controlándolas de manera natural, comiendo hasta que estés saciada. Presta atención a cuándo tienes hambre porque tu apetito irá cambiando con el paso de las semanas. Lo bueno es que este tipo de dieta está muy autorregulada: no vas a pasarte comiendo y al mismo tiempo te sentirás llena durante varias horas antes de necesitar comer de nuevo.

Cuando tu cuerpo se abastece principalmente de azúcar, se encuentra dominado por el sube y baja continuo de la glucosa y la insulina, que desencadena un apetito intenso en los momentos en que se desploma el azúcar, seguido por una sensación de saciedad que dura muy poco. Comer una dieta baja en azúcar y rica en grasas saludables surte el efecto contrario. Al proporcionar al organismo una fuente de energía más estable, limpia y eficiente, elimina el ansia y previene esos «bajones» mentales de última hora de la tarde que caracterizan las dietas de base glucémica. Esto te permitirá controlar automáticamente las calorías sin pensar siquiera en ello, dejar de comer sin ton ni son (esas 500 calorías o más que mucha gente consume inconscientemente a diario para intentar controlar el caos glucémico) y facilitar sin esfuerzo el funcionamiento general de tu organismo. Y cuando tu páncreas ya no se vea forzado a producir insulina extra, es muy posible que, si tienes problemas de peso, veas desaparecer rápidamente esos kilitos que te sobran. Di adiós a esa sensación de mal humor, de aturdimiento, de pesadez y de cansancio que soportas a lo largo del día. Y da la bienvenida a un nuevo yo.

La única diferencia entre este mes y los restantes es que vas a prescindir también de todos los lácteos, los cereales (excepto la quinoa y el alforfón o trigo sarraceno), el arroz blanco, las patatas blancas, el maíz y las alubias. En la página 344 te enseño a reincorporar posteriormente estas comidas a tu dieta con moderación. Quizá te resulte útil llevar un diario de comidas mientras estés haciendo el programa. Toma notas acerca de las recetas que te gustan y de los alimentos que crees que siguen dándote problemas (por ejemplo, si notas síntomas como dolor articular o aturdimiento cada vez que comes pimiento verde).

Evita comer fuera durante las primeras dos semanas para poder concentrarte en cumplir el protocolo dietético. De este modo estarás preparada cuando más adelante tengas que comer fuera de casa y sabrás exactamente qué debes pedir. Las dos primeras semanas terminarán con el apetito ansioso, de modo que tendrás menos tentaciones cuando mires una carta llena de comidas que pueden alterar tu estado anímico.

Durante la primera semana, céntrate en dominar tus nuevos hábitos alimenticios. Utiliza mis recetas, incluido el plan de comidas semanal que ofrezco como modelo, o prueba otras propias con cuidado de ceñirte a las directrices del programa. Si sigues el plan de la primera semana, después configurar tus propios menús será coser y cantar.

Si dispones de poco tiempo y no tienes acceso a una cocina —cosa que suele pasar a la hora de comer—, llévate comida hecha de casa en una tartera. Guarda en la nevera alimentos ya cocinados o preparados de antemano, como pollo cocido o asado, salmón pochado, caldo de huesos o tiras de solomillo a la parrilla o a la plancha. Es muy útil tenerlos a mano. También conviene tener siempre una provisión de frutos secos y semillas, y latas de sardinas. Llena un recipiente con lechuga o verduras crudas troceadas y añádele carne, pescado o un huevo y un chorrito de aceite de oliva, y llévalo contigo. Y no te olvides de las sobras. Muchas de las recetas puedes prepararlas durante el fin de semana, y doblar las cantidades para tener más comida disponible. De ese modo tendrás resueltas numerosas comidas entre semana.

Para beber: nada más que agua pura filtrada durante los próximos treinta días

Bebe la mitad de tu peso corporal en onzas de agua al día. Si pesas 68 kilos, tienes que beber al menos 34 onzas de agua al día es decir, en torno a un litro diario, o unos nueve vasos (de unos 220 cl cada uno) de agua mineral (¡no del grifo!) No bebas alcohol, café, té, refrescos ni zumos de fruta de ninguna clase. Algunas personas pueden necesitar un tiempo para dejar las bebidas con cafeína como el café. Para ello conviene tomar cantidades cada vez mayores de sus modalidades descafeinadas durante la semana previa al inicio del programa. Después, sólo agua, agua y más agua porque todas las demás bebidas, incluidas las infusiones, tienen efectos diuréticos y sustituyen la ingestión vital de agua. Pasados los treinta días, puedes reincorporar el alcohol, el café y las infusiones (véase la página 346). Te recomiendo que empieces el día bebiendo dos vasos de agua. Añádeles una cucharada sopera de vinagre de sidra de manzana si quieres, por sus afectos acidificantes, una herramienta nutricional clave para el tratamiento de la depresión según el doctor Nicholas Gonzalez. Después, bebe un vaso lleno de agua entre comidas.

En la última década, la variedad de alimentos disponible en nuestros comercios ha cambiado enormemente. Si vives en una zona urbana, por ejemplo, es muy probable que puedas comprar todo tipo de ingredientes en un radio de escasos kilómetros, bien pasándote por el supermercado en el que sueles hacer la compra —que seguramente tendrá una buena selección de productos orgánicos—, bien acercándote a un mercado de agricultores locales. Conviene que conozcas a tus proveedores: ellos pueden decirte qué alimentos son más frescos y de dónde proceden. Procura comprar frutas y verduras de temporada y estar abierta a probar nuevos alimentos como verduras fermentadas y sardinas en conserva (si te gusta el atún en lata, te van a encantar, te lo prometo). Opta por los alimentos orgánicos y salvajes siempre que sea posible: anteponer la calidad al precio tiene incalculables beneficios para la salud. Cuando tengas dudas, pregunta a tu proveedor.

Eliminar los alimentos adictivos como el alcohol, el azúcar y los hidratos de carbono refinados es una oportunidad excelente para acercarte a la comida de un modo totalmente distinto. Ya no estarás a merced de tus ansias repentinas y dejarás de usar la comida como castigo y recompensa y de pensar en ella continuamente. Cuando comas, la comida te sabrá bien y saciará tu apetito porque te nutrirá a un nivel profundo y te hará sentir estable. ¡Justamente lo que debe hacer la comida!

¿Qué clase de caprichos y golosinas pueden sabotear el mes entero? En esta primera fase soy muy radical porque no hay nada peor que un resultado ambiguo. Nadie quiere esforzarse por hacer una dieta durante treinta días y, al llegar al final, comprobar que no da resultado del todo. Escoge el periodo de treinta días en el que tengas más probabilidades de salir airosa. Entre enero y abril puede ser una buena época del año, porque en general hay menos compromisos. Si caes en la tentación y pruebas ciertas cosas, sobre todo el gluten y los lácteos (incluyendo la salsa de soja y la mantequilla, por ejemplo), tendrás que volver a empezar desde el principio. De modo que, si vas a un restaurante, compórtate como si fueras celíaca e intolerante a la lactosa y pregúntale al camarero qué hay en la carta que no contenga ni gluten ni lácteos. Hoy en día muchos restaurantes tienen en cuenta estas restricciones. Y es una buena manera de medir la calidad de un restaurante: los que suelen tener en cuenta las intolerancias alimentarias también suelen preocuparse más por la frescura y la calidad de los alimentos que sirven. Si pruebas un bocado o incluso un plato entero que contenga maíz, soja, alubias, arroz o bebes un vaso de alcohol no tendrás que reiniciar el programa, pero procura evitarlo siempre que puedas.

TENTEMPIÉS

Dado que las comidas que propongo llenan mucho y estabilizan la glucosa en sangre, es poco probable que vayas a tener un apetito desbocado entre comidas pasados los primeros diez días o las primeras dos semanas. Pero tranquiliza saber que puedes comerte un tentempié cuando sea necesario. He aquí algunas ideas:

- Un puñado de semillas o frutos secos crudos, o una mezcla de ambas cosas (preferiblemente germinados, y nada de cacahuetes).
- Unas onzas de auténtico chocolate que no contenga azúcar blanquilla (con un 70 por ciento de cacao o más).
- Verduras crudas troceadas (pimiento, brócoli, pepino o rábanos, por ejemplo), mojadas en guacamole, paté de aceitunas o mantequilla de frutos secos.
- Lonchas o tiras de ternera, pollo o pavo asados, mojados en mostaza.
- Medio aguacate con aceite de oliva, limón, sal y pimienta.
- Dos huevos pasados por agua.
- Frutos rojos con leche de coco (entera y sin edulcorantes)
- Caldo de huesos.
- Cecina orgánica o de animales alimentados con pastos naturales.
- Verduras lactofermentadas.
- Algas marinas (del Atlántico, a ser posible).

EJEMPLO DE MENÚ PARA UNA SEMANA

He aquí una semana típica del programa dietético. Las recetas están destacadas en negrita. La sección de recetas empieza en la página 363. Ten presente que puedes utilizar aceite de oliva virgen extra, *ghee* orgánico o de animales alimentados con pastos naturales o aceite de coco virgen para saltear los alimentos, y que debes evitar los aceites procesados y los aerosoles grasos para cocinar (a no ser que sean de aceite de oliva virgen extra). Lo más importante durante el primer mes es prescindir de todos los cereales (sobre todo de los que contienen gluten), los lácteos, los azúcares procesados, la soja y el maíz. También debes prescindir de las patatas blancas y del arroz blanco durante este primer mes. Más adelante te enseñaré cómo puedes reintroducir estos alimentos en tu dieta.

Acuérdate de beber dos vasos de agua filtrada o de auténtica agua de manantial antes de cada comida, y también a lo largo del día, entre comidas. A mí me encanta empezar el día con un vaso de *sole*, es decir, agua con sal del Himalaya, por su alto contenido en minerales (en la página 363 te enseño a prepararla). ¡Pruébala!

Lunes:

- Desayuno: 2 huevos de corral, pochados a fuego lento con espinacas salteadas en aceite de oliva y una pizca de sal + 2 tiras de beicon orgánico + 1 taza de algún tubérculo cocido (boniato, zanahoria o remolacha) con *ghee*, un chorrito de limón y sal marina.
- Comida: pollo asado orgánico o pescado salvaje con guarnición de verduras de hoja verde y hortalizas salteadas con *ghee* y ajo
- Cena: Boniatos con **salsa de carne** (página 363) + brócoli al vapor y espárragos con limón, sal y aceite de oliva
- Postre: fruta fresca con un chorrito de miel

Martes:

- Desayuno: **batido KB** (página 364)
- Comida: ternera orgánica o de animales alimentados con pastos naturales (cocción media) con ensalada variada
- Cena: **curry de pollo** (página 365) con quinoa y verduras asadas sin restricción de cantidad
- Postre: 2 ó 3 onzas de chocolate negro

Miércoles:

- Desayuno: **muesli de semillas** (página 366) + un huevo duro (opcional) aderezado con aceite de oliva, sal marina y un chorrito de limón

- <u>Comida</u>: Sardinas sin piel ni espinas (a no ser que prefieras el pescado entero) con guarnición de chucrut o kimchi + aguacate con pipas de girasol aliñado con aceite de oliva, vinagre de sidra de manzana y sal
- <u>Cena</u>: salmón pochado con *ghee* (página 366) con arroz con coliflor (página 367) y calabacines salteados en aceite de coco con ajo y cilantro
- <u>Postre</u>: **mousse de chocolate y aguacate** (página 367), aderezado con canela y miel o sirope de arce

Jueves:

- <u>Desayuno</u>: **paleotortitas** (página 368) con *ghee*
- <u>Comida</u>: ensalada variada con trocitos de pescado o pollo a la parrilla
- <u>Cena</u>: filete a la plancha con guarnición de tubérculos asados
- <u>Postre</u>: **barritas de coco** (página 368)

Viernes:

- <u>Desayuno</u>: **calabacines con carne picada de ternera y comino** (página 369)
- <u>Comida</u>: **ensalada del chef estilo Kelly** (página 369)
- <u>Cena</u>: **chuletas de cordero con mostaza y romero** (página 370) con guarnición de quinoa y coles salteadas
- <u>Postre</u>: **infusión de especias con leche de coco** (página 370)

Sábado:

- <u>Desayuno</u>: **batido KB** (página 364)
- <u>Comida</u>: rollitos de *prosciutto* (rollitos de jamón curado rellenos de rúcula aliñada con jugo de limón y aceite de oliva)
- <u>Cena</u>: **pollo «frito» de la abuela** (página 371) con **arroz con coliflor y coco** (página 367)
- <u>Postre</u>: **barritas de frutos secos con miel** (página 372)

Domingo:

- Desayuno: 2 huevos de corral, pochados a fuego lento con espinacas salteadas en aceite de oliva y una pizca de sal + 2 tiras de beicon orgánico + 1 taza de algún tubérculo cocido (boniato, zanahoria o remolacha) con *ghee*, un chorrito de limón y sal marina
- Comida: **lasaña de calabaza sin la lasaña** (página 372)
- Cena: **pastel de carne** (página 373) con **lombarda salteada con alcaparras** (página 374)
- Postre: 2 onzas de chocolate negro mojadas en una cucharada de mantequilla de almendra

Lo más importante que hay que tener en cuenta al embarcarte en esta nueva forma de alimentación (¡y de vida!) es comenzar por escuchar a tu cuerpo. Sabe lo que quiere. Al eliminar los alimentos procesados ideados para crear adicción en tu cerebro animal, empiezas automáticamente a asumir una dieta mejor. La inteligencia intrínseca de nuestro organismo se conoce, al menos de manera anecdótica, desde hace siglos, y de forma más científica desde 1939, cuando Clara M. Davis, una pediatra de Chicago, publicó los asombrosos resultados de un experimento que demostraba la sabiduría del cuerpo. Ésta adopta la forma de una atracción instintiva por aquellos alimentos que nuestro cuerpo necesita para nutrirse. Nos dice exactamente qué, cuándo y cuánto comer. Todos tenemos esta intuición, al igual que los animales en estado salvaje. Davis demostró su hipótesis en niños: sospechaba que, si se les ofrecía un amplio surtido de alimentos saludables entre los que elegir, comerían justo los nutrientes que necesitaban. Y no se equivocaba. Sus hallazgos, publicados en el *Canadian Medical Association Journal*, cambiaron las recomendaciones nutricionales de los pediatras de toda Norteamérica.[1] El apetito desmedido de raíz emocional o compulsiva (comer cuando no tienes hambre para

---

1. S. Strauss, «Clara M. Davis and the Wisdom of Letting Children Choose Their Own Diets,» *CMAJ* 175, n.º 10 (7 de noviembre, 2006): 1199.

suplir necesidades y ansias de carácter afectivo) y comer alimentos procesados, diseñados para alterar la sabiduría corporal de modo que consumas más y más comida que no te conviene, es lo que más interfiere en tu sabiduría corporal.

Pongamos por caso que te sientes como nueva después de un mes de cambio dietético y que entonces te comes un bollito de pan (como los que has comido durante treinta y tantos años de tu vida) y te da dolor de cabeza, y de pronto no te acuerdas del número secreto de tu cuenta bancaria. Habrás establecido una relación directa y lineal, de causa efecto, entre esos dos hechos (comerte el pan y los síntomas subsiguientes), que de otro modo habría pasado desapercibida. Esta nueva forma de alimentarte es, por tanto, una forma de autoeducación y de toma de conciencia.

A medida que avances en el programa, empieza a prestar atención a las cosas que te apetecen y las que prefieres. ¿Con cuánta frecuencia te apetece comer carne roja? ¿Dos o tres veces por semana o todos los días? ¿Te apetece mucho comer fruta, o te da igual? ¿Y qué hay de las verduras y hortalizas? ¿Las comes sólo porque son saludables o porque te encantan? Si escuchas a tu cuerpo irás asumiendo paulatinamente la dieta que mejor te sienta: es decir, la que mejor complementa tu sistema nervioso y equilibra tu fisiología.

COMER CON CONCIENCIA

Dado que nosotros también participamos en el mecanismo de transferencia de energía que es la cadena trófica, es importante que tomes conciencia de lo que comes. Respira hondo entre una y tres veces con los ojos cerrados antes de cada comida y expresa gratitud por el periplo que han hecho esos alimentos para llegar hasta ti, para integrarse en tu ser y mantenerte bien nutrida.

SEMANA 2:
DESINTOXICACIÓN DOMÉSTICA

En el capítulo 8 te daba montones de ideas para limpiar tu casa y tu entorno de tóxicos ambientales. Durante la segunda semana, te animo a que releas ese capítulo y te pongas manos a la obra. Empieza por lo más sencillo: cambiar los productos de limpieza, de tocador, de belleza y los cosméticos artificiales y tóxicos por sus alternativas naturales. Planea cómo vas a actualizar otros artículos de hogar más costosos, como colchones, muebles y suelos. Y pon en casa algunas plantas, como gerberas o hiedra, para purificar el aire de manera natural. Coloca filtros de agua en los lavabos, fregaderos y duchas.

Durante esa semana, proponte probar una o varias de las siguientes recomendaciones:

- Cepillado en seco de la piel (véase página 277).
- Enema de café a diario y dos baños con sales de Epsom (véase el recuadro de la página siguiente).
- Arcilla de bentonita (véase más abajo).

La bentonita, también conocida como montmorillonita, es un mineral compuesto por ceniza volcánica envejecida y una de las arcillas con mayores propiedades curativas. Su nombre procede del mayor depósito conocido en la actualidad, situado en Fort Benton, Wyoming. La arcilla de bentonita tiene una propiedad única: produce una carga eléctrica al contacto con un fluido, lo que le permite absorber y eliminar toxinas, metales pesados, impurezas y sustancias químicas. Es un ingrediente muy común en los productos de desintoxicación y purificación y puede utilizarse externamente como cataplasma o mascarilla, en el baño y en protocolos de cuidado de la piel. También se comercializa bentonita de buena calidad en formato líquido. Para purgarte por dentro prueba a beber una cucharada sopera de bentonita líquida disuelta en una taza de agua la mayoría de los días.

ENEMAS DE CAFÉ

Aunque quizá te suene muy raro, los enemas de café no son nada nuevo. En medicina y naturopatía se emplean desde hace mucho tiempo para aliviar toda suerte de afecciones: estreñimiento, intoxicación hepática, cansancio crónico, insomnio, cáncer, etcétera. De hecho, yo descubrí las virtudes de los enemas de café molido gracias al doctor Gonzalez, que me mostró un artículo publicado en 1932 en el *New England Journal of Medicine* en el que se describía la resolución de diversos casos de depresión y psicosis y el alta de pacientes ingresados en hospitales gracias al uso de enemas de café.* La administración de enemas de café por el recto no surte los mismos efectos que el café bebido: de hecho, sus efectos son radicalmente distintos. Ésos son algunos de los beneficios de los enemas de café: cuando introduces café a través del recto, sus compuestos estimulan un reflejo del colon que favorece los mecanismos de desintoxicación del hígado así como la secreción de bilis, lo que mejora la digestión. Se trata de un reflejo parasimpático, de modo que se trata de una experiencia muy distinta a la estimulación simpática que produce el café bebido.

He aquí cómo realizar un enema de café elemental:

• Preparación: usando una cafetera de émbolo, prepara una infusión de dos cucharadas de café orgánico disueltas en aproximadamente un litro de agua filtrada y deja reposar cinco minutos. Después, acciona el émbolo de la cafetera. Deja enfriar la infusión a temperatura ambiente hasta que alcance más o menos la temperatura corporal (entre 2 y 3 horas). Llena el recipiente para el enema: una bolsa de enema de dos litros o un cubo de acero inoxidable o de plástico con una manguera o tubo provisto de una abrazadera.

• Extracción del aire: extrae todo el aire de la bolsa sujetando el tubo sin cerrar la abrazadera. Coloca el extremo en el lavabo. Sostén en alto la bolsa de enema, cuidando de que quede por encima de la boca de la manguera, hasta que empiece a salir el agua. Entonces cierra la abrazadera. De este modo extraes todo el aire del tubo.

• Lubricado: lubrica el extremo del tubo con una pequeña cantidad de aceite de coco.

• Colocación: túmbate del lado izquierdo. Coloca el recipiente por encima de ti. Con la abrazadera cerrada, sujeta la bolsa más o menos treinta centímetros por encima de tu abdomen o apoya el cubo en un lavabo cercano.

• Inserción: introduce el extremo poco a poco y suavemente, hasta una longitud de unos 30 centímetros.

> • Irrigación: abre la abrazadera y sujeta la bolsa de enema más o menos 30 centímetros por encima de tu abdomen. Puede que el agua tarde unos segundos en empezar a fluir. Si notas calambres, cierra la abrazadera del tubo, vuélvete hacia un lado y otro y respira hondo un par de veces. Los calambres suelen pasar rápidamente.
>
> Retén la mitad del contenido de la bolsa diez minutos. Luego expúlsalo y repite de nuevo el mismo proceso.
>
> Para ver un vídeo con instrucciones paso a paso sobre cómo realizar un enema, consulta mi página web, www.kellybroganmd.com.
>
> Durante los periodos de desintoxicación, los enemas diarios son más efectivos si se combinan con un baño de quince minutos con sales de Epsom dos veces por semana. Puedes preparar el baño añadiendo una taza de levadura y una taza de sales de Epsom al agua.

★ Big Pharma Hides the Truth About Coffee Enemas and Cancer[2]

SEMANA 3:
PAZ MENTAL

Ahora que ya llevas un par de semanas con el protocolo, deberías sentirte un poco mejor. ¿Sigues teniendo ansias de comer azúcar? ¿Te sientes un poco más ligera? ¿Más despejada? ¿Menos «depresiva»?

Para esta semana, tengo dos objetivos. Uno, empezar con tus suplementos básicos (véase la página siguiente), y dos, iniciar la práctica de la meditación cotidiana. Consulta de nuevo las estrategias expuestas en el capítulo 7 y busca la técnica que mejor case contigo, ya sea reservar tres minutos cada mañana y cada noche para respirar profundamente o sentarte en silencio durante once minutos y evocar sentimientos de gratitud. Prueba a asistir a una clase de kundalini yoga cerca de casa durante esa semana o busca un vídeo para practicarlo sola. Haz un hueco en tu agenda cotidiana para estas prácticas. Es importante.

---

2. Véase «Big Pharma Hides the Truth About Coffee Enemas and Cancer,» del doctor Nicholas Gonzalez, http://thetruthaboutcancer.com/big-pharma-hides-the-truth-about-coffee-enemas-and-cancer/.

Empieza a tomar los suplementos básicos

Esta semana comenzarás un régimen diario de suplementos alimenticios. Todos los suplementos enumerados más abajo pueden encontrarse en herbolarios y en la mayoría de las droguerías y supermercados, además de en Internet. Dicho sea de paso, no tengo ninguna relación crematística con ninguna empresa de suplementos o dispositivos de suplementación. Pero, como muchas veces me preguntan por marcas, suelo mencionar las que sé que son de buena calidad y no han defraudado mis expectativas. No quiero que las personas que siguen mi protocolo compren productos de mala calidad o que incluso puedan ser perjudiciales si se obtienen o se fabrican de manera inadecuada. En mi página web encontrarás un listado de mis marcas favoritas. Puedes comprar cualquier otra marca, siempre y cuando te informes y estés segura de que emplea ingredientes de calidad.

Para más detalles acerca de estos suplementos, echa de nuevo un vistazo al capítulo 9. Si tienes alguna duda sobre la posología, pide ayuda a tu médico para adaptarla a tus necesidades.

- Complejo B (recuerda buscar complejos que contengan folato en forma de 5-metiltetrahidrofolato y B_{12} en forma de metilcobalamina, hidroxocobalamina o adenosilacobalamina)
- Un complejo multimineral que contenga magnesio, zinc, yodo y selenio
- Un ácido graso que contenga EPA y DHA, y otro con GLA (de aceite de onagra)
- Un glandular adrenal
- Enzimas digestivas/pancreáticas

Aprende a cambiar de rumbo: déjate llevar por la corriente

En el capítulo 7 hablé de cómo me influyó el libro de Michael Singer *La liberación del alma*. Jamás lo habría leído si no me lo hubieran regalado. Sus hermosas palabras abrieron mi mente de manera radical. Olvídate de unicornios y mariposas: se trata de un libro que brinda una alternativa realista para alcanzar la felicidad y la libertad. Todos tenemos elección: podemos entregarnos al proceso de ceder a la corriente y dejarnos llevar por ella, o permanecer en un estado de sufrimiento crónico jalonado por crisis agudas de autocompasión y experiencias traumáticas.

En su segunda obra, llamada oportunamente *El experimento rendición*, Singer relata las experiencias iluminadoras que afloraron cuando decidió dejarse llevar; cuando optó por entregarse a la vida diariamente y dejar de intentar modificarla conforme a sus expectativas. Escribe: «Las dificultades crean la fuerza necesaria para obrar el cambio. El problema está en que normalmente invertimos toda la energía que se genera para obrar el cambio en resistirnos a él. Estaba aprendiendo a sentarme en silencio en medio de los aullidos del viento y a esperar a ver qué gesto constructivo se exigía de mí».[3]

A mí, que soy medio italiana, medio irlandesa (y por lo tanto muy impulsiva), esta cita me mostró lo que a partir de entonces sería el meollo de mi trabajo personal: mirar, observar y esperar a que la efusión de las emociones pase antes de actuar. Para muchas de mis pacientes, esto supone contemplar la angustia, la indefensión y el malestar y dejar que esos sentimientos sean para que la oleada de las emociones pueda llegar a su cúspide y refluir. Supone adoptar una actitud neutral: la del espectador que no tiene preferencias ni participa de los acontecimientos.

¿Cómo hacerlo? En el modelo que propongo, una opta por salirse de su camino y cambiar de rumbo dejando que la cháchara constante de la mente se atrofie, ignorando esa vocecilla insidiosa que te hace dudar constantemente, que critica, que se acobarda y maquina sin cesar.

Tú no eres esos pensamientos. Eres la que contempla esos pensamientos. Lo único que tienes que hacer es permanecer abierta a lo que te salga al paso y se te venga a las manos. Aceptar el fluir de las

---

3. Michael Singer, *The Surrender Experiment* (Nueva York, Harmony, 2015).

cosas. Valorar el crecimiento inesperado que surge de la adversidad. En los momentos de tensión, malestar o incluso sufrimiento, prueba a hacer esto:

- Repara y reconoce tu malestar.
- Relájate y libéralo, da igual lo urgente que parezca la necesidad de actuar. Deja que la energía pase a través de ti antes de intentar solucionar nada.
- Imagina que estás sentada en un lugar elevado desde el que contemplas tus pensamientos, emociones y conductas con compasión desapasionada.
- Luego, toma tierra: conéctate con el momento presente, siente el suelo bajo tus pies, huele el aire, imagina que de tu espalda crecen raíces que se hunden en la tierra.

Practica este ejercicio esta semana. Sólo son necesarios unos minutos. Nunca espero que mis pacientes reduzcan su ritmo de vida y el estrés que lleva aparejado. Sí espero, en cambio, que se esfuercen por cambiar de perspectiva respecto a ese estrés: que vean y asuman la realidad de sus vidas para poder cambiarla orgánicamente cuando dejen de resistirse a ella. Abandonar el afán constante de logros y resultados. Trabajar a diario para quitar al ego de en medio, para que deje de estorbar el camino del espíritu.

Les pido a mis pacientes que empiecen con tres minutos. Todo el mundo dispone de tres minutos. Esos minutos se van sumando, y de ese modo los objetivos de la semana 4 se lograrán sin apenas esfuerzo.

SEMANA 4: MOVIMIENTO Y SUEÑO

Es hora de empezar a moverte si no haces ejercicio. Si llevas una vida sedentaria, empieza haciendo entre cinco y diez minutos de ejercicio explosivo (treinta segundos de esfuerzo máximo y noventa segundos de recuperación) y ve subiendo hasta veinte, como mínimo tres veces por semana. Puedes hacerlo de diversas maneras: saliendo a caminar y alternando distintas velocidades y niveles de intensidad dependiendo del terreno, o utilizando máquinas de gimnasio, o viendo vídeos *online* y haciendo los ejercicios cómodamente en casa.

Si ya haces ejercicio de manera rutinaria, prueba a ver si puedes dedicar como mínimo treinta minutos diarios a tus ejercicios, al menos cinco días por semana. También podrías probar algo distinto, como una clase de baile, o de yoga, o llamar a una amiga que sea muy amante del deporte para pedirle ayuda e ideas nuevas. Actualmente existen muchas alternativas a los gimnasios tradicionales, así que no tienes excusa. Me da igual qué elijas hacer, pero ¡elige algo! Saca la agenda y reserva tiempo para la actividad física.

En cuanto hayas hecho un hueco para el ejercicio, puedes incluir distintas prácticas en tu rutina cotidiana. Para algunas personas la repetición es esencial. Para otras, en cambio, es importante la variedad. A mí me gustan la variedad y la eficacia. Practico a diario una sesión corta de kundalini yoga, asisto a una sesión completa una o dos veces por semana, hago veinte minutos de entrenamiento explosivo en la elíptica una vez por semana, voy a clase de baile (hip-hop, en este caso) una vez a la semana y a *spinning* una o dos veces por semana. Con eso basta para mantenerme fuerte.

Los días en que no puedas dedicar nada de tiempo al ejercicio formal, inventa formas de introducir alguna actividad física en tu rutina. Las investigaciones indican que los beneficios para la salud son los mismos si repartes el ejercicio en tres minisesiones de diez minutos que si dedicas media hora seguida a ejercitarte. Así que si un día andas corta de tiempo, rompe tu rutina en trocitos más pequeños. Y piensa en cómo puedes combinar el ejercicio con otras tareas. Por ejemplo, si tienes que reunirte con un compañero de trabajo, hazlo fuera, caminando. O haz estiramientos mientras miras la televisión por las noches. Limita en lo posible el tiempo que pasas sentada. Camina mientras hablas por teléfono, sube las escaleras en lugar de coger el ascensor, y aparca lejos de la entrada de tu edificio. Cuanto más te muevas a lo largo del día, más beneficiado saldrá tu cuerpo (y tu estado anímico).

Además de incorporar hábitos de ejercicio más eficaces, aprovecha esta semana para concentrarte en tu manera de dormir. Si por las noches duermes menos de seis horas, empieza por aumentar el tiempo de sueño al menos hasta siete horas. Es lo mínimo, si quieres tener niveles normales de fluctuación hormonal. Además de las indicaciones que doy en el capítulo 7, aquí tienes mis tres consejos estrella para dormir a pierna suelta:

Ritualiza tus hábitos de sueño

Vete a la cama y levántate más o menos a la misma hora todos los días, pase lo que pase. Respeta siempre una misma rutina para irte a la cama. Esta rutina puede incluir tomarte un rato de tranquilidad, darte un baño caliente, o lo que necesites para relajarte e indicarle a tu cuerpo que ha llegado la hora de dormir. Solemos ritualizar el momento de irse a la cama de nuestros hijos, pero a menudo olvidamos aplicárnoslo a nosotros. Los rituales obran maravillas a la hora de prepararnos para el descanso. Y no te olvides de mantener el dormitorio a oscuras, en silencio y libre de contaminación electrónica.

Cuidado con la hora a la que cenas

Deja pasar aproximadamente tres horas entre la cena y la hora de irte a la cama para tener el estómago asentado cuando te vayas a dormir. Evita comer a altas horas de la noche. Si necesitas tomar un tentempié antes de irte a la cama, prueba con un puñado de frutos secos.

Asegúrate de no hacer trampas

El café, ya lo sabes, es un estimulante, pero también pueden serlo los colorantes alimenticios, los saborizantes, el azúcar y otros hidratos de carbono refinados. Si sigues mi protocolo dietético, es poco probable que vayas a tener problemas con eso. Pero si haces trampas, quizá las consecuencias perturben tu sueño.

Cuando llegues al final de los primeros treinta días, deberías sentirte mucho mejor que un mes antes. Pero no te asustes si todavía no estás del todo restablecida. La mayoría de nosotras tiene al menos un punto flaco que exige especial atención. Puede que a ti te cueste especialmente decir que no a la gente que sin saberlo trata de apartarte de tu camino cuando estás en una fiesta con amigos (pensemos en el alcohol y los alimentos inflamatorios), o quizá te resulte casi imposible encontrar tiempo para hacer ejercicio debido a tus circunstancias personales. Aprovecha estas cuatro semanas para encontrar un ritmo dentro de tu nueva rutina. Identifica áreas de tu vida en las que te cuesta mantener el protocolo y busca la manera de rectificarlas. Luego pregúntate «¿y ahora qué?»

DESPUÉS DE LOS TREINTA DÍAS: REINTRODUCIR ALGUNOS ALIMENTOS COMO PARTE DE UNA DIETA CARNÍVORA EQUILIBRADA

He aquí cómo puedes reintroducir algunos alimentos de los que has prescindido durante los primeros treinta días:

Cereales, arroz blanco, patatas blancas y alubias
Pasado el primer mes, elige un día para comer patatas blancas con carne: cuécelas o hazlas al vapor y enfríalas antes de comerlas para hacer más resistente el almidón. Come una ración grande para ver qué tal te sientan. Vigila posibles síntomas de cansancio, flatulencia, hinchazón o aturdimiento. Pasados tres días, prueba con el arroz blanco, y asegúrate de que esté frío antes de comerlo. Llegados a este punto, la mayoría de mis pacientes han experimentado una notable mejoría en su ecosistema microbiano y toleran bien las féculas resistentes. Muchas también toleran sin ningún problema las alubias puestas en remojo antes de cocinarlas. Si te producen gases o hinchazón, no pasa nada porque prescindas de ellas. Cuando las reintroduzcas en tu dieta, prueba una variedad cada vez en cantidad suficiente (2 ó 3 raciones en un día), y sigue prescindiendo de la soja (debido a sus efectos perjudiciales para el tiroides y el páncreas).

Lácteos

Muchas de mis pacientes no vuelven a probar los lácteos. Si sientes curiosidad y quieres intentar reincorporarlos a tu dieta, empieza por las variedades menos susceptibles de causar problemas (ver más abajo), consúmelos al menos dos veces en un solo día y espera tres días, a ver qué pasa. La mayoría de mis pacientes se quejan de cansancio, hinchazón, flatulencia o incluso náuseas si tienen problemas de tolerancia. Introduce los lácteos por este orden:

1. Productos fermentados de leche de oveja o cabra
2. Queso de oveja o cabra
3. Mantequilla orgánica o de animales criados en libertad (baja en caseína)

No suelo recomendar volver a consumir queso o leche de vaca por lo difícil que es conseguir leche con A2 betacaseína en Estados Unidos (la variedad de caseína que causa menos problemas) y debido a las respuestas inflamatorias «silenciosas» que produce esta leche, pero si quieres probar qué tal la toleras, introdúcela por este orden:

1. Nata o crema espesa
2. Productos fermentados
3. Queso curado
4. Leche de vaca

Recuerda que la leche debe ser cruda y orgánica o procedente de animales alimentados con pastos naturales, lo que puede suponer un problema logístico en muchos casos (para más información, consulta www.rawdairy.com y www.realmilk.com).

Alcohol

Mi consulta está en Nueva York, donde beber alcohol es algo tan consustancial a la cultura como caminar. Es un entorno que en muchos sentidos no favorece la salud. Dicho esto, es esencial conocer qué relación tienes con el alcohol. Tengo muchas pacientes que no creían que el alcohol las afectara en nada y que, pasados los treinta días, sienten que tal vez haya sido el elemento más decisivo de los eliminados de la lista. Si optas por empezar a beber otra vez pasado el primer mes, que sea vino orgánico o un licor como ginebra o tequila con un cítrico, y presta mucha atención a sus efectos. ¿Qué consecuencias tiene sobre tu estado anímico? ¿Y sobre tu sueño? ¿Se te acelera el corazón? ¿Estás aturdida dos días después? Esto te ayudará a valorar su impacto y a relacionar causa y efecto en el futuro.

HACER EQUILIBRIOS

Como ocurre con tantas otras cosas en la vida, para descubrir y adoptar un nuevo hábito hay que hacer equilibrios, jugar con el fiel de la balanza. Incluso cuando has cambiado tu alimentación y tu forma de comprar, de cocinar o de pedir comida, seguirá habiendo momentos en que los viejos hábitos traten de salir a la luz. Ahora que ya sabes lo que pasa, confío en que seguirás atenta a las verdaderas necesidades de tu cuerpo cotidianamente, en la medida en que sea posible. Cada vez que sientas que vas a descarrilar, vuelve a hacer el mismo protocolo de cuatro semanas. Puede ser tu salvación y tu manera de alcanzar una manera de vivir que se corresponda con la visión de lo que quieres llegar a ser. Sé por experiencia que volver a hacer el programa aunque sólo sean dos semanas puede aliviar los síntomas agravados por los caprichos vacacionales o los excesos de una fiesta.

La vida, ya se sabe, es una serie infinita de elecciones. ¿Como esto o aquello? ¿Me pongo esto o lo de más allá? ¿Hoy o mañana? ¿Plan A o plan B? La misión de este libro es ayudarte a disfrutar de la vida al máximo. Confío en haberte dado suficientes ideas para que al menos comiences a cambiar de hábitos. Todos los días veo en mi consulta lo beneficioso que es sentirse saludable y llena de vida. Y también veo lo que la enfermedad crónica y la depresión pueden hacer, al margen de tus logros materiales y del cariño de tus seres queridos.

Cuando nos sentamos a observar en silencio, vemos lo que nos tiene reservada la vida. A veces las dificultades son justamente lo que nos hacía falta. A veces, la tragedia forma parte de nuestro camino. Otras, algo asombroso puede convertirse en una carga agobiante. En el mundo de la psiquiatría, la aflicción es un síntoma de enfermedad que hay que eliminar mediante drogas supresoras de la conciencia, en vez de un portal hacia el cambio, una invitación a mirar y a arreglar lo que pueda estar fuera de su sitio, averiado o desequilibrado. Sea lo que sea lo que te ha impulsado a leer este libro, deberías dar gracias por ello. Es lo que necesitabas para concienciarte y prepararte para cruzar el umbral. Que mi mensaje y mis ideas sean un portal hacia el cambio.

TIPOLOGÍA METABÓLICA: CARNÍVORO EQUILIBRADO

CARNES

- POLLO Y PESCADO: 2-3 veces por semana
- CARNES ROJAS: 3-5 veces por semana ternera, cordero y cerdo, o casquería (hígado, corazón y riñón)
- LECHE CRUDA/YOGUR: A diario si se toleran
- HUEVOS: 1-2 diarios

FRUTAS

LAS MÁS BENEFICIOSAS
- Plátanos, frambuesas, ciruelas y frutas tropicales

LAS ELEMENTALES
- Manzanas, plátanos, frutos rojos, melón cantaloupo, cerezas, cítricos (naranjas, pomelos, limones, limas, mandarinas), coco, uvas, kiwis, melón, nectarinas, peras, melocotones, ciruelas, granadas y frutas tropicales como el mango, la papaya y la piña.

VERDURAS

LOS TUBÉRCULOS, LOS MÁS BENEFICIOSOS
- Remolacha, zanahorias, patatas, boniatos, nabos y batatas

VERDURAS ACEPTABLES
- Espinacas (verduras de hoja verde: una vez al día), espárragos, alcachofas, aguacates, brócoli, champiñones, berenjena, cebolla, guisantes, algas, calabaza, verduras fermentadas

CEREALES

3-4 VECES POR SEMANA
- Arroz, quinoa, trigo sarraceno, avena, mijo

FRUTOS SECOS/ SEMILLAS

LOS MEJORES
Almendras, nueces de Brasil, anacardos, coco, avellanas, pecanas y nueces, chía, piñones, pistachos, pipas de calabaza, sésamo y pipas de girasol

FRÍJOLES

MIEL, SIROPE DE ARCE Y MELAZAS, OK COCINADOS AL 50 %

Dr. Nicholas Gonzalez

CIRCUNSTANCIAS ESPECIALES: DEJAR DE TOMAR ANTIDEPRESIVOS DESPUÉS DE LOS TREINTA DÍAS

Eva llevaba dos años tomando un antidepresivo y quería dejarlo porque estaba pensando en quedarse embarazada. Basándose en las pruebas científicas disponibles, su médico le aconsejó que siguiera tomando el fármaco, lo que la impulsó a venir a verme. Eva me explicó que su periplo había empezado con SPM: durante una semana al mes se sentía irritable y tenía accesos de llanto. Su médico le recetó píldoras anticonceptivas (un tratamiento muy corriente), y al poco tiempo Eva se sintió aún peor: tenía insomnio, cansancio, baja libido y una apatía general que se prolongaba todo el mes. Fue entonces cuando el médico le prescribió Wellbutrin para «levantarle el ánimo», según dijo, y ayudarla a superar su presunta depresión. Ella, sin embargo, tenía la sensación de que el antidepresivos la ayudaba a recuperar el nivel de energía, pero surtía efectos muy limitados en lo tocante a su humor y su irritabilidad. Y si lo tomaba después de medianoche, su insomnio se agudizaba. Pronto se habituó a sentirse estable pero a medio gas, y se convenció de que la medicación era lo que la mantenía a flote.

Lo bueno es que, con la debida preparación, Eva pudo dejar por completo los antidepresivos y recuperar su energía, su equilibrio y la sensación de que controlaba sus emociones. El primer paso para ello fue hacer mi programa de treinta días. Después dejó de tomar la píldora y se hizo análisis de niveles hormonales. Justo antes de tener la regla, presentaba niveles bajos de cortisol y progesterona, lo que posiblemente causaba el SPM que dio comienzo a este círculo vicioso. Nuevas pruebas revelaron que tenía una función tiroidea muy baja, rayana en la disfuncionalidad, lo que podía ser consecuencia de los anticonceptivos orales y la causa de sus crecientes síntomas de depresión.

Cuando se sintió lista para empezar a dejar los fármacos, lo hizo también siguiendo mi protocolo. Mientras su cerebro y su cuerpo se acostumbraban a que no hubiera un ISRS circulando por su torrente sanguíneo, sus niveles de energía mejoraron, sus problemas de sueño se resolvieron y su ansiedad disminuyó. Al cabo de un año estaba curada, ya no tomaba ningún medicamento, tenía una función tiroidea normal, se sentía bien... y estaba embarazada.

A juzgar por los artículos más visitados mi página web y por las preguntas que me formulan con más frecuencia en la consulta, para mucha gente éste será el apartado más importante del libro. No es fácil dejar un fármaco psicotrópico una vez que empiezas a tomarlo. Ni siquiera es fácil conseguir información sobre cómo ir dejándolo con garantías. Te dicen que «hables con tu médico antes de dejarlo» y que le pidas consejo sobre cómo abordar la discontinuación paulatina, pasos éstos muy razonables. Pero no basta con eso para desengancharte por completo.

Las más versadas en cómo dejar un fármaco psiquiátrico de manera segura y eficaz suelen ser las embarazadas o, más concretamente, las mujeres que planean quedarse embarazadas. Ésta es mi especialidad. Pero las mujeres embarazadas o las que planean estarlo no necesitan ni más ni menos que las mismas cosas que cualquier otra mujer que está en la sala de espera. El modo en que preparas a tu organismo para dejar la medicación sin sufrir síndrome de abstinencia es, en muchos sentidos, el mismo en que prepararías a tu cuerpo para el embarazo. En ambos casos, conviene estar en estado óptimo antes de embarcarse en ese nuevo viaje: siempre da mejor resultado. Seré sincera: algunas personas que toman antidepresivos no son capaces dejarlos con garantías y tienen que seguir usándolos indefinidamente o hasta que la medicina encuentre una solución mejor. Aun así, lo que cuento en este libro te ayudará a aliviar los síntomas y a encontrarte mejor que si dependieras únicamente de los fármacos, sin hacer ningún otro cambio.

Lo que me ha llevado a sublevarme contra la administración irresponsable de estos fármacos ha sido ver casos graves de síndrome de abstinencia. Me refiero con ello a los meses e incluso años de inestabilidad nerviosa que puede producir la discontinuación de estos medicamentos. El proceso de abandonar los antidepresivos es eso: un proceso. Si llevas más de dos meses en tratamiento, el proceso ha de ser pausado, con pequeños descensos paulatinos en la posología y el uso de preparados líquidos y compuestos cuando no haya posibilidad de ir reduciendo la dosis en muy pequeñas cantidades. Naturalmente, esto exige la ayuda de un médico: de uno que apoye tu voluntad de dejar el fármaco y de hacerlo de una manera segura y responsable. Si debes invertir esfuerzo en esos primeros treinta días de cambio dietético es porque favorecen enormemente la resiliencia antes de comenzar el proceso de discontinuación, de modo que tu cuerpo sea capaz de adaptarse al cambio. La idea es abrir un agujero de desagüe antes de que el cubo de la ansiedad rebose, para que ni tu mente ni tu organismo se descontrolen cuando empiezas a dejar los fármacos.

Cada persona vive este proceso de manera distinta. Por desgracia, a mí me enseñaron a desdeñar el criterio de los pacientes a los que les preocupaba volverse «adictos» a los fármacos psicotrópicos y a negar que existiera un síndrome de abstinencia muy prolongado. Éste se consideraba, de hecho, como una prueba de la clara «necesidad» del paciente de seguir en tratamiento indefinidamente. No me enseñaron cómo dirigir el proceso de discontinuación. En el primer estudio sistematizado del síndrome de abstinencia de los fármacos ISRS, los investigadores examinaron veintitrés estudios y treinta y ocho informes de casos, concluyendo que el término eufemístico «síndrome de discontinuación» debía abandonarse en favor de una descripción más adecuada que reflejara los efectos adictivos de los antidepresivos: es decir, síndrome de abstinencia. Sí, como el del Xanax, el Valium, el alcohol o la heroína. En palabras de Chouinard y Chouinard, dos investigadores del Departamento de Psiquiatría y Medicina de la Universidad McGill: «Los pacientes pueden experimentar síntomas típicos de síndrome de abstinencia, rebrotes y/o trastornos persistentes con posterioridad a la discontinuación, o recidiva/recurrencia de la enfermedad original. Los síntomas nuevos y los recurrentes pueden darse hasta en un plazo de seis semanas tras la retirada de la droga, dependiendo de la vida media de eliminación del fármaco, mientras que los síntomas de abstinencia post-discontinuación y los desórdenes tardíos asociados con cambios duraderos en los receptores pueden persistir más de seis semanas tras la discontinuación del fármaco».[4]

Estos investigadores ofrecen una tabla muy útil de los horrores que pueden sucederles a los pacientes incautos, desde los que se saltan una sola dosis a los que tratan de dejar la droga con sumo cuidado. El doctor Jonathan Prousky es un raro ejemplo de cómo abordar clínicamente la discontinuación de los psicofármacos. En uno de sus artículos de referencia describe con detalle cómo trata los casos más complejos. Ayuda a sus pacientes a redefinir su experiencia de la enfermedad mental y a autoayudarse, planifica con cuidado la dosificación para ir reduciendo la ingestión del fármaco y complementa el tratamiento con agentes naturales como la nicotinamida (B₃), los suplementos botánicos como la *rhodiola rosea* y los aminoácidos como el GABA y la L-teanina. Afirma, al igual que yo, que no hay un suplemento mágico que valga para todo y que lo más importante es servirse de estrategias dietéticas y suplementos de conocidos efectos antidepresivos y que promuevan la relajación del sistema nervioso. A fin de cuentas, de eso se trata en último término.

Ofrecer a cada lectora un protocolo individual para dejar los antidepresivos es algo que escapa al propósito de este libro, pero si te has tomado en serio mis recomendaciones y has conseguido completar con éxito los treinta días, ya has dado el paso decisivo para cruzar la puerta de salida y estás lista para iniciar el proceso guiada por un médico que diseñe un tratamiento a tu medida.

Es crucial que ese tratamiento conjugue diversos factores, puesto que los resultados óptimos se dan siempre en casos en que se han combinado los cambios de hábitos de vida con una administración cuidadosa de la dosificación y un aporte estratégico de nutrientes mediante suplementos. La mayoría de los pacientes y de los médicos saben que las dosis que pone a nuestra disposición la industria farmacéutica no están pensadas para facilitar la discontinuación. Los

---

4. G. Chouinard y V. A. Chouinard, «New Classification of Selective Serotonin Reuptake Inhibitor Withdrawal,» *Psychother Psychosom* 84, n.º 2 (21 de febrero, 2015): 63-71.

preparados líquidos, los compuestos hechos expresamente en farmacias y hasta la retirada meticulosa de gránulos de las cápsulas constituyen herramientas indispensables sobre las que puedes hablar con tu médico.

Ten presente que el riesgo de recaída está a menudo relacionado con el tipo de efectos que surte la medicación sobre el cuerpo y el organismo. Sé por experiencia que el nerviosismo, la ansiedad y el insomnio son los síntomas más comunes de síndrome de abstinencia, y que pueden presentarse a las pocas horas de un cambio de dosis o a veces varios meses después de la última toma. Pueden resolverse espontáneamente, o pueden volver. Los perjuicios a largo plazo de estos fármacos son un fenómeno real que todavía se conoce muy poco, aparte de lo que cuentan los propios pacientes y de lo que se escucha en las sesiones de terapia de grupo. Pero los pacientes rara vez se equivocan.

Si tomas un antidepresivo, no estás sola, aunque en muchos sentidos puedas sentir que lo estás. Millones de personas se encuentran atrapadas en la red de la hechicería psiquiátrica, cuyo sortilegio puede prolongarse prácticamente de por vida. Al igual que a ti, se les dice que tienen desequilibrios químicos. Que lo mejor que pueden hacer para restablecerse es «tomar su medicación» y que tendrán que hacerlo «de por vida». Como afirma la doctora Joanna Moncrieff, «simbólicamente, la medicación da a entender que el problema está dentro del cerebro y que el bienestar depende de mantener el "equilibrio químico" por medios artificiales. Este mensaje anima a los pacientes a verse como seres fallidos y vulnerables y puede explicar los malos resultados del tratamiento de la depresión en los estudios naturalistas».

Estos pacientes han sufrido una crisis de resiliencia.

El estrés de su experiencia vital superó el nivel que podían soportar sus recuerdos fisiológicos. Los fabricantes y vendedores de fármacos no preguntan *por qué* enfermaron cuando enfermaron. No indagan en la raíz del problema. Me doy cuenta de que posiblemente a estas alturas del libro parezco un disco rayado, pero ahora que hemos completado el círculo me parece importante recalcar esta idea. Si tomas un antidepresivo, es probable que tu médico no te haya hablado de posibles alternativas al tratamiento farmacológico. Y que tampoco te haya explicado los riesgos a largo plazo que tienen los psicotrópicos (entre los que se incluyen el empeoramiento del estado del paciente y una mayor probabilidad de recaída), y mucho menos de la escasa fiabilidad ética de los datos, manipulados y financiados por la industria farmacéutica, en los que se fundamenta la aprobación de estos fármacos por parte de la administración pública.

Pero, sobre todo, es muy probable que te hayan vendido la idea de que la medicación está tratando tu enfermedad en lugar de inducir en tu organismo un efecto en nada distinto al que producen drogas como el alcohol o la cocaína. Si una sola dosis de antidepresivo puede variar la arquitectura del cerebro de una manera que todavía no podemos valorar por carecer de los conocimientos necesarios, ¿cuáles son los resultados de su uso crónico a largo plazo? ¿Qué pasa cuando los pacientes quieren desengancharse, cuando están descontentos con el tratamiento, cuando cambian sus hábitos de vida lo suficiente para buscar un nuevo enfoque de su dolencia?

El psiquiatra y activista Peter Breggin ha afirmado que la actuación más urgente y necesaria en estos momentos dentro del ámbito de la psiquiatría es la creación de programas de retirada controlada de los fármacos psicotrópicos.[5]

Tengo pocos colegas que compartan mi punto de vista. La mayor parte de lo que sé sobre fármacos psiquiátricos lo he aprendido de mis pacientes y de mi experiencia clínica. El mejor modo de favorecer la resiliencia es transmitir a la mente y al cuerpo en general una señal de seguridad y estabilidad. Y esa señal adopta la forma de hábitos de vida sencillos, a través de la nutrición, de un ambiente libre de tóxicos, de un ciclo de luz ideal durante el día y la noche, y del ejercicio físico. Las pruebas que apoyan la eficacia de estas estrategias se acumulan sin cesar en la literatura científica.

Además de la puesta en práctica de los consejos básicos descritos en este libro, uno de los pasos más importantes es cambiar de

---

5. www.breggin.com.

mentalidad. Para que tu mente sea de verdad tuya, tienes que cambiar de mentalidad. Dicho de otra manera: no tengas miedo. Es lo que más les aconsejo a mis pacientes. El miedo es enemigo de la salud. El miedo es lo que lleva a la gente al psiquiatra, lo que impulsa a llamar a emergencias, lo que produce esa sensación inmediata de agobio e indefensión. A los psiquiatras también los impulsa el miedo, el miedo y la necesidad de controlar y regular la experiencia emocional. Como sanadores, tenemos la oportunidad de afrontar ese miedo con compasión y ecuanimidad. Podemos dejar a un lado nuestra preocupación obsesiva por la intervención reactiva y por las actuaciones amparadas por los seguros de responsabilidad civil y aprender a tolerar lo que nos incomoda de la aflicción de nuestros pacientes. No nos queda otro remedio, habida cuenta de que los datos demuestran que el modelo actual de intervención farmacológica está fallando estrepitosamente.

Una vez que hayas completado los primeros días, es muy posible que la causa primera de tus síntomas se haya resuelto o esté en vías de resolverse. Quizá ya no sientas la misma necesidad de tomar la medicación, o tengas la impresión de que no te sirve de gran cosa. Tengo el convencimiento de que cada persona debe elegir cómo gestionar su salud, de acuerdo con sus creencias y convicciones acerca de la salud y el bienestar. Esta decisión debe tomarse con los ojos bien abiertos y preferiblemente con intervenciones suaves antes de tomar medidas más agresivas. El organismo humano es increíblemente complejo, y la depresión es un síndrome que tiene causas muy distintas. Ve a la raíz del problema, céntrate en la curación y busca la forma de restablecerte de una manera duradera, aunque para ello tengas que cambiar ciertas cosas. Utiliza las herramientas que te he dado y consulta este libro cada vez que necesites refrescar tus conocimientos. Aprovecha, además, el poder de Internet: consulta mi página web para acceder a material actualizado, y visita foros de apoyo como los que puedes encontrar en www.madinamerica.com para contactar con personas que están en situación parecida a la tuya y acceder a diversos recursos.

Me gusta transmitir a mis pacientes una sensación de empoderamiento. Les describo este proceso como un renacimiento: como un levantarse de las cenizas, como un paso premeditado y decidido para alcanzar una vida radiante y plena.

Porque la salud (y la vida) es mucho más que la ausencia de pastillas o que un listado de diagnósticos huecos. La salud es liberación. Y es un derecho humano fundamental.

Sé dueña de tu cuerpo
y libera tu mente

*De hecho, estoy segura de que nunca ha habido
un médico en ninguna parte, en ninguna época,
en ningún país y en ningún periodo de la historia
que haya curado algo. Cada cual lleva dentro
su propio sanador.*

MARLO MORGAN, *LAS VOCES DEL DESIERTO*

Antes de que cierres este libro, deja que te cuente algo que aprendí hace poco y que ha cambiado mi vida. En último caso, no escribí este libro sólo para exponer mi visión acerca de la nueva psiquiatría. También trata del nuevo feminismo. He aquí lo que entiendo yo por eso.

Cuando mi querida maestra y guía de kundalini Swaranpal Kaur Khalsa me habló del significado del *Adi Shakti*, uno de los símbolos más antiguos de lo sagrado femenino, comprendí que era *ahí* adonde yo quería llevar a mis pacientes. El *Adi Shakti* está compuesto por cuatro armas simbólicas que representan el poder creador femenino primordial, según una tradición que defiende todo aquello que es incomparable en la energía de una mujer.

Según esta descripción, toda mujer ha de equilibrar a la mujer y a la madre:

«Como madre, has de sacrificarte, ser paciente y tolerante, pensar en los demás y comprender los pros y los contras de cada situación. Como mujer, no has de ceder nada: ante todo tienes que protegerte a ti misma, y no aguantar tonterías. Una mujer ha de ser capaz de valorar cuál es la relación correcta: madre o mujer», escudo o espada.[1]

La espada es su determinación incisiva de entregarse a un camino de verdad, intolerancia a la agresión y feroz rechazo de todo lo que se interponga entre su intuición y su integridad. Al mismo tiempo que es una guerrera, es una educadora.

Mi misión ha sido ayudar a las mujeres a recuperar esa brújula interna, a empuñar la espada para defender el enigma de su belleza y su poder inconmensurables. Me preocupa enormemente que este poder haya quedado subsumido por un sistema paternalista que busca engendrar el miedo, controlar mediante la coacción y minar la voz interior de las mujeres dándoles a entender que la ciencia ha descifrado la clave de la condición humana. Un sistema que hace la vista gorda cada vez que ciencia y medicina cometen un error. Y me preocupa también que nosotros, como sociedad, hayamos permitido que el miedo nos lleve por un camino vergonzante.

Muchas de vosotras sentiréis que no tenéis espacio ni energía para empuñar esta espada, para reapropiaros del verdadero significado de la salud, de la paz y la felicidad. Yo opino que no tenéis espacio ni energía para *no* hacerlo. Si has llegado hasta este punto del libro, confío en que estés preparada. Y ya sabes que debes encontrar el espacio y el tiempo necesarios para avanzar con resolución.

Tal y como están las cosas hoy en día en el ámbito de la salud, no desafiar las aseveraciones de la industria, de la administración pública y de los medios de comunicación puede llevaros a tu familia y a ti por un camino solitario de dudas y remordimientos, aflicción y ruina económica. Como dice Elizabeth Lesser, autora del libro *Broken Open*, cada experiencia de lucha y esfuerzo nos brinda lo que necesitamos para nacer de nuevo. Son formas de lograr la iluminación y una conexión con nuestro poder primigenio. Nos dicen que los sentimientos de malestar son molestias que desaparecen con un fármaco. Nos pastorean como a ganado, metiéndonos en rediles de conformidad.

---

1. © Las enseñanzas de *Yogi Bhajan, circa* 1977.

Estoy aquí para afirmar que, si quieres decirte «sí» a ti misma, tienes que empezar por decir «no» al emporio médico-agrícola-industrial, y para inspirar a las mujeres a abrirse lo suficiente para sentir ese poder, para empezar a *hacerse preguntas*. Para empezar a sentir gratitud por lo que hay. Me gusta llamar a esta postura «no resistencia personal». Al mantener nuestra espada en alto, accedemos a una ternura, a una flexibilidad, a una aceptación de lo que sucede aquí, a ras de suelo. Se trata de equilibrar a la madre y a la mujer. De luchar para amar mejor, para ser más libres, para tener menos miedo. Se trata de vivir con conciencia, en un estado de serena alerta.

Empieza por conectar con todo lo que queda fuera del alcance de la medicina alopática. Recupéralo y álzate con esta nueva clase de feminismo: un feminismo en el que las mujeres se juntan, hablan unas con otras, confían en su instinto y construyen un modelo de salud tan atrayente que pronto dejará al descubierto los obscenos intereses del modelo actual, sus tropiezos y sus ofensas. Ahí es donde reside tu poder. En cuanto lo pruebes, el mundo lo sabrá y no habrá forma de detenerte.

LA RELIGIÓN DE LA MEDICINA[2]

Antes pensaba que el dogma religioso era producto del miedo y de problemas paternofiliales sin resolver. Es innegable que gran parte de la religión moderna ha perdido contacto con sus raíces más místicas, pero no hay duda de que lo que aflige al norteamericano medio —como afirma el escritor y periodista Graham Hancock— es una desconexión con el Espíritu.

Cuando perdemos la conexión con la intuición y la brújula interior, nos vemos forzadas a depender de constructos externos, a tener una fe ciega en la autoridad y en sus presuntos expertos. La verdad es que tú eres tu mejor autoridad, pero tienes que entusiasmarte con

---

2. Adaptación de mi artículo «What Is the Point of Health?», 4 de agosto, 2015, http://kellybroganmd.com/article/whats-the-point-of-health/.

tu nueva posición. Tienes que confiar, tener fe en que se va a desplegar en tu beneficio si, en ese proceso, te relajas. Mi mentor, el doctor Nicholas Gonzalez, afirmaba: «Los pacientes tienen que hacer el tratamiento en el que crean. El miedo es una enfermedad contagiosa. El miedo puede "cogerse". La fe, no. Eso tiene que venir de dentro».

Siempre he practicado este *ethos*. Sé que el miedo tiene un efecto nocebo («que hace daño», literalmente): el efecto dañino de la certeza de que algo va a causarnos perjuicio, de que no puede deshacerse. Es lo contrario del efecto placebo.

Pero cuando se tiene fe en la capacidad del cuerpo para sanar cuando cuenta con el debido apoyo, pueden ocurrir cosas mágicas.

Una vez que tenemos asegurados el techo y el alimento, podemos preocuparnos, por este orden, de los peligros exteriores, de las relaciones, de la autoestima y, a continuación, de la espiritualidad y de entrar en contacto con nuestro propio poder. Es lo que se conoce como la jerarquía o pirámide de Maslow, según el artículo que el célebre psicólogo escribió sobre el tema en 1943, titulado «Una teoría de la motivación humana».[3]

---

3. A. H. Maslow, «A Theory of Human Motivation,» *Psychological Review* 50 (1943): 370-396.

Naturalmente, hoy en día muchas de nosotras podemos quedar atrapadas entre los tres peldaños inferiores de la escalera, rebotando continuamente entre ellos sin llegar nunca a la cúspide. Para mí, la labor de educar a las pacientes en la medicina del estilo de vida surte el efecto imprevisto de obrar cambios radicales, de hacer evolucionar y de liberar la trayectoria vital de cada una y de descubrir nuevos comportamientos impulsados por un propósito claro.

Todas queremos saber cuál es nuestro propósito en la vida, y conectar con él. Queremos saber para qué estamos aquí. Pero ¿cómo vamos a pensar en eso si nos atormenta el miedo a la enfermedad degenerativa y a la mala salud crónica, y nos sepultan bajo etiquetas y diagnósticos?

Cuando el cuerpo está en armonía, no sólo se da un alivio de los síntomas. Surge la oportunidad de entrar en contacto con una misma, de ascender por la pirámide.

Yo tuve que sanar mi cuerpo y resolver mi dolencia autoinmune antes de poder abrirme a mi misión y a los dones de la práctica del kundalini yoga y de la conexión con el poder de la medicina energética. Ahora entiendo que cultivar la brújula interior es confiar en una guía intrínseca y confiar sin miedo en el despliegue del universo. Un despliegue que sólo podemos contemplar. En este camino, las dificultades y la aflicción son una invitación a mirar qué es lo que puede estar torcido o desequilibrado. Es un enfoque completamente nuevo sobre la complejidad de la vida de la mujer actual.

Tengo la esperanza de haberte dado herramientas para encontrar tu camino.

Sé dueña de tu cuerpo. Libera tu mente. Es mucho más que una «cura».

Recetas

Las siguientes recetas están ordenadas conforme aparecen en el plan semanal. Con tal de que te ciñas a las directrices principales, tienes libertad para jugar con los ingredientes e introducir cambios para adaptarlas a tus necesidades y preferencias.

SOLE: AGUA CON SAL DEL HIMALAYA

Llena una jarra de cristal de medio litro hasta un cuarto de su capacidad con sal del Himalaya o sal marina sin procesar y después con agua filtrada. Tápala y déjala reposar toda la noche. Añade una cucharadita de esta mezcla a un vaso de agua filtrada y bébetelo a primera hora de la mañana. En Internet puedes encontrar *kits* para preparar esta dilución con sal de roca y jarra incluidas.

SALSA DE CARNE

Entre 4 y 6 raciones

- Un manojo de kale, sin los tallos cortados y las hojas cortadas
- Las hojas de un ramito de cilantro fresco
- 1 cebolla picada
- 3 remolachas, lavadas y troceadas
- 4 zanahorias, picadas finas
- 4 ramas de apio, picadas finas
- 2 cucharadas sopera de *ghee* de ganadería ecológica
- 450 gramos de carne picada ecológica de ternera o búfalo

- 1 frasco (de cristal) de 600 gramos de tomate triturado ecológico
- 1 cucharada sopera de cúrcuma
- Sal marina sin tratar y pimienta negra recién molida

Echar el kale, el cilantro, la cebolla, la remolacha, las zanahorias y el apio en el vaso de la batidora y dejarla funcionar hasta que estén finamente picados pero no hechos puré.

Derretir el *ghee* en una sartén grande a fuego medio. Añadir las verduras y saltearlas unos tres minutos, hasta que la cebolla esté traslúcida. Agregar la carne y sofreírla, removiéndola y separándola con la cuchara, hasta que se dore, de 3 a 5 minutos. Añadir el tomate triturado y la cúrcuma y sazonar con sal y pimienta. Llevar a ebullición y dejar cocer entre 20 y 30 minutos para que se mezclen los sabores. Servir la salsa sobre calabacines, quinoa o brócoli.

BATIDO KB

1 ración

- ½ taza de cerezas orgánicas congeladas u otros frutos rojos
- 2 decilitros de agua de coco o agua filtrada
- 3 cucharadas soperas de colágeno hidrolizado (como base proteínica: véase la nota que acompaña a la receta)
- 1 cucharada sopera de mantequilla de frutos secos germinados o mantequilla de pipas de girasol
- 3 yemas de huevos ecológicos grandes
- 1 cucharada sopera de aceite de coco virgen
- 1 ó 2 cucharadas soperas de *ghee* ecológico
- 1 ó 2 cucharadas soperas de cacao puro en polvo

Mezclar todos los ingredientes y batir con la batidora hasta que la mezcla quede suave.

Nota: el colágeno hidrolizado es un suplemento proteínico rico en aminoácidos (glicina, prolina y licina). Se vende en polvo.

CURRY DE POLLO

4 raciones

- 2 cucharadas soperas de aceite de coco o *ghee*
- 700 gramos de muslos de pollo sin piel y deshuesados, cortados en pedacitos de unos 2,5 centímetros de grosor.
- 1 cebolla mediana, cortada en trozos grandes
- 2 calabacines en rodajas gruesas
- 1 cucharada sopera de curry en polvo
- ½ cucharada de pimentón
- 3 dientes de ajo, picados
- 1 cucharadita de sal marina sin tratar
- 4 decilitros de leche de coco orgánica sin endulzar (no de lata)
- 1 taza de tomates cherry orgánicos
- ¼ taza de cilantro, picado para guarnición

En una olla, calentar el aceite o el *ghee* a fuego medio alto. Añadir el pollo y sofreír hasta que esté dorado por ambos lados, entre 8 y 10 minutos. Retirar el pollo y reservar, dejando el aceite sobrante en la cazuela. Añadir la cebolla y los calabacines y saltear hasta que estén ligeramente dorados, en torno a 5 minutos. Añadir entonces el curry en polvo, el pimentón, el ajo y la sal y saltear durante medio minuto. Devolver el pollo a la cazuela y añadir la leche de coco. Llevar a ebullición, bajar el fuego hasta que hierva suavemente y tapar. Dejar cocer aproximadamente 30 minutos, hasta que el pollo esté tierno. Añadir los tomates cinco minutos antes de que termine la cocción y aderezar con el cilantro.

MUESLI DE SEMILLAS

1 ración

- ¼ taza de frutos secos crudos y/o semillas al gusto (avellanas, nueces pecanas, almendras en láminas o pipas de girasol)
- 1 cucharada sopera de semillas de chía

- 1 cucharada sopera de semillas de linaza
- 1 cucharada sopera de semillas de cáñamo (opcional)
- ½-1 taza de frutos rojos enteros o fruta troceada al gusto (frutos rojos, plátano y nectarina, por ejemplo)
- 1 taza de leche de almendras sin edulcorantes

Mezclar los frutos secos y las semillas en un cuenco. Añadir la fruta, regar con la leche de almendras y servir.

SALMÓN POCHADO CON *GHEE*

2 raciones

- 2 filetes de salmón del Atlántico de unos 200 gramos de peso.
- 1 limón
- 4 dientes de ajo machacados
- Sal marina sin tratar y pimienta negra recién molida
- ¼ taza de *ghee* ecológico
- ¼ taza de perejil o eneldo finamente picado

Colocar el salmón en una sartén de saltear con tapa. Exprimir el limón rociando el pescado con su jugo, añadir el ajo y salpimentar. Cortar en rodajas lo que quede del limón y colocarlas sobre el pescado. Tapar y dejar enfriar en la nevera una hora como mínimo.

Añadir el *ghee* a la sartén junto con el pescado. Tapar y dejar cocer a fuego medio hasta que el salmón se vuelva de un color naranja claro y esté blando por dentro. Servir aderezado con perejil.

ARROZ CON COLIFLOR

6 raciones

- 1 coliflor grande
- 1 cucharada sopera de aceite de oliva virgen extra
- Sal marina sin tratar

Cortar la coliflor en trozos grandes, echarlos por la abertura de la tapa de la batidora hasta que esté llena en sus tres cuartas partes (puede hacerse por tandas si es necesario). Triturar hasta que la coliflor quede reducida a trocitos del tamaño del cuscús.

Calentar el aceite en una sartén grande, a fuego medio. Añadir la coliflor y sazonar con sal si se quiere. Tapar y cocer durante unos 7 minutos, hasta que esté tierna. Para otra versión de esta receta con sabor a coco, emplear aceite de coco en lugar de aceite de oliva y esparcir coco crudo rallado por encima antes de servir.

MOUSSE DE CHOCOLATE Y AGUACATE

4 raciones

- 2 aguacates Haas
- 2-4 cucharadas soperas de miel o de sirope de arce puro
- ⅓ taza de cacao en polvo puro
- 2 cucharadas soperas de leche de almendras, coco o arándanos sin edulcorantes
- ½ cucharadita de extracto de vainilla puro

Extraer la pulpa de los aguacates y ponerla en el vaso de la batidora. Añadir la miel, el cacao en polvo, la leche de almendras y la vainilla y batir hasta que la mezcla quede suave, cerca de un minuto. Probar y, si fuera necesario, endulzar con más miel. Repartir la mezcla en recipientes individuales, tapar y dejar enfriar en la nevera como mínimo media hora antes de servir.

PALEOTORTITAS

1 ración

- ½ taza de batata o calabaza cocida (también puede ser calabacín o kabocha), o 1 plátano

- 3 huevos grandes ecológicos o de corral
- 2 cucharadas soperas de semillas de cáñamo, linaza o calabaza
- Aceite de coco virgen

Mezclar todos los ingredientes y batir hasta que la mezcla tenga una textura suave. Freír medallones de la masa en aceite de coco a temperatura media. ¡Se hacen enseguida!

BARRITAS DE COCO

Para 6-8 barritas

- 1 taza de coco orgánico rallado
- ¼ taza de sirope de arce puro
- 2 cucharadas soperas de aceite de coco virgen
- ½ cucharadita de extracto de vainilla puro
- 1/8 cucharadita de sal marina
- ¼ taza de fideos de chocolate negro (opcional)

Poner todos los ingredientes, salvo los fideos de chocolate, en el vaso de la batidora y batir hasta que estén bien mezclados, o mezclar a mano vigorosamente. Añadir los fideos de chocolate si se quiere. Extender uniformemente en una fuente de cristal de 17 x 12 centímetros y dejar reposar en la nevera una hora o en el congelador quince minutos. Cortar en 6 u 8 rectángulos. Esparcir por encima fideos de chocolate si se quiere.

CALABACINES CON CARNE PICADA DE TERNERA Y COMINOS

2-3 raciones

- 2 cucharadas soperas de *ghee* ecológico

- ½ cebolla cortada a dados
- 2 calabacines grandes o 4 pequeños, en rodajas
- Una pizca de sal marina sin tratar
- Una pizca de comino molido
- Un chorrito de vinagre de sidra de manzana
- 250 gramos de carne picada de ternera ecológica

Calentar el *ghee* en una sartén de saltear grande a fuego medio. Agregar la cebolla y el calabacín y saltear entre 5 y 7 minutos, hasta que se ablanden. Añadir la sal, el comino y el vinagre y remover. Agregar la carne picada y sofreír entre 3 y 5 minutos, sin dejar de remover para que la carne se separe bien, hasta que esté dorada.

ENSALADA DEL CHEF AL ESTILO KELLY

1 ración

- Una bolsa de 120-140 gramos de brotes de lechuga orgánicos lavados y listos para consumir
- 2 huevos duros, cortados por la mitad
- ½-1 pechuga de pollo orgánico, cortada en trozos
- 2 lonchas de beicon orgánico frito y en migas
- 1 tomate grande y maduro, troceado
- ½ aguacate, cortado en trozos
- 3 cebolletas a dados
- 2 tallos de apio a dados
- ½ lata de anchoas (opcional)
- Aceite de oliva virgen extra
- Vinagre de sidra de manzana
- Sal marina sin tratar y pimienta recién molida

Mezclar los brotes, los huevos cocidos, el pollo, el beicon, el tomate, el aguacate, las cebolletas, el apio y las anchoas (si se usan) en una fuente de ensalada. Aliñar con aceite de oliva, vinagre, sal y pimienta.

CHULETAS DE CORDERO CON MOSTAZA Y ROMERO

4 raciones

- 2 cucharadas soperas de mostaza de Dijon
- 2 dientes de ajo picaditos
- 2 cucharadas soperas de romero fresco picado
- 8 chuletas de cordero orgánico
- Sal marina sin tratar y pimienta negra recién molida
- 1 cucharada sopera de *ghee* orgánico

Mezclar la mostaza, el ajo, el romero, la sal y la pimienta en un cuenco pequeño. Untar las chuletas uniformemente por ambos lados con esta mezcla y colocarlas en una bandeja de horno. Tapar y dejar enfriar en la nevera al menos 30 minutos.

Fundir el *ghee* en una sartén a fuego vivo. Agregar las chuletas y freír unos ocho minutos por ambos lados, hasta que estén hechas a tu gusto.

INFUSIÓN DE ESPECIAS CON LECHE DE COCO

1 ración

- 1 taza de leche de coco
- ½ cucharadita de cúrcuma en polvo
- 1 rodaja (de un centímetro de grosor) de jengibre fresco, pelado y finamente picado
- ½ cucharadita de canela molida
- ½ cucharadita de miel pura o sirope de arce, o al gusto
- Una pizca de pimienta de cayena (opcional)

Mezclar todos los ingredientes en una batidora a velocidad alta hasta que la mezcla quede suave. Verterla en un cazo pequeño y calentar a fuego medio entre 3 y 5 minutos sin que llegue a hervir. Beber inmediatamente.

POLLO «FRITO» DE LA ABUELA

4 raciones

- 2 cucharadas soperas de *ghee* o aceite de oliva virgen extra
- 1 cebolla en juliana
- Sal marina sin tratar y pimienta negra recién molida
- Un frasco de 600 gramos de tomate triturado orgánico
- 1 cucharada sopera de aceite de coco virgen
- 1 taza de harina de almendra
- 2 huevos
- 450 gramos de filetes de pollo orgánico

Fundir una cucharada de *ghee* en una sartén de saltear grande a fuego medio. Añadir la cebolla y saltear unos 5 minutos, hasta que se ablande. Sazonar con sal y pimienta y añadir el tomate triturado.

Calentar el aceite de coco junto con la cucharada de *ghee* restante en una sartén grande a fuego medio. Echar la harina de almendra en un cuenco poco profundo y sazonar ligeramente con sal y pimienta. Batir los huevos en otro cuenco. Remojar los filetes por separado en la harina de almendra y luego en el huevo y freír en la sartén con el aceite de coco hasta que estén dorados por los dos lados, 3 ó 4 minutos. Colocar los filetes rebozados en la sartén con la salsa de tomate y dejar cocer un minuto o dos para que se mezclen los sabores antes de servir.

BARRITAS DE FRUTOS SECOS CON MIEL

12 raciones

- 1 taza de anacardos
- ½ taza de almendras
- ½ taza de nueces pecanas
- ½ taza de coco rallado sin edulcorantes
- ½ taza de granos de cacao
- 1 cucharadita de extracto de vainilla puro

- ½ cucharadita de sal marina
- 9 cucharadas soperas de miel pura (un poco más de ½ taza)

Precalentar el horno a 175 °C y forrar una fuente de hornear de 20 × 20 con papel de cocina.

A mano o con la batidora, trocear los frutos secos en pedazos de unos 5 mm.

Mezclar todos los ingredientes salvo la miel en un cuenco grande y remover bien. Añadir la miel y mezclar con un tenedor hasta que los ingredientes queden uniformemente repartidos por la masa. Extender la mezcla en la fuente, presionando para apelmazarla y que llegue a todos los rincones.

Hornear 20 minutos y dejar enfriar por completo sobre una rejilla. Sacar todo el bloque tirando del papel de hornear y cortarlos en 12 rectángulos.

LASAÑA DE CALABAZA SIN LA LASAÑA

6 raciones

- 1 cucharada sopera de ghee
- 1 cebolla, finamente picada
- 450 gramos de carne picada de ternera orgánica (o de cerdo)
- 3 dientes de ajo, picados
- 1 kilo de tomate triturado orgánico (preferiblemente en frasco de cristal)
- 100 gramos de pasta o concentrado de tomate (preferiblemente en frasco de cristal)
- Sal marina y pimienta negra recién molida
- 2 calabazas medianas o una grande
- 4 huevos batidos

Precalentar el horno a 200 °C.

Derretir el *ghee* en una sartén grande a fuego medio. Agregar la cebolla y saltear unos 5 minutos, hasta que se ablande. Añadir la carne y el ajo, subir el fuego a temperatura media alta y sofreír entre 3 y 5 minutos, separando la carne con una cuchara de madera hasta que esté dorada. Añadir el tomate triturado y el concentrado de tomate, y sazonar con sal y pimienta. Bajar el fuego y dejar cocer suavemente mientras preparas la calabaza.

Pelar la calabaza y cortarla en rodajas muy finas y uniformes. Quitar las semillas y la fibra. Cubrir con salsa el fondo de una fuente de hornear mediana. Colocar parte de la calabaza en una sola capa y añadir una capa generosa de salsa. Añadir aproximadamente un tercio del huevo distribuyéndolo por la fuente. Colocar una o dos capas más (dependiendo de cuántos ingredientes te queden). Repite esta misma secuencia y concluye con una capa ligera de salsa de tomate.

Hornear entre 25 y 30 minutos, hasta que puedas traspasar fácilmente la calabaza con un cuchillo.

PASTEL DE CARNE

6 raciones

- 450 gramos de carne picada de ternera orgánica
- 450 gramos de carne picada de cerdo, también orgánica
- 1 huevo de corral grande
- ½ taza de salsa de tomate orgánica
- 1 chalota, finamente picada
- 1/3 taza de harina de almendra
- ¼ taza de pimiento rojo, cortado a dados
- 1 cucharadita de sal marina
- ½ cucharadita de semillas de apio molidas
- 2-3 dientes de ajo, picados
- Una pizca de pimienta negra recién molida
- 2 cucharadas soperas de albahaca fresca picada (opcional)
- ½ cucharadita de pimentón ahumado (opcional)
- 1 cucharada sopera de concentrado de tomate orgánico
- 1 cucharada sopera de mostaza amarilla

374 | TU MENTE ES TUYA

Precalentar el horno a 175 °C y engrasar con *ghee* una fuente de hornear o un molde mediano.

Con las manos limpias, mezclar todos los ingredientes (reservando el concentrado de tomate y la mostaza para la salsa) y darle a la mezcla forma de hogaza o de torta sobre la bandeja del horno o en el molde.

Mezcla el concentrado de tomate y la mostaza en un cuenco pequeño. Pintar con esta salsa la parte de arriba del pastel de carne. Hornear sin tapar entre 45 y 60 minutos, hasta que la temperatura interna se sitúe en torno a los 80 °C. Sacar del horno y dejar reposar 15 minutos, luego cortar en porciones y servir con una guarnición de lombarda salteada con alcaparras (ver receta a continuación).

LOMBARDA SALTEADA CON ALCAPARRAS

6 raciones

- 2 cucharaditas de aceite de oliva virgen extra
- 1 diente de ajo, machacado o picado
- 1 cucharada sopera de alcaparras
- 100 gramos de lombarda, cortada en juliana
- El zumo de un gajo de limón
- Pimienta negra recién molida

Calentar el aceite en una sartén mediana a fuego medio. Añadir el ajo y las alcaparras y saltear 1 minuto. Agrega la lombarda y saltear otro minuto. Regar con el jugo de limón y dejar cocer entre 2 y 4 minutos, hasta que la lombarda, empiece a dorarse ligeramente por los bordes.

RECETA DE PROPINA: CALDO DE POLLO (PREPARA UNA CACEROLA A LA SEMANA)

- 1 cebolla grande, cortada en trozos grandes
- 2 zanahorias grandes, troceadas

- 3 tallos de apio, troceados
- 1 pollo de corral u orgánico (de entre medio kilo y 3,5 kilos de peso)
- 2-4 cucharadas soperas de vinagre de sidra de manzana (½ cucharada por litro de agua)
- Sal marina sin tratar y pimienta negra recién molida
- Un manojo (o 10 ramitas) de cilantro o perejil picado
- 200 gramos de higaditos de pollo (opcional. Si están finamente picados, no se nota el sabor y aportan muchísimos nutrientes.)

Mezcla todos los ingredientes en una cacerola grande de acero inoxidable y añade agua fría filtrada hasta taparlos. Llevar a ebullición y bajar el fuego al mínimo, tapar y dejar cocer en torno a 3 horas. Si usas una olla a presión, el tiempo de cocción se reduce a la mitad. Cuando el pollo esté cocido, puedes separar la carne del hueso y utilizarla en tiras para otros platos, salteándola por ejemplo con aceite de oliva y añadiéndole sal y limón.

Agradecimientos

Sólo puedo confiar en tocar las vidas de aquellos a quienes estoy destinada a tocar y en que las puertas se abran para lograrlo. Mi despertar a la verdad implicó, indudablemente, sufrimiento, alienación y pérdida. Pero al mismo tiempo entré en contacto con mi intuición, con mi pasión innata por la medicina natural y con mi propósito en esta vida. Mi camino se vio allanado por la mente, el corazón y el alma de estas personas, por cuyo amor estoy eternamente agradecida:

Leela Hatfield, por ser mi compañera en las trincheras y mi hermana en todas partes.

Ron Brogan, por tu devoción inquebrantable y por trasmitirme el don de la conversación, la puntualidad y la perseverancia.

Marusca Brogan, por sembrar mi suelo con empoderamiento femenino, por predecir este libro desde mi infancia y por enseñarme lo que es la compasión.

Andy Fink, por hacer esto posible, por verme, por madurar conmigo, por ofrecerme el consejo que busco y por el corazón más radiante que he conocido en toda mi vida.

John y Sharkey Fink, por esperar a que despertara y por enseñarme lo divertido que puede ser vivir en la Verdad.

Brendan Brogan, Sara Ojjeh y Lily y John Harrington, por aceptar el reto de llevar esta vida salvaje conmigo.

Dean Raffelock, Kat Toups, Michael Schachter, Sylvia Fogel, Alan Logan y Cornelia Tucker Mazzan, por vuestra generosidad, apoyo y afectuoso compañerismo en el camino hacia la libertad intelectual.

Joseph Aldo, Olivier Bros y Laura Kamm, por enseñarme que la energía es la medicina del futuro.

James Maskell, por creer que mi mensaje ocupa un lugar en la Evolución de la Medicina y en la libertad sanitaria para todos.

Kristin Loberg, por brindarme una voz sin censuras para que pudiera llegar mucho más allá de lo que creía posible, por tus capacidades superlativas y afrontar con la mejor actitud del mundo mis montañas de datos, referencias, artículos y opiniones.

Karen Rinaldi, por tu pasión, tu audacia y por ser tan refrescantemente auténtica (y divertida).

Bonnie Solow, por iluminarme con tu luz como un rayo desde lo alto, y por el maravilloso placer de tu carisma, tu fortaleza y tu ternura.

Lea Pica, por tu maestría a la hora de dar forma a mi mensaje.

Keith Rhys y Jon Humberstone, por tener siempre razón acerca de cómo cambiar las cosas a escala global.

Omri Chaimovitz, Whitney Burrell, Bipin Subedi, Healy Smith y Jason Pinto, por mostrarme vuestro afecto incondicional durante mi Proceso Fénix.

Nick Gonzalez, por el tesoro de su existencia en el plano humano y más allá, por enseñarme la Verdad y cómo amarla.

Sarah Kamrath, por acercarme al kundalini y por mantener conmigo este espacio con infinita gracia.

Sayer Ji, por abrir mi huevo cósmico, por nuestra transición gemelar de lo académico a lo esotérico y por ver con el alma este manuscrito.

Tahra Collins, por tus talentos, por quererme, por servirme de inspiración, por hacer este camino a mi lado.

Swaranpal Kaur Khalsa, por ser la matrona iluminada de mi renacimiento.

Louise Kuo Habakus, por nuestra sororidad de dos, por salir a mi encuentro en el espacio de la rectitud feroz y por permitirme deponer la espada con tiempo suficiente para conectar con mi sabiduría femenina.

Sofía y Lucía, por haberme permitido nacer a través de vosotras.

Mis pacientes, por ser mis gurúes y por enseñarme lo que es la verdadera curación.

Gracias, por último, al Universo por la riqueza de una vida impulsada por un propósito.

ECOSISTEMA DIGITAL